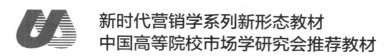

新时代营销学系列新形态教材
中国高等院校市场学研究会推荐教材

绿色营销
价值视角

王建明◎主　编
陈　凯　盛光华　贺爱忠◎副主编

中国高等院校市场学研究会组织编写

清华大学出版社
北京

内 容 简 介

本书是一部从价值视角重塑绿色营销体系的创新性教材,遵循数字时代绿色营销的基本流程,吸收了最前沿绿色营销理论和最新绿色营销实践案例,搭建了以绿色价值创造、沟通和交付为核心的绿色营销知识体系框架。本书可以作为相关专业研究生、本科生、高职生教材,也可以为从事绿色营销相关工作的职场人士提供实践操作指导。

本书封面贴有清华大学出版社防伪标签,无标签者不得销售。
版权所有,侵权必究。举报:010-62782989,beiqinquan@tup.tsinghua.edu.cn

图书在版编目(CIP)数据

绿色营销:价值视角/王建明主编. —北京:清华大学出版社,2023.1
新时代营销学系列新形态教材
ISBN 978-7-302-62439-4

Ⅰ. ①绿… Ⅱ. ①王… Ⅲ. ①市场营销学-教材 Ⅳ. ①F713.50

中国国家版本馆 CIP 数据核字(2023)第 016932 号

责任编辑:朱晓瑞
封面设计:汉风唐韵
责任校对:王荣静
责任印制:刘海龙

出版发行:清华大学出版社
网　　址:http://www.tup.com.cn,http://www.wqbook.com
地　　址:北京清华大学学研大厦 A 座　　邮　　编:100084
社 总 机:010-83470000　　邮　　购:010-62786544
投稿与读者服务:010-62776969,c-service@tup.tsinghua.edu.cn
质 量 反 馈:010-62772015,zhiliang@tup.tsinghua.edu.cn
课 件 下 载:http://www.tup.com.cn,010-83470142

印 装 者:北京鑫海金澳胶印有限公司
经　　销:全国新华书店
开　　本:185mm×260mm　　印　张:19.5　　字　数:446千字
版　　次:2023年3月第1版　　印　次:2023年3月第1次印刷
定　　价:59.00元

产品编号:098798-01

丛书编委会

主　任：符国群（北京大学）
副主任：景奉杰（华东理工大学）
　　　　龚艳萍（中南大学）
　　　　刘志彬（清华大学出版社）
委　员（按姓氏笔画排序）：

马宝龙（北京理工大学）	王　毅（中央财经大学）
王永贵（首都经济贸易大学）	王建明（浙江财经大学）
王海忠（中山大学）	牛全保（河南财经政法大学）
孔　锐［中国地质大学（北京）］	白长虹（南开大学）
吕　亮（北京邮电大学）	朱翊敏（中山大学）
孙国辉（中央财经大学）	李　季（中央财经大学）
李东进（南开大学）	李先国（中国人民大学）
连　漪（桂林理工大学）	肖　艳（宿迁学院）
肖淑红（北京体育大学）	何佳讯（华东师范大学）
汪　涛（武汉大学）	沈俏蔚（北京大学）
张　闯（东北财经大学）	金晓彤（吉林大学）
官翠玲（湖北中医药大学）	胡左浩（清华大学）
柯　丹（武汉大学）	侯丽敏（华东理工大学）
费显政（中南财经政法大学）	费鸿萍（华东理工大学）
姚　凯（中央财经大学）	贺和平（深圳大学）
袁胜军（桂林电子科技大学）	聂元昆（云南财经大学）
郭　锐［中国地质大学（武汉）］	黄　静（武汉大学）
彭泗清（北京大学）	蒋青云（复旦大学）
舒成利（西安交通大学）	曾伏娥（武汉大学）
滕乐法（江南大学）	戴　鑫（华中科技大学）

丛书编辑部

主　任：景奉杰（中国高等院校市场学研究会）
副主任：刘志彬（清华大学出版社）
成　员（按姓氏笔画排序）：
　　　　朱晓瑞（清华大学出版社）
　　　　严曼一（清华大学出版社）
　　　　张希贤（中国高等院校市场学研究会）
　　　　郑　敏（中国高等院校市场学研究会）
　　　　徐远洋（清华大学出版社）

丛 书 序

早在20世纪30年代，市场营销作为一门课程被引进我国，但受制于当时商品经济不发达，以及后来我国长期处于"短缺经济"状态，作为市场经济产物的市场营销并没有在中国"开枝散叶"。改革开放以后，伴随着我国社会主义市场经济的发展，经济学和管理学逐渐成为"显学"，作为管理学科重要组成部分的市场营销，不仅作为一门课程，还作为一个专业被众多大学开设。据不完全统计，目前我国有700余所高校开设了市场营销本科专业，每年招收的本科学生数以万计。不仅如此，作为商科知识的重要部分，几乎所有经济与管理类专业的学生都需要了解和学习市场营销知识，因此，社会对市场营销相关的教材和书籍有着巨大的需求。

有需求，就会有供给。早期的市场营销教材几乎是原封不动地对美国同类教材的翻译和"引进"，以至菲利普·科特勒的教材长时期成为我国学生接触、了解市场营销的启蒙读物。时至今日，我国绝大部分营销专业相关教材，都是以西方尤其是美国教材为基础加以改编或删减，真正立足于本土营销实践和具有中国理论特色的教材可谓凤毛麟角。这固然与中国营销学术总体上仍处于追赶阶段有关，也与我国一段时间营销学术界过于追求发表学术论文，对编写教材不甚重视有莫大关系。可喜的是，最近几年伴随国家对高校考核政策的调整，教材编写工作日益受到重视，一些优秀学者开始把更多的精力投入到教材建设中。

鉴于目前营销专业教材良莠不齐，众多高校教师在选用教材时面临难以抉择的窘境，中国高等院校市场学研究会（以下简称"学会"）决定组织全国营销领域知名学者编写一套具有本土特色、适应市场营销本科专业教学的高水平教材，以此推动营销学科建设和营销人才培养。本套教材力图博采众长，汇聚营销领域的最新研究成果及中国企业最新营销实践，以体现当前我国营销学术界在教材编写上的最高水准。为此，学会成立了专门的领导机构和编委会，负责每本教材主编、副主编遴选，同时要求主要撰稿者具有重要的学术影响和长期的一线教学经验。为确保教材内容的深度、广度和系统性，编委会还组织专家对教材编写大纲做了深入、细致的讨论与审核，并给出建设性修改意见。可以说，本套教材的编撰、出版，凝聚了我国市场营销学术界的集体智慧。

目前规划出版的教材共计33本，不仅涵盖营销专业核心课程教材，而且包括很多特色教材如《网络营销》《大数据营销》《营销工程》等，行业性教材如《旅游市场营销》《农产品市场营销》《医药市场营销学》《体育市场营销学》《珠宝营销管理》等。由于各高校在专业选修课甚至一些专业核心课程的开设上存在差异，本套教材为不同类型高校的教材选用提供了广泛的选择。随着社会、科技和教育的发展，学会还会对丛书书目进行动态更新和调整。

我们鼓励主编们在教材编写中博采众长，突出中国特色。本套教材在撰写之初，就提出尽量采用中国案例，尽可能多地选用本土材料和中国学者的研究成果。然而，我们也深知，市场营销这门学科毕竟发端于美国，总体上我国尚处于追赶者的地位。市场营销是一门实践性和情境性很强的学科，也是一门仍在不断发展、成长的学科，远未达到"成熟"的地步。更何况，发展中国本土营销学，既需要中国学者长期的研究积淀，也需要以开放的心态，吸收国外一切有益的优秀成果。在教材编写过程中，一味地排斥外来材料和成果，牵强附会地引用所谓"本土"材料，不仅是狭隘的，也是应当予以摈弃的。当然，在选用外来成果和材料时，需要有所甄别，有所批判和借鉴，而不是囫囵吞枣式地对所谓"权威材料"全盘接受。

本套教材的编写，在学会的发展史上也是一个里程碑式的事件。为了保证教材的编写质量，除了邀请在各领域的资深学者担任编委会成员和各教材的主编，还要求尽量吸收各领域的知名学者参与撰稿。此外，为方便教材的使用，每本教材配备了丰富的教辅材料，包括课程讲义、案例、题库和延伸阅读材料等。本套教材出版方清华大学出版社具有多年新形态教材建设经验，协助编者们制作了大量内容丰富的线上融媒体资源，包括文本、音视频、动漫、在线习题、实训平台等，使丛书更好地适应新时代线上线下结合的教学模式。

教材编写组织和出版过程中，众多学者做出了努力，由于篇幅所限，在此不一一致谢。特别要感谢学会副会长、华东理工大学景奉杰教授，从本套教材的策划、组织出版到后期推广规划，他尽心尽力，做出了非凡的贡献。清华大学出版社经管事业部刘志彬主任也是本套教材的主要策划者和推动者。从 2019 年 9 月清华大学出版社和学会达成初步合作意向，到 2020 年 12 月学会教学年会期间双方正式签署战略合作协议，再到 2021 年 4 月在北京召开第一次编委会，整个沟通过程愉快而顺畅，双方展现出充分的专业性和诚意，这是我们长期合作的坚实保障。在此，我代表学会，向所有参与本系列教材撰写、评审和出版的专家学者及编辑表示感谢！

教材建设是一项长期的工作，是一项需要付出智慧和汗水的工作，教材质量高低最终需要接受读者和市场的检验。虽然本套教材的撰写团队中名师云集，各位主编、副主编和编者在接受编写任务后，精心组织、竭忠尽智，但是由于营销专业各领域在研究积累上并不平衡，要使每本教材达到某种公认的"高水准"并非易事。好在教材编写是一个不断改进、不断完善的过程，相信在各位作者的共同努力下，经过精心打磨，本套教材一定会在众多同类教材中脱颖而出，成为公认的精品教材！

北京大学光华管理学院教授、博士生导师
中国高等院校市场学研究会会长

前 言

本书是一部从价值视角重塑绿色营销（green marketing）体系的创新性教材，涵盖了以绿色价值发现、绿色价值创造、绿色价值传递、绿色价值传播为路径框架的绿色营销前沿理论和实践案例，向读者呈现了完整的绿色营销知识体系。

绿色营销始于全社会对环境问题的关注。1972年6月5日首次召开的联合国人类环境会议开启了人类对环境保护与绿色发展问题的关注，从此生产领域开始关注生产方式的变革，越来越多的企业开始向绿色可持续生产转型。随后，消费领域也开始关注日益突出的环境污染问题，越来越多的消费者开始转向绿色可持续消费。这促使企业和消费者将绿色发展的视线转向连接生产与消费两端的绿色营销。20世纪90年代，英国的肯·毕提（Ken Peattie）和美国的杰奎琳·奥特曼（Jacquelyn Ottman）最早在著作中明确提出绿色营销概念。从此，许多企业纷纷探索绿色营销之道，世界主要国家的绿色营销实践不断扩展，绿色营销观念开始在全球范围内迅速发展。国内关于绿色营销的相关研究正式起源于20世纪90年代，万后芬等一些学者开始了对绿色营销的探索，推动了国内企业的绿色营销实践。

然而绿色营销理论和实践在取得显著成就的同时，也面临新的挑战，特别是当前数字时代下绿色营销理论传播和实践应用中仍然存在一些"痛点"，其中最为明显的就是体现数字时代最新理论和实践进展的绿色营销教材还相对缺乏。2022年4月教育部印发《加强碳达峰碳中和高等教育人才培养体系建设工作方案》（教高函〔2022〕3号），特别提出"加大碳达峰碳中和领域课程、教材等教学资源建设力度"。本书正是在这一背景下应运而生，以有效地助力国内外读者，尤其是绿色发展领域读者深入了解数字时代绿色营销的前沿理论和最新实践。

绿色营销就是为目标市场创造、沟通和交付绿色价值，以满足顾客、客户、合作伙伴和社会现实或向往的绿色需求的过程。绿色营销紧紧围绕绿色价值这一核心展开，不仅要满足消费者绿色需求，而且要推动生产端与消费端之间的相互渗透和相互驱动，带动全价值链（产业链）及相关配套服务的绿色化发展，从而实现绿色营销以点带线、带面，推动全社会的绿色价值创造和绿色高质量发展。本书遵循数字时代绿色营销的基本流程，吸收了最前沿绿色营销理论和最新绿色营销实践案例，搭建了以绿色价值创造、沟通和交付为核心的绿色营销知识体系框架。本书有六篇，分为十二章。每一章的体例包含导语、引例、知识结构图、延伸阅读、扩展阅读、思维扩展、小结、核心概念、思考题、即测即练、实训指南、综合案例等内容。全书的内容框架如图1所示。

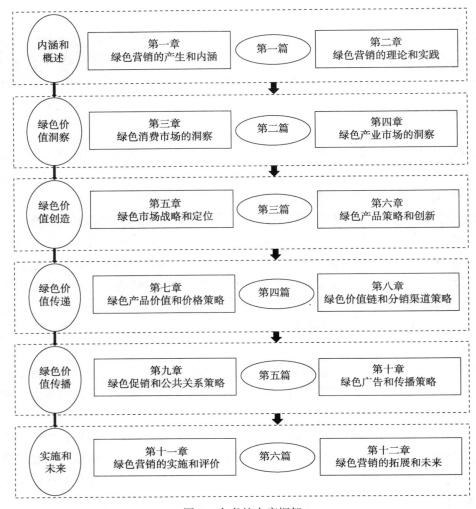

图 1　全书的内容框架

本书的特色主要体现在：

（1）**视角特色**。市场营销的核心范畴是价值，相应地，绿色营销的核心范畴就是绿色价值。绿色价值包含绿色功能价值、绿色服务价值、绿色社交价值、绿色形象价值、绿色体验价值、绿色情感价值等各方面。本书从绿色价值视角切入，深入阐述绿色营销的内涵、结构、内容、模式、路径、评价和拓展等重要内容，既顺应全球绿色可持续的发展趋势，也契合我国碳达峰碳中和的战略目标。

（2）**框架特色**。本书从绿色营销的产生与内涵、理论与实践入手，基于绿色价值洞察（包括绿色消费市场和绿色产业市场的价值洞察）、绿色价值创造（包括绿色市场战略和定位、绿色产品策略和创新）、绿色价值传递（包括绿色产品价值和价格策略、绿色价值链与分销渠道策略）、绿色价值传播（包括绿色促销和公共关系策略、绿色广告和传播策略）这一框架体系建构绿色营销的知识图谱。

（3）**数字特色**。本书以数字时代为背景，在绿色营销的理论阐述与案例分析中充分融入数字理念、数字技术、数字方法、数字渠道、数字传播、数字产业等数字时代元素，融合数字营销和绿色营销等前沿知识内容，精准把握绿色营销的重要领域和发展趋势，充分展现"绿色＋互联网营销""绿色＋新媒体营销""绿色+数字营销""绿色＋大数据营销""绿色＋人工智能营销""绿色＋5G营销"等最新特点。

（4）**理论特色**。本书系统梳理了国内外绿色营销的相关基础理论，吸收了绿色营销的最新理论研究成果，包括绿色消费行为特征与行为机理探索、绿色价值创造的逻辑与策略、绿色价值的传导机制与传递路径、绿色广告传播效应与传播策略、数字化绿色营销方面的最新研究成果等。本书也试图对绿色营销的未来进行延伸，拓展理论研究方向，以绽放绿色营销理论的学术光芒和思想光芒。

（5）**案例特色**。本书精心筛选汇编了绿色营销领域最新最前沿的典型案例，特别是反映数字时代的绿色营销实践案例，共选取了绿色营销实践案例80余个，兼具时代性、特色性、知识性与趣味性，如蚂蚁森林"种草"绿色生活、抖音电商二手商品消费、北京冬奥绿色行动、顺丰"箱"伴计划等。这些案例不仅契合各章节绿色营销的主题内容，也适合读者结合理论知识进行分析与思考。

（6）**思政特色**。本书充分体现课程思政教育要求，引导学生树立正确的世界观、人生观和价值观，增强学生的使命感，同时还加强对绿色营销相关法规政策的介绍，增强学生的绿色法治意识。值得一提的是，本书将习近平生态文明思想（如"绿水青山就是金山银山""人与自然和谐共生的新生态自然观""山水林田湖草是一个生命共同体的新系统观"等生态文明思想内核）融入绿色营销知识体系中。

（7）**主体特色**。本书创新性地将政府机构和非营利组织（如绿色环保组织等）纳入绿色营销的主体范畴，而不是仅仅局限于企业这一绿色营销主体。纳入非营利组织和政府机构等主体，不仅拓展了绿色营销的外延，促使读者对绿色营销主体范畴产生全新的认识，还能够更有效地整合社会各界资源，扩充绿色营销的主体力量，促进消费者对绿色环保的关注和实践，扩大绿色营销的社会效果。

（8）**形态特色**。本书在章节内容编排过程中力求做到形态新颖，充分体现线上和线下融合、理论和实践融合、基础知识和延伸阅读融合的"新形态"特征。本书既有绿色营销学者的人物小传，也有绿色营销领域的市场动向、实践前沿和经验借鉴。为了方便读者进一步自主学习，了解绿色营销各环节的来龙去脉，本书每个章节都附加了二维码，读者扫码后便可以查阅更多的绿色营销相关知识。

本书由浙江财经大学王建明教授担任主编，北京林业大学陈凯教授、吉林大学盛光华教授、湖南大学贺爱忠教授担任副主编。广州工商学院佘升翔教授、杭州师范大学何正霞教授、江西农业大学汪兴东教授、浙江财经大学高键博士参与相应章节的具体编写。他们都是长期深入研究绿色营销领域的学者，在绿色营销领域有丰硕的论文或著作成果，对绿色营销理论有独到的学术见解，能将最前沿的绿色营销科研成果和教学理念应用于教材编写中。各章具体编写人员为：浙江财经大学王建明教授编写第一章、第二章、第十二章，浙江财经大学高键博士编写第三章，杭州师范大学何正霞教授编写第四章、第六章，广州工商学院佘升翔教授编写第五章，江西农业大学汪兴东教授编写第七章，吉林大学盛光华教授编写第八章，北京林业大学陈凯教授编写第九章、第十章，湖南大学贺爱忠教授编写第十一章。此外，参与本书资料收集、整理、修改、校对的老师和博士生、硕士生有：广西大学劳可夫，浙江农林大学赵婧，北京林业大学王菁菁、程艳，贵州财经大学何苗，江苏师范大学蒯乐伊、肖秀琴，浙江工商大学刘艺璇，以及浙江财经大学的靳明、沈渊、陈水芬、倪文斌、王跃梅、陈颖、邓年奇、解晓燕、许浩然、武落冰、胡志强、李阿勇、杨心成、杨澜、李永强、冯雨、刘亚、王硕硕、黄相宜、叶国涛、谢鹏琛、茹文萱、李素云等。在此一并向他们表示感谢。

本书能够出版，要特别感谢中国高校市场学研究会符国群教授、汪涛教授、景奉杰教授、王永贵教授、彭泗清教授、聂元昆教授、白长虹教授等诸位领导的指导和帮助，感谢清华大学出版社的大力支持，感谢浙江省高校高水平创新团队"转型升级和绿色管理创新团队"和浙江财经大学研究生教材建设项目（22YJSJC03）的资助。

本书可以作为相关专业（市场营销、工商管理、人力资源管理、国际商务、农林经济管理、旅游管理、国际经济与贸易等）的研究生、本科生、高职生学习"绿色营销""绿色管理""企业社会责任""可持续发展管理""绿色创新管理""商业伦理""农产品营销"等相关课程的教学参考书、实训实践指导书或课外阅读书目，还可以为从事绿色营销相关工作的职场人士（如政府管理者、企业管理人员、非营利组织人士等）提供实践操作指导。

尽管编者已经做出最大的努力，但由于编者水平有限，加上编写时间比较仓促，书中难免存在不当或者错漏之处，敬请各位专家、学者、老师和同学批评指正。

王建明
2022 年 7 月 15 日于杭州

目 录

第一篇　绿色营销的内涵和概述

第一章　绿色营销的产生和内涵 3
- 第一节　绿色营销的产生 4
- 第二节　绿色营销的内涵 8
- 第三节　绿色营销的内容 12
- 第四节　绿色营销的观念 15
- 本章小结 17
- 核心概念 18
- 本章思考题 18
- 本章即测即练 18
- 本章实训指南 18
- 本章综合案例：绿色营销有多少种路径？ 18

第二章　绿色营销的理论和实践 21
- 第一节　绿色营销的宏观理论 22
- 第二节　绿色营销的微观理论 26
- 第三节　绿色营销的国外实践 29
- 第四节　绿色营销的国内实践 35
- 本章小结 41
- 核心概念 41
- 本章思考题 41
- 本章即测即练 41
- 本章实训指南 42
- 本章综合案例：雪碧放弃绿色瓶到底为什么？ 42

第二篇　绿色营销的价值洞察

第三章　绿色消费市场的洞察 47
- 第一节　绿色消费市场的特征 48

第二节　绿色消费市场的分析 ·· 51

第三节　绿色消费市场的调查 ·· 56

第四节　绿色消费者行为分析 ·· 64

本章小结 ·· 72

核心概念 ·· 72

本章思考题 ·· 73

本章即测即练 ·· 73

本章实训指南 ·· 73

本章综合案例：如何让人们为环保产品花更多钱？ ·· 73

第四章　绿色产业市场的洞察

第一节　绿色产业市场的概述 ·· 77

第二节　绿色产业市场的分析 ·· 81

第三节　绿色产业市场的细分 ·· 86

第四节　绿色产业市场行为分析 ·· 89

本章小结 ·· 96

核心概念 ·· 97

本章思考题 ·· 97

本章即测即练 ·· 97

本章实训指南 ·· 97

本章综合案例：天合光能如何做好绿色供应链管理？ ·· 97

第三篇　绿色营销的价值创造

第五章　绿色市场战略和定位

第一节　绿色市场细分 ·· 104

第二节　绿色目标市场选择 ·· 110

第三节　绿色市场定位 ·· 115

本章小结 ·· 120

核心概念 ·· 121

本章思考题 ·· 121

本章即测即练 ·· 121

本章实训指南 ·· 121

本章综合案例：泉林本色纸的困局与突围路径在哪儿？ ······································ 121

第六章　绿色产品策略和创新······125

第一节　绿色产品整体策略······126
第二节　绿色产品组合策略······130
第三节　绿色包装和品牌策略······135
第四节　绿色产品创新策略······138
本章小结······142
核心概念······142
本章思考题······143
本章即测即练······143
本章实训指南······143
本章综合案例：华为如何开辟绿色5G新赛道？······143

第四篇　绿色营销的价值传递

第七章　绿色产品价值和价格策略······149

第一节　绿色产品的价值和价格······150
第二节　绿色产品的价值策略······155
第三节　绿色产品的定价方法······157
第四节　绿色产品的价格策略······161
本章小结······165
核心概念······165
本章思考题······165
本章即测即练······165
本章实训指南······166
本章综合案例：中林如何探索生态产品价值实现机制？······166

第八章　绿色价值链和分销渠道策略······169

第一节　价值链与绿色分销渠道······170
第二节　绿色分销渠道成员关系策略······174
第三节　分销渠道绿色化管理策略······178
第四节　逆向流渠道管理······183
本章小结······187
核心概念······187
本章思考题······188

本章即测即练·························188
　　本章实训指南·························188
　　本章综合案例：立白如何构建绿色全价值链？·······188

第五篇　绿色营销的价值传播

第九章　绿色促销和公共关系策略·················195
　　第一节　绿色促销的内涵和类型···············196
　　第二节　绿色人员推销策略·················197
　　第三节　绿色销售促进策略·················203
　　第四节　绿色公共关系策略·················206
　　本章小结··························209
　　核心概念··························210
　　本章思考题·························210
　　本章即测即练·························210
　　本章实训指南·························210
　　本章综合案例：如何让绿色更流行？·············211

第十章　绿色广告和传播策略··················213
　　第一节　绿色广告的内涵和类型···············214
　　第二节　线下绿色广告与传播策略··············218
　　第三节　线上绿色广告与传播策略··············221
　　第四节　精准绿色广告与传播策略··············224
　　本章小结··························226
　　核心概念··························226
　　本章思考题·························227
　　本章即测即练·························227
　　本章实训指南·························227
　　本章综合案例：企业在绿色环保路上都做了些什么？······227

第六篇　绿色营销的实施和未来

第十一章　绿色营销的实施和评价·················231
　　第一节　绿色营销的推行实施················233
　　第二节　绿色营销的绩效评价················239

  第三节 绿色营销的迭代优化······244
  本章小结······248
  核心概念······249
  本章思考题······249
  本章即测即练······249
  本章实训指南······249
  本章综合案例：格力如何以增值服务置换废弃电器？······250

第十二章 绿色营销的拓展和未来······251

  第一节 绿色营销的知识拓展······255
  第二节 绿色营销的前沿领域······263
  第三节 绿色营销的未来发展······269
  本章小结······273
  核心概念······274
  本章思考题······274
  本章即测即练······274
  本章实训指南······274
  本章综合案例：雀巢如何把可持续理念做到透彻？······274

参考文献······278

附录······283

  综合案例1 天猫为品牌找到绿色营销新解法······283
  综合案例2 巴塔哥尼亚的反套路营销······286
  综合案例3 品牌怎样才能"绿"得与众不同？······289
  综合案例4 为了可持续发展，营销是否需要做减法？······292

第一篇

绿色营销的内涵和概述

第一章

绿色营销的产生和内涵

◆ 本章导语

绿色营销是为目标市场创造、沟通和交付绿色价值,以满足顾客、客户、合作伙伴和社会现实或向往的绿色需求的过程。

◆ 本章引例

环保运动引发绿色营销

这些年来,环境保护主义运动得到了公众的广泛支持。人们所面临的越来越多的环境问题——全球性变暖、酸雨、臭氧层的消失、空气和水的污染、有毒的废弃物、固体废料的堆积——都亟待解决。新的环境保护主义运动使得消费者重新思考他们要买什么、从哪里购买。消费者态度的变化引发新的营销策略——绿色营销——由企业开发、营销适应环境保护主义的产品。

作为全球大型跨国连锁餐厅,麦当劳(McDonald's)已是公众关于食物导致肥胖、公司道德和消费责任讨论的焦点,被指责为影响公众健康的垃圾食品。在这种情况下,麦当劳率先成为行业典范,积极采用绿色营销的方式,改变公众对麦当劳的负面印象。

2018年,麦当劳在全球宣布了"Scale For Good"可持续发展愿景及行动计划,其中包括了包装与回收、儿童营养、儿童福祉、青年就业等领域。麦当劳希望通过自身规模,为顾客、为下一代、为地球,做出有意义的改变。麦当劳将和中国与其他100多个国家及地区一起逐步推动相关计划的落实。同年10月,麦当劳在中国宣布实施"Scale For Good"可持续发展行动计划,并将其阐释为:"我们的一小步,世界的一大步"。

(1)开设绿色餐厅。麦当劳计划从2018年底至2022年,在中国开设超过1 800家符合美国绿色建筑委员会(USGBC)颁发的"能源与环境设计先锋评级"(Leadership in Energy and Environmental Design,简称LEED)中"室内设计与施工"(简称ID+C)类别的认证标准的绿色餐厅,占全部新餐厅的95%以上,做到从餐厅选址与设计、建材与施工,到能源管理上推动节能减排,全面减少对环境的负面影响。这也是其首次在中国开发及应用的LEED Volume批量认证,涉及门店数量为亚太区之首。对于现有的餐厅,麦当劳也坚持改造,如使用LED节能灯具、更高效能的空调及厨房设备等优化能源管理,目标是在2022年实现较2018年降低11%的平均能耗。

（2）修改包装设计。麦当劳的绿色行为还体现在其包装设计上，它在确保顾客用餐体验的前提下，更负责任地使用包装，不断优化并减少包装材料。第一，积极减少包装材料的使用，并持续推动三项绿色包装行动计划。2015年，麦当劳在中国将麦辣鸡腿堡、麦香鱼以及板烧鸡腿堡的包装盒改为单层包装纸，减少了相关产品包装近80%的用纸量。对于薯条盒、派盒、汉堡包装纸、餐巾纸、开心乐园餐纸盒等包装，麦当劳也优化裁切工艺和尺寸设计，令所需用纸量减少约20%。第二，减少塑料的使用。2020年6月，麦当劳宣布在食品包装上进一步减塑，逐步停用塑料吸管。2020年6月30日起，近千家分布于北京、上海、广州和深圳的餐厅堂食及外带率先实行，消费者可通过新型杯盖直接饮用不含固形物的冷饮（如可乐），并计划相关减塑举措在2020年内覆盖中国内地所有餐厅，预计每年约减少400吨塑料用量。第三，百分百使用国际森林认证的原纸。2020年，麦当劳在中国使用百分百采用森林管理委员会（FSC）或森林认证认可计划（PEFC）认证的原纸制食品包装，以支持可持续的森林管理。

麦当劳的绿色行为获得了世界级的环保背书。麦当劳中国首席执行官张家茵表示："我们一直在思考，如何通过自身的规模，为顾客以及下一代做出有意义的改变。麦当劳绿色餐厅行动获得行业认可，更加坚定了我们的可持续发展理念。今后，我们将与全行业携手共进，推动更多真正的变革。"2019年，麦当劳中国获得由皇家特许测量师学会（RICS）颁发的"年度可持续发展成就大奖"。

绿色营销与可持续发展息息相关。企业采用绿色营销的方式不仅有利于节约企业成本，还有助于建立企业关注人类可持续发展的绿色形象。

资料来源：根据菲利浦·科特勒《"环保运动"引发"绿色营销"》（"科特勒营销战略"公众号，2021年6月11日）相关内容整理改编。

◆ 本章知识结构图

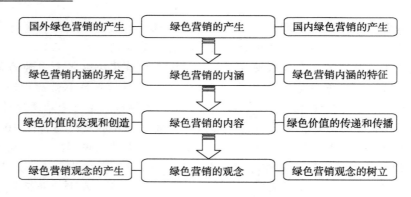

第一节 绿色营销的产生

一、国外绿色营销的产生

1972年6月5日，世界各国共同探讨当代环境问题和保护全球环境的第一次国际会议——联合国人类环境会议举行，会议通过了《联合国人类环境会议宣言》和《行动计划》。这是人类采取共同行动向保护环境迈出的第一步，也是人类环境保护史上具有里程碑意义的重要会议。在此之后，环境保护与绿色发展问题开始受到国际社会的重视。但总体上说，早期的环境保护和绿色发展主要着眼于生产领域，更关注生产方式的变革，如强调生产技术的绿色化等。直到20世纪八九十年代，来自消费领域的"下游效应"和"反弹效应"问题日益突出，国际社会开始反思"重生产、重技术、轻消费"的局限（沈满洪和张少华，2012）。消费端绿色化问题逐渐得到关注。越来越多的国家和国际组织开始注重对消费者的消费行为和消费模式进行绿色化的引导，使之与绿色生产相适应。

要实现可持续发展，绿色（可持续）生产和绿色（可持续）消费缺一不可。1992年，联合国环境与发展会议通过了具有里程碑意义的重要文件——《21世纪议程》，会议指出："不可持续的消费和生产形态共同造成了全球环境的持续恶化。"1994年，联合国召开"可持续消费专题研讨会"，指出："对于可持续消费，不能孤立地理解和对待，它连接着从原料提取、预处理、制造、产品生命周期到影响产品购买、使用、最终处置诸因素等整个连续环节中的所有组成部分，而其中每一个环节的环境影响又是多方面的"。2002年，联合国召开"可持续发展世界首脑会议"，通过了《约翰内斯堡可持续发展宣言》和《可持续发展问题世界首脑会议执行计划》。会议强调"消除贫困、改变消费和生产方式、保护和管理经济与社会发展所需的自然资源是可持续发展的中心目标，也是可持续发展的根本要求"，并指出"根本改变社会的生产和消费方式是实现全球可持续发展所必不可少的，所有国家都应努力提倡可持续的消费形态和生产形态"。

要实现可持续消费形态和可持续生产形态的同步发展，绿色营销（green marketing）就成了连接两端的重要工具。绿色营销将消费者的绿色需求嵌入企业产品生产中，推动企业产品生产和运营管理的绿色化转型，同时通过洞察并满足消费者绿色需求，能更好地为社会创造绿色价值。

作为指导企业经营活动的一种全新思想观念，绿色营销①是在生产观念、产品观念、推销观念、市场营销观念之后形成的。绿色营销的产生和发展主要经历了以下几个阶段：

第一阶段为酝酿初生阶段（20世纪60—70年代）。第二次世界大战后，全球生产力空前发展与环境问题日益突出之间的矛盾加剧。这种难以调和的矛盾引发了人们对环境问题的初步思考。20世纪60年代，蕾切尔·卡森（Rachel Carson）的《寂静的春天》和"罗马俱乐部"的《增长的极限》等经典著作的问世使人们关注经济发展与环境问题的关联。20世纪70年代，发达国家的许多学者发现诸多生态环境问题如资源耗竭、环境污染等，均与企业的传统营销模式有很大关联，开始从社会角度思考企业营销对生态环境的影响，传统的市场营销理论开始遭受来自其他非主流营销理论者的批评。理论界讨论并提出了对环境保护有利的生态营销、可持续营销等概念，认为有效应对环境问题的关键在于企业必须改变自身原有的营销模式。

第二阶段为萌芽产生阶段（20世纪80年代）。20世纪80年代，伴随生态环境的持

---

① 绿色营销有一些相近的术语，如环境营销（environmental marketing）、生态营销（ecological marketing）、可持续营销（sustainable marketing）等。

续恶化，包括可持续、绿色消费者需求、竞争优势、经济效果和环境质量等要素的生态营销观念开始出现。1988年，埃尔金顿（Elkington）和海尔斯（Hailes）出版了《绿色消费者指南》一书，从消费者的角度提出对环境保护的需求与向往，为绿色营销的萌生创造了机会。"现代营销学之父"菲利浦·科特勒（Philip Kotler）也在20世纪其80年代所著的《营销管理》一书中提出"社会营销"概念，指出营销者在制定营销策略时应权衡企业、消费者和社会三方面的利益，也为绿色营销这一营销分支的萌生奠定了重要基础。然而在这一阶段实践中，企业发现想要在保证竞争优势的同时兼顾产品和营销的绿色化是非常困难的，绿色营销的导向很容易与企业文化、策略和利益发生冲突。

第三阶段为快速发展阶段（20世纪90年代）。20世纪90年代初，学界掀起了绿色营销研究的热潮。英国的肯·毕提（Peattie，1992）和美国的杰奎琳·奥特曼（Ottman，1993）最早于20世纪90年代在著作中明确提出绿色营销概念。此后，绿色营销观念开始在全球范围内迅速传播。20世纪90年代末，学者们从环境和持续性需求角度出发，提出了持续性绿色营销的概念，即用一种有利和持续性的方法区分、预测和满足消费者及社会需要的过程，并对其进行相应的管理，最终实现企业营销活动与生态系统相协调（Peattie，2001；徐大佑和韩德昌，2007）。由此，在全球范围内开启了绿色营销的快速发展时代。

 思维扩展

在数字时代，绿色营销如何进一步发展？

延伸阅读1-1

人物小传：绿色营销研究的鼻祖——肯·毕提

肯·毕提（Ken Peattie）教授是最早在出版著作中明确提出绿色营销概念的学者之一。毕提现为英国卡迪夫大学（Cardiff University）商业关系可持续性和社会责任研究中心（BRASS）主任，卡迪夫商学院的营销和战略教授。他曾在一家美国跨国报纸集团从事营销系统分析，并为英国电子产业进行过战略规划。毕提教授在绿色营销领域出版过多部著作，如《绿色营销》（Green Marketing，1992）、《环境营销管理：迎接绿色挑战》（Environmental Marketing Management: Meeting the Green Challenge，1995），等等。毕提和弗兰克·贝尔茨（Frank-Martin Belz）合作出版的著作《可持续营销：全球视角》（Sustainability Marketing: A Global Perspective）被德国商业研究协会授予"2010年度商业图书"的称号。毕提指出："可持续发展不是一个商业问题。对企业来说，它是从长远角度看待世界的一种方法和途径。"

资料来源：根据佚名《肯·毕提》（英国卡迪夫大学网站）相关资料整理。

二、国内绿色营销的产生

回顾我国绿色营销的产生和发展过程可以发现，绿色营销在国内大致经历了三个发展阶段：1978 年至 20 世纪 80 年代、20 世纪 90 年代至 2012 年、2013 年至今。

第一阶段为绿色营销的启蒙阶段（1978 年至 20 世纪 80 年代）。中国绿色营销思想出现的时间较晚，萌发于改革开放以后。在世界绿色营销思想蓬勃发展的背景下，我国环境污染与生态破坏问题突出，政府主导下的环境保护与可持续发展思想萌发。在 20 世纪 70—80 年代，我国开始探索绿色发展理念。这个阶段，我国主要强调从企业端对生产的污染源进行控制，企业也开始尝试在营销领域进行绿色化改变。随着社会的发展，民众内心充满着对美好生活的向往，其中就包括对美丽环境的向往。因此，越来越多的企业开始向可持续生产转型，这不仅是因为政策的引导，更是因为消费端能够带来绿色价值。但在这个时期，国内的绿色营销理念还比较模糊。

第二阶段为绿色营销的成长阶段（20 世纪 90 年代至 2012 年）。20 世纪 90 年代初开始，伴随着经济不断发展，消费者的环境观念不断提升，企业的绿色营销内容也不断丰富。20 世纪 90 年代初，国内学者也开始从不同角度展开对绿色营销的研究，进一步丰富和发展了绿色营销的概念及其意义。随着理论界对绿色营销研究的深入，很多有前瞻意识的研究者开始意识到绿色环保是必然发展趋势，理论界出现了对于诸如绿色消费、绿色包装、绿色食品等绿色营销词汇的解释性文章及对未来绿色消费趋势的预测。绿色营销相关理论的研究也被带动，如绿色流通、政府和非政府组织的作用等。2003 年，时任浙江省委书记的习近平同志在浙江启动"生态省"建设，2005 年，习近平同志在浙江安吉考察时首次提出"绿水青山就是金山银山"的科学论断和发展理念。2007 年党的十七大上，胡锦涛同志指出"建设生态文明，基本形成节约资源和保护生态环境的产业结构、增长方式、消费模式"，党中央首次明确提出建设生态文明。众多企业纷纷响应国家政策，开始深入探索绿色营销发展模式。

第三阶段为绿色营销的成熟阶段（2013 年至今）。2012 年，党的十八大首次提出建设"美丽中国"，首次把生态文明建设纳入中国特色社会主义事业"五位一体"总体布局，系统破解了经济发展与生态保护的协调难题。十八大以后，我国的生态文明建设脚步加快，各项环保制度和法律相继出台，为企业深入开展绿色营销创造了良好的政策环境。伴随生态文明建设与企业绿色营销实践深度融合，我国企业的绿色营销逐步全面深化。当前，云计算、大数据、物联网、移动互联网、人工智能等新一代信息技术和商业模式为企业绿色营销带来良好的发展契机，绿色营销与数字化手段的结合也更加紧密。2020 年 9 月，中国明确提出 2030 年"碳达峰"与 2060 年"碳中和"目标，在这一目标的驱动下，企业作为实现碳达峰碳中和目标的关键主体，正通过绿色营销承担更多的环境责任，助推实现碳达峰碳中和的战略目标。

扩展阅读 1-1　人物小传：中国绿色营销研究的先行者——万后芬

第二节　绿色营销的内涵

一、绿色营销内涵的界定

绿色营销作为一种全新的营销模式和营销理念，其内涵在不断发展。毕提（Peattie，1992）认为，绿色营销是一种能辨识、预期以及符合消费的社会需求，并且可带来利润和永续经营的管理过程。奥特曼（Ottman，1993）则从组织的角度出发，认为绿色营销必须把环境因素考虑到营销的各个环节当中，包括从新产品到沟通之间的全过程。此外，绿色营销还需具有整体性特征，即除了涉及供应商、零售商和新的利益相关者等市场主体外，教育工作者、社区成员、管制者、非政府组织也要"卷入"其中，这意味着环境问题应与消费者的主要需求相平衡（Ottman，2011）。任来玲（1998）认为，绿色营销是在现代市场营销基础上增加环境保护意识，并在其营销活动中体现出"无废无污""无任何不良成分""无任何副作用"特征的一种营销方式。魏明侠、司林胜和孙淑生等人（2001）认为绿色营销是在可持续发展观的要求下，企业从承担社会责任、保护环境、充分利用资源、长远发展的角度出发，在产品研制、开发、生产、销售、售后服务的全过程中，采取相应措施，达到消费者可持续消费、企业可持续生产、社会可持续发展三方面的平衡。秦仲篪和刘昊（2003）认为绿色营销是企业在营销过程中，将企业自身利益、消费者利益和环境保护利益三者统一起来，并以此为中心进行营销的过程。美国市场营销协会（American Marketing Association，AMA）对绿色营销的最新定义为：绿色营销是指对环境安全产品的开发和营销（即旨在尽量减少对物理环境的负面影响或提高其质量）。该术语还可用于描述以敏感响应生态问题的方式来生产、推广、包装和回收产品的努力。由此可见，绿色营销除了传统营销的交换、满足、价值、顾客、市场细分、定位和关系等基本概念以外，还包括了生态、环保、健康、可持续等许多新概念特性。

> **思维扩展**
>
> 相对于传统时代来说，数字时代的绿色营销有何独特内涵？

从理论界对绿色营销的内涵界定看，由于研究角度不同或概括精炼度的差异，不同学者对绿色营销概念的界定不完全一致，但从本质上讲都普遍认为：①绿色营销是一种以环境保护为出发点的全新营销观念和全新营销模式。绿色营销以现代市场营销为基础，又在其基础上考虑了环境因素，吸纳了生态、环保、健康等许多新概念元素。②绿色营销的全过程化。绿色营销既涉及绿色产业链上紧密相关的多个利益相关主体，也包含生产、销售、购买、回收等全过程，更加强调营销的整体性、系统性和闭环性。③绿色营销需要平衡消费者、企业、社会三方利益。在绿色营销中，消费者绿色消费、企业绿色生产和社会可持续发展得到协调统一。虽然学界在对绿色营销内涵的界定上都提到了预期社会需求和交换、满足价值等方面的内容，但对绿色价值或绿色需求这一关键的概念特性尚未予以充分深入的研究和界定。

随着居民环境意识的不断增强以及人们对美好生活的向往，绿色价值空间正在不断扩张。当前社会已步入新时代，这意味更广领域与更深内涵的绿色需求、绿色向往将被激发和释放。旺盛的绿色需求和潜在的绿色向往都为绿色价值的发掘创造了条件。此外，政府政策的推动和非营利组织的努力也为创造和实现绿色价值提供了重要保障。绿色营销的本质在绿色价值的创造、沟通和交付过程中更加凸显。传统观点认为绿色价值的实现只涉及企业和消费者两个主体，已无法适应当前的绿色发展现状。绿色营销参与者不再仅仅局限于企业和消费者两个主体，政府和非营利组织也被纳入绿色营销参与者范畴中，这开启了全员绿色营销的新时代。

由此，**本书将绿色营销定义为：为目标市场创造、沟通和交付绿色价值，以满足顾客、客户、合作伙伴和社会现实或向往的绿色需求的过程。**这里的绿色价值或绿色需求就是体现节约资源和环境保护要求的价值或需求。绿色营销企业需要对消费者及其绿色需求有深入的理解，才能创造出被他们真正认可的绿色价值，再表里如一地传递、传播和交付绿色价值，从而取得合理的商业回报和社会回报。因此，从本质上而言，绿色营销始终围绕绿色价值流转，是一条从绿色价值洞察发现、绿色价值创新创造、绿色价值交付传递、绿色价值传播沟通的"价值流"。其中涵盖了绿色价值的发现、认知、表达、交付、交互等要素。具体来说，绿色营销的内涵包括如下要点：

第一，绿色营销的对象是绿色价值。对企业主体而言，绿色价值是组织遵循"减量化、再利用、资源化"原则从而实现其产品或服务的节能价值、减排价值、生态价值，实现经济价值和环境价值的双重价值创造，通俗地理解就是实现相应绿色产品或服务的生成。对组织的顾客、客户、合作伙伴和社会而言，组织创造的绿色价值不仅能满足他们的绿色需求，也能给他们带来经济效益、社会效益和环境效益。因此绿色价值既反映着社会各主体的绿色需求，也为组织绿色发展创造动力。

第二，绿色营销的主体不仅包含企业，还包含政府、非营利组织等非企业主体。企业直接面向消费者群体，是绿色营销的发起者、决策者、组织者，也是绿色营销的受益者，所以企业往往被认为是绿色营销的主体。但是随着绿色营销内涵的深化与扩展，绿色营销的主体也拓展至政府和非营利组织等。这是由于绿色营销不仅仅关系到经济效益，更关系到社会效益和环境效益，企业在绿色价值发现、创造、传递和传播上发挥的作用是有限的，需要政府和非营利组织发挥其不可替代的作用，多种主体相互配合、共同推进。

第三，绿色营销的客体包括顾客、客户、合作伙伴和社会。以往绿色营销的客体通常是指绿色产品的消费者，即顾客。如今，随着绿色供应链、绿色产业链等概念的提出，绿色营销的客体已扩展至与其绿色营销活动有紧密关联的人或单位，即客户。客户同样也是绿色营销需要满足的基本对象，而且相比而言，顾客更具忠诚性。合作伙伴也是企业绿色营销的客体之一，是绿色产业链上有商业合作往来的代理或经销商等，企业的合作者会参与绿色价值的创造、沟通和交付过程。从更广泛的角度说，绿色营销所涉及的方方面面离不开社会的支持，整个社会也是绿色营销的客体。

第四，绿色营销的目标是满足现实或向往的绿色需求。从消费者的角度看，需求是可被购买能力满足的欲望，绿色需求则是人们对生态环保的追求同物质需求相结合的产物，它讲究经济和生态效益，并符合平等、人道原则。现实的绿色需求是指消费者在日常生活中已经存在的对生态环境保护的需求，这些需求较为迫切，如产品使用节能无污染、方便回收、可循环再利用等。向往的绿色需求指长远的绿色需求，需要一个长期的过程才能实现，如对绿水青山、美丽环境的向往。这种现实或向往的绿色需求往往具有个性化特征，这也意味着绿色营销目标的实现越来越依赖大数据支撑下的个性化绿色营销。

第五，绿色营销的过程涵盖创造、沟通和交付绿色价值。创造即"从无到有"，沟通即"价值与需求匹配"，交付即"价值的实现"。本书中创造、沟通和交付分别是指绿色价值"从无到有"、绿色价值与绿色需求匹配，以及绿色价值最终实现。即产品从设计生产到交付和售后，都紧密围绕绿色价值这一核心。绿色价值是依据顾客、客户、合作伙伴和社会的绿色需求，从产品生产中创造出来的，要想使创造出的绿色价值得以实现，就必须与服务对象进行绿色价值沟通，如此才能让绿色价值与绿色需求对接。最后，企业通过与服务对象进行产品交付使得绿色价值最终实现。

绿色营销内涵与传统营销内涵的差异如表 1-1 所示。

表 1-1　绿色营销内涵与传统营销内涵的差异

维度	绿色营销内涵	传统营销内涵
对象	绿色价值	一般产品或服务
主体	企业以及政府、非营利组织等非企业主体	企业
客体	顾客、客户、合作伙伴和社会	顾客
目标	满足现实或向往的绿色需求	满足现实或潜在的需求
过程	创造、沟通和交付绿色价值	创造、沟通和交付一般产品或服务

注：本书中绿色营销指的是"数字时代的绿色营销"。由此，这里的内涵差异是指"数字时代的绿色营销"与"传统时代的一般营销"之间的差异，后文不再一一解释注明。

延伸阅读1-2

经验借鉴：Opower 帮家庭实现节能、为用户创造价值

发达国家有不少家庭能源数据分析公司，这些数据公司与公用的电力公司合作，他们利用自己的云数据平台优势，在很大程度上抢占了家庭消费者的"入口"。其中一个典型例子是美国的 Opower 公司。Opower 在 2007 年创办，他们获取家庭消费者的能源使用数据与别的公司不同，除了结合大数据方法，Opower 还应用了行为科学理论，对消费者的用电行为进行更全面的分析，由此为用户提供更适合他们的节能减耗方案。在电力改革以及互联网+能源的大风潮下，Opower 的模式在一定程度上能够激发国内一批想要参与进电力市场的创业者们的灵感。

Opower 公司通过自己的软件，对公用事业企业的能源数据，以及其他各类第三方数据进行深入分析和挖掘，进而为用户提供一整套适合其生活方式的节能建议。截至 2015 年 10 月，根据 Opower 网站上的动态信息，其已累计帮助用户节省了 82.1 亿 kW·h 的

电力，节省电费 10.3 亿美元，减排二氧化碳 54.93 亿千克，随着用户规模逐渐增大，这些数据均以加速度在增长。

（1）提供个性化的账单服务，清晰显示电量情况。Opower 公司利用云平台，结合大数据和行为科学分析，对电力账单的功能进一步拓展。一方面，具体针对用户家中制冷、采暖、基础负荷、其他各类用能等用电情况进行分类列示，通过柱状图实现电量信息当月与前期对比，用电信息一目了然；另一方面，提供相近区域用户耗能横向比较，对比相近区域内最节能的 20% 用户耗能数据，即开展邻里能耗比较。此外，Opower 的账单改变了普通账单以往单调、刻板的风格，在与用户沟通界面上印上"笑脸"或"愁容"的图标，对于有效节能的行为给出鼓励的态度。

（2）基于大数据与云平台，提供节能方案。Opower 基于可扩展的 Hadoop 大数据分析平台搭建其家庭能耗数据分析平台，通过云计算技术，实现对用户各类用电及相关信息的分析，建立每个家庭的能耗档案，并在与用户邻里进行比较的基础上，形成用户个性化的节能建议。这种邻里能耗比较，充分借鉴了行为科学相关理论，将电力账单引入社交元素，与"微信运动"的模式十分类似，为用户提供了直观、冲击感较强的节能动力。

（3）构建各方共赢的商业模式。虽然 Opower 的目标是为用户节电，但其自我定位是一家"公用事业云计算软件提供商"，其运营模式并不是 B2C 模式（企业对终端消费者），而是 B2B 模式（企业对企业）。电力企业选择 Opower，购买相关软件，并免费提供给其用户使用。Opower 为用户提供个性化节能建议，同时也为公用电力公司提供需求侧数据，帮助电力公司分析用户电力消费行为，为电力公司改善营销服务提供决策依据等。

在能源互联网+新电改的背景下，在大数据+云计算的新时代，依托电力大数据的电网将迎来新的发展机遇。电网公司也可以利用能源互联网，运用包括云计算、大数据技术，了解用户们形式多样的能源诉求，再有针对性地为用户定制创新的综合能源解决方案，从而实现用户的节能减排和电能成本降低。Opower 的成功，也证明了"互联网+大数据+电力能源"这样一条路径的可行性。

借鉴 Opower 的邻里能耗比较，并结合"微信运动"的模式，国内电网公司也可以将电力账单引入社交元素，为用户提交一份更个性化和贴心的电力账单。通过导入家庭能耗数据，将其置于微信庞大社交链中实现好友分享及排名。将电力账单与社交相结合，朋友间这种家庭能耗的对比，一方面可以使电力账单服务更个性化，另一方面也会促使人们进行节能减耗。

资料来源：根据封红丽《国内外综合能源服务发展现状及商业模式研究》（能源研究俱乐部/碳排放交易网，2020 年 2 月 7 日）资料整理。

二、绿色营销内涵的特征

绿色营销有其独特的特征：①原则特征。区别于传统营销专注于协调企业、消费者、竞争者三者关系的原则，绿色营销遵循保护环境、节约资源、可持续发展的原则，在将社会这一重要方面引入营销的过程中，不仅要考虑企业的经济效益，还要承担起社会环保责任，在将社会效益和环境效益视作同等重要的方面。②价值特征。区别于以往企业向消费者传递一般产品价值、满足消费者一般的预期消费需求，绿色营销向消费者创造、沟通和交付的绿色价值，不仅包含环境保护价值，还包含社会价值、情感价值、体验价值、形象价值等绿色价值取向。③手段特征。区别于以往企业采用产品、价格、渠道、促销及其组合等传统营销手段，绿色营销围绕绿色因素选择营销手段，注重采用在绿色需求的调查、营销全过程中降低污染、开发和经营符合绿色标准的绿色产品、树立企业绿色形象等手段。④渠道特征。区别于以往使用中间商、代理商等分销渠道和人员推销、广告促销等促销渠道，绿色营销倡导简化分销环节，采用绿色广告、精准广告、绿色公共关系、绿色人员等渠道进行促销，以此降低资源消耗和环境污染。

绿色营销与传统营销的特征差异如表1-2所示。

表1-2　绿色营销与传统营销的特征差异

维度	绿色营销	传统营销
原则	保护环境、节约资源、可持续发展的原则，考虑社会环保因素	协调企业、消费者、竞争者三者关系
价值	创造、沟通和交付包含环境保护价值、社会价值、情感价值、体验价值、形象价值等绿色价值取向	传递一般产品价值、满足消费者一般的预期消费需求等一般价值趋向
手段	围绕绿色因素选择营销手段	采用产品、价格、渠道、促销及其组合等营销手段
渠道	简化分销环节，采用绿色广告、精准广告、绿色公共关系、绿色人员等促销渠道	使用中间商、代理商等分销渠道和人员推销、广告促销等促销渠道

第三节　绿色营销的内容

关于绿色营销的内容，许多学者进行了探索研究。秦仲篪和刘昊（2003）在战略管理、战术管理、作业管理三个层次上系统阐述了绿色营销的内容。在战略管理上，企业在绿色营销中应重视生态战略，启动生态工程，把绿色产品开发与环境保护结合起来。在战术管理上，企业进行绿色营销应有明确的目标体系、科学的计划和高效的组织，使生态方案落到实处。在作业管理上，企业应重视提高员工素质，加强培训，树立全员绿色营销意识。同时建立质量保证制度和生态监测制度，使生态责任落实到工段、班组、岗位和个人，以此规范员工的行为。井绍平和李芸达（2007）认为绿色营销应包括产品、价格、促销、分销、服务和员工这些要素，并且每个要素都应当贯彻绿色营销的思想和行为，如此才能更好地与消费者之间形成一种互助、互求、互需的关系。李名梁（2010）则把绿色营销的内容概括为树立绿色营销观念、收集绿色信息、开发绿色产品、强化产品的绿色包装、制定绿色价格、选择绿色销售渠道、开展绿色促销、加强绿色销售服务、推行绿色管理、积极参加并取得绿色认证标志等。综上所述，可见学者们对绿色营销内容界定的侧重点虽有差异，但核心内容基本相似，都注重在营销活动的全过程、全方面体现绿色内涵。

根据本书对绿色营销的定义，我们认为绿色营销的内容包括绿色价值发现、绿色价值创造、绿色价值传递、绿色价值传播四个部分（如图1-1所示）。这四部分价值内容的实现是绿色营销得以实施的关键。

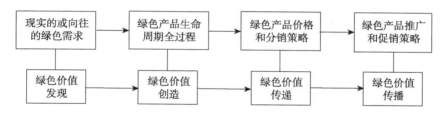

图 1-1　价值视角下的绿色营销内容

首先是绿色价值发现。绿色价值发现来源于绿色需求洞察，没有绿色需求洞察就没有绿色价值的创造、传递和传播。满足顾客、客户、合作伙伴和社会的绿色需求是企业进行绿色营销的目标所在。因此，对顾客、客户、合作伙伴和社会的绿色需求进行深入发掘和洞察是绿色价值得以实现的重要前提。绿色需求分析和绿色价值发现也为企业制定绿色市场战略、定位绿色产品目标市场以及制定绿色产品策略提供重要的决策依据。同时，绿色需求包含现实的绿色需求和潜在的绿色需求，因此企业需要兼顾这两种需求的协同发掘。进入数字时代，由于互联网、大数据等新技术的快速发展，企业可借助新技术获取海量消费数据，从而更快、更准确地对目标消费市场、产业市场的绿色需求进行洞察分析，对消费者绿色消费行为特征、消费者绿色消费考量因素、绿色消费驱动因素、绿色消费的关注点、绿色生活方式以及绿色价值感知方式等产生更加持续和深入的理解，进而为企业后续创造绿色价值提供思路和基础。

其次是绿色价值创造。绿色价值创造就是企业进行绿色自我探索和发现的过程。绿色价值创造是企业对自己"要为什么人提供什么样的绿色价值"的独特解答，是决定企业绿色差异化的第一要素。绿色价值创造需要基于绿色需求分析和绿色价值发现，企业通过准确分析消费者的绿色需求，可以更准确地选择目标市场，提高企业绿色产品服务的精准性，避免同质化竞争，更关键的是其能决定绿色价值的创造能否实现最大化。绿色价值的创造不仅体现在绿色产品的包装、品牌策略等方面，还体现在绿色产品的设计、生产、使用当中。绿色产品的设计既要满足一般需求，也要尽可能地创造出资源节约、节能减排等价值，从而产生生态效益。在数字时代中，企业借助数字技术手段可以创造出更多的绿色价值。绿色营销者可借助大数据技术对产品全生命周期中的资源消耗、碳排放量等指标进行量化，或者通过服务对象的反馈来挖掘潜在的绿色价值。

再次是绿色价值传递。绿色价值传递就是通过一些组合对其表达和传导，这个组合通常包括绿色价值相关的名称、商标、标语、产品、包装、价格等。产品的绿色价值需要通过制定绿色产品价格和分销策略来向顾客、客户、合作伙伴和社会等服务对象进行传递。绿色产品的价值传递决定了绿色价值能否得以交付，也决定着企业创造的绿色价值能否最终实现。绿色产品的价格策略依据绿色产品的价值而制定绿色产品价格，同时需考虑目标顾客的价格接受能力。绿色产品分销主要依靠分销渠道和供应链，二者的选择要以可持续为原则，尽可能缩短流通渠道，减少渠道资源消耗，降低渠道费用。绿色产品价格策略和分销渠道策略的制定对绿色营销过程中绿色价值的沟通和交付起着关键性的作用。在数字时代，产品价格制定的决策过程可以凭借数字技术成倍地提升效率，绿色产品的分销也能通过开辟线上分销渠道（如网上商城、直播平台、手机 App 等）来减少传统分销渠道的碳排放,进而更有效地传递绿色价值。如很多企业建立以自有品牌为基础的 B2C 商城,以时下流行的网络购物帮助民众更加便利地获取绿色价值,并推动了购买渠道的绿色化和低碳化。

最后是绿色价值传播。绿色价值传播决定着企业创造的绿色价值能否最终实现。企业通过绿色传播沟通向目标客户、顾客和合作伙伴展示绿色产品的独特价值,而顾客、客户和合作伙伴要理解绿色价值也需要绿色产品的传播。绿色价值传播包括绿色促销与公共关系、绿色广告传播。绿色价值传播通过绿色促销的功能展示、绿色广告的情感表露、绿色内容的观点表达等方式来传"情"(绿色价值)达"意"(绿色认知),并巩固和强化消费者的绿色认知。例如,通过突出绿色产品广告中的绿色功能定位,引导消费者了解并接受绿色广告诉求;通过开展系列公共关系活动(如参与、赞助环保公益活动等),树立企业的绿色形象,为绿色营销构建良好的社会氛围。数字时代中,价值传播又增添了很多新途径,如利用社交媒体营销来实现产品的快速推广,同样社交媒体(如短视频平台等)新型传播工具凭借其传播速度快等特性更有助于绿色产品的价值传播。

 思维扩展

如何利用网络社交媒体实现绿色价值传播?

延伸阅读1-3

实践前沿:全棉时代为地球输出"棉能量"

2009年成立的全棉生活用品品牌——全棉时代,十年间经历了"创新""发展""求变"。全棉时代创始人兼总经理李建全告诉记者,这种最天然、最悠久、最安全的纤维,拥有最佳的透气性、保暖性和舒适性;它不仅耐旱耐盐碱,还环保可持续,十分具有正能量,是最具社会价值的农作物之一。

全棉时代引领环保新生活方式

全棉时代凭借强大的医疗背景、初心不改的全棉理念与品质基因,将一朵棉花做到极致,填补了众多生活用品运用全棉材质的空白,让更多人得以享受棉的亲肤、柔软、舒适和健康,拥有绿色高品质的生活方式。李建全表示,从医疗到生活,从制造到零售,从传统到创新,坚持全棉,坚持环保,坚持梦想——呵护人类健康的梦想,保护地球家园的梦想,温暖生活、追求幸福的梦想!守护地球,从多用棉这件小事开始,这不仅是全棉的生活方式,也是人与地球互生共存的方式。当更多人喜欢上棉的产品,多用棉与多种棉就能形成良性循环,地球家园地绿,水清,天蓝。

全棉时代推动绿色产业链发展

产品之外,全棉时代也是棉花绿色发展产业链的重要推动者,10年来,全棉时代采购近 10 万吨棉花,累计售出全棉服装、床品 1 300 余万件,售出纯棉柔巾超过 215 亿张,相当于拯救树木 78 万棵,共发出全棉无纺布环保购物袋 680 万个,避免了等量塑料袋的使用。同时,全棉时代联合中科院棉花所等科研和高校机构,对我国主要棉产区——新疆的棉花进行品种创新，积极推进新疆优质棉花的大面积种植和应用，让干旱贫瘠的土地变成可耕种绿洲。10年来，新疆棉花种植面积增长24%，产量提升69%，由此带动整个行业多用棉，多种棉，使之形成良性循环。

"绿色经济"发展催生"棉质生活"

2019年的"世界地球日"，在秉承一贯的"倡导人类社会经济发展向可持续模式转变"核心原则上，提出了"珍惜地球资源，转变发展方式"的主题。"低碳社会"的发展推动"全棉时代"开始向高端的"全棉时代"发展，高端的棉质生活用品需求量日益增大，"绿色社会"的发展需要开始催生全民走向"棉质生活"。据《CBC》市场调查报告指出，到2021年夏季末，棉制品的销售将会比2018年同期增长10%～15%。全棉时代的优质全棉生活用品的销售能得到持续、快速的增长，最直接的原因就在于棉花天然、环保的特性深入消费者内心。全棉时代以原材料的高质量和棉制品生产技术的专业性，为消费者树立了健康、舒适、环境友好的高品质生活理念，环保不再是"纸上谈兵"。

B2C下的全棉时代，环保更"给力"

"绿色经济"的概念不仅仅局限于"环保"，更体现在生活中的方方面面，而最绿色的方式当首推时下流行的网络购物。为了将优质全棉生活用品推向更多的消费者，PurCotton全棉时代着手打造了以自有品牌为基础的B2C销售平台"PurCotton全棉时代商城"。全棉时代B2C商城的出现，使民众购买优质全棉生活用品时更加便利，并实现了购买渠道的"绿色、低碳"，让消费者足不出户就可以轻易地成为真正的"环保达人"。与"绿色地球"的理念相互契合，PurCotton全棉时代及时推出的B2C商城，也为棉制品行业开拓了一条全新的"低碳"发展道路。

资料来源：根据李强《10年卖出215亿张棉柔巾 全棉时代成绿色产业链重要推动者》（央广网，2019年12月28日）等资料整理。

第四节　绿色营销的观念

一、绿色营销观念的产生

市场营销观念的演变大致经历了三个阶段：传统营销观念阶段、市场营销观念阶段、社会营销观念阶段。传统营销观念是在供不应求的社会状态下产生的，包含生产观念、产品观念、推销观念。市场营销观念则是在供大于求的社会状态下产生的，此时人们开始把企业的生产经营看成是满足顾客需求的过程。社会营销观念是在市场营销观念的基础上发展而来的，它要求企业的生产不仅要满足消费者的需求，还要符合消费者自身和整个社会的长远利益。

绿色营销观念产生并萌发于社会营销观念体系之中，也是一种社会营销观念的体现，它强调经济效益、社会效益和生态效益的共同实现。绿色营销观念着眼于满足各主体的绿色需求，创造、传递和交付绿色价值，其出现符合当前社会发展状况，也是顺应时代可持续发展的必然要求。绿色营销观念的树立和绿色产品市场的拓展，在一定程度上改变了过去主要依赖于外延扩大的高投入、高消耗、低产出、低质量的经济增长方式,这有利于经济与生态的协同发展。绿色营销观念的确立对于企业发掘和创造绿色价值有重要的意义,它能时刻提醒企业发现绿色价值的空间,制定绿色营销策略,有利于企业的可持续发展。

绿色营销观念重在发现并实现绿色价值,它是一种要求从产品设计、生产、销售、使用到回收的整个过程中注重资源节约利用和环境保护价值的一种营销观念。从营销目的来看,绿色营销追求营销全过程的绿色化,最终实现生态的平衡有序和可持续发展。从需求研究来看,绿色营销观念兼顾基本需求和绿色需求,并且对绿色需求的研究不局限于消费者这一单一主体,还包括对合作伙伴和社会需求的研究,是更负责任的营销观念。从市场竞争来看,绿色营销观念使得企业的竞争优势不仅限于传统的产品要素,更在于生态价值的创造,绿色营销创造的绿色价值将成为企业最有力的竞争优势。此外,数字时代的到来为企业开展数字化、智能化、精准化、定制化、个性化绿色营销提供了技术支持和前进动力。一方面,数字信息带动了社会各界对生态环境的关注;另一方面,数字技术又能帮助企业实现绿色营销目标。把握住"数字+绿色"会帮助企业占据强有力的市场地位。

二、绿色营销观念的树立

树立绿色营销观念要纵观全局,兼顾自身利益和共同利益,将多方利益纳入决策影响因素范围内。树立绿色营销观念,即树立以可持续发展为目标的营销观,是现代企业发展的必然选择。

从理论层面而言,树立绿色营销观念就是倡导生产和消费的安全性、关注自然环境和社会的可持续发展。从绿色营销内容的视角看,树立绿色营销观念包含三个维度,即提高绿色营销重视程度、推动绿色营销模式创新、完善绿色营销运营体系。从过程视角看,树立绿色营销观念包含三个维度,即绿色设计中的绿色理念、绿色生产中的绿色理念和绿色处理中的绿色理念。从互动视角看,树立绿色营销观念即从企业层面与消费者形成良性和双向的互动,使绿色营销的策略和实践被消费者所感知与接受,从而提升消费者的绿色消费理念。

从实践层面而言,一方面,众多企业在绿色营销的探索道路上已经树立起绿色营销观念。例如,星巴克树立绿色营销观念,于世界地球日向消费者推出"自带杯免费喝咖啡"营销活动,将绿色营销观念传递给消费者,鼓励消费者环保节能从小事做起。短视频平台快手树立绿色营销观念,以海洋污染为视角推出"48小时会消失"的环保展览,引导消费者关注海洋环境保护。电商平台天猫树立绿色营销观念,携手波士顿咨询公司(BCG)发布"绿色消费人群图鉴",借助消费大数据向公众精准描绘绿色消费人群特征。电商平台京东树立绿色营销观念,在经营决策和管理中将绿色意识渗透到企业的方方面面,不仅推出"不碳气"青年的年度成绩单,还持续建设拥有光伏发电能力的高科技仓"亚洲一号"。这些企业树立绿色营销观念,提倡将保护生态环境、杜绝资源浪费、保证长远的永续经营作为企业发展的宗旨,并将绿色营销理念传达给消费者,以绿色价值理念的共识引起绿色发展的共鸣,从消费者的互动与反馈中探索企业树立绿色营销观念的最优方式。另一方面,各级政府、非营利组织等也不断树立绿色营销理念,纷纷推出形式各样的绿色营销活动,尤其是顺应数字时代公众不断升级的绿色需求,采用微信、微博、抖音等社交平台进行绿色营销传播。例如,江苏省政府树立绿色营销观念,2021年4月在全国第33个爱国卫生月期间,推出以"文明健康 绿色环保"为主题的爱国卫生月宣传活动,线下活动宣传结合线上"健康江苏"等微信公众号进行扩散传播,将环境保护的理念传达给社会公众。浙江省政府树立绿色营销观念,2021年8月采取以线上为主、线上线下结合的方法在绍兴召开以"节能降碳 绿色发展"为主题的节能宣传周云发布会,并利用"浙江发改""绍兴发改"等微信公众号进行宣传等。

 思维扩展

作为数字时代的消费者,我们应树立怎样的绿色营销观念?

绿色营销观念与传统营销观念的差异具体如表1-3所示。

表1-3 绿色营销观念与传统营销观念的差异

维度	绿色营销观念	传统营销观念
理论	倡导关注自然环境,注重可持续发展	关注经济效益
	重视、创新与完善绿色营销	重视、创新与完善传统营销
	贯穿产品设计、生产和处理的全过程	关注产品设计和生产过程
	企业和消费者双向互动	企业向消费者单向输出
实践	企业树立绿色营销理念	众多企业树立传统营销理念
	各级政府、非营利组织等树立绿色营销理念	政府、非营利组织等较少参与

本章小结

绿色营销是贯彻节约资源和保护环境基本国策的重要环节。尽管绿色营销诞生的时间不长,却对营销实践和营销理论产生了广泛而深远的影响。企业要想长远发展,就必须重新定位,向客户、顾客、合作伙伴,以及社会传递更高的绿色价值。本章是全书的统领章节,为绿色营销的价值发现、绿色营销的价值创造、绿色营销的价值传递以及绿色营销的价值传播等内容介绍奠定了基础。本章主要介绍了国内外绿色营销的萌芽与发展、绿色营销的内涵及特征、绿色营销的内容、绿色营销观念的产生与树立这四方面内容。在数字时代下,传统营销模式已发生重大变革。企业如何将绿色营销理念与数字时代技术有机结合,建立起与消费者和社会之间的长期利益关系,发挥出最大效益和创造出更多绿色价值,这是绿色营销需要进一步深入探索的内容。

扩展阅读1-2 实践前沿:饿了么——少一双餐具,简化点包装

核心概念

1. 绿色营销（green marketing）
2. 绿色价值（green value）
3. 绿色需求（green demand）
4. 绿色营销观念（green marketing concept）
5. 绿色价值发现（green value discovery）
6. 绿色价值创造（green value creation）
7. 绿色价值传递（green value delivery）
8. 绿色价值传播（green value propagation）

本章思考题

1. 简述绿色营销的含义及其与传统营销的差异。
2. 简述绿色营销的产生历程。
3. 评述绿色营销的主体、客体、对象、目标和过程。
4. 评述绿色营销内涵对企业营销实践的指导意义。
5. 以特定行业为例，试论企业营销"绿色化"的战略步骤。
6. 试论绿色营销观念在市场营销观念演进中的地位。

本章即测即练

本章实训指南

本章综合案例

绿色营销有多少种路径？

2020年新型冠状病毒感染疫情的暴发让更多人开始思考人类与自然的关系，从国家层面到个人意识层面都越来越关注"可持续发展"的话题。很多具有社会责任感的企业开始关注自身的可持续发展，也有不少企业开始采用先进的绿色营销理念或可持续营销理念来谋求更高的产品定位。

打造可持续的产品（product）

企业可以通过申请"绿色认证"或者"生态标签认证"直接打造自己的绿色产品。例如林纸业产品的 FSC 认证，食品、纺织品、化妆品领域的 ECOCERT 认证，化妆品的 COSMOS 认证等。除了为产品贴上生态标签外，企业也可以用第三方出具的绿色产品评估证明产品的绿色身份，例如循环再生验证评估（针对再循环材料的制造流程，或对使用循环再生材料生产的产品进行验证，证明其可再生的身份）、产品生命周期评估（LCA 分析，评估产品从原料采掘到产品处置整个生命周期的环境影响）、产品碳足迹评估（量化产品整个生命周期中的温室气体排放）等。

打造可持续的门店（place）

根据能源与环境设计领导者（leadership in energy and enviromental design，LEED）统计数据表明，全球已经有近 13 000 个零售店铺绿色转型为 LEED 建筑。零售店铺已经成为世界第二大绿色建筑空间类型。在零售端引入绿色建筑或者通过节能降耗打造自己特色的绿色门店也能让品牌悄然变绿。这方面的标杆企业就是咖啡巨头星巴克。

2005 年，星巴克就在美国开设了第一家 LEED 认证的绿色门店，至今星巴克已经在 20 个国家／地区开设了超过 1 200 家拥有 LEED 认证的店面。星巴克制定了长远的计划，在 2020 年所有星巴克咖啡店取消使用塑料吸管，到 2025 年要在全球设立 10 000 家绿色门店。在中国，"星巴克臻选上海烘焙工坊"已经正式获得 LEED ID+C 零售铂金级认证，这座旗舰门店在设计之初就充分考虑到对于环境的尊重和影响。星巴克在努力让每一家门店提供给顾客独特体验的同时，更积极地承担对社会和环境的责任。打造绿色门店，正是星巴克引领的绿色新潮流。

另一家绿色典范企业就是瑞典的宜家家居（IKEA），宜家采取各种措施降低门店的废弃物产生量，并且大量使用可再生能源。公司承诺 90% 的门店都要使用太阳能，还自己建设风力发电厂为公司供电。目前 IKEA 只有 15% 的废弃物是填埋处理，大部分废弃物都实现了回收再利用。

选择绿色营销的时机和宣传方式（promotion）

对于开展绿色营销的企业而言，营销时机的把握也会对营销效果起到事半功倍的作用。企业可以利用各种环境节日或者借助各种国际会议平台宣传企业的绿色主张和绿色产品，例如每年 6 月 5 日的世界环境日、3 月 22 号的世界水日，以及世界自然基金会（WWF）所倡导的地球一小时等，企业也可以通过参与联合国气候变化大会的边会或者赞助其他高规格研讨会向公众呈现自己的绿色主张。

除此之外，寻找合适的品牌代言人或者与靠谱的非营利组织合作，进行更多的公益营销（社会营销，social marketing），也是表达企业主张，增强责任品牌形象的有效措施，并有望真正促进改变，创造正向社会影响力，实现经济效益与社会效益的双丰收。2020 年秋冬，女装品牌 EP YAYING 雅莹依托"浙江嘉兴""四川阿坝"两地的东西部产业协作联合，推出全新一季可持续牦牛绒系列。在新品发布会上，雅莹集团表示，可以给草原生态更好的保护，给藏地牧民更富足的生活，让藏族牦牛文化得以传承。

产品定价体现可持续溢价（price）

企业如果想让产品更加绿色可持续，必然对产品开发过程有更多的要求，从原料、工艺、包装到后期相关的绿色认证等，势必会增加产品的成本，令人欣慰的是这些绿色产品的潜在消费者认为可持续溢价相对于环境而言是有价值的。根据《尼尔森全球企业可持续发展报告》，全球66%的消费者表示，他们愿意为可持续和透明的品牌支付更多费用，也愿意为避免自然的破坏和环境问题的解决支付溢价。对产品进行LCA分析的荷兰企业帝斯曼表示"可持续发展其实是一个非常大的课题或者说范围，如果落实到产品生产上，更多的可能是通过优化的生产工艺来减少对环境的影响，比如减少碳排放、废水的回收利用、能耗节省等。这些确实是需要一定的投入的"。

在我国加速推进"30·60"双碳目标的背景下，企业低碳发展与绿色营销的需求比以往更为迫切。从传统的4P营销理论出发制定企业的绿色营销策略将为企业和品牌创造新的价值。罗兰贝格在《关于可持续发展未来图景》的报告中指出，未来5年，任何公司的战略都将是可持续发展战略，我们有理由相信，不久的将来企业的营销策略将会更多地向绿色营销策略转移。随着新生代消费者可持续消费理念的加强，会有更多的消费者愿意为绿色营销的产品买单。

资料来源：根据田书晶《从"4P"视角看"绿色营销"，落地可持续发展战略有多种路径》（"CM公益传播"公众号，2021年4月1日）资料整理。

案例思考

1. 新型冠状病毒感染疫情让更多人开始思考人类与自然的关系，结合实例谈谈你的体会。
2. 讨论绿色营销可以从哪些路径着手。
3. 不同企业的绿色营销路径是否需要一致，是否可以一致？

第二章

绿色营销的理论和实践

◆ 本章导语

不绿色，不营销。绿色营销已成为价值绝对正确的圣地。

◆ 本章引例

美的集团首次正式发布绿色战略

2021年10月14日，美的集团绿色战略首次正式发布。该战略以"构建绿色全球供应链，提供绿色产品和服务，共建绿色美好家园"为愿景，以"推动'30·60'双碳目标，即2030年前实现碳达峰，2060年前实现碳中和"为目的，围绕"绿色设计、绿色采购、绿色制造、绿色物流、绿色回收、绿色服务"六大支柱打造全流程绿色产业链，为中国乃至全球的"碳达峰、碳中和"作出贡献。

四个阶段加速迈向碳中和

一直以来，美的集团注重环保，践行绿色发展理念，通过科学技术创新实现产品的绿色低碳转型，通过设备升级、精益生产实现制造过程的节能减排。美的集团副总裁、绿色战略推进小组负责人李国林表示，"绿色战略"是美的可持续发展的重要组成部分，也是美的保护人类共同家园的重要举措。通过创新与协作，美的将秉承"生活可以更美的"的发展愿景，传承"为人类创造美好生活"的发展理念，积极从碳足迹的全过程减少碳排放量。

美的绿色战略规划为2030年前实现企业内部碳达峰，2060年前迈向碳中和。在此过程中，会做到"摸清家底、制定标准、复盘落实、严格考核、确保目标"，并将绿色战略推进计划划分为四个阶段：第一阶段，通过绿色能源的提前部署，在2030年前平稳达峰；第二阶段，推动绿电占比提升缓解温室气体排放，在2040年前实现逐步减碳；第三阶段，借助电力中和，在2050年前大幅减碳；第四阶段，聚合力量，在2060年前迈向碳中和。

六大支柱协同行业共筑全流程绿色产业链

围绕"绿色设计、绿色采购、绿色制造、绿色物流、绿色回收、绿色服务"六大支柱，美的通过技术创新、标准制定、供应链升级改造、家电回收、数智化解决方案等方法，坚定不移地推动自身绿色变革发展，并将其复制转移到全价值链的合作伙伴中，为其低碳转型提供定制化绿色服务。

资料来源：根据美的集团《美的集团绿色战略首次正式发布》（"美的集团"微信公众号，2021年10月14日）相关内容整理。

◆ 本章知识结构图

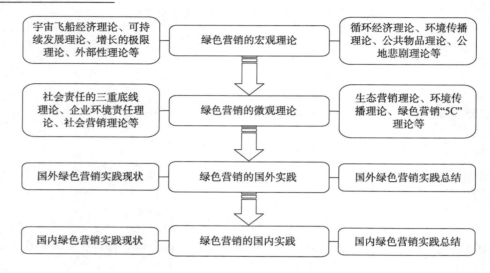

第一节　绿色营销的宏观理论

绿色营销相关的宏观基础理论主要包括外部性（externalities）理论、公共物品（public goods）理论、公地悲剧（tragedy of the commons）理论、增长的极限（limits to growth）理论、可持续发展（sustainable development）理论、宇宙飞船经济（spaceship economy）理论、循环经济（circular economy）理论等。作为企业开展绿色营销的核心理论，这些相关宏观基础理论经历了从萌芽到成熟的发展过程，形成了一个不断深化扩展的理论体系。例如，宇宙飞船经济理论是循环经济理论的重要源头，增长的极限理论是可持续发展理论的重要源头。

（1）外部性理论。外部性又称外部效应，最早由阿尔弗雷德·马歇尔（Alfred Marshall）和亚瑟·塞西尔·庇古（Arthur Cecil Pigou）于20世纪初提出。它是指在生产和消费的过程中，一个人使他人遭受的额外成本或额外受益，而且这些强加在他人身上的成本或收益没有通过当事人以货币的形式得以补偿。绿色营销具有外部收益，因为绿色产品的生产、流通和购买为社会整体生存环境和生活质量的改善带来了积极作用。具体而言，绿色产品的消费者拒绝购买对生态环境有破坏的商品，这有助于改善生态环境，一般消费者在其中受益，却无须为此付出代价。外部性理论可以很好地帮助学者洞见绿色营销的价值。

（2）公共物品理论。1954年，美国学者保罗·萨缪尔森（Paul A. Samuelson）在《经济学与统计学评论》一文发表的《公共支出的纯理论》一文解释了公共物品的定义，指出公共物品的核心内涵是个人消费不会影响其他人消费公共产品。萨缪尔森等人在所著的《经济学》中提到，"与来自纯粹的私有物品的效益不同，来自公共物品的效益牵涉到一个人以上的不可分割的外部消费效果。"世界银行发布的1997年"世界发展报告"认为，公共物品是指非竞争性的和非排他性的物品。作为一种特殊的公共物品，美丽生态环境是全体社会成员赖以生存的重要因素。企业创造和传递绿色产品，这实际上就是为社会提供良好的公共物品——美丽生态环境，也就是实际上在承担保护生态环境的社会责任。

（3）公地悲剧理论。公地悲剧是指具有使用上的竞争性但不具备或者缺乏排他性产权的公共资源被过度使用，并最终导致集体利益受损的情形。其关键观点是，所有权的共享导致责任在社会成员之间扩散，这样就没有人站出来为公共资源提供管理（无论是付出努力还是金钱）。作为典型的公共资源，生态环境被过度索取。这种非理性的集体行为将最终打破生态环境的承载极限，引致环境的报复。以上"公地悲剧"问题需要通过明晰产权和市场有效配置资源，使外部不经济性内部化，从而避免"公地悲剧"。这对于产品设计生产、流通渠道以及废旧回收等环节减少资源消耗是一种有益的启发。

（4）增长的极限理论。德内拉·梅多斯（Donella Meadows）等人在《增长的极限》一书中首次提出地球和人类社会发展极限的观点。增长的极限理论指出，地球上的不可再生资源是有限的，既往发展模式导致的人口持续增长和资源需求增加最终会达到地球的极限。如果经济社会发展与自然生态的关系不发生本质上的变化，粮食短缺、资源耗竭、环境污染和人口增长等问题将导致人类社会突然性的、不可控性的崩溃。增长的极限理论的提出激发了人们思想和观念上的强烈反响，并启蒙了可持续发展理论的形成。

（5）可持续发展理论。可持续发展是21世纪的重要议题，学界围绕可持续发展的内涵进行了深入探讨，其核心要点如下：一是发展不能仅满足现在的需求，二是发展不能没有边际，三是发展要和生态环境相协调，四是发展不能没有原则，五是发展不能损害后代的需求。在众多定义中，"布伦特兰（Brundtland）报告"和《地球宪章》对于可持续发展的定义得到了广泛认可："可持续发展是既满足当代人的需要，又不对后代满足其需要的能力构成危害的发展。"可持续发展强调以下三方面的内容：一是可持续发展是均衡的发展，不止是发达国家要发展，发展中国家、贫困地区和穷人都要发展。二是发展要与生态环境相协调，不能过度开发自然资源，不能危害生物圈的运转。三是发展是有边际的，发展既要满足现代人的基本生活需要，又不能危害后代人的利益，避免过度发展损害后代的生存空间。

（6）宇宙飞船经济理论。20世纪60年代美国经济学家肯尼斯·艾瓦特·鲍尔丁（Kenneth Ewart Boulding）提出"宇宙飞船理论"。这一理论指出，人类所生存的地球如同在茫茫宇宙中飞行的飞船，人类依靠不断消耗地球上有限的资源而生存。飞船内的资源是有限的，人口和经济的无限增长会耗尽资源，而生产和消费过程中排出的废料也会污染飞船内的环境，打破飞船内的平衡，人类社会随之崩溃。宇宙飞船理论要求人类将自身与自然环境视为有机联系的系统，改变传统的线性经济模式，建立资源利用的闭路循环模式，追求"生态型""封闭式"的经济增长方式。经济发展目标应以福利和实惠为主，而并非单纯地追求产量。这就是循环经济思想的源头。

延伸阅读2-1

人物小传：宇宙飞船经济理论的提出者——肯尼斯·鲍尔丁

肯尼斯·艾瓦特·鲍尔丁（Kenneth Ewart Boulding）1910年出生于英国利物浦，1928年进入牛津大学，师从著名经济学家莱昂内尔·罗宾斯（Lionel Robbins），1937年起定居美国，先后在密执安大学、科罗拉多大学等校任教。他在1949年获得"约翰·贝茨·克拉克奖章"，1962年被美国学术团体理事会评为美国十大教授之一，1968年当选美国经济学会会长，1979年当选为美国文理研究院院长，先后获得13个大学的名誉学位。

在《地球就是一艘宇宙飞船》中，鲍尔丁认为，在"旧时代"人们的观念里，地球的资源可谓取之不尽用之不竭，不仅能提供无限的原材料，而且还能无条件接受和消化人类生产生活产生的污染和废弃物。然而，随着技术的进步、工业规模的增加、人口的爆炸、人均资源消费的增长以及污染物的不断排放和越来越多废弃物的产生，"地球已成为一个狭窄的球体，封闭，有限，拥挤，正穿越太空奔向未知的目的地"，"牧童经济"的时代一去不返。之后，鲍尔丁博士在《即将到来的地球号宇宙飞船经济学》一文中进一步指出，地球资源与地球生产能力是有限的，必须要在容量有限和相对封闭的地球上，建立循环生产系统。以储备型经济替代传统的增长型经济，以休养生息经济替代传统的消耗型经济，用以福利为导向的经济替代传统的以生产为导向的经济，提出发展循环经济的设想。

资料来源：根据贾峰《保护地球，刻不容缓》（《世界环境》，2020年第3期）和佚名《肯尼斯·艾瓦特·鲍尔丁》（MBA智库百科）相关资料整理。

（7）循环经济理论。循环经济思想源自20世纪60年代环境保护的兴起和发展。西方经济学界普遍认为鲍尔丁"宇宙飞船理论"的提出标志着循环经济思想的正式产生。循环经济是指资源—产品—再生资源的物质循环利用，强调物质的闭环流动，是对传统上"资源—产品—废物和污染排放"单向流动的线性经济的扬弃，能更好地解决线性经济带来的人与自然关系的矛盾。循环经济的特征是低开采、高利用、低排放。所有的物质和能源都能在这个不断进行的经济循环中得到合理和持久的利用，从而把经济活动对自然环境的影响降低到尽可能小的程度。发展循环经济的关键在于减量化、再利用、资源化。

（8）人口承载力理论。人口承载力是一个国家或一个地区在可预见的时期内，利用该地的能源和其他自然资源及智力、技术等条件，在保证符合社会文化准则的物质生活水平条件下，所能持续供养的人口数量。该理论认为，地球对人口的承载能力是有限的，地球整体系统的资源和子系统在一定的科技水平下和发展阶段中，都存在自我恢复的极限值。人类社会的发展不能打破这个极限值，人口数量以及人类的社会经济活动对于地球系统的影响必须控制在这个限度之内，否则就会影响或危及人类的持续生存与发展。

这一理论对于人类的贡献是巨大的，它有效地指导了人类和自然资源的有效配比。

（9）人地系统理论。人地系统理论认为地球是一个闭环系统，人类是这个闭环系统里的一部分，人类在系统中获得支持以开展经济社会活动。该系统里的大气圈、水土圈、岩石圈和生物圈无不受到人类活动的影响。人类作用于自然环境的强度和范围不断扩大，对自然结构和社会经济结构的改变也不断加大，地球表层系统中人和地这两大类要素相互作用，人和地的关系成为地球表层系统中最重要的关系。当前，人类大量开采并使用来自岩石圈或是地壳里的不可再生资源，导致资源枯竭问题突出，可持续发展面临困境。为走出这一困境，世界各国都在倡导并落实节能减排、绿色环保、回收再生等举措。

（10）可持续发展的生态学理论。该理论从生态学的观点出发，对人类社会的发展提出要求：人类经济社会发展要尊重大自然和生态环境，要根据自然环境和生态系统的需求，制定出人类经济发展的方案。其核心内涵由三部分组成：一是实现资源循环，尽可能避免资源浪费。二是经济活动中的子系统要做到和睦相处，创造和谐的生态环境。三是经济社会活动的发展不能破坏生态系统的自我修复和调节能力。围绕其核心内涵，可持续发展的生态学理论意义在于指导绿色营销以提高资源利用效率、保护生态系统、维护生态和谐为导向。

从宏观经济发展角度看，以上理论认为，经济的可持续发展离不开经济利益与环境利益的平衡，只有以市场为导向，以传统经济为基础，才能使经济发展与环境保护相互协调。其本质是一种资源节约和循环利用的经济发展模式，这给企业营销带来了绿色发展思路和绿色发展模式的启迪。从环境发展角度看，以上理论普遍认为，为了促进人类健康和环保的需求，创造和谐的生态环境，人类的一切活动都不应以牺牲环境为代价，应充分考虑生态环境的承载力，将人类发展对环境的影响与损害降到最低，既满足当前人的需求，也要考虑后代人的需求，做到可持续发展。不可否认，这些经典的宏观理论在指导绿色营销发展上具有丰富的理论价值和现实意义，但随着时代发展变化和现代企业绿色营销需求升级，这些宏观理论并不能完全满足现代绿色营销具体实践的指导需求，绿色营销还需要更加与时俱进的微观理论的具体指导。

扩展阅读2-1 理论前沿：习近平谈共同构建人与自然生命共同体

绿色营销的相关基础理论及其中心思想如表2-1所示。

表2-1 绿色营销的相关基础理论及其中心思想

基础理论	中心思想
外部性理论	生产或消费对其他团体强加了不可补偿的成本或给予了无须补偿的收益的情形。外部性发生时，依靠市场不能自动解决市场失灵问题，需要政府适当管制
公共物品理论	公共物品的核心内涵是个人消费不会影响其他人消费公共物品，是具有非竞争性和非排他性的物品。公共物品理论常常要求集体行动
公地悲剧理论	有限的资源因自由使用和不受限的要求而被过度剥削。这源自每个个体都企图扩大自身可使用的资源，然而资源耗损的代价却转嫁给所有可使用资源的人们
增长的极限理论	增长的极限来自地球的有限性。地球资源是有限的，不可避免地会有一个自然的极限。由此引发的环境破坏等问题反过来会进一步限制人口和经济的发展

续表

基础理论	中心思想
可持续发展理论	既能满足当代人的需要,又不对后代人满足其需要的能力构成危害的发展。可持续发展的基本原则有公平性原则、持续性原则和共同性原则
宇宙飞船经济理论	地球只是茫茫太空中一艘小小的宇宙飞船,人口和经济的无序增长迟早会使飞船内有限的资源耗尽,为了避免这种悲剧,必须改变经济增长方式
循环经济理论	以资源的高效利用和循环利用为目标,以"减量化、再利用、资源化"为原则。实现以尽可能小的资源消耗和环境成本,获得尽可能大的经济和社会效益
人口承载力理论	人口数量以及人类的社会经济活动对地球系统的影响必须控制在地球自我恢复能力限度之内,否则就会影响或危及人类的持续生存与发展
人地系统理论	人类只是地球这个闭环系统里的一部分,人类所有的经济活动都离不开地球这个系统的支持。人类过度消耗自然资源会给整个生物圈带来极大的麻烦
可持续发展的生态学理论	核心内涵包括实现资源的循环,尽可能避免浪费;经济活动子系统要和睦相处,实现和谐的生态环境;经济社会活动发展不能破坏生态的自我修复和调节能力

第二节 绿色营销的微观理论

绿色营销的微观基础理论除了一般营销领域的 4P 理论、4C 理论、4R 理论等基础营销理论之外(限于篇幅,这些基础营销理论这里不再重复),还有企业社会责任的三重底线(triple bottom line)理论、企业环境责任(environmental responsibility)理论、社会营销(social marketing)理论、生态营销(ecological marketing)理论和环境传播(environmental communication)理论等经典绿色营销微观理论,以及中国学术界基于我国企业营销实践提出的绿色营销"5C"理论、绿色品牌价值理论等,这些微观理论为绿色营销实践提供了重要的支撑。

(1)企业社会责任的三重底线理论。三重底线的概念最早由英国学者约翰·埃尔金顿(John Elkington)于 1997 年提出。企业社会责任可以分为经济责任、环境责任和社会责任。经济责任主要体现为提高利润、纳税的责任;环境责任关注生态平衡;社会责任则要求企业考虑其他利益相关者的责任。企业在进行企业社会责任实践时必须履行上述三个领域的责任,这就是企业社会责任相关的"三重底线理论"。传统意义上的企业只注重经济责任(即只追求利益最大化),"三重底线理论"则认为企业的日常行为要满足经济、社会与环境三个底线的基本要求,追求经济、社会和环境三个价值的基本平衡。即经济责任不再是企业成功的唯一认证标准,越来越多的企业开始注重企业的环境责任与社会责任,而不是一味地追求企业经济责任。

(2)企业环境责任理论。企业环境责任理论源自企业社会责任理论,该理论认为利润最大化不是企业的唯一目标,企业还应追求环境保护、资源集约与可持续发展等更多范畴的目标。在人类的生存和经济持续发展中,企业要担当起保护环境、维护自然和谐的重任。在认识到企业对环境的伦理性责任前提下,通过开发环境友好型产品、改善生产流程的环境影响、提高资源可持续利用效率，以及慈善捐赠等形式对企业的环境影响进行管理，并取得生态环境改善、资源效率提高与节能减排等环境绩效。

（3）社会营销理论。菲利普·科特勒和杰拉尔德·蔡尔曼（Gerald Zeeman）于1971年提出社会营销理论。该理论认为出于对环境恶化、资源短缺等社会问题的考虑，企业营销不能只处理公司利润和消费者需要之间的关系，还要考虑消费者和社会的长期利益，要在企业营销活动中恰当解决好公司利润、消费者需要和公共利益三者的关系，要注意环境保护、使用安全等社会目标，实现企业经济目标与社会责任的协调一致，要把社会营销观念作为制定企业营销战略和战术的重要指导思想。

（4）生态营销理论。生态营销的概念最早由亨利恩（Henion）和科尼尔（Kinnear）于1976年提出。生态营销关注所有引起环境问题的营销活动，并服务于改进环境问题。生态营销的特性如下：①综合性。生态营销是在保护生态环境和满足消费者需求的前提下，把经济、社会和生态协调统一起来，实现社会的可持续发展。②双向性。生态营销强调企业和消费者共同参与到营销活动中来，在要求企业树立生态观念、生产生态产品的同时，也要求消费者提高绿色需求。③无差别性。生态标准和标志在世界范围内呈现无差别性。④互惠互利性。生态营销注重的是产品整个生命周期中所涉及的各个环节都能够互惠互利，而不是强调短期的利益。

（5）环境营销理论。环境营销要在营销中考虑到环境责任的营销观念及活动，致力于促进经济可持续发展和环境的改善。环境营销要求企业在营销中遵守道德规范，履行社会责任，强调在传统营销组合中纳入环境因素，以实现企业、消费者和社会利益三方面的平衡，使企业的利润目标与环境保护的社会目标相协调，促进企业和社会的可持续发展。环境营销管理主要包括绿色产品开发、绿色产品定价、绿色渠道管理以及绿色营销沟通等内容。

（6）可持续营销理论。谢斯和帕维提亚（Sheth and Parvatiyar，1994）以及福勒（Fuller，1999）提出可持续营销（sustainable marketing）理论。可持续营销是指支持可持续性经济发展的市场营销。可持续营销理论的内涵在于让可持续性伴随产品研发、产品营销环境与营销过程、消费者行为、目标市场定位、产品与服务的每一个环节，考虑地球和环境对于每一个环节的承载力。可持续营销不能简单地理解成让营销保持可持续性，同时还要注重自然阶梯框架下的可持续性，重视营销的过程对于生物圈的影响。

（7）绿色营销"5C"理论。王海峰和张梅（2004）在传统的"4C"理论基础上拓展出绿色营销"5C"理论。该理论包含顾客（consumer）、成本（cost）、便利（convenience）、沟通（communication）和环境（circumstance）五个部分的内容。一是顾客。由于绿色产品需求增加，在以消费者为导向的基础上，企业应尽力做到绿色产品设计、购买过程、售后服务等环节都令顾客满意。二是成本。绿色产品成本包括生产成本和环境成本。产品定价时应考虑消费者可接纳的价格。三是便利。企业应考虑怎样才能使消费者较为容易地享受到绿色产品的效用，以及更为便利地了解和获得绿色产品带来的额外效用。四是沟通。消费者对绿色产品的了解有限，企业要有意识地引导消费者理解绿色产品概念并制定相应的营销策略。五是环境。绿色产品具有特殊性，企业应将环境因素与其他四个方面紧密结合，构建全面的绿色营销战略。

（8）绿色品牌价值理论。张启尧和孙习祥（2015）基于消费者视角构建了包括绿色品牌认知、绿色品牌感知质量、绿色品牌忠诚、绿色品牌联想和绿色感知价值五个维度的绿色品牌价值理论模型。该理论认为消费者绿色感知价值在绿色营销中发挥重要作用。绿色感知价值是消费者进行购买选择的重要依据。强化绿色产品品质是改善消费者绿色感知价值，进而提升企业绿色品牌价值的主要途径。企业构建和推广绿色品牌时，一是要通过突出品牌和产品的绿色特性，体现品牌的价值让消费者能充分识别和认知绿色品牌的环保优势，通过品牌联想感知绿色品牌价值；二是要保持绿色创新，在保证产品质量的前提下提升环保效益，体现绿色品牌的差异化优势，提升消费者的绿色感知价值；三是实现消费者与绿色感知价值的共鸣，形成良好持久的绿色品牌与消费者关系，增强消费者对绿色品牌价值的认同，在培养消费者绿色品牌忠诚的基础上体现绿色品牌价值。

（9）环境传播理论。环境传播一词最早收录于斯蒂文·李特约翰（Stephen W. Littlejohn）和卡伦·福兹（Karen A. Foss）在2009年合编的《传播学理论百科全书》中。环境传播是围绕环境问题所展开的信息处理、议题建构与社会互动过程。信息处理强调环境传播实践中信息的生产、表征、传递与共享行为；议题建构强调人们感知、理解、回应环境问题的话语实践；社会互动强调多学科对话所带来的整体互动，既包括不同社会主体之间的话语互动与交往实践，也包括环境信息/知识与社会文化之间的联系与互动。环境传播包含六种参与主体，除了一般意义上的媒介机构，还包括公民与社区组织、环保组织、科技专家、企业及其商业公共关系、反环保主义组织。

从企业责任的角度看，以上理论普遍认为企业应培养自身发展的底线思维，在追求经济效益的同时，需要履行伦理性责任和道德责任，在社会责任的约束下开展经营活动。从营销的角度看，以上理论都支持企业营销所追求的经济效益最大化与企业绿色发展并不冲突，企业追求经济效益的同时可以为绿色营销提供更大的支持，绿色营销也能为企业带来更高的经济收益，两者共荣共生。一系列由可持续思想发展而来的绿色营销微观理论都主张绿色发展思维，要求企业正确处理经济、社会和环境三者的关系。以上这些微观理论的主要价值在于为企业建立绿色营销提供原则遵循、思考路径和方法参考，但面对数字时代错综复杂的环境变化和绿色消费需求的多元化发展，一些微观理论对绿色营销实践产生的部分新问题解释力不足，例如，数字时代下的企业绿色营销需要一些新的交叉学科理论的指导。同时，现有微观理论也比较缺乏消费者视角的绿色营销理论。未来绿色营销需要在参考这些绿色营销理论的基础上拓宽思维，构建更具创新性和适应数字时代发展需求的绿色营销微观理论。

扩展阅读2-2 理论前沿：担起绿色发展的企业责任

绿色营销的主要微观理论及其中心思想如表2-2所示。

表2-2 绿色营销主要微观理论及其中心思想

基 础 理 论	中 心 思 想
企业社会责任的三重底线理论	企业的日常行为要满足经济、社会与环境三个底线的基本要求，追求经济、社会和环境三个价值的基本平衡

续表

基础理论	中心思想
企业环境责任理论	企业不仅要追求利润，还应追求环境保护、资源集约与可持续发展等更多范畴的目标
社会营销理论	企业营销不能只考虑公司利润和消费者需要之间的关系，还要考虑消费者的长期利益和社会的长期利益
生态营销理论	在满足消费者需求和保护生态环境的前提下，把消费者、企业、社会和生态四方面的利益相协调统一起来
环境营销理论	强调在传统营销组合中纳入环境因素，实现企业、消费者和社会利益三方面的平衡
可持续营销理论	应让可持续性伴随产品研发、产品营销环境与营销过程、消费者行为、目标市场定位、产品与服务的每一个环节
绿色营销"5C"理论	绿色营销包含顾客、成本、便利、沟通和环境五个部分的内容，涉及企业、环境、消费者与市场四个要素
绿色品牌价值理论模型	消费者绿色感知价值在解决绿色品牌消费意愿强而选择效率低的困局中发挥作用，强化绿色品牌产品品质可以改善消费者绿色感知价值
环境传播理论	对于围绕环境、环境管理、环境议题方面的文字、语言或视觉信息进行策划、生产、交流或研究的过程与实践

第三节 绿色营销的国外实践

一、国外绿色营销实践演进

与发展中国家相比，欧美等经济发达国家较早实现了工业化。正因为如此，其自然生态环境恶化的情况也较早发生，程度也更严重，这也迫使发达国家较早意识到环境问题的重要性及环境保护的紧迫性。在绿色营销概念提出之前，发达国家一些企业在其营销活动中早已加进了环保内容并逐渐加强。伴随绿色营销理念逐渐渗透到社会生产生活各个方面，国外绿色营销实践也不断丰富。从绿色营销的实践主体来看，国外绿色营销实践演进可以概括为萌芽期、成长期、低谷期和恢复期四个阶段：

第一阶段：萌芽期（20世纪70年代至80年代中期）。早在20世纪20年代至50年代，资本主义世界经历了几次大的经济危机，导致产品相对过剩，企业开始将主要精力放在过剩产品的营销上。20世纪60年代和70年代早期，人类绿色意识伴随着生态危机不断加剧开始觉醒，人们对社会与环境的未来产生忧虑。人们开始意识到，我们生活在有限的世界里，然而无尽的、失去控制的扩张将最终耗尽我们赖以生存的自然资源和生态系统。绿色营销的萌芽悄然而生。1975年，美国营销协会（AMA）建立了第一个"生态营销"工作室。到20世纪70年代末80年代初，在国际社会对环境保护的推动下，一些具有远见的企业不仅关注消费需求和产品销量，而且更关注人类社会的可持续发展，他们开始将环境保护视为自己的责任。

第二阶段：发展期（20世纪80年代后期至90年代中期）。20世纪80年代后期，生态环境的持续恶化使人们对环境的忧虑加深。生态环境问题成为当时主流的话题之一。

企业的"清洁工艺"所倡导的消灭污染的新型工艺理念被公众所广泛接受。此后的一段时间里，许多公司都加入到绿色营销的变革中来，关注生态的消费者和营销者的新时代到来了。1993年美国克里夫芝市场预测公司调查发现，当时世界绿色消费总量达到2 500亿美元以上，美国绿色产品占据国内生产总量的10%左右，欧洲国家的绿色产品率约占5%左右。人们所熟知的宝洁、麦当劳、沃尔玛等跨国企业也纷纷开始顺应消费者的环保需求，实施绿色营销。随着绿色营销实践的不断丰富和关注范围的日益扩大，清洁用品、家电、汽车、电脑、旅游、银行、造纸等行业也开始注重从全球视角关注环境议题，如全球变暖、气候变化等，加大对绿色产品的开发生产，掀起了绿色营销的浪潮，绿色营销实践在全球范围内扩展。在绿色市场发育方面，"绿色消费"观念日益深入人心，据有关调查显示，80%的德国人和77%的美国人在购买商品时优先选择绿色产品（张术环，2008）。

第三阶段：低谷期（20世纪90年代中后期）。在上一阶段发展期，绿色营销实践获得了长足的发展。然而20世纪90年代中后期却远没有达到专家学者和企业家们翘首以待的绿色营销"盛世"。尽管在提高市场对营销环境的关注方面取得了一定的进步，但由于绿色项目巨大的成本花费、"漂绿""假绿"产品乘虚而入和促销宣传过度热情等原因，绿色产品的市场表现与发展令人失望。例如，美国收集、清洗和发放面纸尿布作为替代物曾火爆一时，但经研究论证表明，一次性纸尿裤对环境的总体影响更小，面纸尿布行业逐渐衰退。20世纪90年代中后期，许多消费者感到非常困惑并不愿参与到绿色购买行动之中。这一阶段，绿色贸易壁垒也开始在国际贸易中盛行，发达国家以保护生态环境为由制定了严格的环境技术标准和环保法规，限制进口无绿色标志的产品。发展中国家企业出口的绿色产品在国际贸易中显得格外"脆弱"，在国际市场上的绿色营销困难重重。由此，发展中国家企业开始加大绿色技术研发、提高产品绿色含量、争取出口国绿色标志，实施绿色营销战略。

第四阶段：恢复期（21世纪至今）。尽管在20世纪末企业绿色营销的实际效果让人们产生了失望与动摇。但随着社会总体环境意识的提升，绿色营销在21世纪重新得到了重视。持续的环境恶化又一次将企业的视线拉回到绿色营销上。第三次的科技革命不可避免地加重了全球环境问题，政策和社会的关注焦点落到了产生污染的企业身上。企业在环境方面承担的社会和制度压力越来越大，面对道德和伦理要求、法律压力和竞争机会，企业开始更加重视绿色营销的实施，将环境问题整合到营销战略过程中以获得制度合法性和竞争优势。例如，2009年日本启动"生态积分"节能家电补贴计划，将消费额的5%作为"生态积分"回馈消费者（开支由政府财政承担）。2012年，日本将这一绿色营销制度的主要实施主体转变为企业和消费者，企业逐渐成为该制度的管理方和出资方，企业的绿色营销进一步深入发展。这一时期的企业绿色营销绝不仅仅是个"热潮"，全球环境生态状况和所有国家对自然环境的重视程度决定了绿色营销的发展方向只能是无限扩大。

总的来看，国外绿色营销实践演进呈现出四大阶段性特征，在不断演进中从初创走向成熟，由低阶走向高阶。绿色营销经历了萌芽、发展、低谷和恢复四个阶段，也由绿色尝试、绿色扩展，走向绿色变革和绿色深化。国外绿色营销实践的演进阶段如图2-1所示。

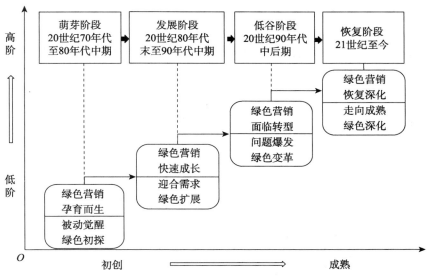

图 2-1　国外绿色营销实践的演进阶段

二、国外绿色营销实践总结

目前走在绿色营销最前沿的国家主要为发达国家（如美国、日本、德国、瑞士、法国、英国等）。通过对发达国家近几十年来绿色营销实践的梳理，可以发现其对我国绿色营销理论和实践有如下重要启示。

（1）企业十分重视绿色营销。其一，随着环保运动和消费者运动的高涨及全球性蔓延，很多发达国家开始考虑企业在环保中的责任，要求企业将绿色因素纳入营销活动中。随着营销方向的转变，绿色营销逐渐在企业中推广开来。实施绿色营销的企业在营销计划制订、营销组合的执行及信息的反馈等营销过程中都不同程度地加入了环保成分，出现了各种绿色技术、绿色产品、绿色生产及绿色促销手段。其二，一些企业缺乏实质性的绿色营销动作，多数企业在绿色促销（如绿色广告、绿色公共关系活动等）上的精力与财力投入要超过在改进绿色技术、开发绿色产品方面的投入。绿色营销成为企业宣传自己的手段，企业竭力通过绿色促销在消费者及社会公众心目中建立一个"绿色形象"，表明自己如何为环保做贡献。然而这种虚张声势已渐渐引起消费者的反感，因此不少企业已开始真正多做实事。

（2）政府对绿色营销的扶持力度不断加大。其一，在政策方面，为鼓励企业参与环保运动，实施绿色营销，发达国家纷纷制定相关绿色法律、法规和优惠政策。如运用环保法规限制企业经济行为对环境的破坏，通过税收、补贴等政策引导、鼓励企业通过实施绿色营销保护环境和消费者的健康等。其二，政府在促进绿色营销方面扮演了积极重要的角色。美国政府不仅进一步扩大环保监管范围，建立健全科学、完善的环保法律体系，营造良好的绿色营销政策环境，还加强了宏观上间接调控的力度，提高环保宣传层次，完善政策执行体系，对推动绿色营销和公众环保意识的市场化专业环保团体给予资金和政策的大力支持，或通过一系列的法律制度以促进绿色营销战略的实施。

（3）消费者是绿色营销发展的重要推动者。其一，消费者对环境问题的关注在相当程度上引导企业转向绿色营销。生态危机不断加剧的形势下，人类的环境保护意识开始觉醒，人们对社会与环境的忧虑逐步加剧，在消费时更加注重环境和安全要求，对产品的整个生命周期提出了绿色要求。很大程度上促使企业将满足消费者的环保需求作为营销活动的中心，纷纷开始顺应消费者的环保需求，实施绿色营销。其二，消费者成为绿色营销的重要参与者之一。消费者逐渐在绿色营销中掌握了一定的"话语权"，消费者的绿色消费意识、绿色消费行为、绿色需求等对企业绿色营销产生重要导向。日本在推动绿色营销的过程中，将最开始由政府主导的绿色消费积分制逐渐转变为由企业和消费者作为主要实施主体，这也使得消费者对绿色营销产生了越来越大的影响。

发达国家的绿色营销实践也存在一些值得我们警惕的问题，具体有以下几个方面。

（1）绿色贸易壁垒对发展中国家实施绿色营销产生一定阻碍。随着全球环境问题日益严峻，一些发达国家为了维护自身的经济利益，利用人们环保意识增强、消费心理和行为发生变化的新趋势，借保护环境之名，颁布严苛的环境技术标准，设立门类繁多的环境标志和复杂的绿色产品评定程序，构建技术壁垒限制国外绿色产品进口。发达国家构筑的"绿色贸易壁垒"对保护本国的绿色产业和绿色市场具有积极作用，但这些做法在一定程度上对发展中国家实施国际绿色营销（绿色产品出口）制造了障碍，这显然不利于世界绿色贸易市场的健康发展。

（2）绿色营销存在一定的"漂绿""假绿"现象。绿色营销发展过程中，一些所谓的绿色产品在环境保护方面存在流于表面、名不副实、误导顾客、虚假标签、夸大宣传等情况，极大地破坏了消费者对企业和绿色市场的信任，许多消费者因此感到困惑并降低了对绿色产品购买的意愿，在一定程度上和一定时期内导致绿色营销的发展速度与水平没有达到预期，甚至给一些行业也带来较大的负面影响。由于一些国家政府对绿色市场监管不力，一些企业面对较大的绿色营销成本没有做好充分的预算准备或没有坚守道德底线等，这些"漂绿""假绿"的行为对本国后续发展绿色营销的企业和其他国家的企业产生了不良示范效应。

（3）少数西方政治势力将"绿色营销"与意识形态、政治挂钩，将其作为恶意遏制打压他国的工具。国际市场为各个国家拓宽了绿色营销的渠道和空间，但近年来少数西方政治势力滥用"绿色"概念，将"绿色"染上政治色彩，将"绿色营销"作为对他国进行抹黑打压的工具。一些发达国家要求发展中国家停止工业化、城市化进程，实现"零增长"以保护全球环境，甚至以邻为壑，将有毒有害的固体废弃物倾销到发展中国家，将高消耗高污染产业转移到作为"污染港湾"的发展中国家。此外，部分发达国家还以限制进口和保护本国市场为主要目的，以保护人类健康和生态环境为借口，通过绿色壁垒对发展中国家加以限制。这种"以绿色为名，打压为实"的恶意手段严重扰乱了绿色营销市场秩序。

延伸阅读2-2

理论前沿："漂绿"——一个可持续发展进程中变质的副产品

以公司为主导的经营活动对环境、社会和立法都会产生重要影响。作为回报，企业应该承担更多环境保护责任，向可持续发展目标迈进。2021年6月17日，来自韩国、澳大利亚等国的环保人士指责 SK 集团夸大宣传了其在澳大利亚海岸卡尔蒂塔-巴罗萨（Barossa Caldita）气田的一个液化天然气项目。SK 集团宣称该项目中的碳捕集和封存（CCS）可以实现二氧化碳近乎零排放，而经证明，该项目极具误导性且在技术上不可行。如果用一个术语来定义类似 SK 集团的丑闻，那就是漂绿（greenwashing）。

什么是漂绿？

1986年，美国环境学家杰·韦斯特韦德（Jay Westerveld）在观察到酒店重复使用毛巾反而对环境造成更严重破坏的虚假环保形象后，首次提出了"漂绿"一词。随后绿色和平组织在2020年对"漂绿"一词的定义进行了补充，指出"漂绿"是公司刻意披露虚假的环境管理信息或其商品或服务具有的环境效益。环境营销公司 Terra Choice 将漂绿行为分为以下七种。

（1）隐瞒实情。此类漂绿行为主要描述的是，公司为了强调一项特定的环境效益而牺牲其他一个或多个严重方面的情况。例如，谷歌曾被指控"洗绿"，是因为该公司2013年希望通过"无纸化"运动树立环保节能的形象，同时分散消费者对其存在的严重电子垃圾问题的注意。

（2）举证不足。此类公司通常无法为其宣称的绿色行为提供证据或第三方认证。这其中的典型案例是造纸商 AJM Packaging Corporation 给自家产品贴上 Nature's Own Green Label 的标签，然而却无法证明其声明的真实性。

（3）含糊不清。这是指那些过于宽泛或不明确的绿色声明容易误导消费者或引起误解。

（4）绿标造假。当公司打算通过制造其产品贴有绿色认证代理标签的假象来误导消费者时，就会发生这种情况。例如，2015年，美国公司 Water And Sanitation Health（WASH）起诉雨林联盟（Rainforest Alliance）就可持续种植的雨林认证产品进行了欺骗性营销。

（5）无关痛痒。这一情况指的是公司披露有关其产品的一些无益或不相关的环境信息。例如，欧盟委员会（EC）自1997年以来就禁止在产品中使用氯氟烃（CFCs）。如果一家公司称其绿色产品不含氯氟烃，那么实际上该公司并未实施环境保护处理，且具有漂绿的嫌疑。

（6）避重就轻。这一点主要说明的是公司为一些并不环保的问题产品进行广告宣传。一个最好的例子是始于2015年的大众汽车排放丑闻。据美国环境保护署称，大众汽车所强调的"清洁柴油"发动机并不存在，仅仅是为通过出厂实验的排放检测而精心设计的结果。

（7）说谎欺骗。最后一项解释了一些公司只是在环境或社会可持续性方面做出不准确的声明而没有真实的行动，就如同 SK 集团的所作所为。

哪些因素驱动了"漂绿"？

从外部监管的角度来看，公司的压力来自非政府组织和政府机构，尤其是对棕色行业（即能耗高、污染大的产业）的公司而言，例如全球行业分类系统（GICS）下的能源或化工材料行业。因为任何非政府组织的抗议活动或公共丑闻都会破坏公司的声誉、损害其盈利能力。此外，全球各地政府都在承诺净零转型并不断出台新的环境、社会和公司治理（ESG）法律法规来管理和规范公司的环境、社会和公司治理（ESG）表现。因此，企业会产生走捷径来遵守法律法规的动机，同时也规避针对"漂绿"行为的处罚。

在市场外部驱动因素方面，主要参与者是消费者和投资者。欧盟的一项研究表明，77%的消费者愿意出更高的价格购买环保产品。然而，这也将诱使公司通过"漂绿"建立完美的品牌形象。该调查还显示，多数受访者相信投资环保公司的积极影响，其中一半的受访者要求市场上投放更多的环保产品，这意味着如果公司宣称绿色经营，将会提升公司股票的流动性。此外，外界对于企业应对气候问题的能力的关注日益提高，因此企业也可能会进行"漂绿"，以满足更高的外部期望。

内部驱动因素主要与公司的组织特征和管理风格有关。一方面，棕色行业的一些公司更可能进行"绿色漂洗"。这是因为棕色产业通常在环境方面表现不佳，从而激起公众对其在环保方面更高的要求。另一方面，进行漂绿可能与管理者在决策时具有心理偏好或行为倾向有关，例如狭隘的决策框架或乐观偏见等。同时，管理人员的薪酬方案也可能导致其短视主义，并引发"漂绿"的问题。

如何应对漂绿问题？

（1）披露原则。该解决方案旨在提高各个公司环境绩效的信息透明度，在现阶段，这仍然依赖于政府和监管机构的强制力。2012年，美国联邦贸易委员会推出了绿色指南，敦促公司披露具体的环境效益声明，并禁止披露具有误导性或虚假声明的内容。此外，2019年气候相关财务信息披露工作组（TCFD）为企业提供了自愿披露指南，并呼吁企业披露更多信息，包括其公司治理、气候相关战略、风险管理以及相关的指标和目标。此外，近年来还有其他的信息披露标准组织成立，例如2021年的自然相关财务披露工作组（TNFD）。

（2）收紧生态标签贴标流程。尽管生态标签因助长"漂绿"而饱受诟病，但不能否认标准化贴标机构对缓解"漂绿"问题的贡献。卢森堡金融标签机构（LuxFLAG）的环境标签通过对基金进行尽职调查，制定了严格的贴标流程。此流程可确保基金发行人真实、诚信地披露环境绩效并遵守卢森堡交易所法规。它还要求每个申请人在获得生态标签后每年提交中期和年度可持续报告并检查其合规情况。

（3）媒体舆论监督。虽然个人对"漂绿"的影响力微不足道，但他们可以在社交媒体上分享相关案例，发表评论来推动审查公司的"漂绿"行为。一旦丑闻在网上传播开来，就会有越来越多的人知道丑闻，也会有博主带领网友来抵制公司的不正当行为。欧盟数据小组负责人Andreas Hoepner研究认为情绪临近预报具有应对"漂绿"现象的潜力。在他的情绪分析中，如果情绪临近预报显示出不好的信号，人们往往会立马对新闻持消极态度，反之亦然。所以，大部分公司会为了避免承担声誉风险而减少"漂绿"行为。目前来说，这种方法可能是缓解"漂绿"问题最可行的方法。

资料来源：根据Tina Zhang《漂绿：一个可持续发展进程中变质的副产品》（"Seneca ESG"微信公众号，2021年9月18日）资料整理。

第四节　绿色营销的国内实践

一、国内绿色营销实践演进

中国的绿色营销实践相对晚于发达国家，但近年来的发展势头锐不可当。大体上，国内绿色营销实践历程大致经历了启蒙、成长、成熟三个阶段。

（1）绿色营销的启蒙阶段（1978年至20世纪80年代末）。改革开放以来，我国社会环境保护意识日益高涨。1978年，党的十一届三中全会开始规划制定《森林法》《草原法》《环境保护法》等法律，1983年12月，第二次全国环境保护会议召开，确立环境保护为我国必须长期坚持的一项基本国策。在国民经济的调整期和转型期，国家提出既要抓经济建设，也要抓环境保护，由于环境问题日益凸显的压力和环境保护政策的指引，消费者开始普遍关心环境问题、自身健康与地球生态环境改善方面的推动；同时，受到国外绿色营销理论发展与实践演进的影响，部分企业生态环境意识觉醒，我国随之开启了企业绿色营销的早期探索与开创。

（2）绿色营销的成长阶段（20世纪90年代至2012年）。1992年11月召开的国际市场营销研讨会上，国内学者首次接触到绿色营销概念。1993年我国开始推行清洁生产，为企业绿色营销发展提供了重要支撑。1994年5月我国成立了中国环境标准产品认证委员会，开始实行绿色标志认证制度，授予绿色产品中国环境标志、有机食品标志、绿色食品三种标志，引领中国制造企业的环境意识全面提升。同年，中华人民共和国农业部（现为中华人民共和国农业农村部）正式启用绿色食品标志。1996年，中国绿色食品发展中心在国家工商行政管理局完成了绿色食品标志图形、中英文及图形、文字组合等33件商品证明商标的注册工作。在各种措施的推动下，企业纷纷践行绿色营销，绿色冰箱、绿色食品、绿色包装等最贴近生活领域的绿色产品开始走进大众视野。1997年，我国建设ISO 14000环境管理体系标准的认证试点，国家权威性环境标志产品认证体系基本确立，企业在环境方面的积极性得到政府的大力推动。一部分企业的绿色营销意识开始形成，并开展绿色营销活动，积极适应市场环境变化。如广东科龙集团、海信集团、上海白猫有限公司等自觉联合成立绿色企业联盟，倡导绿色消费，宣传绿色产品。又如杉杉集团制定绿色营销方案，成功打破了国外绿色贸易壁垒。到2003年12月，我国已有700家企业8 000多种产品获得中国环境标志认证，但相比于同时期的发达国家，我国企业在绿色认证数量和认证力度上仍有较大差距。总体而言，这一时期我国企业绿色营销取得初步成效。

（3）绿色营销的成熟阶段（2013年至今）。2012年，党的十八大把生态文明建设纳入中国特色社会主义事业"五位一体"总体布局，首次把"美丽中国"作为生态文明建设的宏伟目标。生态文明建设进一步推动了绿色消费意识的培养与绿色消费行为的引导。面向不断上升的绿色消费需求，企业绿色营销逐渐成为市场营销的主流。目前，企业绿色营销逐渐深入推广应用，绿色产品也走入寻常百姓的生活。企业对有机食品、节能家电，以及环保板材等绿色产品的营销推广，都体现了企业对绿色营销目标的不断追求和积极实践。树立企业绿色形象，追求人类与环境的和谐已成为许多企业的经营目标之一，绿色营销已融入企业的经营管理日常。特别是数字时代的到来，为企业绿色营销提供了更加宽广与多样的渠道，绿色营销变得更加智能与高效。这一时期的绿色营销开始向更加系统化、全面化、精准化和深度化的方向发展完善。

总的来看，国内绿色营销实践的演进呈现出三大阶段性特征，同样也在不断演进中经历了从初创到成熟，从低阶到高阶的发展之路。国内绿色营销实践的演进如图 2-2 所示。

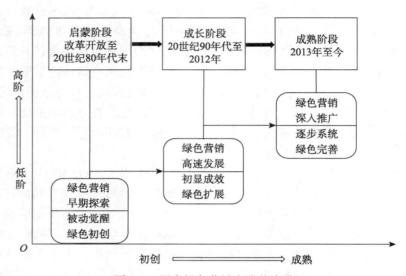

图 2-2　国内绿色营销实践的演进

从我国目前绿色营销实践来看，绿色营销发展特征主要表现在以下几方面。

（1）绿色营销贯穿于产品设计、生产、消费到处置的全部环节。绿色营销的第一步是绿色产品设计。产品设计之初，企业的研发部门要甄别消费者需求是否为绿色需求，对自然环境是否会产生危害。在生产环节，企业要采用无污染的设备、无污染技术，降低资源消耗，减少对生态环境和产品本身的污染。在消费过程中，绿色产品也要有利于保护消费者身心健康，减少对环境的污染和破坏。在处置环节，产品被消费后的治污措施也要被考虑，主要包括实施绿色包装、减量化包装、重复利用性包装等。目前不少行业企业已经能够在实施绿色营销中做到全过程化的绿色营销。例如，在日化行业，2016年立白集团在北京发布日化行业首份"绿色健康战略"，从绿色原料、绿色配方、绿色技术、绿色制造到绿色产品营销，将绿色健康深入产品整个生命周期，推出了立白食品用配方洗洁精、立白天然皂液等一系列的绿色健康产品群。在新能源电池行业，2018年天能集团通过产品的生态设计，从材料源头赋予电池更环保、更安全的特性。天能集团还在行业内率先履行生产者责任延伸制，实施绿色营销，开展废旧电池回收，实现了对电池的全生命周期管理。

（2）绿色营销的价格"诅咒"逐渐被打破。绿色产品凭借优良的品质备受消费者的青睐，但是过高的溢价让大多数人望而却步。价格成为了阻碍绿色营销成功的一大"诅咒"。虽然由于生产成本和居民收入等因素的影响，绿色产品的溢价仍然阻碍着消费者的购买，但很多行业也试图从改善绿色产品的较高溢价入手，开拓绿色营销的市场空间。考虑到消费者不愿支付较高的绿色产品溢价，很多企业开始借助充值赠送、拼团团购价格、直播间特别优惠价格等策略吸引消费者关注、试用和购买绿色产品。随着消费者的试用，消费者对绿色产品的接受度增强，价格敏感度随之下降。此外，随着技术的成熟和生产规模的增加，绿色产品的生产成本得到了有效控制，绿色溢价越来越低。例如，在乳品行业，2011年蒙牛集团携手满座网共同发起首个"绿色团购"活动，登录蒙牛"全民报团绿生活"页面，只要签署绿爱契约，变身为"首发绿公民"，即可抽取 iPad、iPod shuffle、蒙牛商城代金券等精彩大奖，线上和线下多种活动途径吸引了数万名网友的关注与参与。在地板行业，2019 年荣获国家首批"绿色产品认证"、浙江制造"品字标"认证的上臣地板集团举办绿色产品工厂体验团购活动，以较高的性价比受到消费者的热捧。

（3）绿色营销的渠道进一步扩展。以往绿色产品营销渠道单一，顾客的绿色需求难以得到满足，新客户开发难度大、营销覆盖面小等问题凸显。随着平台电商的出现，绿色产品与消费者有了更多的接触机会，尤其是直播电商的出现为绿色产品开拓出一个高效的营销渠道。高信誉的带货主播不但能将产品真实展示给消费者，还可以为产品的绿色真实性背书，从而快速将流量转化为销量。很多企业开始做出改变，尝试电商平台工厂直销、基地直营、绿色公益助力等方式创新渠道策略。当前，直播电商渗透到各行各业，很多行业企业紧密结合时代趋势拓宽绿色营销渠道。例如，在农产品行业，2022 年，"十荟团"作为社区团购平台中的代表企业，通过采用"预售+次日达+自提"的创新模式，从源头将农产品的保鲜效果最大化，降低了农产品损耗率，使新鲜农产品有效保值，让消费者能够享受新鲜、健康的农产品，助力人民群众享受到健康、绿色的美好生活。2021 年底，云南农垦集团举行绿色食品推介暨产品直播带货活动，开通直播间通过网络带货的方式来推广云南绿色农产品。活动期间，多个绿色品牌亮相直播间，30 余种特惠商品、来自集团各企业的 14 个主播轮流上线，力推云南高原绿色农产品走出云南、走向全国。

（4）绿色营销的促销推广策略日趋成熟。促销推广是绿色营销能否成功的关键一跳，在这方面我国企业进行了丰富的探索实践。很多企业通过绿色广告提升绿色产品的宣传成效。根据消费群体购买画像特征，企业可以保证广告的真实性、艺术性和科学性，同时避免内容的失真和低级化。通过广告对产品的绿色功能进行有效定位，企业引导消费者理解并接受绿色广告诉求，同时激发消费者的购买欲望。同时，随着数字时代消费者主权意识的觉醒，我国企业积极创造与消费者面对面的绿色营销场景，通过一系列开放性公共关系活动，增强公众的绿色意识，树立企业的绿色形象，为绿色营销建立广泛的社会基础，促进绿色营销的发展。例如，在电商行业，2021 年中国环境记协与聚划算联合开展"有效环保计划"宣传活动，主办方公布了对消费产品碳足迹的测算结果并进行解读，得出环保用品的最低使用次数建议，并且联合了 100 个品牌商家，利用平台的商业力量，覆盖百万消费者，让消费者意识到环保商品需要多用才是真正环保。2021 年，拼多多在商家后台发布"限塑令"行动倡议书，倡议商家减少使用一次性不可降解塑料胶带，倡导使用"瘦身胶带"，减少包裹二次包装和塑料包装，引导商家实施绿色营销。

（5）绿色营销实践在不同行业间横向扩展。我国企业绿色营销起步较晚，虽然目前还未形成全社会性的绿色消费需求和对绿色产品的普遍认同，但人们的思维方式、价值观念乃至消费心理和行为都发生了很大变化，对环境保护的渴望日渐凸显，绿色营销也扩展至更多行业，涉及食品、服装、家电等与生活相关的行业以及化工、能源、建筑等传统高污染行业，并开始与医疗、信息、办公文教等其他易于实施绿色营销的行业合作展开探索。例如，在饮料行业和服饰行业，2021年广东太古可口可乐和深圳市鹏友可乐收藏协会携手SupBro潮牌，开启线上环保直播，围绕着"'瓶'空而来，天下无废"主题，向年轻人宣传分享环保知识，还首发了一款使用可口可乐元素设计、由再生塑料材质制成的SupBro环保鞋盒和圣诞储物盒，并且在线下设立了创意空瓶回收点。在电商行业和乳品行业，2021年，京东物流携手蒙牛、金典牛奶，从生产、运输到消费环节全链路践行绿色生态发展观念，并打造了一场多方参与、全方位渗透的"绿色营销"。两者的合作产生加成效应，在引导带动更多消费者参与到低碳生活的实际活动中发挥作用。

（6）绿色营销实践在产业链上纵向延伸。随着绿色营销实践的丰富，企业的绿色理念沿着产业链散播开来。一方面，下游绿色企业对自身产品的原材料具有较高的环保要求，这就迫使上游企业绿色化，即下游企业的绿色化拉动了上游企业的绿色化。另一方面，上游企业拓展下游绿色业务领域，或带动下游企业的绿色化。国内很多行业企业已经探索开辟了自己的绿色产业链。例如，在布料行业，2016年美欣达集团与产业链上下游企业战略合作回收天丝、回收涤纶、环保黏胶、原液着色等，探索用环保可持续面料取代一次性面料，向市场提供更加环保的绿色产品。美欣达集团还运用互联网、物联网等技术手段，向垃圾处置产业链前端延伸，为政府提供更好的环卫保洁清运服务。在通信行业，2003年，浙江移动向产业链上游的产品供应商以及下游的合作代理厂商发出"创建移动产业绿色生态链倡议书"，得到了本地知名企业及本省三千多家手机销售维修网点与摩托罗拉、诺基亚等制造商的积极响应。

（7）绿色营销和数字技术手段的结合更加紧密。数字化技术与应用极大地拓宽了企业开展定向绿色营销的能力。当前，我国企业借助数字化应用精准匹配绿色产品的消费群体，利用短视频、自媒体等平台加大绿色消费的精准化、个性化传播推广，联合推出"数字＋"绿色消费体验展等推介项目。数字技术手段还为企业提供了绿色营销大数据和营销决策支持，企业可以向消费者进行整个绿色价值链的传递。目前很多行业企业已开始聚焦数字经济发展环境变化和绿色消费需求，加快步伐探索绿色营销信息资源的整合渠道，在绿色供需精准对接和资源合理化配置下开始实施定制化绿色营销。例如，在物流行业，2022年，菜鸟上线了行业内线上绿色物流互动社区"绿色家园"，消费者可通过登录菜鸟App，对"社区"进行管理运营，体验一个包裹从仓配到运输、取件，甚至退换货的全部环节。消费者还可在该社区查看个人减碳账单，积累"碳能量"。在绿色农产品行业，2021年云南农垦集团在绿色食品数字体验中心推出直播带货活动，"云垦红"红糖、"云啡"咖啡等绿色农产品集体亮相直播间，还打造了"云垦优选"绿色食品电商营销平台，推动绿色营销。

（8）政府、非营利组织、消费者等逐渐参与到绿色营销实践中来。社区、环保公益团体开展多种多样的线上线下绿色营销主题活动，为绿色营销的发展营造良好的环境。这也推动着绿色营销观念从萌芽逐渐走向发展壮大，绿色营销践行者越来越多，绿色营销的观望者和冷漠者越来越少。尤其在数字时代下，政府、非营利组织和消费者参与线上绿色互动越发频繁，绿色意识理念扩散维度不断扩大，更是给企业进行绿色营销创造了绝佳的机会条件。例如，在垃圾分类领域，2022年，广东白云区开展"垃圾分类全面执法宣传直播"，此后又开展了"广东省首场垃圾分类全面执法12小时慢直播"，实行垃圾分类执法常态化监督，推动广大市民养成文明习惯。自2021年江苏省苏州市姑苏区白洋湾街道"南山亲子捡跑团"成立以来，成员由最初的2组家庭发展到如今的194组家庭，社区"环保魔法课"还从线下走进直播间，"捡跑团"妈妈们通过多种形式的互动，增强居民们爱护环境的环保意识。

扩展阅读2-3　我国部分代表性绿色营销实践

二、国内绿色营销实践总结

从我国绿色营销实践来看，绿色营销的发展仍存在许多不足，主要包括以下几个方面。

（1）绿色营销观念整体上还相对薄弱。目前，我国正大力推行绿色营销理念，但是实际上仍然有部分中小型企业绿色营销观念淡薄，且未将这一理念与企业营销活动充分融合。这些企业过于关注如何提升经济效益问题，而忽视了环保工作的重要性，往往选择省略环保步骤来降低运营成本。这种做法可能会提升企业运营的短期效益，但长期来看无法获得永续经营，更为严重的是，可能影响整个地区生态环境的可持续发展。

（2）绿色产品市场规模较小，功能设计简单。目前我国绿色产品主要集中在家电、食品、汽车、建材、服装、餐饮服务等少数行业，绿色产品规模还远远不能满足强大的绿色消费需求。考虑到绿色产品投入资金较高，大部分企业并未积极开发绿色产品，一些绿色产品的环保功能设计相对简单，例如，绿色家电通常为变频省电设计，回收方式通常为以旧换新。还有一些产品即使是绿色家电，但生产材料的选取并不符合严格意义上的绿色概念。另外，文旅行业、软件、电子影音等无形绿色产品的开发力度也较为有限。这就导致了绿色产品在结构上的单一化，并且生产规模较小，缺乏强有力的市场竞争。

（3）绿色营销与国际一流水准有一定差距。当前国内的绿色营销模式，与国际先进水准存在着一些差距，主要表现在环境标志制度的建立、环保宣传、产品绿色包装以及产品回收处理等方面。中外绿色营销存在较大差距的原因在于消费者绿色意识不强，企业缺少生产绿色产品的内在动力，一味追求利润的最大化。政府需要发挥宏观指导，完善绿色法令并加强执行力度，提升消费者绿色意识，在根本上抓住绿色营销所带来的市场新时机。

（4）绿色营销存在"漂绿"现象。以绿色认证为例，为了顺应市场及消费者对绿色产品的需求心理及消费者绿色偏好，国内也出现一些企业打着环保招牌进行虚假绿色营销。据调查显示，许多家具产品都印有绿色认证标识，除了十环认证，一些产品还印有"Ⅲ型环境标志""联合国最佳人居环境绿色品牌""绿色环境标志"等多种环保标识，且其销售价格也高于同类非认证产品，但深入调查后却发现不少认证机构根本无从考证。长此以往，除了"漂绿"企业无法获得永续经营之外，消费者也会逐渐丧失对绿色产品以及绿色行业的信任度。

（5）绿色产品的价格水平较高而接受度较低。为了实现绿色产品的外部经济，绿色产品成本除了生产成本，还有环境污染控制成本和末端环境治理成本等附加绿色成本，其定价往往高于普通产品定价，而我国绿色消费市场尚未完全形成，绿色产品的消费者群体规模不大，整体上绿色偏好并不强烈。目前我国消费者仍偏向于具有价格优势的产品，并且目前已有的部分绿色产品并非生活必需品，导致消费者对绿色产品消费的需求弹性大，对价格的敏感程度高，抑制了市场需求的扩容。且大部分企业尚未制定出对企业和消费大众均比较合理的市场价格，这也导致了消费者对现有绿色产品价格的接受度低。

（6）绿色营销渠道尚存在薄弱环节。当前很多企业在绿色产品的营销渠道选择上仍沿用传统方式，未从绿色产品特征出发简化分销环节。很多绿色产品的销售还是依赖于代理商，虽然代理商对企业绿色产品的营销业绩提升有很大作用，但这些代理商并不在企业的管辖范畴内，很多代理商在绿色营销推广上滞后于企业，对企业的绿色信誉把控不足，绿色产品分销环节存在二次污染的可能。很多代理商作为绿色价值的传递者，未扮演好绿色价值的传播者角色，缺乏对绿色产品的宣传和对消费者的绿色引导。

（7）绿色营销存在内部不当竞争。当前，市场上很多低绿色度产品与高绿色度产品宣传具有相同的绿色度，而很多普通消费者对绿色产品的鉴别能力不足，加上绿色消费市场存在信息不对称的现象，绿色产品的销售方拥有比消费者更多的产品信息，一些不良企业商家利用信息差提供质量参差不齐的绿色产品，低绿色度产品的价格低于高绿色度产品价格，造成"劣币驱逐良币"，挤压了高绿色度产品的市场生存空间，一些高绿色度产品企业因获利降低而逐渐退出绿色市场，消费者无法真正享受到高性价比的绿色产品。

思维扩展

大数据和人工智能技术如何助推绿色营销？

扩展阅读2-4 实践前沿：菜鸟网络——以数智化探索绿色发展新模式

（8）绿色营销与数字化技术的融合还有提升空间。绿色营销大数据促进了绿色消费需求的精准匹配和绿色消费人群的精准定位，赋能绿色价值释放，但大数据对消费者个人绿色需求的分析和对绿色购买记录的追踪让很多消费者感到被侵犯了个人隐私，从而对绿色营销大数据产生抵触心理。一些电商平台商家不间断地对消费者推送绿色广告信息，被一些消费者视作"垃圾短信"而导致其产生麻木心理，这一定程度上也影响了消费者对数字化绿色营销手段的接受度。由此，在数字化技术促进绿色营销上还有很大的融合发展空间。

本章小结

在可持续发展理论、循环经济理论等绿色营销宏观理论的基础上，绿色营销理论框架体系不断完善。绿色营销在其发展过程中不断吸纳了经济学、社会学、心理学等不同学科的相关理论和实践经验，形成了自己的理论体系，这对价值视角的绿色营销知识体系有重要的理论支撑作用。同时，国内外绿色营销实践也得到了迅速扩展。在借鉴发达国家绿色营销经验的同时，国内绿色营销实践也随之不断丰富，绿色价值发现、价值创造、价值传递，以及价值传播具备了更加有利的条件和环境。尤其在当前数字经济浪潮下，更加趋向紧密结合时代特点和市场需要的绿色营销理论研究。本章是全书理论分析和实践分析的基础章节，主要介绍了绿色营销的宏观理论和微观理论、发达国家绿色营销现状和实践经验，以及我国绿色营销现状和相较于发达国家绿色营销的现实差距。

核心概念

1. 外部性理论（externalities theory）
2. 增长的极限理论（limits to growth theory）
3. 可持续发展理论（sustainable development theory）
4. 宇宙飞船经济理论（spaceship economy theory）
5. 循环经济理论（circular economy theory）
6. 三重底线理论（triple bottom line theory）
7. 环境责任理论（environmental responsibility theory）
8. 社会营销理论（social marketing theory）

本章思考题

1. 简述绿色营销的相关理论。
2. 简述国内绿色营销的现状。
3. 发达国家的绿色营销做法对我国绿色营销发展有哪些重要启示？
4. 以特定案例为例，试论企业绿色营销的策略。
5. 试论我国绿色营销在哪些方面仍有待加强。

本章即测即练

本章实训指南

本章综合案例

雪碧放弃绿色瓶到底为什么？

以前常说，品牌的主色调是一个品牌的视觉识别符号，百事蓝、可口红、芬达橙、雪碧绿，已经深刻烙印在消费者的心中，不能轻易改变。但最近，品牌们的玩法却让人摸不着头脑。美团刚刚宣布把品牌颜色从绿色换成黄色，雪碧也曝出大新闻，将从2019年9月起，把使用了58年的绿瓶子全换成透明塑料瓶。

一、雪碧不再绿，背后理由八方点赞

据《太阳报》报道，从2019年9月起，可口可乐旗下的雪碧将把标志性绿瓶子全换成更易回收的透明塑料瓶。从1961年可口可乐首次推出雪碧，便采用绿色包装，至今已经58年。而之所以放弃使用了58年的标志性绿瓶，则是因为雪碧出于"绿色环保"的考虑。

目前，虽然所有雪碧瓶是100%可回收，但因为机械回收绿瓶再变为透明瓶子的过程实在困难，所以可口可乐决定全部转用透明塑料瓶。同时，可口可乐公司还承诺，到2020年初，将在雪碧塑料瓶制造原料中采用50%的再生塑料。也有饮料制造商证实，虽然由此会增加瓶子的制造成本，但雪碧并没有将成本转嫁给超市，也就是说，对于消费者而言，雪碧的售价将不会提高。放弃绿色包装，是为了绿色的环保，还不让消费者为此买单，这样的动机，让雪碧收获了更多支持的声音。雪碧将把标志性绿瓶变全透明，更是直冲新闻热搜榜首位，直接"沸"了。在评论区，网友对雪碧的这一行为赞不绝口。

任何巨头产品领导绿色环保理念，推动环保发展，都将受到世界人民的支持与尊重。一般来说，当一个品牌对形象进行重塑，都会引起消费者的不适感，需要一个重新接受的过程。但雪碧源于绿色环保、企业社会责任的改变，面对的阻力就小得多，更容易被大众认可，并欣然接受。

二、打造瓶身符号，雪碧的那些经典营销案例

虽然出于环保，但毕竟绿瓶雪碧已经喝了多年，消费者对此还是有一定情怀的。每到夏天，看到绿色的雪碧，再想起那句"透心凉，心飞扬"的广告语，就好像有一股凉风吹过，让人倍感清爽。而且近两年，雪碧也像可口可乐一样，将瓶身营销"玩出了花"，更加深了年轻人对雪碧绿色瓶身的喜爱。

1. 雪碧×网易游戏：夏日限量罐礼盒

2018年夏天，雪碧曾与网易游戏进行跨界合作，以"渴不及待，燃个痛快"为主题，

推出了 15 亿瓶带有"雪碧酷爽军团"形象和网易游戏二维码的"霸福（BUFF）瓶"的定制饮料。用户通过扫描瓶身二维码，就会得到不同的游戏礼包，以及更多好玩的游戏内容。这对于爱好玩游戏的年轻人，绝对是一件超级福利。

此外，雪碧还与网易游戏旗下的五大经典游戏 IP（《大话西游》《劲舞团》《楚留香》《倩女幽魂》《天下》）联合推出了夏日限量罐礼盒。雪碧根据每一款游戏特点和人物特色，定制了瓶身图案，并将经典游戏角色如大话西游逍遥生、倩女幽魂女刀客、天下玉玑子、楚留香华山门派等印制在绿色瓶身上，吸引了大批游戏玩家购买，也加深了消费者对绿色瓶身的情感触达。

2. 雪碧罐装喷雾：引领年轻潮流

2019 年 4 月，雪碧在美国以"生来清凉——雪碧喷雾"为主题推出的罐装喷雾，同样在国内引起了不小的话题度。雪碧出喷雾，不仅是玩转瓶身文化，更是直接改变年轻人喝饮料的方法，带给年轻人更加新潮好玩的生活方式，从而在美国引领了一次街头潮流文化。不过在瓶身的设计上，雪碧已经有意地避开主色调绿色，而是结合涂鸦设计，推出了黄色、黑色、蓝色为主色的罐装瓶，不知道是不是在为换透明瓶做预告呢！

三、由绿色到白色，雪碧的变与不变

雪碧将把标志性绿瓶变全透明，这样充满反差性的改变，让人觉得雪碧的包装确实要"大换脸"。但是，如果对比新旧包装，不难发现，雪碧并没有放弃绿色。只不过，雪碧将原来的绿、白、黄三种颜色的主次进行了调整。绿色退居到了次要位置，但依然是雪碧视觉色的一部分。而原来不显眼的白色，则成为主色。放弃 58 年来打造的雪碧绿，虽然对雪碧来说非常不易，但在一定程度上，对雪碧的品牌发展也存在有利的一面。

1. 有利于品牌的多元化发展

其实，此前雪碧推出的一款网红新品雪碧"纤维＋"，就采用了白色瓶的包装。这款主打零糖、零卡、富含膳食纤维的健康饮品，如果仍采用绿色包装，显然与产品定位有所出入。所以，采用白色包装，其实也为雪碧今后产品线的延展和推广，打好了基础。

2. 有利于品牌更灵活玩转瓶身营销

从 2018 年与网易游戏的跨界合作，到 2019 年的罐装喷雾，雪碧也显露出了如可口可乐一样，将瓶身营销进行到底的意图。而从雪碧颜值爆表的喷雾包装可以看出，白色，这一包含光谱中所有颜色光的颜色，更有利于雪碧在瓶身营销中玩转创意，更灵活地与年轻人玩到一起。

资料来源：根据广告创意《58 年来首次！雪碧放弃绿色瓶到底为什么？》（数英网，2019 年 6 月 26 日）资料整理。

案例思考

1. 雪碧的绿色营销策略有哪些？
2. 雪碧绿色营销活动有何重要意义？
3. 雪碧绿色品牌的成功对企业绿色营销的未来发展有哪些启发？

第二篇

绿色营销的价值洞察

第三章

绿色消费市场的洞察

◆ 本章导语

绿色消费的"出圈""走红",昭示着绿色消费市场已从小众冷门市场走向大众主流市场。

◆ 本章引例

中国绿色消费人群画像

1. 二线城市是绿色消费的忠实粉

在非一线城市(二线、三线及其他城市)的人群中,绿色消费意识先行者的比例远高于一线城市。98.3%的来自二线城市的人群和69.8%的来自三线城市及以下地区的群体被认为是绿色消费意识的先行者。而仅有47%的一线城市人群认为自己是绿色消费践行者,远低于其他地区。身居二三线城市的人群对绿色消费有较高的认识,同时自身日常的绿色消费行为比一线城市更为自信。而对于一线城市的消费者而言,城市的工作压力使人们践行绿色生活方式的时间成本和门槛变得更高。此外,一线和新一线城市群体对绿色消费可能有更高的要求和期待,导致他们对自身是否为绿色消费践行者也有着更严格的判断标准。

2. 大龄青年是绿色消费的主力军

从年龄段比例来看,在21～40岁的人群中,具有绿色消费意识的消费者比例是最高的,特别是在31～40岁的年龄段最为显著。31～40岁的人群占全样本量的24.96%,其中有72.4%属于具有绿色消费意识的消费者。21～30岁的人群占全部样本量的32.86%,其中67.9%的人认为自己正在践行绿色的生活方式。综合整体样本来看,大龄青年是构成绿色环保意识的主要力量。绿色消费人群中,女士能顶"半边天",男人也可以。尽管女性中的绿色环保意识者的比例更高,但是男女差别并没有那么大。根据调研显示,每100位男性,有60人认为自己在积极践行可持续的消费方式,每100位女性中有62人认为自己在积极践行可持续的消费方式。整体上,公众对自身践行绿色生活基本认同,这也是推动绿色消费的社会基础。

3. 暖衣足食的"小自足"人群更容易自我认同绿色的生活理念

年收入在12万～24万元的人群中,绿色消费者的比例比其他收入群体更高。数据显示，每100位年收入在12万～24万元的受访者中，至少有70人为绿色环保意识较高者，占比超过全样本量的16%。然而，年收入在12万元以下或者24万元以上的绿色消费者比例则较低，特别是24万元以上的年收入人群，每100人中只有50人属于绿色消费者。对于12万～24万元年收入的人群来说，可能由于收入水平尚可，生活能够自足，同时又没有宽裕到可以随心所欲消费的程度，他们在根据自己的喜好和价值观进行购物的同时，也会选择适量、共享、节约能源的生活和消费方式，更贴近绿色消费的生活理念。

4. 绿色消费者受教育程度较高，多为大学本科及以上学历

随着群体的学历越高，绿色消费者的群体比例越高。大学本科与硕士学历群体中，绿色消费者占比分别为 64.90%和 65.48%，而初中和高中学历人群中绿色消费者占比只有43.98%和47.68%。可见，大学本科与硕士学历人群的绿色消费者群体比例显著更高，这也说明受教育程度较高的群体更可能成为绿色消费者。

资料来源：根据商道纵横中国可持续发展案例中心团队《2020 年中国可持续消费报告》（商道纵横、界面新闻，2020 年 12 月 22 日）相关资料整理。

◆ **本章知识结构图**

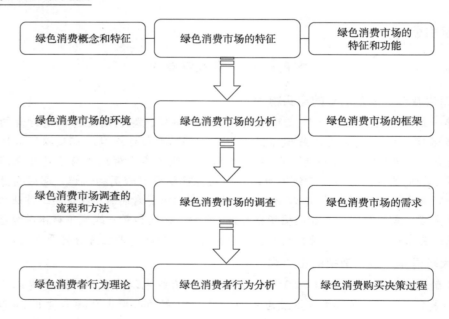

第一节　绿色消费市场的特征

一、绿色消费概念和特征

（一）绿色消费的概念

对于环境相关的消费行为，许多学者从不同的角度给出了不同的定义，其中经常使用的概念有亲环境行为（pro-environmental behavior）、低碳消费行为（carbon emission reduction behavior）、可持续消费行为（sustainable consumption behavior）和绿色消费行为（green consumption behavior）。其中，绿色消费是其中使用较为广泛的一个概念。绿色消费可以被概括为消费者在产品购买、使用和处置过程中努力保护资源环境并使消费对资源环境负面影响最小化的消费行为。具体的绿色购买行为包括购买节能产品、购买有机产品以及购买不含有毒化学物质的产品等。绿色消费与传统消费在概念上的差别如表 3-1 所示。

表 3-1 绿色消费概念与传统消费概念的差异

维度	绿色消费	传统消费
目标	兼顾亲环境、低碳、可持续的经济目标	以经济目标为主
本质	兼顾环保的消费活动	消费活动
行为	从原料、生产、使用到处置的全程绿色化经济行为	通过消费品满足自身需求或欲望的经济行为
结果	对资源环境的负面影响最小化	个体效用最大化

（二）绿色消费的原则

绿色消费是以环保为前提的消费行为，早在本世纪初有学者就将绿色消费的特征概括为 5R 原则：①节约资源，减少污染（reduce）。降低消费行为带来的资源损耗和减少给自然带来的伤害与污染，降低生态环境压力。②绿色生活，环保选购（reevaluate）。树立绿色环保理念，购买绿色产品，使绿色消费、绿色出行、绿色居住等绿色生活习惯成为人们的自觉行动。③重复使用，多次使用（reuse）。倡导资源重复利用和多次反复使用，减少资源浪费，提高资源利用效率。④分类回收，循环再生（recycle）。垃圾分类回收，再生资源循环利用，废物重新纳入人类生产、生活的循环利用过程，并转化为有用的物质产品。⑤保护自然，万物共有（rescue）。倡导人与自然和谐相处，人与自然一体化协调发展，人的活动必须纳入自然的约束之中。

（三）绿色消费的特征

（1）具有较强的正外部性。消费者的绿色消费行为不仅可以满足消费者自身生活方式的内在需要（这是吸引消费者购买绿色产品的决定性因素），其行为结果同时可以给环境带来较为正向的影响，即降低对自然环境的损害。但是使用绿色产品所获得的益处并不完全由消费者本人获得，而是更多为了他人和社会的利益。

（2）需要支付更高的产品溢价。消费者为了购买绿色产品往往需要支付比一般产品更多的产品溢价，这导致消费者这种绿色产品消费行为是对环境和社会有益的，但是却会给自己带来更高的成本，消费者往往不愿意为了这种正的外部性特征承担更多的产品溢价。

（3）行为和结果间存在时空跨度性。所谓时空跨度性，是指消费者的绿色消费行为与结果之间存在的不一致。一方面，消费者购买一次绿色产品所产生的结果可能是微乎其微，甚至忽略不计，但是长久累计来说仍能够产生巨大的亲环境效果，行为和结果间需要一个漫长的时间跨度；另一方面，消费者这次购买绿色产品的产生地点可能会和绿色环保结果显现的地点存在空间差异性。例如，消费者购买某种绿色产品，但是其降低的能耗并不体现在产品本身，而在于生产、回收产品的诸多过程，有些可能是消费者难以观察到的。

（4）具有动态变化性。绿色消费行为本身而言是具有相对性特点的，即当前被视为绿色消费的行为，在科学技术水平不断提升，人们环境意识更加深化的未来，可能就不再被视为绿色消费行为，或产生新的绿色消费行为来替代旧有的绿色消费行为。可见绿色消费行为是持续创新、不断迭代的。

> **思维扩展**
>
> 在数字时代，绿色消费行为还具备哪些时代特征？

二、绿色消费市场的特征和功能

从传统意义上讲，绿色消费市场是绿色产品（或服务）的交换场所，是绿色消费品的供求关系的总和。现代观点则认为，绿色消费市场是某种绿色产品（或服务）的实际购买者和潜在购买者的集合。这些购买者具有共同的绿色需求和欲望，能够通过特定的交换得到满足。

（一）绿色消费市场的特征

绿色消费市场交易的对象是绿色生态产品、绿色技术、绿色原材料、绿色包装材料等，由此就交易对象来说，绿色消费市场有如下特征：

（1）绿色消费市场是高价值（格）市场。绿色生态产品增加了环保的功能，具有较高的技术要求和严格的生产标准，产品质量一般高于普通同类产品。较高的成本和品质导致绿色生态产品的价格较普通产品高。

（2）绿色消费市场具有广阔的发展空间。绿色产品消费地域差异小。绿色生态产品凭借有利人类和生存环境的特点产生了广泛的市场需求，超越了民族、区域的不同消费习惯，成为全球共同的需要，故绿色生态产品市场有巨大发展潜力。

图 3-1　中国环境标志

（3）绿色消费市场一般有特殊标记便于识别。为了保障绿色产品的真实性和规范性，绿色生态产品通常必须得到相关机构的认证。从其外观看，有特殊的代表绿色生态产品的"绿色""生态""有机""健康""环保"等标记与图案，或者有节能、节水、降噪、安全等特别标识或文字说明，如图3-1所示。

（4）绿色消费市场是一个相对不完全竞争的市场。受自然条件和技术条件的限制，绿色消费市场往往出现垄断的现象：一是自然垄断。某些绿色生态产品只能在特殊的自然条件下生产，如高山蔬菜、高山茶叶等。特殊自然条件的有限性决定了这类产品产量的有限性，也就决定了这类产品的自然垄断性。二是技术垄断。某些绿色生态产品生产需要特殊的技术，当这些技术处于垄断时，产品生产也就处于垄断地位。例如，青岛海尔低耗电家用电器的生产技术并非其他企业能够掌握。上述表明生产绿色生态产品的限制条件比普通同类产品更多，因此绿色产品市场具有不完全竞争性。

(二)绿色消费市场的功能

(1)交换功能。交换功能是指以市场为场所和中介,实现绿色产品的交换。交换功能是绿色消费市场最为基本的功能。在现代商业中,绿色产品的生产厂商通过绿色消费市场来销售绿色产品,消费者通过购买绿色产品来获得绿色产品的亲自然体验。绿色消费市场为生产厂商和消费者提供了这样一个满足彼此需求的场所,通过以等价交换为交易的原则,促成绿色产品在厂商和消费者之间实现商品所有权的让渡和转移,从而使绿色产品的所有权实现交换。绿色市场的交换功能通过绿色产品所有权转移来解决绿色生产者和绿色消费者的所有权分离和商品估价矛盾,使绿色生产者获得货币资金,使绿色消费者得到所需绿色产品。变潜在绿色交换为现实绿色交换,是绿色交换功能的重要内容。

(2)反馈功能。绿色消费市场在绿色的交换过程中,同时产生对于绿色产品市场的成本、价格、需求和供给等方方面面信息的传递,这就是绿色消费市场所具有的反馈功能。绿色消费市场中的信息主要来自供给和需求双方,可以说是绿色产品的供给能力和需求能力的体现,其内在核心是体现市场在资源分配过程中的基础地位。绿色消费市场的反馈功能是政府制定绿色产业及消费政策、厂商进行绿色生产的重要依据。一方面,政府可以根据现有基本政策方针、绿色产品的总量和消费者的需求容量等基本因素来判断和规划自身在资源分配上是否合理和富有前瞻性;另一方面,企业根据商品市场销售状况的信息反馈,对消费偏好和需求潜力做出判断和预测,从而决定或调整企业的经营方向。

(3)调节功能。调节功能是绿色消费市场中具有核心意义的功能。绿色消费市场可以调节绿色产品供求,绿色市场调节在单一绿色产品的供求平衡上具有灵活方便的特点,它可以使绿色产品需求和绿色产品供给趋向平衡。通过经济学家亚当·斯密称之为"看不见的手"的市场机制,绿色消费市场自动调节社会经济的运行过程和基本比例关系,使绿色产品的绿色价值通过价格、供求和竞争等诸多形式得以实现。但不可否认,绿色市场调节也有各种局限性,因此可以进行必要的政府调节。

第二节 绿色消费市场的分析

一、绿色消费市场的环境

(一)政策环境

政府对资源环境保护的政策支持力度在很大程度上决定了绿色消费市场的空间。当前环境污染问题已经成为世界各国都在面对的重大问题,作为社会治理的主体——政府担负着对公民的绿色需求进行回应的责任,同时在塑造和引导公民的绿色信念和绿色价值观上发挥着重要作用。

在国际上,2016年4月22日由178个缔约方共同签署的《巴黎协定》,是对2020年以后全球应对气候变化的行动作出的统一安排。该协定明确了全球共同追求的"硬指标"。该协定指出,只有全球尽快实现温室气体排放达到峰值,21世纪下半叶实现温室气体净零排放,才能降低气候变化给地球带来的生态风险以及给人类带来的生存危机。各方将加强对气候变化威胁的全球应对,把全球平均气温较工业化前升高的幅度控制在

2℃之内，并为把升温控制在1.5℃之内。这为供给端的绿色营销和消费端的绿色消费营造了良好的政策环境。

节约能源和保护环境一直以来就是我国的基本国策。《中华人民共和国国民经济和社会发展第十四个五年规划和2035年远景目标纲要》明确提出，我国在未来相当长的一段时间里要："坚持绿水青山就是金山银山理念，坚持尊重自然、顺应自然、保护自然，坚持节约优先、保护优先、自然恢复为主，实施可持续发展战略，完善生态文明领域统筹协调机制，构建生态文明体系，推动经济社会发展全面绿色转型，建设美丽中国。"近年来，我国政府也颁布了一系列促进绿色消费发展的政策文件（如表3-2所示）。由此可见，绿色消费市场的发展在未来相当一段时间内都具有相对稳定的政策环境，这成为支持绿色消费市场发展，满足消费者绿色需要的最重要保障。

表3-2 2014年以来我国绿色消费领域的相关政策汇总

政策名称	发布时间	发布机构	主要内容
国家新型城镇化规划（2014—2020年）	2014年	国家发展和改革委员会	提出在城市发展模式上，绿色生产、绿色消费成为城市经济生活的主流，节能节水产品、再生利用产品和绿色建筑比例大幅提高
《中共中央 国务院关于加快推进生态文明建设的意见》（中发〔2015〕12号）	2015年	中共中央、国务院	广泛开展绿色生活行动，推动全民在衣、食、住、行、游等方面加快向勤俭节约、绿色低碳、文明健康的方式转变。积极引导消费者购买节能与新能源汽车、高能效家电、节水型器具等节能环保低碳产品，减少一次性用品的使用，限制过度包装。大力推广绿色低碳出行，倡导绿色生活和休闲模式
《关于加快推动生活方式绿色化的实施意见》（环发〔2015〕135号）	2015年	环境保护部	提出了生活方式绿色化的四大基本原则、主要目标。从强化生活方式绿色化理念、制定推动生活方式绿色化的政策措施和引领生活方式向绿色化转变三个方面提出了生活方式绿色化的实施意见
《关于促进绿色消费的指导意见》（发改环资〔2016〕353号）	2016年	国家发展改革委等十部门	完善居民社区再生资源回收体系，有序推进二手服装再利用。推广绿色居住，减少无效照明，减少电器设备待机能耗，提倡家庭节约用水用电。鼓励步行、自行车和公共交通等低碳出行。减少使用一次性日用品。支持发展共享经济，鼓励个人闲置资源有效利用，有序发展网络预约拼车、自有车辆租赁、民宿出租、旧物交换利用等
《绿色生活创建行动总体方案》（发改环资〔2019〕1696号）	2019年	国家发展和改革委员会	从节约型机关、绿色家庭、绿色学校、绿色社区、绿色出行、绿色商场和绿色建筑等七个方面，提出绿色生活的具体创建办法
《中共中央关于制定国民经济和社会发展第十四个五年规划和二○三五年远景目标的建议》	2020年	中共中央	提出我国2035年在绿色领域上的远景目标是"广泛形成绿色生产生活方式，碳排放达峰后稳中有降，生态环境根本好转，美丽中国建设目标基本实现"
《国务院关于加快建立健全绿色低碳循环发展经济体系的指导意见》（国发〔2021〕4号）	2021年	国务院	厉行节约，坚决制止餐饮浪费行为。因地制宜推进生活垃圾分类和减量化、资源化。扎实推进塑料污染全链条治理。推进过度包装治理，推动生产经营者遵守限制商品过度包装的强制性标准。提升交通系统智能化水平，积极引导绿色出行。开展绿色生活创建活动

续表

政策名称	发布时间	发布机构	主要内容
《关于建立健全生态产品价值实现机制的意见》（国务院公报 2021 年第 14 号）	2021 年	中共中央办公厅、国务院办公厅	到 2035 年，完善的生态产品价值实现机制全面建立，具有中国特色的生态文明建设新模式全面形成，广泛形成绿色生产生活方式，为基本实现美丽中国建设目标提供有力支撑
《促进绿色消费实施方案》（发改就业〔2022〕107 号）	2022 年	国家发展改革委等部门	到 2030 年，绿色消费方式成为公众自觉选择，绿色低碳产品成为市场主流，重点领域消费绿色低碳发展模式基本形成，绿色消费制度政策体系和体制机制基本健全
《国务院办公厅关于进一步释放消费潜力促进消费持续恢复的意见》（国办发〔2022〕9 号）	2022 年	国务院办公厅	提出大力发展绿色消费。增强全民节约意识，反对奢侈浪费和过度消费，形成简约适度、绿色低碳的生活方式和消费模式。推广绿色有机食品、农产品。倡导绿色出行。推动绿色建筑规模化发展等

（二）经济环境

经济环境的变化会对绿色消费市场及其内在行业产生极为深远的影响。从世界范围看，经济全球化和逆全球化不同思潮间的激烈碰撞已经成为未来绿色消费市场发展所不可避免的一个客观现实。全球化让消费者的购物方式和购买商品的种类更加多元化，特别是对于绿色产品和健康食品的兴趣将会持续增长。而逆全球化让世界各个区域甚至是各个国家的市场变得更加封闭，资本要素在世界流动的速度会日趋缓慢，贸易保护主义会在一定程度上有所抬头。面对环境保护和绿色消费等全人类的责任问题，部分国家不积极甚至是不愿意承担自身应尽的责任和义务，将自身利益凌驾于全人类的共同利益之上。由此，绿色消费市场可能在一些国家呈现出一种矛盾的态势，即在国内鼓励绿色消费，而在国与国竞争之中，仍是强调更多的获得碳排放的权利，以求用此策略提升自身在区域竞争中的优势和能力。

从我国经济环境发展的过程看，绿色消费市场已经成为经济发展的一个重要的组成部分。随着消费者的环境意识和人均可支配收入的不断提升，绿色消费意愿也在不断增强。以 2021 年的天猫"双 11"购物节为例，在短短 9 小时内，近 12 万件绿色家电一售而空。同期苏宁易购门店的节能冰箱销售增长 67%，新一级能效空调销售增长 89%，手机一站式以旧换新同比增长 186%，再次体现了消费者对绿色产品的蓬勃需求。而这种需求随着国家经济结构逐渐向更加节能低碳的方向转变，以及碳达峰碳中和目标的逐步实现，将会进一步扩大绿色消费市场的范围和功能，因此具有非常广阔的发展前景。

（三）社会人文环境

（1）传统文化成为构建绿色人文环境的文化基础。中国传统文化历来注重人与自然之间的关系。传统文化中的朴素自然观——"天人合一"思想，强调"天"即自然，"天人合一"即人与自然"你中有我，我中有你"不可分割的关系，这一理念代表了我国先贤圣哲对人与自然关系最朴素，也是最本质的价值认知。传统文化中的生态伦理观——"敬畏生命"思想，强调万物生命一视同仁。老子的《道德经》提到"生而不有，为而不恃，长而不宰"，更强调"衣养万物而不为主"，即告诫人们要善待万物，滋养其生长，要承担起人类对自然万物所应肩负的责任，不能随意主宰万物的生命，这样才能够"若可托天下"。传统文化中的生态发展观——"取用有节"思想，倡导"万物同源"，人类与万物具有同等内在价值，应一视同仁，和谐相处。先贤告诉我们，人可以在尊重自然规律的基础上，合理地利用自然界中的事物谋求人类自身的发展，但务求做到取用有节，在向自然索取时要保护自然，避免涸泽而渔的短视行为。正是以上传统文化的智慧构建了我国环保文化的底层逻辑，使绿色消费更加易于被普通老百姓认可和践行。

（2）新的思潮诞生让绿色低碳理念更加深入人心。绿色消费作为一种消费思潮已经受到越来越多消费者的认同和主流文化的吸纳。同时，围绕绿色消费文化，一些衍生文化也随之兴起，最具代表性的是极简主义思潮。极简主义强调回归消费的本质，在消费过程中倡导以少为好，以疏为美，以精为佳。极简主义反映了消费者在精神上的一种消费追求，即摆脱物质束缚，追求精神层面的纯粹感和意义感，从而实现自我价值和自我满足。极简主义消费与以"物质和财富占有为核心"的物质主义消费和"将消费作为自身最高目标"的消费主义消费相背离。在行为上，倡导极简主义的消费者在生活方式上从浪费资源向节约资源过渡，精打细算，只购买自己真正需要的产品，同时兼具亲社会和亲生态的属性；在目标上，从物质目标向精神目标过渡，通过简化消费来缓解生活压力，在谋求个人主观幸福感的同时，实现人与自然的和谐共生。

（四）技术环境

技术环境中的创新技术与现有技术共同影响绿色产品创新的步伐。就绿色消费行为而言，技术环境的变革不仅有好的一面，而且可能带来负面的影响。例如，21世纪第二个十年末，实行的智慧矿山技术，在更好地保护人员生命安全之外，极大地提升了煤矿等矿产资源的采掘和生产效率，这在一定程度上加速了自然资源的损耗。与此同时，人工智能、5G技术、现代基因生物技术等前沿技术的不断发展和应用却在一定程度上降低了生产和消费给自然界带来的碳排放。例如，2022年北京冬奥会建设就采用"数字智能+绿色低碳"作为核心理念，在能源上建设张北柔性直流电网等低碳能源示范项目，实现张北地区的风能、太阳能等转化为绿电之后通过张北柔性直流电网工程直接输入北京赛区，让绿电供应覆盖所有场馆。这不仅能从源头减少场馆碳排放，还能积极开发利用可再生能源。

由此可见，技术创新对绿色消费市场的影响可能是一柄"双刃剑"，其核心在于创新的实践者如何引导消费者向低碳环保、绿色文明转变，以及政府在绿色创新过程中所处的立场和态度。

扩展阅读3-1　理论前沿：多方探索推动绿色家电更好走进千家万户

二、绿色消费市场的框架

绿色消费市场的框架由四大主体构成，分别是需求主体、渠道主体、供给主体和监管主体，如图3-2所示。

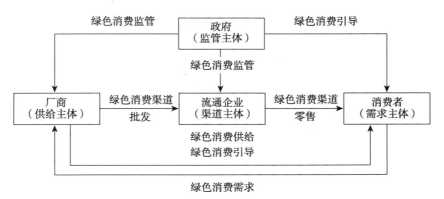

图 3-2　绿色消费市场框架

（一）绿色消费市场的需求主体——消费者

消费者是绿色消费市场的最终需求主体。绿色消费市场的需求来自消费者对于绿色产品的需要，这种需要可以概括为绿色需要。绿色需要是指人类的生态需要，即由于人类生理机制中内在的一种对自然环境和生态的依赖性所产生的需要，也是人们为了满足生理和社会的需要而对符合环境保护标准的产品和服务的消费意愿。绿色需要体现在消费者对产品全生命周期的各个维度上，如生产过程中的低碳排放和低环境污染、使用过程中的低能耗，以及使用后废弃物的低污染性、可回收性等需求。绿色需要主要包括三类：潜在的尚未意识到的绿色需要、尚未满足的绿色需要和已经被满足的绿色需要。

绿色需要的产生有以下六个原因：第一，生态环境的恶化是绿色需要产生的根源。如果没有生态环境的恶化，多数人不会考虑到保护生态环境，正是因为生态环境的恶化已经严重影响了人类的现有生活，方才导致人类的密切关注。第二，经济水平的提高是绿色需要产生的物质基础。当消费者的经济水平达到一定程度时，人们才能够反思自身对环境无节制索取会不会带来自然的惩罚，绿色消费正是在人类经济对生态环境和更高生活品质追求的背景下产生。第三，环境保护的宣传教育推动了绿色需要的产生。环境保护的宣传教育、科学知识的普及，以及传媒对环保运动的推动，提高了消费者在环保方面的知识水平与素质。第四，绿色消费已经成为流行时尚，能为消费者带来紧随趋势的潮流感，这促进了绿色消费的进一步扩散。第五，市场上越来越多的高质量绿色产品供给刺激绿色需要产生。如具备环保认证的食品、饮品，以及有机、天然的食品、饮品具备较高的辨识度，能使消费者省心省力地快速做出购买抉择。第六，消费者不断提升的绿色环保认知驱动绿色需要产生。绿色需要也来源于消费者的责任感或对绿色生活方式的认同，以及绿色产品引发的情感共鸣。

> **思维扩展**
>
> 如何通过有效的营销传播增加绿色消费的潮流感？

在消费者对绿色厂商的影响上，消费者对于产品的绿色价值诉求可以引导厂商进行绿色生产，厂商也同样期望通过提供符合消费者绿色价值诉求的产品来满足消费者需求。消费者的绿色诉求不仅体现在绿色产品购买上，而是贯穿于消费者消费过程的方方面面，如在绿色消费行为产生之前对于绿色产品的信息进行收集和确认，以及比较不同绿色产品之间的差异。同时也在绿色产品购买中选择绿色价值最高的绿色产品，并在购买之后采用合理、环保的回收手段，从而让绿色产品在消费端保持全过程的绿色价值实现。

（二）绿色消费市场的渠道主体——渠道商

绿色消费的渠道主体由绿色批发市场、绿色商场、节能超市、节水超市、慈善超市等组成。同时，在市场、商场、超市、旅游商品专卖店等流通企业显著位置开设的绿色产品销售专区，以及大中城市利用群众性休闲场所、公益场地开设的跳蚤市场，还有提供面向农村地区的绿色产品电商平台都可以纳入绿色消费的渠道主体中来。

渠道主体在绿色消费市场中主要起到了流通作用，是连接生产与销售的重要中间环节。渠道主体一方面满足了厂商在绿色产品上的终端可达性，缩短了企业将产品提供给消费者的周期并扩大了绿色产品销售的范围，另一方面充分保证了消费者选择绿色产品时的易获得性。

（三）绿色消费市场的供给主体——厂商

厂商是绿色消费市场中绿色产品的供给主体，它向市场提供绝大多数的绿色产品以满足消费者对绿色产品的需求。作为绿色产品的生产厂商，它担负着几个重要的作用。第一，绿色生产厂商担负着绿色创新职能，通过绿色创新来创造性地为消费者提供适应其绿色诉求的产品；第二，通过绿色广告来凸显自身绿色产品的差异性，吸引消费者的注意力，以求进入消费者的认知和选择区间，最终促成消费者绿色产品购买。

（四）绿色消费市场的监管主体——政府

政府及其所属监管部门在绿色消费市场中处于监管主体地位，其监管地位的形成主要由政府实施社会管理的职能所决定。在绿色消费市场中政府的作用主要有三个方面：首先，通过制定法律法规、绿色标准、政府文件以及规划、战略等政策性的文件引导和规范绿色消费市场的发展，驱动资本向不同市场的转移和增值，并在最大程度上保护普通大众在生态环境与生活生产的合理诉求。其次，运用经济政策激励和约束相关产业的发展，如通过税收减免政策降低绿色产品厂商的生产成本，或是通过对高耗能产业课以重税等，从而实现产业从高能耗向低能耗过渡。最后，政府在绿色消费方面制定引导政策，通过宣传、培训、协议以及联盟等一系列形式，从柔性的视角潜移默化促使消费者产生行为的改变，以削弱传统的以行政法规为代表的刚性政策下消费者产生的抵触心理和行为。

扩展阅读 3-2　市场动向：食品品类之绿色消费者趋势洞察

第三节　绿色消费市场的调查

一、绿色消费市场调查的流程

市场调查（marketing research）是市场营销活动的基础。根据美国营销协会

（American Maketing Association，AMA）的定义，市场调查是一种通过特定信息将消费者、顾客、公众和营销者连接起来的方法。营销人员使用信息来识别、定义营销机会和问题，产生、完善和评估营销活动，监控营销绩效。

绿色消费市场调查遵循市场调查的一般原则，帮助市场营销者洞察消费者的绿色消费动机、绿色购买行为、绿色购买满意度，评价绿色消费市场潜力和市场份额，识别绿色消费市场的机会与威胁，促使他们根据绿色市场环境的变化，改进现有的营销组合，评估现有绿色产品、绿色营销策略是否能够满足消费者的绿色需求。绿色消费市场调查是指组织面对特定的绿色营销市场问题，系统设计、收集、分析和测量绿色价值发现、创造、传递和传播效果的活动。

绿色消费市场调查一般包括七个基本流程，如图 3-3 所示。

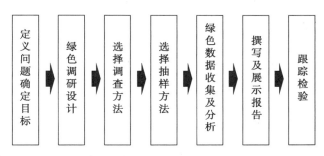

图 3-3　绿色消费市场调查的基本流程

第一步是定义问题确定目标。如何科学合理地定义绿色消费市场中的营销问题，是绿色消费市场调查过程中最为重要的环节。一般而言，绿色营销问题产生于两种情境，第一种情境是当厂商所期望发生的结果与实际发生的结果之间存在差异时，如某厂商开发出一种新的绿色产品推广市场后，却没有得到消费者的认可和青睐。第二种情境是当实际发生的结果与应当发生的结果之间存在差距时，如绿色厂商的绿色产品在市场中销售不佳，但是之前厂商已经对消费者进行了大量的宣传，许多消费者已经流露出对该绿色产品的兴趣和购买意愿。

第二步是绿色调研设计。调研人员需要建立一个绿色调研问题框架结构。在绿色调研设计过程中，绿色厂商需要在成本和信息准确度之间进行权衡，因为信息越准确，所付出的成本往往也越高昂。从方式上来看，调研设计可以分为探索性调研设计和结论性调研设计两种，探索性调研设计的目的是从现象中发现绿色营销问题；而结论性调研设计则是从现象中验证绿色营销问题。

第三步是选择调查方法。绿色市场调查方法主要分为定性调查法、定量调查法以及结合定量定性的混合调查方法。此外，大数据时代的绿色消费市场调查可以依托互联网平台，利用大数据应用、卫星遥感、无人机数字采集等技术手段变革绿色消费市场调查数据的采集方式，而且智能化的信息处理技术也使绿色消费市场调查成本更低，调查的实时度、完整性与精准度更高。

第四步是选择抽样方法。在绿色消费市场调查中，我们想得到全部绿色消费者（总体）的信息是困难或不经济的，因此运用统计方法进行抽样，以抽样方式获得的样本来代表总体样本中的某些特性，是一种快速且经济的方法。与普通产品抽样方法类似，绿色市场的抽样按照抽样对象，分为简单随机抽样、系统随机抽样、分层随机抽样和整体随机抽样。但与普通产品抽样方法不同的是，无论采用哪种抽样方法，都需要特别注意保证样品的绿色性、代表性和真实性。

第五步是绿色数据收集及分析。采用合适的数据收集方法可以保证绿色消费市场调查数据的可获得性和可衡量性。常用的绿色市场数据收集方法如问卷调查法、实验法等。为了更好地揭示不同变量之间的内在关系，需要选择恰当的数据分析方法。常用的数据分析方法有相关分析、聚类分析、回归分析等。数字时代的绿色数据分析还可以借助Python等大数据软件收集网络购物平台上绿色消费市场的绿色产品数据、基本销售数据、商品评论数据等。大数据分析过程中应注意对绿色消费市场数据的动态跟踪和数据清洗。

第六步是撰写及展示报告。为了能让市场调查结果获得厂商的认可，撰写市场调查问题反馈调查报告，应经过科学的分析程序和论证过程，能够直指绿色消费市场特有的问题，最重要的是使用能让管理者听得懂的语言来进行陈述。因此调研报告的撰写和展示要根据具体的厂商和调研目的而进行定制。

第七步是跟踪检验。市场调查是长期、持续的过程，绿色消费市场中消费者需求的变化、政府政策的调整、竞争对手的策略调整以及行业技术水平的提升都会使新的市场调查问题摆在管理者的案头。因此持续跟踪观察绿色消费市场中存在的新问题，分析这些绿色市场问题产生的原因，必要时再次展开专门的市场调研，并在新问题、新要求、新趋势中为企业寻找到新的商业机遇，为政府寻找到合理的绿色监管抓手。

绿色消费市场调查遵循一般的消费市场调查流程，但对比来看，二者在具体内容上存在较大差别，具体见表3-3。

表3-3 绿色消费市场调查与传统消费市场调查的差异

维度	绿色消费市场调查	传统消费市场调查
目标	识别绿色消费市场的不合理现象和实际绿色消费需求	识别普遍消费市场问题和实际消费需求
调查	定性调查法、定量调查法、定量定性混合调查方法、大数据调查法	定性调查法、定量调查法、定量定性混合调查方法
抽样	强调样本的绿色性、代表性和真实性	强调样本的代表性和真实性
数据	通过问卷法、实验法收集和分析数据，并利用计算机技术获取大数据	通过问卷法和实验法收集和分析数据
报告	向厂商反馈绿色消费市场问题，关注消费者的绿色利益和绿色价值观等	向厂商反馈消费市场问题
检验	动态收集检验最新绿色消费市场数据 关注与低碳环保有关的消费动态	跟踪最新消费数据

二、绿色消费市场调查的方法

（一）绿色消费市场调查的定性方法

绿色消费市场调查的定性方法是指通过观察绿色消费者的言行来收集、分析、解释数据。在定性方法中所有的问题和内容都是开放的，因此观察和陈述的模式都是自由的或非标准化的。在市场调查过程中，定性方法是非常有用的，因为生产绿色产品的厂商可以通过定性调研的方式获得消费者对所生产的绿色产品包装、产品设计，甚至产品定位理念的反馈，及时调整营销策略，以获得更多绿色消费者的认同和青睐。常用的定性方法有如下几种。

1. 观察法

观察法是调查人员通过观察获得信息的一种方法。一般在分类上包括四种不同的方式，分别是：①直接观察和间接观察。直接观察是指观察被研究者正在发生的行为，例如，如果我们观察消费者是如何根据节能标识来选择节能空调的，就可以知道消费者对于节能的理解阈值到底在什么范围内；间接观察是指观察被研究者的行为产生的效果和结果（如档案资料或实物追踪），而非直接观察被研究者的行为，例如衡量一个家庭的垃圾分类情况，可以观察家庭成员在垃圾处理过程中的分类积分来实现。②隐蔽观察和非隐蔽观察。隐蔽观察指通过"神秘顾客"记录服务人员绿色服务水平的一种观察方法。非隐蔽观察指采用收视率测量仪等工具对被调查者在绿色广告等领域所表现出的态度进行记录和调查，调查者会告知并获准在被调查者的电视中安装收视率测量仪。③结构化观察和非结构化观察。结构化观察是指调研人员预先设定了将要观察和记录的绿色消费行为内容，而对其他行为不予关注的一种观察方法。非结构化观察是指观察研究情境中所有行为的一种方法。④自然观察和设计观察。自然观察是观察被调查者实际发生的绿色消费行为，而设计观察则是在调查者设计的情境中进行绿色消费行为观察。

2. 焦点小组访谈

焦点小组访谈是将若干消费者召集在一起，在主持人引导下进行非结构化、自由式讨论，以收集与研究问题相关信息的方法。焦点小组访谈是获得信息的非常有效的方法，可以帮助绿色厂商获得绿色产品的创意，了解绿色消费中对绿色产品认知的"常用词汇"，深层次了解绿色消费者的基本需求和态度。传统的焦点小组访谈一般选择6～12人，与主持人一起坐在装有单面镜的房间内共同讨论，持续时间大约为2小时。现代的焦点小组访谈可以使参与者在线参与访谈，参与者可以通过计算机显示屏远程观察访谈情况。

绿色消费市场调查中焦点小组访谈的优点：①可以帮助绿色厂商获得新的产品创意；②允许绿色消费者参与到绿色产品的开发中；③便于绿色厂商理解绿色消费者的需求；④便于绿色厂商接触绿色消费者。焦点小组访谈在绿色消费市场调查中的缺点：①由于参与访谈人员较少，焦点小组访谈对绿色消费者的研究缺乏代表性；②焦点小组访谈是否成功很大程度上取决于主持人的能力；③有时候很难解释焦点小组访谈所得到的结果。

3. 其他定性方法

（1）深度访谈。深度访谈是指通过一个受过训练的访问者，针对一个主题提出一系列探索性问题，以了解受访者对绿色消费的看法，或为什么表现出某种绿色或非绿色消费行为。深度访谈的目的是获得不受限制的意见和评论，并且提出问题，以帮助营销者更好理解受访者的绿色营销意见和评论，以及产生这些意见和想法的各种原因。

（2）专家意见法。专家意见法是指借助绿色营销领域专业人士的意见获得绿色营销预测结果的方法。专家意见通过采用函询或面对面沟通等方式获得，在反复征求专家意见的基础上，还需要根据具体情况客观分析和反复征询、验证，逐步获得趋于一致的专家意见。

（二）绿色消费市场调查的定量方法

绿色消费市场调查的定量方法是指使用事先确定好的问题，采用问卷的形式，对大量绿色消费者进行调研的一种研究方式。与定性调查相比较，定量调查方法能够最大化保证研究样本的充分度，同时由于题目都是之前已经确定好的，所以降低了对调研人员专业技术能力的要求。同时在后期数据分析上，可以使用统计方法来探寻数据之间的内在关系，并能够多次重复。从定量调查方法获取数据主要有一手数据和二手数据之分。一手数据是指调研人员针对正在进行的研究方案而专门收集的数据；二手数据则是指以前他人出于某种意图而收集的资料，并不是调研人员为了现在的研究方案而专门收集的资料，如统计年鉴数据及内部数据库等。目前使用较为普遍的定量调查方法主要有如下几种。

1. 问卷调查法

问卷调查法是市场研究人员采用问卷作为研究工具获得市场研究数据的一种调查方式。一份优秀的绿色消费市场调研问卷需要考虑三个关键问题：第一，是调研内容能否能够真正反映绿色消费市场的问题；第二，问卷是否考虑应答者的适应性问题和绿色营销决策参考性问题；第三，问卷获得的绿色数据是否便于后续数据处理和分析。故而一个有效的绿色消费市场调研问卷从设计开始要经历较为漫长的过程，比普通问卷调查考虑的因素更加复杂。一般而言，一个绿色消费市场调研问卷的开发可以分为确定绿色调查目标、确定绿色数据收集方法、确定绿色问题回答形式、确定绿色问项用词、确定绿色问项流程编排、绿色问卷评估、绿色问卷确认、绿色问卷预测试、绿色问卷正式印制、绿色问卷正式调查等十个步骤。

2. 实验法

实验法是指市场调查人员通过改变或处理一些变量（这些变量被称为实验变量或自变量），观察这些因素对其他因素（即因变量）的影响。在绿色消费市场的研究中，因变量可以是衡量消费者绿色购买的一些指标，如绿色购买意向或绿色品牌忠诚度等，实验变量则可以是绿色营销的相关组合变量，如绿色产品价格、绿色广告的不同诉求、绿色产品的特征变化等。实验考察的是事物之间的因果关系，即证明一种变量的变化能否引起另外一种变量产生预见性的变化。同时，实验法对实验的场所的要求相对较高，需要在实验室或现场环境中进行。实验法包括实验室试验和现场试验等不同方法，在现实调查过程中通过结合实验室实验和现场实验来共同实现。

（三）绿色消费市场调查的大数据方法

大数据能够为绿色消费市场提供更有深度的洞察和更广阔的视野，传统的调查手段只能采用抽样的方式，通过抽样个体来代表全体，这无疑会忽略掉全体中没有被抽样样本所包含的因素。大数据方法能够帮助调查人员洞察一切与绿色消费有关的个体、产品和事件，而不是仅仅从传统营销中所着重强调的市场细分、类别、集合或其他层级来划分信息。

> **思维扩展**
>
> 大数据方法在绿色营销市场洞察中有何优势？

电商平台是绿色消费的新阵地，以电商平台的绿色消费市场调查为例，通过大数据技术对绿色产品消费市场进行调查时，需要注意：首先，各大电商平台对用户可浏览的商品列表通常会有所限制，并结合个性化推荐展示商品。因此，可浏览与统计的商品主要受电商平台控制，除了必要的商品关键词，一般不增加额外的搜索条件，对商品的数据施加特定方向的影响。其次，受电商平台广告推荐的影响，数据搜集过程中会出现重复的商品，需要进行剔重处理。这是因为平台商家为了提高在线客流量和销量，通常会采用不同的标题关键词描述绿色产品，例如，针对绿色空调，往往会使用节能、环保、变频、省电、绿色等词语，这就需要在大数据收集时进行剔重处理。再次，需要剔除搜索结果中错误品类的商品。数据搜集过程较为漫长，其间会出现少量商品下架、链接失效等情况，在获取商品详情或评论数据时，需相应地删除这部分商品。最后，电商平台对商品的销量作了模糊化处理，譬如"1万+""20+""1 000+"等形式，对于这种情况，取销量最小值，即直接去除"+"号作为销量数据，会使统计销量小于实际销量。

在绿色消费市场洞察中，利用大数据技术对绿色消费者进行用户画像是近些年来产生的一种新的方法。用户画像是指对于消费者在互联网上留下的种种数据进行主动或被动的收集，最后加工成一系列的标签。在大数据和云计算日益成为营销活动重要支撑工具的时代，用户画像在各领域得到了广泛的应用。用户画像的基本因素（PERSONAL）包括以下八个方面：P 代表基本性（primary）：用户角色要基于对真实用户的情景访谈；E 代表同理心（empathy）：用户角色相关的描述能够引起同理心；R 代表真实性（realistic）：用户角色看起来像真实人物；S 代表独特性（singular）：每个用户是独特的，彼此很少有相似性；O 代表目标性（objective）：该用户角色包含与产品相关的高层次目标，包含关键词来描述该目标；N 代表数量性（number）：用户角色的数量足够少，以便设计团队能记住每个用户角色的姓名；A 代表应用性（applicable）：设计团队使用用户角色作为一种实用工具进行设计决策；L 代表长久性（long）：用户标签的长久性。绿色用户画像的基本因素（GPERSONAL）除了包含以上八个方面外，还包含 G（green，代表绿色性）这一重要因素，即用户的消费意识和消费行为具备明显的绿色属性。

扩展阅读3-3 市场动向：绿色消费已成生活新风尚

三、绿色消费市场的需求

绿色消费市场需求一般可以分为两类需求：一是绿色消费（或绿色生活）需求，二是绿色生产需求。其中，绿色消费需求能够直接促使生产者在产品生产上进行绿色改变。绿色消费需求不仅构成了绿色消费市场需求中最重要的部分，还能够引导和作用于绿色生产需求，实现绿色生活方式对绿色生产方式的倒逼。为了满足消费者日益高涨的绿色产品需求，他们必须开发出新的绿色产品。为了保证厂商所提供的产品绿色化，必须在生产全过程中追求绿色化，而这种在生产运营中的绿色化过程，也必将产生对绿色原材料和其他与生产有关的绿色产品和服务的需求。这里主要讨论绿色消费需求，即为满足个人生活需要的各种绿色产品需求。

绿色消费需求可以根据不同的准则划分为不同的类型。根据需求的性质，可划分为绿色物质消费需求与绿色精神消费需求。绿色物质消费需求主要是为满足个人生活的各种绿色物质产品的需求，如人们生活中对衣食住行用游等绿色物质产品的需要。绿色精神消费需求主要是为满足个人生活的各种绿色精神产品的需要，如人们生活中对文化、教育、艺术、服务等绿色精神生活的需要。

根据层次的差异，可划分为绿色生存消费需求、绿色发展消费需求和绿色享受消费需求。绿色生存消费需求主要是满足人们最基本生存的绿色产品需求，比如获得无污染、安全、优质和营养的绿色食品。绿色发展消费需求主要是指满足人们生活中身体机能和心灵成长的绿色产品需求，如绿色汽车具有无废气、噪声小、节能等优点，符合环保交通需求，解决了传统汽车带来的环境难题。绿色享受消费需求主要是满足人们享受需要的绿色产品需求，如生态旅游是以保护生态环境为目标的自然旅游，强调在体验自然的同时要对自然保护作出贡献。

根据范围的不同，可划分为绿色个人消费需求、绿色家庭消费需求和绿色社会消费需求。绿色个人消费需求主要是满足消费者个人生活需要的绿色产品需求。例如，绿色服装使用天然、安全、无毒、可降解等材料制成，能保护人类身体健康且在使用时给人以舒适、松弛、回归自然等穿着感受。绿色家庭消费需求是指满足消费者家庭生活需要的绿色产品需求，如以安全、健康、污染小为特征的绿色家电。绿色社会消费需求主要指满足消费者社会活动需要的绿色产品需求。例如，在线绿色互动社区产品为消费者提供线上绿色社区服务。

延伸阅读3-1

市场动向：绿色商家联盟成立，组团推进绿色消费

"今天，中国拥有全球数量最多的市场主体，享有数量最庞大的消费群体，汇聚了全球几乎所有顶尖品牌，处在实现高质量发展、迈向绿色低碳的历史进程中。顺应并推动这一发展趋势，我们责无旁贷。"2021年11月2日，天猫与14个品牌发起成立"绿色商家联盟"，共同发出《绿色商家联盟倡议书》，呼吁绿色消费。

从"共同倡导简约适度、绿色低碳的生活方式"到"推动绿色生产、绿色电力、绿色数据中心、绿色物流的普及"；从"促进商品和快递包装绿色、减量和可循环发展"到"共同推进植被修复、土壤保护、固废防治、海洋保护"，进入低碳时间的"双11"，继续向减碳发力。

据悉，首批绿色商家联盟成员包括嘉宝、爱慕、碧然德、海尔、九牧、雷蛇、Nespresso、沁园、奇瑞QQ冰淇淋、沙米、西顿、小鹏汽车、悦诗风吟、之禾等品牌。天猫相关负责人告诉记者，联盟既看重商品的国家绿色标准等"硬标准"，也看中绿色物流、绿色电力、绿色供应链及公益环保等"软标准"。2021年"双11"期间成立的是第一批绿色商家联盟，后续会继续开放扩容。

从绿色生产设计到碳中和路线图，天猫商家绿色探索覆盖多环节

绿色生产已经成为不少天猫商家的主动选择。比如内衣品牌爱慕在工厂生产中已使用光伏发电，家电品牌海尔有园区已经全面实现碳中和，奇瑞QQ冰淇淋建设了数字灯塔工厂，女装品牌之禾则实现了94%的断头布料再消化。

产品本身的绿色节能低碳，也是许多商家的重点努力方向。净水器品牌碧然德的产品使用了低耗碳材料，卫浴品牌九牧在技术升级后实现了加倍节水，照明品牌西顿在绿色建筑照明上拥有国际级专利，新能源品牌小鹏则实现了可回收固体废弃物百分百再利用。

除了生产优化与产品设计升级之外，不少品牌也在花更大力气投入公益行动，拓展绿色影响力。比如，雷蛇开展了保护森林及濒危野生动植物的行动，净水器品牌沁园开启了"三江源"保护行动，有机大米品牌沙米在沙地开荒种粮，化妆品牌悦诗风吟坚持了近十年的空瓶回收。胶囊咖啡品牌Nespresso承诺到2022年，每一杯咖啡都将实现碳中和，与此同时，"咖啡包装上门回收"已在菜鸟App上线，雀巢"感café"消费者可通过菜鸟裹裹免费预约快递员上门。

一些品牌方还将"碳中和"纳入企业规划，规划路线图。2020年年底，嘉宝的母公司雀巢发布了详细的《净零碳排放路线图》，列明了在其自身运营内外有明确时间点的减排目标并将"推动更清洁"的物流作为关键行动之一。"奇瑞携手阿里，开启数字化转型升级，是汽车行业的一次重大变革，双方也会在绿色低碳方面有更深度的探索。"奇瑞QQ冰淇淋用户发展与营运中心总经理刘吉认为，成立绿色商家联盟，是阿里主动调动各类主体节能减碳的积极性和绿色低碳转型的有益探索。"平台可以给绿色低碳企业更多走近消费者的机会，从而鼓励更多企业在绿色产品上下功夫。"沁园母公司联合利华水和空气健康要素品类中国区总经理潘诗阳说，"作为互联网平台，阿里巴巴上活跃着不计其数的大小企业，成立绿色商家联盟，凝聚共识，起到示范作用，既能推动绿色供给，也能带动更多企业向低碳发展"。

在天猫"双11"项目负责人郑黎清看来，绿色供给与绿色消费相互成就。"近几年，国内绿色消费趋势愈发明显，平台联动商家在绿色减碳上更进一步，既是响应双碳政策之举，也是顺应消费者趋势的必然选择，符合消费者对高品质生活的向往"，她说。

推动低碳消费 扩大绿色供给，天猫"双11"进入低碳时间

记者发现，2021年天猫"双11"减碳计划已经"连点成线"。"双11"活动上线13年以来建立首个线上绿色会场，遴选符合国家八大认证标准的绿色产品入驻；在2021年"双11"招商规则中加入绿色标准；联合网商银行为绿色产品提供"绿色0账期"服务，让绿色商家有特殊金融优惠；在全国6万个菜鸟驿站推出回收纸箱即可领取鸡蛋活动；天猫联动闲鱼以旧换新，"双11"用户可享受回收、购新双补贴，在银泰百货购物开具电子小票可得蚂蚁森林能量……

2021年10月26日，《"十四五"电子商务发展规划》正式发布。规划指出，"引导电子商务企业主动适应绿色低碳发展要求,树立绿色发展理念,积极履行生态环境保护社会责任,提升绿色创新水平"。

在此之前,阿里已经向外明确表达减碳上至少看到了"三个环":实现企业自身发展中的减排是"内环";助力平台企业、行业脱碳为"中环";推动消费低碳环保是辐射范围更大的"外环"。从这个角度说,发起成立绿色商家联盟,主要瞄准了后两个环。

消费是生产与生活的最重要连接点。从社会发展角度看,绿色低碳不仅是消费新风尚,也是美好生活的应有之意。当互联网平台与商家、消费者共同呼吁、共同行动,绿色发展的"朋友圈"将继续做大。

资料来源:根据祝瑶《"双11"首个绿色商家联盟成立:做大绿色供给,推动绿色消费》(《钱江晚报》,2021年11月2日)相关资料整理改编。

第四节　绿色消费者行为分析

一、绿色消费者的内涵与特征

(一)绿色消费者的内涵

绿色消费者是指那些关心生态环境,对绿色产品具有现实的购买意愿和购买力的消费人群。绿色消费者在文化内涵上表现出一种自愿从简的物质形态文化,他所展现的是对美好自然环境的期待,以及在这样的价值观主导下对自身行为的约束,并最终实现人与自然和谐共生的目的。即便在物质主义盛行的文化价值观体系之下,绿色消费、可持续发展及其所属的价值观在部分国家也已经成为社会发展的核心议题之一。随着全世界居民环境意识的不断提升,人类命运共同体理念日益深入人心,绿色消费的文化和思想必将在主流文化中进一步融入和发展,不断塑造向往生态良好与资源节约的绿色生活理念。

绿色消费者在社会内涵上表现出一种非常强烈的亲社会行为倾向。在日常生活中,绿色消费者具有较高的社会责任感。有社会责任感的人往往受到自己接受的社会价值观的影响,愿意在没有报酬甚至在存在牺牲的情况下承担社会责任。具有较高社会责任感的消费者相比较而言往往会积极参与各种社区或社会活动,具有更高的绿色消费倾向,并认为这样的行为应该成为社会接受的规范。

(二)绿色消费者的特征

早在20世纪70年代,如何区分绿色消费者和非绿色消费者就是绿色营销研究中的一个重要议题,其目的是进行有效的市场细分和定位。绿色消费者的识别隐含了一个基本的前提,即对绿色产品的购买、使用和处置等绿色消费行为,不仅表达了消费者对价格、质量、习惯等方面的偏好,而且还能够表达消费者的规范、价值观和信念。在经典的研究中,绿色消费者可以通过人口统计特征、心理意识特征、价值观念特征、情感情绪特征、消费态度特征等方面加以识别。

(1)人口统计特征。人口统计特征是指一系列能够代表人口现象的数量特征,如年龄、性别、职业、婚姻状况、文化程度及收入水平等。从人口统计存在的差异上寻找绿色消费者之间存在的某种共性是早期识别绿色消费者的一个重要方法。一些研究发现绿色消费者与非绿色消费者在年龄、受教育程度、婚姻状况、性别等诸多方面可能会存在差异，如年轻人在态度上似乎更加关心环境问题，而年纪越大的人越喜欢参与回收活动；受教育程度越高，收入越高，社会阶层越高，越愿意关注环境问题，同时更可能参与回收和节能等环保活动；从总体上，女性要比男性更加偏好绿色消费，而在某些特定的绿色消费行为上，男性比女性有更为积极的响应；已婚人士更愿意节能等。然而，单纯使用人口统计变量对绿色消费者进行识别和解释的能力相对较弱。不同研究在人口统计变量中，经常获得相反的结论，甚至自相矛盾，这也意味着人口统计特征和绿色消费者的身份之间存在着一种相关性的"偶然"关系，而并非一种因果性的"必然"关系。因此，在绿色厂商进行营销实践的过程中，人口统计特征逐渐被更具解释力的其他因素所替代。

（2）心理意识特征。环境心理意识是人们对环境和环境保护的认识水平和认识程度。隐含的内在假设是人们从事环保行为是因为他们在一定程度上内在地对地球和地球上居民福利的关心，一般认为环境意识与环保行为之间存在正相关的关系，即消费者的环境心理意识越强，越可能展现出较强的环境行为。感知消费者效力也经常作为区分绿色消费者和非绿色消费者的心理变量，是指消费者对能通过个体消费活动为特定环境问题的解决做出一定贡献的信念。一些研究发现，感知消费者效力会调节环保态度和绿色消费之间的关系，对于感知消费者效力较强的消费者来说，环保态度和绿色消费之间的相关性更强；特别是在一些会产生高成本的绿色消费中，感知消费者效力的作用更强。与感知消费者效力较为相似的一个变量是环境控制点，即对环保责任进行的内部归因还是外部归因的程度，也与消费者的绿色消费相关。虽然，心理意识因素与消费者的绿色消费行为密切相关，但是由于在营销实践中难以观察和测量，因此企业往往不便于通过心理变量进行市场细分。

（3）价值观念特征。绿色价值观也是研究绿色消费者特征时常被考虑的重要变量。绿色价值观是人们对资源环境的存在状况对于人的需要是否有用或能否有利于人的发展的一种评判标准体系，它可以帮助消费者在买或不买、买什么品类、买什么品牌的绿色产品等问题中做出选择。绿色消费者通常在价值观上展现出与自然、绿色相关的特征，在行为上更多地体现出亲环境属性。绿色价值观是消费者通过购买和消费等行为来表现自身保护自然的心理倾向。这种价值观在不同的文化背景下可以展现出些许的差异，如天人合一价值观、人与自然和谐价值观等。其共同点是都与自然环境紧密联系。绿色价值观较强的消费者，同样在行为上表现出更强的亲环境属性。价值观念也是识别绿色消费者的重要方法之一，绿色消费者的行为直接受到其绿色价值观念的影响。

（4）情感情绪特征。情感是一种心情感动，是个体对客观事物是否符合其需要所产生的心理反应和主观态度。与之相应，绿色情感（green affection）也称环境情感（environmental affection），它是消费者个体对外界环境问题的心理反应和主观态度。它既可能是积极、肯定的情绪反映，也可能是消极、否定的情绪反映。前者是对资源环境改善（如拯救一些树木、减少一些污染物排放等）感到的自豪、愉悦、幸福心理，后者是对资源环境恶化（如对滥砍滥伐、偷排污水、污染土地等）感到的内疚、憎恨、愤怒心理。绿色消费情感具有持久性、深刻性、稳定性、高卷入性。绿色消费情感通过影响动机的强度、方向和持续性，从而促成绿色消费行为，也是一种识别绿色消费者的重要方法。

> **思维扩展**
>
> 在数字时代,情感情绪对绿色消费的影响是否会持久?为什么?

(5)消费态度特征。态度是在社会生活中经过一定的体验后积累经验形成,具有社会性,受到社会环境和关系的影响。绿色消费态度是人们对待某一绿色产品或参与某项绿色消费活动前的心理倾向性,对绿色消费决策和绿色消费行为方向具有重要影响。绿色消费态度也具有一定的主观性和自发性,是人们对于绿色消费知识学习的结果。不同消费者对绿色产品有不同的态度,同一消费者对不同的绿色产品也会表达各种不同的态度,对同一商品在不同时期也会有不同的态度。绿色消费态度并不是与生俱来的,而是通过学习、感知、认识和实际体验,加上消费者自身的知识经验,领悟绿色产品的特性并将绿色产品和自身的兴趣爱好联结,从而对绿色产品做出不同于普通商品的态度反映。一旦形成就会具有相对的稳定性,成为识别绿色消费者的重要特征。

从特征的角度,绿色消费者与一般消费者存在较为明显的区别,这些差异也成为区别二者的主要参照标准,具体见表3-4。

表3-4 绿色消费者特征与一般消费者特征的差异

维度	绿色消费者	一般消费者
人口统计	如年长消费群体更乐于参与回收活动、受教育程度越高越愿意实施绿色消费	如一般消费者较少参与回收活动、受教育程度一般的消费者实施绿色购买的意愿相对较低
心理意识	具有较强的环境意识和绿色感知	具有较弱的环境意识和绿色感知
价值观念	绿色价值观强	绿色价值观弱
情感情绪	具有积极/消极绿色消费情感并引导绿色消费行为转化	消费者感知或认识未能配合相应的绿色情感反应或绿色情感共鸣
消费态度	具有稳定的绿色消费态度	消费态度变化的不确定性较大

二、绿色消费者行为的主要理论

绿色消费者行为的相关理论较多,包括:态度-情境-行为理论、计划行为理论、动机-机会-能力理论、价值观-态度-行为系统理论、社会学习理论等,这里仅对几个典型理论模型进行综述。

(一)态度-情境-行为理论

社会心理学家勒温(Lewin)在大量实验基础上提出了勒温行为模型(即内在因素-外部环境模型)。在勒温的内在因素-外部环境行为理论基础上,瓜涅诺等人(Guagnano et al., 1995)进一步提出了预测环境行为的态度-行为-情境(attitude-behavior-context)理论,如图3-4所示,图中虚线右上侧产生积极的环境行为,虚线左下侧则产生消极的环境行为。

态度-行为-情境理论认为,环境行为(environmental behavior,B)是个体的环境态度变量(attitudinal variables,A)和情境因素(contextual factors,C)相互作用的结果。

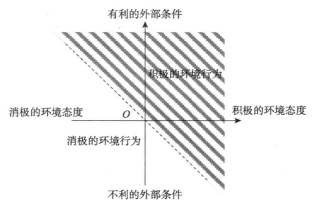

图 3-4 态度–情境–行为理论

当情境因素的影响为中性时,环境态度和环境行为的关系最强;当情境因素极为有利或不利的时候,可能会大大促进或阻碍环境行为的发生,此时环境态度对环境行为的影响会接近零(即环境态度与环境行为之间呈倒 U 形函数曲线)。这意味着,如果情境因素不利于环境行为(如要支付更高成本、花费更多时间或付出更困难代价的时候),环境行为对环境态度的依赖性就会显著变弱(对情境的依赖性则会显著增强)。

在态度–情境–行为理论基础上,还衍生了很多相关的态度–行为理论或认知–行为理论,典型的有认知失调理论(theory of cognitive dissonance)、自我知觉理论(self-perception theory)、行为归因理论(attribution theory)等,这里不再赘述。

(二)理性行为理论和计划行为理论

理性行为理论(theory of reasoned action, TRA)是菲什拜(Fishbein)和阿耶兹(Ajzen)于 1975 年提出的,主要关注基于认知信息的态度形成过程,以及态度如何有意识地影响个体行为(Ajzen and Fishbein, 1980; Ajzen, 1985)。菲什拜和阿耶兹(Fishbein and Ajzen, 1975)认为,行为的产生直接取决于个体执行特定行为的行为意向(behavior intention)。行为意向是任何行为表现的必需过程,所有可能影响行为的因素都通过行为意向来间接影响行为。行为意向的第一个决定因素是个体对行为的态度(attitude towards the behavior),行为意向的第二个决定因素是主观规范(subjective norm)或社会态度,主观规范的形成取决于规范。

理性行为理论主要适用于预测完全受意志控制的行为,对于不完全受意志控制的行为,其预测作用就会降低。对此,阿耶兹(Ajzen, 1985, 1991)引入了感知行为控制(perceived behavioral control, PBC)变量,将理性行为理论延伸发展为计划行为理论(theory of planned behavior, TPB),以期更合理地对个体行为进行解释和预测。计划行为理论模型如图 3-5 所示。计划行为理论认为,行为的直接决定因素仍然是行为意向。行为意向有三个决定因素:一是个人态度,二是主观规范,三是感知行为控制。前两个决定因素与理性行为理论一致,感知行为控制是个体预期在采取特定行为时自己所感受到可以控制(或掌握)的程度、其受控制信念(control beliefs)和感知促成条件(perceived facilitation)的影响。

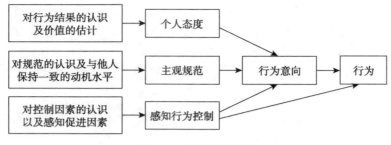

图 3-5　计划行为理论

(三) 知信行理论及其理论拓展

知信行是知识、态度、信念和行为（knowledge-attitude-belief-practice，KABP 或 KAP）的简称。知信行模型（KAP model）最初用于解释和干预个体的健康管理行为，后来也用于解释和干预个体的一般行为。在知信行理论中，教育（健康教育或环境教育等）的目的是使人们发生行为改变。但行为改变是一个过程，存在着知识、信念和行为改变三个过程，知信行模型如图 3-6 所示。

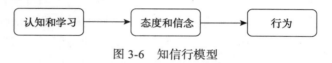

图 3-6　知信行模型

在知信行模型中，"知"是"认知和学习"，它是个体行为的基础；"信"是"态度和信念"，它是个体行为的动力；"行"是"行为"（如产生促进好的行为、消除坏的行为等行为改变的过程），它是最终目标。一些学者将知信行理论应用于研究公众的资源保护或绿色消费行为。在环境监管或干预项目里，知信行模型指出了一个人对环境污染问题有何认知、对环境保护问题有何想法，以及他如何做出行动。

一些学者对知信行理论进行了改进，提出了知情意行理论模型。对于个体高级行为来说，"知""情""意"构成三个基本要素（知+情+意→行）。其中，"知"是认知，是对行为目的和结果的认识；"情"是情感，是对行为及行为环境、行为条件的态度体验；"意"是意志，是对行为的意图（决定）与对行为遇到困难时的态度（决心）（卢献和郑岩滨，2004）。知情意行理论模型如图 3-7 所示。

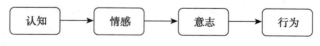

图 3-7　知情意行理论模型

王建明（2010）在传统的知信行模型基础上进行了拓展，建立了扩展的知信行模型（extended KAP model，EKAP model），并通过消费者资源节约与环境保护行为的结构方程模型分析验证了这一模型。

(四) 价值观–态度–行为系统理论

文森等人（Vinson et al.，1977）从心理学和消费者行为学的角度提出了价值观–态度系统模型（value-attitude-system model），认为消费者的购买或消费行为取决于对产品的态度（产品属性评观）。在价值观–态度系统模型基础上，德姆奥斯基和汉默–劳埃德（Dembkowski and Hanmer–Lioyd, 1994）提出了环境价值观–态度系统模型（environmental value-attitude-system model），如图 3-8 所示。环境价值观–态度系统模型是价值观–态度系统模型在环境行为领域的具体应用。根据环境价值观–态度系统模型，环境意识购买和消费行为的最终（直接）决定因素是对环境友好型产品和品牌的态度，更间接但也更深层次的决定因素则是对环境友好型消费和使用模式的具体价值观和对生态环境的总体价值观。

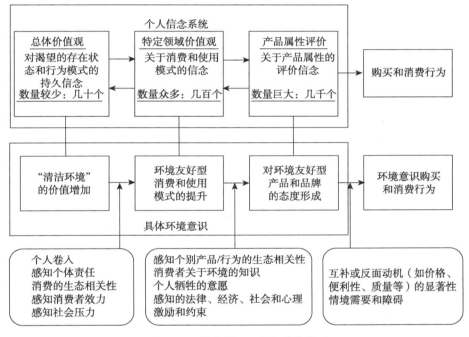

图 3-8　环境价值观–态度系统模型

与德姆奥斯基和汉默·劳埃德的观点类似，福尔顿等人（Fulton et al., 1996）也提出了一个倒三角的人类行为认知层次模型，后来被称为价值观–态度–行为系统模型（value-attitude-behavior-system model），如图 3-9 所示。

根据福尔顿等的价值观–态度–行为系统模型，从倒三角的底部到顶端依次形成价值观、价值观导向、态度/规范、行为意图和行为的认知层次结构。底部的价值观与价值观导向数量少、相对稳定、超越具体情境，而顶端的行为意图和行为数量多、变化大且都是针对具体情境。从变量之间的关系看，底层变量对上层变量发挥着基础性的决定作用，且变量之间的距离越近，相互之间的关系越强；变量之间的距离越远，相互之间的关系则越弱。

与价值观–态度–行为系统模型类似，斯特恩等人（Stern et al., 1999）提出了价值观–信念–规范（value-belief-norm，VBN）理论。价值观–信念–规范理论融合价值观理论、

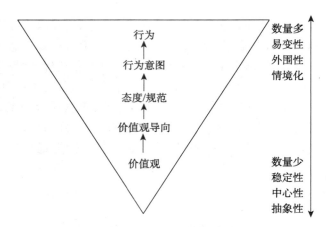

图 3–9　价值观–态度–行为系统模型

规范–行为理论和新环境范式（new environmental paradigm，NEP）视角，通过五变量之间的因果关系作用来解释环境行为的形成。这五个变量依次为个人价值观（特别是利他价值观）、新环境范式、负面后果认识、个人能力感知信念和环保行为个人规范，如图 3-10 所示。价值观–信念–规范理论指出，环境态度变量受到个体的价值观体系影响，并通过实证验证提炼出个体价值观体系中与环境行为最相关的三种价值观：生态、利他和利己价值观。价值观–信念–规范理论首次明确了环境价值观的类型和作用，为绿色消费行为的研究开辟了新的视野。

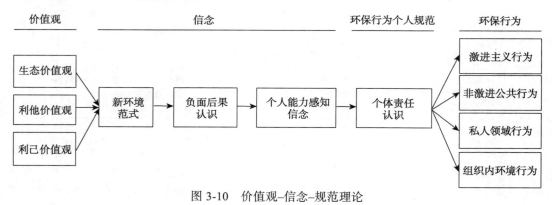

图 3-10　价值观–信念–规范理论

三、绿色消费者行为的购买决策过程

绿色消费者行为的购买决策过程是指在购买、使用与处置一件产品的过程中发生的心理流程，它包括绿色需求确认、绿色信息检索、绿色选项评估、绿色购买行为和绿色购后行为五个阶段。值得说明的是，这五个阶段并非一个顺序执行的过程，绿色消费者在具体决策过程中可能按照顺序，也可能根据自身特点选择或是跳过某些步骤。

1. 绿色需求确认

需求确认是指消费者对一项需求或目标在心理上获得唤醒的过程。消费者绿色需求确认常常是出于想要解决某种问题的考虑。当消费者对目前的绿色需求与期望之间产生差距和问题时，消费者可能就会产生某种绿色需求的强烈动机，通过多种渠道搜集相关绿色产品信息以确认绿色需求。但是，当消费者认为目前的绿色需求与期望之间差距不大，或受到其他内外部因素影响，这时消费者也可能会产生"需求障碍"，还需进一步思考和确认绿色需求。可以说，消费者产生潜在绿色需求的过程就是面临某种绿色产品是否需要购买的思考过程。比如有的消费者出于对某种绿色产品的不了解，而担心不会使用这种绿色产品或不确定其真实的环保效果，这就意味着要给他们提供简单的亲自操作体验的机会，帮助其确认需求。另外，不是所有的绿色需求都是显而易见的，消费者常常会做出试探性的确认行为，以确认其真实的绿色需求。

2. 绿色信息检索

信息检索是指消费者对涉及一项潜在购买活动的所有方面信息的积极搜索。消费者的内在知识需要通过外部知识的获取以产生更新，进行驱动自身态度的变革。这种信息的获取分为主动和被动两种不同的方式，被动获取知识会使消费者的心理感到压力，增强了消费者的内心负担；而主动获取知识则会加强消费者在获取知识后的愉悦体验，同时消费者在主动的搜寻过程中，能够过滤很多无用的信息，更加有助于消费者寻找自己感兴趣的信息。在万物互联时代，消费者获取绿色信息的来源已经越来越广泛，越来越多的消费者习惯于使用网络搜索引擎来定位和获取绿色信息。然而网络中仍然存在着许多虚假的、没有得到证实的、甚至是故意带有误导性质的绿色信息，这些不良信息会使消费者在心理和行为选择过程中发生偏差。在绿色消费市场中存在着一些"漂绿"产品，其所传达的模糊性、误导性信息还需消费者保持理性和客观的头脑，通过信息搜集降低自身在绿色产品购买过程中的不确定性。

3. 绿色选项评估

选项评估是指消费者利用已有的信息在能够满足他们需求的商品与服务间做出选择。在绿色消费过程中，消费者要在心理上来权衡选择绿色产品或是非绿色产品将会带来的损失和收益。消费者在评估选项时，产品所具有的绿色属性可能是消费者考虑的许多属性之一，其他属性包括价格、特征、性能、样式，以及产品对自己所具有意义等不同的因素。对于不同的消费者，其在评估过程中所采用的不同属性的权重分配方式也是不一样的。一些学者研究发现，产品的绿色属性是消费者衡量其是否为绿色产品的核心因素，绿色属性往往在功能属性之后，这也是造成消费者在消费过程中出现所谓态度与行为之间缺口的关键原因。

4. 绿色购买行为

购买行为是消费者决策过程中最为关键的一个环节。不仅涉及决定是否购买以及买什么，还包括完成与绿色消费相关的其他一系列决策。如在交易过程中采用的支付方法、交货方式以及是否采用绿色包装等，当消费者将绿色因素作为消费行为的重要考量时，在购买过程中如果存在诸多的非绿色因素，可能会使消费者始终迈不出最后的一步。为了提升购买行为过程中的绿色属性，减少包装所带来的环境损耗，我国自2008年6月开始正式在全国范围内实行"限塑令",着力减少一次性塑料袋的使用。2021年1月起,"限塑令"逐步拓展到诸如饮料吸管、快餐餐具等更为广阔的领域。

5. 绿色购后行为

绿色购后行为是指在绿色消费行为发生后,消费者在后续环节(包括产品使用和处置等)继续贯彻绿色行为方式的行为。随着消费者的绿色消费行为产生,其后续行为是否能够与其之前的行为保持一致,例如,是选择继续维持绿色消费行为,还是选择放纵、回归非绿色生活行为等,这是越来越重要的现实问题。典型的绿色产品购后行为诸如我国近些年来所推广的"光盘行动",就是要在正常消费行为外考虑消费者购买产品过程中具有的事后回收属性,从时间行为链条的角度来重新审视自身的行为给社会、自然界带来的影响。通过产品的处置行为,消费者能够有机会减少废弃物,并使有用的资源回收到供应链中。绿色购后行为也是消费者对绿色价值传递的反馈行为,反映了消费者对绿色价值获得的满意程度。

扩展阅读3-4 政策法规:《促进绿色消费实施方案》要点

本章小结

绿色消费可以被概括为消费者在产品购买、使用和处理过程中努力保护资源环境并使消费对资源环境负面影响最小化的消费行为。其具有正外部性、更高产品溢价、时空跨度性和动态变化性四个特点。从传统意义上讲,绿色消费市场是绿色产品(或服务)的交换场所,是绿色消费品的供求关系的总和。现代观点则认为,绿色消费市场是某种绿色产品(或服务)的实际购买者和潜在购买者的集合。在绿色消费市场中,消费者、厂商、政府和流通企业担负着需求主体、供给主体、监管主体和渠道主体的功能,并根据自身不同的特点促进绿色消费市场的有效运转。本章讨论了绿色消费市场调查的工具,具体介绍了基本的定性调查方法、定量调查方法和大数据调查方法,以帮助绿色厂商更好地洞察绿色消费者群体。最后从人口统计变量、心理意识变量等方面对消费者的绿色消费行为进行系统刻画,总结了绿色消费者行为的主要理论和购买决策过程。

核心概念

1. 绿色消费(green consumption)
2. 亲环境行为(pro-environmental behavior)
3. 绿色消费行为(green consumption behavior)
4. 绿色消费市场(green consumer market)
5. 绿色消费市场调查(green consumer market research)
6. 规范激活理论(norm-activation model)
7. 价值观–信念–规范理论(value-belief-norm theory)
8. 计划行为理论(theory of planned behavior)

第三章　绿色消费市场的洞察

本章思考题

1. 什么是绿色消费？其内涵和特征是什么？
2. 绿色消费市场中各个主体是如何发挥作用的？
3. 绿色消费市场中定性调查的基本方法是什么？
4. 绿色消费市场中问卷调查法的基本步骤是什么？
5. 对绿色消费市场的消费者进行用户画像的基本原则是什么？
6. 从人口统计角度来说，绿色消费者的主要特征有哪些？
7. 如何从绿色消费中尽可能多地获取绿色价值？

本章即测即练

本章实训指南

本章综合案例

如何让人们为环保产品花更多钱？

并不是所有客户都想要环境友好型产品，也鲜有人为其支付更多的费用。但是有些人愿意，并且每天都有更多的客户把环保因素纳入购物考量的因素。消费者希望以同样的价格和质量获得对环境和社会更友好的产品，这种消费者的崛起正在重塑一些市场。相应地，公司也发现满足客户对绿色产品日益增长的需求是件有利可图的事。我们已经在这股潮流中发现了很多例子。

美乐家（Melitta）同时销售棕色咖啡滤纸（未经漂白）和传统的白色滤纸，因为一些自煮咖啡的人希望避免化学品残留被滤入他们在早餐时喝的咖啡中。

全食超市和其他的一些主要销售有机食品的连锁店扩张得很快。Stop&Shop 超市的"自然的承诺"系列有机食品的规模也在增长。很多此类产品现在的售价相当高。例如，有机牛奶的价格通常比普通牛奶高一倍多，但需求仍在持续增长。

经过几年的惨淡经营，美体小铺由于环保理念日益盛行而开始盈利。很多个人护理产品公司从美体小铺的沉浮中汲取经验，开始投资这个利基市场。比如 Bath and Body

Works 开发的环境友好型产品"纯简"系列已经满足不断激增的需求。

关于初级绿色营销的案例，没有哪个能比壳牌石油在两个截然不同的国家营销一种更清洁的新型燃油的案例更典型了。壳牌可持续发展战略总监马克·温特劳布告诉我们，他们用"可持续发展视角"在泰国找到了清洁燃油的需求。同亚洲其他地区一样，稠密的城市和庞大的交通量严重危害了曼谷和其他地区的空气质量。一种能够更清洁燃烧、产生更少的硫化物和其他有害废气的汽油，或许可以满足真正的需求。

为了做好环保设计，壳牌把天然气液化成一种无硫液体，再与普通的柴油混合，制造了一种新型燃料。现在，它以 Pura 的品牌在泰国销售这种混合油。Pura 被定位为一种能够减少污染，使发动机更清洁地运转，并延长寿命的产品。尽管定价稍高，Pura 还是赢得了相当大的市场份额，销售得很好。总之，这个产品的上市是个很大的成功。

很自然地，壳牌觉得它可以用同样的方法在其他地区推广 Pura。但是它在老家荷兰的销售却遭到了失败。为什么呢?壳牌后来发现，强调清洁的燃料能够保护汽车发动机，在荷兰无法引起共鸣。只有在泰国这类地区，人们更关心汽油的质量并担心其中的杂质会影响发动机的运转和寿命，这项诉求才显得非常重要。环保诉求在荷兰也从未引起共鸣，虽然很多消费者都宣称他们会购买环保产品。净化城市空气的需求也不像亚洲地区那样紧迫。最后，壳牌只好以"V-Power"的品牌名称在荷兰重新推出 Pura，以强调改善发动机动力作为产品诉求。

壳牌的遭遇并不少见。环保诉求是复杂的，仅在某些市场，人们才可以立刻理解环保的好处并愿意为此花更多的钱，这种情况才是真正的"从绿到金"。

推销环保优点需谨记的三点：

1. 环保属性不能单独存在

仅仅靠环保属性来销售产品会引起麻烦。如果你有一个更干净、更环保的新产品，宣传这些优点是可以的。但要注意的是，客户需要其他购买理由。价格、质量以及服务始终是大多数人关心的重点。

在任何市场中，都有少部分消费者愿意聆听环保诉求。但是，正如壳牌的马克·温特劳布所说："如果把环保属性放在第二位或第三位，更多的客户会对它感兴趣。告诉他们这是个可以保护发动机的优质产品，并且顺便说一句，它对环境有益。那个'顺便说一句'就管用了"。

2. 用不同的说法面对不同的利基市场

市场划分并不是新鲜事，但是在环境问题上，态度上的差别可能会很大。孟山都公司在试图把生化科技引入欧洲的时候碰了壁。美国的客户对于转基因食品的主意并不抗拒，但欧盟客户对此的反应却相当激烈，险些让这家公司关门大吉。为了让追求环保的客户购买你的产品，你必须用他们的语言说话。潮流驾驭者发现必须对不同的对象使用不同的方式。欧迪办公专门为环保商品设计了一个目录，里面包含环保人士想要的各种回收纸和再生碳粉盒等办公用品。

在 B2B 市场中，关键不只是要面对正确的客户，还要使用正确的方法。一个销售人员如果没有接受过培训，不知道为什么环保产品更好，他可能会使任何新品的上市遇到困难。比如，更环保的产品往往一开始价格更高，但在使用过程中却相对省钱，从而使客户最终花费更少。销售人员需要了解这个定位。当我们询问某家潮流驾驭者的销售主管，客户是不是"了解"了，他笑道："你应该问我的销售人员了解了没有。"

有时候，少就是多。因特菲斯地面装饰公司在10年来向可持续发展型的公司转型的过程中，公司董事长雷·安德森担心在公司还没有弄清想要传达何种信息的时候就开始宣传。"9年来，我们都禁止公司的销售人员对外谈论我们的环保努力"，安德森告诉我们，"在没有做好之前就宣传这件事，结果是必死无疑，因为客户会看穿一切。"

3. 别指望卖高价钱

"企业战略入门"告诉我们，公司可以通过提高价格或者销量来增加收益。对于环保产品来说，提高销量是一个更安全的途径，而通过提高价格来达到目的的例子很少见。只有那些真正创新，并以最根本的方法使市场空间得到重新界定的产品，才有可能成功。

在任何市场中，都有人愿意为环保产品付更多的钱。壳牌的温特劳布说这部分人大概占客户总数的5%，而另一家潮流驾驭者的高层经理则悲观地认为这一比例仅为1%。调查显示，在某些市场这个数据可能高达10%~20%。这些与宣扬环保商品有关的教训有哪些共同点？它们基本上都在说同一件事：不要忽视那些在任何产品的开发和上市过程中都存在的最基本的商业问题。环保设计和营销与其他商业计划一样，成功来自专业地处理所有最基本的要素——发现客户需求，保持较低成本，符合客户在性能和价格方面的预期。

每一家提供环保产品的企业同样还要和一个历史遗留问题做斗争：一些客户认为"环保"就意味着质量较差或功能较差。这种担心也不是凭空而来的。早期的电动汽车不能跑长途，速度也慢，早期的节能灯发出刺眼的白光。在这两个案例上，新产品已经解决上述问题，但是它们已经在人们心中留下了坏印象。所以，即便产品在环保方面与现有产品相比有了极大的进步，也需要完善产品最基本的功能，并且必须有其他卖点。

资料来源：丹尼尔·埃斯蒂、安德鲁·温斯顿《从绿到金：打造企业增长与生态发展的共生模式》（中信出版集团，2020年版）；根据家族企业杂志《怎么让人们会为环保产品花更多钱？绿色营销奏效的"天时地利"》（腾讯网，2020年7月14日）资料整理。

案例思考

1. 壳牌在荷兰推广Pura为什么遭到了失败？
2. 企业推广环保优点、实现"从绿到金"需要注意哪些要点？
3. 绿色营销奏效的"天时地利"因素有哪些？

第四章

绿色产业市场的洞察

◆ **本章导语**

绿色产业市场主要包括绿色生产者市场、绿色中间商市场、绿色非营利组织市场和绿色政府市场。

◆ **本章引例**

多家企业入驻淘宝开启线上绿色采购时代

淘宝在开启线上绿色会场的同时，也开拓了线上数字绿色产业市场。继天猫"双11"上线首个"绿色会场"后，淘宝"双12"首次推出"绿色采购会场"。该会场主要面向中小微企业，为其提供环保设备、绿色包装、清洁能源等绿色低碳设备与原料。在2021年淘宝"双12"首次推出的"绿色采购会场"中，"绿色包装"领域成绩突出。

"仅在2021年'双11绿色优惠'期间，可降解包装产品的销售额就较平日增长了100倍"，淘宝企业服务负责人张瑞介绍道，"近期，我们引入一批原材料、生产设备领域的新卖家，正在逐步推动可降解包装全产业链的电商化。"另外，为推进线上绿色产业快速发展，淘宝在"双12"期间再次推出绿色优惠活动，即用户在淘宝绿色采购会场下单时，可使用"满199减25"的折扣，并享受38天账期、最高500万元额度的赊账服务。2021年初迄今，中科·瓯华、海正生物、万华、利欣特等10余家企业纷纷入驻淘宝。虽然它们中部分企业已是行业领航者，但仍缺乏线上运营经验。为此，淘宝提供了开店指导、代运营支持、流量支持等一系列扶持举措。淘宝店"中科瓯华降解包装生产基地"，主营可降解食品袋。其店铺负责人郭苏起初仅是抱着科普、培育客户的心态，但在开店不到一年的时间内，其月均销售额达二三十万元，而且前段时间竟在淘宝接到了百万元大单。随着国家梯度型实现全面禁塑，未来几年内，中小微企业对可降解材料的需求将越来越大。其总经理助理吴东认为，"现阶段加入淘宝，有助于我们提前与中小微企业建立联系和信任感。""海正生物材料"店铺赶在淘宝"双12"之前开张，目前已上线2款聚乳酸树脂产品，可制成吸管、纸杯、包装盒等产品，在使用后可实现完全降解。

在淘宝"双12"相关负责人看来，在推动全社会的绿色低碳发展过程中，绿色消费理念与绿色供给一样重要："如果说'双11'的会场主打的是绿色消费力，'双12'绿色采购会场主打的则是绿色生产力，这有利于进一步提升绿色产品展现，更好对接供需，推动绿色低碳的生产生活方式。"在数字时代,绿色产业市场的空间潜力无限,为全社会绿色化提供新的驱动力!

资料来源:根据郭晋嘉《淘宝"双12"首推绿色采购会场 一站购齐环保材料、设备》(中新经纬,2021年12月9日)相关内容整理改编。

◆ **本章知识结构图**

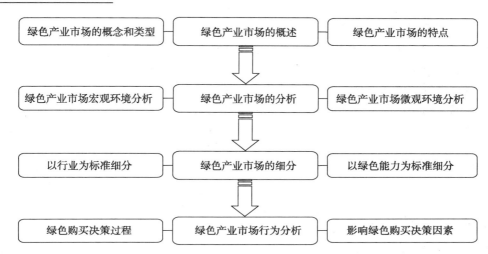

第一节 绿色产业市场的概述

一、绿色产业市场的概念和类型

(一)绿色产业市场的概念

绿色产业市场是指企业为从事绿色生产、营销等经营活动,以及政府部门和非营利组织为履行职责而购买绿色产品或服务所构成的市场。与绿色消费市场相对应,绿色产业市场是由一些有绿色产品或服务购买需求的组织所构成的。绿色消费市场的消费主体是个人或家庭,绿色产业市场的消费主体是企业、政府及非营利组织。

绿色产业市场和绿色消费市场都是社会绿色再生产的重要环节,共同构成社会绿色再生产循环。绿色产业市场受到绿色消费市场需求情况的影响,同时绿色产业市场的供应情况也影响着绿色消费市场,二者需要平衡发展。不同于绿色消费市场的是,绿色产业市场不以绿色生活需要为对象,而是面向绿色生产经营活动。同时,不同于绿色消费市场的个人或家庭参与的终端性消费,绿色产业市场是一种生产性消费,位于社会再生产的中间环节,且有更多企业或其他组织参与消费。

(二)绿色产业市场的类型

绿色产业市场主要包括绿色生产者市场、绿色中间商市场、绿色非营利组织市场以及绿色政府市场。

(1)绿色生产者市场是绿色产业市场中最主要的环节。绿色生产者市场是指由购买绿色原材料、产品或服务,并生产绿色产品或服务的企业所构成的市场。绿色生产者市场中的企业来自工业、农业、建筑业、运输业、通信业、公共事业、金融业、服务业等各个产业。在绿色生产者市场中的企业主要有三类绿色活动:一是通过购买绿色原材料、产品、服务来生产绿色产品或提供服务,或是使企业现有的产品、服务变得更绿色。例如,造纸企业通过购买回收材料制造办公用纸。二是减少生产过程中各环节对环境造成的污染,使生产流程变得更绿色。例如,企业通过购买清洁燃油、节能电机降低生产过程中对能源的浪费。三是在处理处置排放物阶段减少对环境的危害。例如,企业需要购买废气处理装置、污水处理装置以减少排放物对环境的不良影响。

(2)绿色中间商市场是指购买绿色产品用于转售或租赁以获取利润的企业所构成的市场,包括批发商和零售商。绿色中间商市场是使绿色产品或服务从生产者转移或过渡到消费者的交易市场,它不参与绿色产品或服务的直接生产。绿色中间商市场主要是由贸易公司构成,广义的绿色中间商市场还包括提供绿色产品或服务的银行、保险公司、运输公司、进出口商人、一切经纪人等组织和机构。例如,银行提供绿色信贷服务或绿色基金服务,也可称其为绿色中间商市场的参与者。绿色中间商市场主要参与以下绿色活动:一是储存与分销绿色产品或服务。中间商从生产者或厂家购买绿色产品或服务,通过对绿色产品或服务的储存、保护和运输等,将绿色产品或服务分销到消费者手中。二是中间商向绿色生产或消费的需求者提供有助于生产绿色产品或服务的服务,如银行提供绿色金融帮助企业绿色技术研发,保险公司为消费者提供绿色产品保险服务等。三是中间商向消费者宣传绿色产品或服务的绿色信息,帮助消费者更好地认知绿色产品或服务。

(3)绿色非营利组织市场是指以绿色环保为出发点,为了维持正常运作和履行职能而购买或宣传绿色产品或服务的各类非营利组织所构成的市场。绿色非营利组织主要从事绿色知识宣传、绿色公益活动、绿色生产活动的监督等工作,以其独特的专业优势和公益本位的价值诉求,在绿色领域中发挥了巨大的作用。我国的非营利组织主要是指机关团体和事业单位。

(4)绿色政府市场是指为了执行绿色环保职能而购买或租用绿色产品和服务的政府部门所构成的市场。在绿色政府市场中,政府购买或优先购买使用符合国家绿色认证标准的产品或服务,发挥政府在绿色消费中的主导作用。绿色政府市场的目的是鼓励企业生产绿色产品和服务,从而对社会的绿色消费起推动和示范作用。政府的宏观调控是发挥"看得见的手"的作用,政府绿色采购是利用"看不见的手"发挥作用,绿色政府市场则是把"两只手"结合起来,通过"看得见的手"运用"看不见的手"的方式干预与调控绿色产业的发展,促使经济发展与环境保护协调发展。

二、绿色产业市场的特点

(1)绿色产业市场围绕绿色价值交换运行。绿色产业市场中的各组织通过绿色交易或使用活动,实现了绿色原材料、绿色设备、绿色产品等循环利用的绿色价值交换,具体包括清洁能源、降低能耗、减少排放、消除污染等绿色价值。另外,绿色产业市场中的绿色价值交换还呈现互惠共赢的特征。例如,造纸厂向化学厂购买对环境危害较小的造纸化学用品,而化学厂向造纸厂购买用回收材料制造的办公用纸。供需的转换不仅使双方的关系更为密切,而且以能够降低经济成本的方式实现绿色价值交换,获得经济效益和环保效益双重功效。然而,这种互惠共赢的绿色价值交换不只存在于两家企业之间,也会存在于多家企业之间,形成绿色供应链,甚至形成整个绿色产业。

(2)绿色产业市场的需求主要源自消费者的绿色派生需求。绿色产业市场通过一系列的绿色价值增值活动为消费者市场提供绿色产品或服务,绿色产业市场的需求是从绿色产业市场到绿色消费市场间各增值阶段的需求派生。例如,消费者希望产品和包装是无污染的,于是生产企业就会向供应商购买绿色的产品原材料和包装,也就是说消费者的绿色需求是绿色产业市场需求的动力和源泉,绿色产业市场是通过满足消费者的绿色消费需求而派生的。

(3)绿色产业市场的专业性较强。由于绿色产业市场由各个组织构成,而交易内容主要包括绿色原材料购买、绿色设备更新、绿色产品购买等,均为较大规模的交易,对专业性的需求更强,这就要求组织中进行绿色购买决策的相关人员需要具有丰富的绿色知识或经过专业的训练。绿色采购由技术专家、高层管理人员和其他相关人员组成的职能部门作出决策,因此在绿色产业市场中,无论是供给侧的企业还是需求侧的企业或相关组织,都要重视员工绿色专业技能、职业素养的提升。

(4)绿色产业市场易受绿色环境政策的影响。由于绿色环境政策大多是针对企业及各类组织机构所提出的,而绿色产业市场由组织机构构成,所以其较容易受绿色环境政策的影响。从供给侧的角度来说,政府对相关企业的扶持力度会直接影响其所在绿色产业的产业规模、产业结构和产业发展等。例如,我国出台的环境信用制度、环境财政政策、绿色信贷政策、绿色税费政策、绿色证券政策、绿色价格政策、绿色采购政策、生态补偿政策和排污权交易政策等一系列的政策,推动了绿色产业市场供给侧相关产业的发展。从需求侧的角度来说,绿色环境政策往往会约束企业的生产行为,推动企业或相关组织的绿色化进程,故需求侧组织的绿色购买行为在一定程度上也会受到绿色环境政策的影响。例如,绿色生产政策和绿色采购政策为企业设定了一系列的标准,这提升了企业对于绿色产品或服务的需求。因此,企业或相关组织机构应高度重视绿色产业市场易受绿色环境政策影响这一特点,关注绿色产业政策、环境政策的出台和变动,以更好地应对绿色产业市场的变化,并做出及时的调整。

> **思维扩展**
>
> 你认为绿色产业市场与传统产业市场之间还存在哪些差异?

综上而言,绿色产业市场与传统产业市场呈现出一定的差异,具体如表4-1所示。

表4-1　绿色产业市场与传统产业市场的差异

类　　别	绿色产业市场	传统产业市场
交换核心	绿色价值交换	一般产品价值交换
需求来源	消费者的绿色派生需求	消费者的产品需求
专业性	对绿色专业性需求更强	对产品知识的专业性需求
影响因素	绿色环境政策	一般政治经济政策

延伸阅读4-1

实践前沿：上海石化探索绿色采购新路径

1. 首次运用"设备全生命周期总成本最低"招标法

上海石化烯烃部三号烯烃丁二烯装置大修刚刚结束，一批密封性更优的屏蔽泵开始取代传统离心泵。然而，这看似寻常的22台屏蔽泵采购工作却花费了该公司物资采购中心一番心血。"这是我们第一次引入设备全生命周期总成本最低的理念，毫无先例可循，全凭经验及专家们的智慧探索。"提及此次创新采购模式，采购中心设备科计划员许艾黎这样说道。

近年来，上海石化加大力度建设绿色石化企业，绿色环保理念始终贯穿生产运行全流程。此次探索绿色采购新路径——设备全生命周期总成本最低招标办法，旨在完善现有招标采购存在的瑕疵，将设备高效节能、稳定运行所带来的效果转化为评标中的量化指标，让不具备价格优势但技术含量更高、节能低耗效果更佳的设备在招标采购中入选。

2. 给设备一个5年考核期

"评标总价＝设备总价×权重＋5年备件总价×权重＋5年能耗差价×权重"，这是许艾黎在此次招标采购中反复代入计算的一个公式，也是泵全生命周期总成本最低评标办法的直观表达。此评标总价用于计算商务标得分，合同签订以设备总价为准，其中"5年"是一个考核期，权重比例根据实际采购设备品种的重要性进行调整。

看似简单的公式融合了技术专家们数次商讨的结果和多年采购的经验，这对投标方也提出了新的要求。"单台设备能耗这块，是综合了流量、能效等要素计算出来的。为了检验准确性，除了设备出厂性能测试，还要随机抽取部分泵，在其投用之后做现场能耗实际计算测试。"物资采购中心设备科负责人徐文忠介绍说，在设备稳定运行一个月后，现场测试的能耗不得高于投标文件计算能耗。

3. 带着疑问弥补制度瑕疵

其实自2015年以来，上海石化物资采购工作就已经进行公开招标，并一直采用行业内通用的综合化招标方案，即按照1∶1的比例同时评判技术和商务分值。其中，"技术"部分严格按照集团公司物资类别表打分，但较难拉开差距，因此"拉分"项主要体现在"商务"部分，往往高性能的设备在招标采购中较难体现优势，制度瑕疵显而易见。

许艾黎认为，设备物资在技术先进、效率高等方面的优势很难体现在招标打分上，最终常是价格有优势的投标方更易中标。"虽然我们的公开招标很成功，但还是有疑问，为什么行业内数一数二的供应商往往在我们的招标中不能入围？"质疑向来是创新的种子，带着挥之不去的疑问，该公司物资采购中心联合多方反复研讨试图弥补这一瑕疵，最终在2018年初决定做出尝试——考虑设备全生命周期总运行成本。

"虽然前期投入可能相对较高，但从长期运行来看，具有明显的能耗节约和环保优势，且能让真正注重技术领先、生产高效节能环保设备的优质企业有机会参与到上海石化的环保建设治理项目中。"徐文忠坦言,这次尝试选取的屏蔽泵功率不是很大,效果还不那么明显,但整个招标过程验证了方法的可行性,下一步将根据需求在大功率设备的招标上进一步推广。

4. 盘算绿色节能长远账

然而,从想法到"样本"的路注定不平坦。之前全力保供即可,如今还需统筹兼顾环保、供应和效益,这背后是该公司物资采购中心精心盘算的一笔绿色节能长远账。近年来,该中心主动谋新谋变,根据计划要求,结合装置特点等,积极采购各种先进的节能低耗设备,不断提高装置的节能降耗水平。通过一次次采购活动践行绿色低碳理念,在生产和蓝天碧水之间架起一座座桥梁。

提起节约能耗,徐文忠喜不自禁,他介绍说:全生命周期总成本最低招标办法的核心是体现在泵的效率上,效率越高投用后的用电耗能越低。因此,在评标公式中,能耗的权重较大。究其原因,他进一步解释:一是因为能耗的指标是相对可量化的,通常能耗达到一定等级要求,设备本身的性能也一定不会差,两者通常是正相关的;二是根据经验,备件往往具有一定周期的最低使用寿命,更换量和更换频率相对较低,而效率是从设备投用之日起就可以看出明显的节能效果,所以在设备的全生命周期成本中,能耗占比相对更大,因此给能耗的权重相对更高。

如此,按照设备全生命周期成本最低法粗略计算,如采购流量为 8 000 m^3/h、扬程 40 m 的泵设备,优质高效率配用一级能效的电机与普通效率配二级能效的电机的泵设备相比,每台每年可节约资金 36 万元左右。

资料来源:根据荀道娟、李春华《"上海石化探索绿色采购新路径"》(中国石化新闻网,2018 年 8 月 14 日)相关内容整理改编。

第二节　绿色产业市场的分析

一、绿色产业市场调研

(一)绿色产业市场调研的含义

绿色产业市场调研是通过科学的方法和流程,系统地收集信息、分析信息,帮助绿色供应企业全面了解绿色产业市场的发展现状和未来趋势。其意义不仅在于为企业提供绿色营销指导,更重要的是可以提升绿色供应企业对绿色产业市场的认知,为其提供若干方向性的思路和选择依据,从而避免发生"方向性"错误。

绿色产业市场调研与绿色消费市场调研具有一定的区别。从调研对象的角度来说,绿色产业市场调研的对象是绿色产业市场中的组织购买者,数量相较于绿色消费市场的消费者而言较少;就调研重点而言,相较于绿色消费市场调研关注消费者的绿色消费心理和偏好,绿色产业市场调研更关注绿色产业市场的潜力和交易过程;从调查方法上,绿色产业市场调研主要采用二手资料、专家询问、深度访谈等方法,而绿色消费市场主要采用调查法、实验法、观察法。二者比较见表 4-2。

表 4-2　绿色产业市场调研与绿色消费市场调研比较

类　别	绿色产业市场调研	绿色消费市场调研
调研对象	组织购买者	消费者
调研重点	绿色产业市场潜力和交易过程	绿色消费心理和偏好
调研方法	二手资料、专家询问、深度访谈、大数据分析法	调查法、实验法、观察法、大数据分析法

（二）绿色产业市场调研的类型

从不同的角度可以对绿色产业市场调研进行不同的分类。按照调研区域，可以分为国际市场调研、国内市场调研、城市市场调研、农村市场调研等；按照调研对象，可以分为普遍调研、重点调研、抽样调研等；按照调研目的，可以分为探测性调研、描述性调研、因果性调研和预测性调研四种类型。考虑到绿色产业市场的特殊性，本书主要按照以调研目的为依据的分类方式对绿色产业市场调研类型展开阐述。

（1）绿色产业市场探测性调研。当对绿色产业市场或企业自身存在问题不明确时，为找出现有或潜在的问题，明确进一步进行绿色产业市场调研的内容和重点，需进行探测性调研，即探究"怎么了"的问题。其主要包含两个方面，宏观方面是对企业的绿色市场规模进行调查；微观方面是对产业市场或企业面临的绿色问题进行调查。探测性调研的问题和范围比较大，研究方法比较灵活、在调研过程中可根据实际的绿色产业市场情况随时进行调整。

（2）绿色产业市场描述性调研。描述性调研是对绿色产业市场上存在的客观情况如实地加以描述和反映，从中找出绿色产业市场中各种因素的内在联系，即回答"是什么"的问题。描述性调研的特点是通过描述，调查的情况寻找解决问题的答案。绿色产业市场在潜在绿色需求量方面的调查、绿色市场占有率与市场面的调查、绿色推销方法与销售渠道的调查、绿色交易的流程调查、绿色竞争状态调查、绿色产品调查等都属于描述性调研的范围。

（3）绿色产业市场因果性调研。因果性调研是调查一个变量是否引起或影响另一个变量的研究，目的是识别变量间的因果关系。也就是说，因果性调研是对绿色产业市场上出现的各种现象之间或问题之间的因果关系进行调研，目的是找出产生绿色营销问题的原因，也就是专门调查"为什么"的问题。具体而言，在绿色产业市场上做因果性调研，就是要找出哪些因素能够促进绿色产品的销售、使用以及用户使用绿色产品或服务后会有什么影响结果，便于探究绿色产业市场健康发展的模式。

（4）绿色产业市场预测性调研。绿色产业市场的预测性调研是在收集、梳理过去和现在的各种绿色产业市场信息基础上，利用科学的统计方法、计量方法、仿真模型等方法和手段，估计未来一定时期内绿色产业市场对绿色产品的需求及其变化趋势。绿色产业市场的预测性调研关乎企业的可持续发展方向和战略调整，影响企业的实际"损失"（绿色生产大于绿色需求）和机会"损失"（绿色需求大于绿色生产），事关未来"怎么做"的问题。绿色产业市场的预测性调研是对未来绿色发展变化的预测，预测的准确度越高，绿色产品组织者的收益越大。然而，预测也可能存在一定误差，不能做到完全精确的预测。

二、绿色产业市场宏观环境分析

绿色产业市场宏观环境是指在绿色产业市场中影响企业和行业的宏观因素，通常采用 PEST 分析模型，即对政治（political）、经济（economic）、社会（social）和技术（technological）这四大类影响企业的主要外部环境因素进行分析。与普通的 PEST 分析法不同的是，对绿色产业市场中的企业进行 PEST 分析时，除了要对常用的相关因素进行分析，还需要考虑绿色因素。

（一）绿色政策环境

在绿色产业市场中，除了一般性政策，企业自身所处的绿色政策环境，即对企业存在影响的绿色政策制度或法律法规等对于绿色供应企业的绿色战略、绿色经营、绿色营销策略均有重要影响。绿色供应企业要充分考虑各类绿色政策的影响，如对自身有影响的绿色政策、对上游企业有影响的绿色政策、对下游企业有影响的绿色政策、对消费者有影响的绿色政策及总体绿色政策。例如，某个绿色生产企业首先要考虑的是现有绿色政策对于自身的生产及排放有什么样的要求，激励政策是否可以帮助企业减少绿色生产成本；对于上游企业具有影响的绿色政策同样会影响企业的经营发展，如影响企业的绿色采购成本和绿色采购策略。而下游企业受到相关绿色政策的影响，会对本企业提出相应的环保要求，因此企业提供绿色产品和服务时，必须达到下游企业的绿色政策要求才能顺利完成交易活动；而对于消费者具有影响的绿色政策也会对企业产生间接影响，因为本质上绿色产业市场的需求源自消费者的绿色需求。此外，对企业存在影响的绿色政策也可以进行细分，例如，分为约束类政策、激励类政策和引导类政策。

扩展阅读 4-1　政策法规：中国绿色产业政策梳理

（二）绿色经济环境

绿色经济环境是企业营销活动的外部绿色经济条件，在绿色产业市场中的企业应考虑绿色经济发展水平、绿色行业发展状况、绿色企业数量等直接因素，这些因素直接反映了绿色经济环境的状况，影响企业绿色营销环境。同时也要考虑绿色经济环境中消费者的收入水平、受教育程度、年龄结构、支出模式和消费结构、城市化程度等多种间接因素，这些因素也会影响企业绿色产品的需求。此外，大量绿色营销研究证实，人口统计因素对消费者绿色消费需求有显著影响。而绿色产业市场的需求又源于消费者的绿色需求，所以考虑绿色经济环境中的社会人口统计因素同样也有助于绿色供应企业把握组织的绿色需求和绿色购买行为。

（三）绿色社会环境

绿色社会环境是指一个国家或地区的绿色文化、绿色价值观念等。绿色文化是指环境理念和环境意识以及由此衍生的文明发展观和生态文明观，它强调人与自然协调发展、和谐共生，最终实现可持续发展。绿色价值观也称为环境价值观，即个人或企业对于人类活动尤其是经济活动与自然环境之间关系的总体看法。绿色文化和绿色价值观念会影响消费者和企业组织对绿色产品和服务的需求、绿色消费习惯和绿色生活方式。调研与分析企业所在地区的绿色社会环境有助于企业制定相应的绿色营销方案。

（四）绿色技术环境

绿色技术环境是指影响企业生产经营、营销过程及其效率的绿色技术总和。绿色技术的发展和应用对于企业的绿色实践有重要意义，可以为企业减少资源浪费、减少环境污染、提升资源利用率、生产环境友好产品提供有效的手段。而企业对绿色技术的研发和应用在很大程度上又会影响绿色经济的发展，也间接影响社会对企业绿色产品或服务的需求和标准，使绿色产业市场的结构、竞争关系、机会与风险发生转变。企业必须高度重视当今绿色科技进步对企业绿色经营带来的影响，以便精准地采取绿色经营策略，不断促进绿色技术创新，保持竞争优势。

三、绿色产业市场微观环境分析

绿色产业市场微观环境分析主要包括绿色产业市场供给分析和绿色产业市场需求分析。绿色产业市场供给分析的主要对象是上游绿色供应企业和竞争企业。绿色产业市场需求分析的主要对象是需求组织所构成的绿色产业需求市场。

（一）绿色产业市场供给分析

1. 上游绿色供应商分析

绿色供应商是指为企业进行绿色生产提供特定的绿色原材料、绿色辅助材料、绿色设备、清洁高效能源和绿色服务等绿色资源的供应单位。这些绿色资源的变化直接影响企业绿色产品的质量、产量以及利润，从而影响企业绿色营销计划和绿色营销目标的完成。对于绿色供应商的分析，可以从以下三方面进行：

（1）绿色供应商的及时性和稳定性。绿色原材料、绿色零部件、清洁高效能源及绿色机器设备等货源的供应保证，是企业绿色营销活动顺利进行的前提。如生产环保布料的厂家不仅需要绿色原料来进行加工，还需要绿色设备、清洁能源作为生产手段与过程要素，任何一个环节在供应上出现了问题，都会导致企业绿色产品或服务质量下降。为此，企业为了持续得到绿色货源供应保障，就必须和绿色供应商保持密切联系，及时了解和掌握供应商的情况，分析其状况和变化。

（2）绿色供货的价格变化。供应的货物价格变动会直接影响企业产品的成本。对于绿色货物而言，绿色货物价格与绿色科技水平的进步有着较为紧密的关联，技术进步导致价格随之变动，即绿色货物的价格是动态波动价格。如果绿色供应商提高原材料价格，就会使成本提高，影响企业绿色产品和服务定价，进而影响市场的需求和企业在绿色产业市场中的竞争优势。为此，企业必须密切关注绿色供应商的绿色货物价格变动趋势。

（3）绿色供货的质量保证。绿色供应商能否供应质量有保证的绿色生产原料直接影响到企业绿色产品质量。对于绿色产品或服务而言，绿色原料的物理质量非常重要，同样绿色货物的环境质量也非常重要。绿色供货的质量不仅影响企业信誉和企业绿色形象，而且会影响企业产品绿色认证等级标准，企业绿色产品质量受到影响就会使绿色需求组织对企业的信任感降低，从而导致销售量和利润下降。

2. 绿色竞争企业分析

企业既有"显在"的竞争对手，也存在"潜在"的竞争对手。企业竞争对手的状况将直接影响企业的绿色营销活动。如竞争对手的绿色营销策略及绿色营销活动的变化会直接影响企业绿色产品的竞争力。在绿色产业市场中，由于营销对象为组织和企业，所以绿色竞争对手的绿色产品价格、绿色产品研发和售后服务等要素都将直接对企业造成威胁。为此，企业在制定绿色营销策略前必须先分析竞争对手，特别是同一个绿色行业竞争对手的生产经营状况，才能更有效地开展绿色营销活动。

一般来说，在绿色产业市场中，企业在营销活动中需要对绿色竞争对手了解、分析的情况有：①绿色竞争企业的数量；②绿色竞争企业的规模和能力；③绿色竞争企业对竞争产品的依赖程度；④绿色竞争企业所采取的绿色营销策略及其对其他企业绿色策略的反应程度；⑤绿色竞争企业是否能够获取具有优势的特殊绿色材料供应渠道。

思维扩展

你认为分析绿色竞争对手情况还需要考虑哪些因素？

（二）绿色产业市场需求分析

1. 绿色产业市场需求测量

（1）绿色产业市场需求量。绿色产业市场需求量是指某一产品在某一地区和某一时期内，在一定的营销环境和营销方案的作用下，愿意购买该绿色产品的组织购买者的总需求量。后疫情时代，绿色复苏成为全球复苏的主旋律，许多国家提出绿色交通、循环经济和清洁能源等部署计划，绿色产业市场需求量正在快速增长。

（2）绿色产业市场需求潜量。绿色产品市场需求潜量是指在一定时期、一定市场区域、一定营销环境以及企业促销力度的条件下，某绿色产品可能的最高市场需求量。根据中国金融学会绿色金融专业委员会课题组2021年的测算，中国未来30年绿色低碳投资累计需求将达487万亿元。

（3）绿色供应企业需求量。绿色供应企业需求量是指某一产品的全部绿色供应企业在某一地区和某一时期内，在绿色产业市场中的总需求量。绿色供应企业需求量是绿色供应企业的市场占有率与绿色产业市场需求总量的乘积。随着企业的绿色化转型，绿色供应企业需求量不断增加。

（4）绿色供应企业需求潜量。绿色供应企业需求潜量是指某些供应企业经过促销努力，在市场开发达到最高程度的情况下，达到的最高水平市场需求量。在特殊情况下，企业需求潜量可能与市场潜量等同，但在绝大多数情况下，企业需求潜量低于市场需求潜量。

概括来说，影响绿色产业市场需求的因素包括八个方面：①绿色产品范围。企业进行需求测量时，要明确绿色产品的范围。因为产品范围是广泛的，即使是同一类绿色产品的实际需求往往也存在多种差异。②绿色产品总量。它通常表示绿色产品需求的规模，可用实物数量、金额数量或相对数量来衡量。③组织购买者的绿色需求。市场需求测量不仅要着眼于总市场的绿色需求，还要分别对各细分市场的组织购买者的绿色需求加以确定。④地理区域。不同地域间存在绿色文化差异、绿色产品认知和价格敏感度等方面的差异。⑤时间周期。由于绿色供应企业的营销计划有短期、中期和长期之分，与之相对有不同时期的绿色产品需求测量。⑥绿色营销环境。在进行绿色市场需求测量时，应注意对各类因素进行相关分析，一般是对绿色营销内部环境和外部环境进行分析。⑦绿色购买。绿色购买包含对绿色产品的订购量、装运量、收货量和付款数量等因素。⑧企业绿色营销活动。企业绿色营销活动一般包括绿色产品定位、绿色广告策略、绿色促销活动、绿色产品推广和绿色产品售后服务等环节。

2. 绿色产业市场需求预测

绿色产业市场需求预测主要分为定性预测法和定量预测法两种。

（1）定性预测法。定性预测是一种基于逻辑判断，结合各种因素去预测事物发展前景，并进行判断的主观预测方法。定性预测法适用于预测缺乏历史数据或正面临趋势转折点的事件，也用于中期或长期决策。但对于企业的销售预测来说，进行预测时主要基于业务经验和对市场环境的判断，如果判断者考虑不够全面，对市场环境掌握不够透彻，会对结果造成较大影响。

定性预测法的具体方法有销售人员综合意见法、综合判断法、德尔菲法（专家意见法）、主观概率法、市场调查法和情景预测法等。定性预测中最常用的方法是销售人员综合意见法，即根据汇总的销售人员意见来预测绿色产业市场的需求。这里的销售人员包括基层营业员、直播推销人员及有关业务人员等。该方法的优势在于销售人员最接近市场，比较了解顾客和竞争者的动向，熟悉所在地区的绿色发展情况、绿色政策环境等，能考虑到各种非定量因素的作用。但是这种方法受个人认知水平等主观因素的影响，在公司产品种类、销售渠道较多、销售环境复杂的情况下，可能会造成较大的误差。

（2）定量预测法。定量预测是一种基于客观历史数据的函数预测未来的方法。定量预测适用于当历史数据易获得且可用时，假设数据中的某些规律将持续到未来，这些方法通常用于短期或中期决策。定量预测可以用数量准确地描述事物的发展趋势，故目前预测方法大多为定量预测法或者定性与定量相结合的预测法。定量预测主要有以下方法：

①时间序列预测法。时间序列预测法是根据历史观测数据提取有意义的统计信息和数据特征的方法。时间序列预测法只是采用时间序列样本本身的信息去构建模型，没有考虑其他外部因素的影响，模型构建相对简单，也容易实行，比较适用于中短期预测。

②回归分析预测法。回归分析预测法依靠线性回归和非线性回归的数据分析方法研究自变量对因变量的影响情况。回归分析预测法可以很好地拟合数据、预测未来。但回归分析对数据量要求较大，一般需要基于大量的历史数据去发现内在规律，因此该方法不太适用于数据量小的情况。

第三节　绿色产业市场的细分

一、绿色产业市场细分方法

同一个整体市场，按照不同的标准和方法可以划分为众多的子市场，即细分市场。

绿色产业市场细分的标准或变量有多种，在通常情况下往往遵循埃杜佐和温德（Eardozo and Wind，1973）提出的"二阶段"细分法，即先对绿色产业市场进行宏观细分，然后再在某一宏观细分市场的基础上进一步纵向或横向微观细分市场。常见的宏观细分变量包括组织的行业特性、市场规模、组织所在的区域、城市以及组织购买类型等。宏观细分变量的叠加或组合可以构成二维或三维的细分市场。与宏观细分变量相比，微观市场细分的变量更多且更容易因组织的变化而变化。绿色产业市场中的微观细分变量主要从绿色环保的角度提出，例如，依据绿色导向、绿色采购标准、绿色采购的重要性以及组织的绿色创新性等，通常分为浅绿色产业市场、中绿色产业市场、深绿色产业市场。而绿色产业市场是否需要微观细分，取决于宏观细分的结果是否满足了企业的绿色目标和绿色营销策略，最终细分的程度取决于企业对绿色产业市场细分的成本和预期利益的态度。

绿色产业市场细分与传统产业市场细分的区别如表 4-3 所示。

表 4-3 绿色产业市场细分与传统产业市场细分的区别

类别	绿色产业市场细分	传统产业市场细分
宏观	绿色行业特性、绿色市场规模、地理区位、绿色组织购买类型等	行业特性、市场规模、地理区位、组织购买类型等
微观	浅绿色产业市场、中绿色产业市场、深绿色产业市场等	农业、林业、制造业、建筑业、运输业、通信业、金融业产业市场等

二、绿色产业市场宏观细分

绿色产业市场宏观细分主要采用行业、地区和企业规模等不同标准进行细分。

首先是以需求组织所在行业作为标准。行业是绿色产业市场细分中最常用的细分标准。例如，绿色产业市场中的需求组织可以分为政府、制造、零售和批发、建筑、地产、通信、金融等行业。不同行业的需求有各自的特点，例如，制造业的企业组织主要需求是绿色原材料和高效节能设备，零售业的企业组织主要需求是绿色产品，建筑行业主要需求是绿色建材。绿色产业市场中的供应企业应通过对行业的细分，了解不同行业的需求，结合企业当前的条件和特点选择目标市场。将绿色产业市场按照行业标准进行细分，有助于各地方政府及有关部门纵向观察本地绿色产业发展进程，加强对当地绿色产业现状的认知，从当地实际出发，制定相关政策，促进当地绿色产业市场健康有序的发展。

其次是以地区为细分标准。以地区为细分标准有两个优点：一是可以适用于不同地区绿色产业市场发展情况。例如，根据不同的地区或城市的绿色产业市场发展情况及政策环境，将中国市场按区域划分为华北、华东、华南等区域，然后再对某一区域内按省或城市为单位确定子市场。二是便于绿色供应企业针对不同地区的情况进行管理，实行精准化、针对性管理，提高绿色产业市场营销效率。

最后是以绿色需求组织的规模为细分标准。在绿色产业市场中，以组织的人数、资本将企业分为大、中、小型企业，不同规模组织的绿色需求及需求大小也不尽相同。绿色供应企业可以根据不同规模的需求组织有针对性地提供不同的绿色产品与服务。

三、绿色产业市场微观细分

（一）以组织绿色需求为标准细分绿色产业市场

根据组织对绿色环保的需求程度，可以将绿色产业市场大致细分为浅绿色产业市场、中绿色产业市场和深绿色产业市场。

（1）浅绿色产业市场。浅绿色产业市场中组织购买者的绿色需求程度较低，他们意识到应对环境进行保护，但还没有在消费过程中把这种意识具体化，他们的绿色购买行为大多是无意识的、随机的、被动的，是潜在的、不稳定的绿色组织购买者，其在制造、财务、创新、组织内部和整合五个层面的绿色购买能力较低。组织购买者的特征表现为组织内高管的绿色意识水平较低，组织的环境行为准则较低，组织内缺乏绿色激励机制。

（2）中绿色产业市场。中绿色产业市场中组织购买者的绿色需求程度适中，但对绿色生产、绿色创新、环保投资和绿色供应链管理还缺乏全面的认识。比如只认识到绿色生产或环保投资的重要性，而对绿色创新和绿色供应链管理的认识还不够深入。中绿色产业市场购买者是选择性组织消费者，主要选择与自身利益联系比较紧密的绿色产品，在制造、财务、创新、组织内部和整合五个层面的绿色购买能力中等。组织购买者的特征表现为组织内高管的绿色意识水平一般，组织的环境行为准则中等，组织内建立了一般的绿色激励机制，对环境的态度比浅绿色产业市场购买者积极，但绿色购买能力一般，绿色组织文化氛围不够浓厚。

（3）深绿色产业市场。深绿色产业市场中组织购买者的绿色需求程度较高，对绿色生产、绿色创新、环保投资和绿色供应链管理有全面和深刻的认识，表现为自觉、积极、主动地参与绿色购买行为，在制造、财务、创新、组织内部和整合五个层面的绿色购买能力较强，会提出新的绿色购买需求。组织购买者的特征表现为组织内高管的绿色意识水平较高，组织的环境行为准则较高，组织内建立了完善的绿色激励机制，并且绿色组织文化氛围浓厚。

 思维扩展

消费需求端如何倒逼提升产业市场绿色深度？

（二）以组织绿色导向为标准细分绿色产业市场

不同类型的组织购买者有不同的绿色追求导向，在绿色产业市场中，我们按照组织购买者追求的绿色导向标准可将组织购买者细分为四类，即追求低碳的组织购买者、追求节约能源的组织购买者、追求污染物减排的组织购买者以及追求健康安全的组织购买者。各类组织购买者的特征如下：

（1）追求低碳的组织购买者。这类组织购买者积极实施绿色低碳战略，将绿色低碳成长概念纳入企业长期发展战略中，在组织内部建立起绿色低碳管理的基本制度和运行框架，对价值链的各个环节追求低碳发展。在产品研发环节，致力于低碳技术的研究和绿色产品的开发；在采购环节，购买和使用所需要的原材料、部件、产品及服务时，选用低碳环保的材料；在生产环节，将环境战略和低碳制造技术整合到产品的生产过程中，包括选用少废、无废工艺和高效设备，尽量减少生产过程中间产品的产生以及各种危险性因素，对物料进行内部循环利用，完善生产管理、改善工作环境、不断提高管理水平等；在营销和销售环节，通过绿色广告、绿色推销、环保公益活动，倡导绿色低碳生活，培养成熟的绿色市场。

（2）追求节约能源资源的组织购买者。在社会节约资源能源的背景下，为缓解粗放式增长方式形成的经济效益增长与保护环境和节约资源之间的矛盾，部分组织购买者注重节能发展。这类追求节约能源资源的组织购买者在整个生产过程中严格遵循资源节约与循环利用的原则，自觉将资源节约作为企业发展的重要目标之一。其中节约资源的重点环节主要是在生产过程，包括对水资源、土地资源、矿产资源等不同类型资源的节约，提高资源的利用效率，节约使用和循环利用。

（3）追求污染物减排的组织购买者。企业是污染物排放的主体，驱动企业主动减少污染物排放是解决环境问题的关键。在绿色产业市场发展初期，我国污染物减排主要是靠政府的强力推动，企业在污染减排实施中一直处于被动的地位。但随着绿色产业市场的不断壮大，企业也逐步建立起了长效的企业污染物减排实施机制。减排的典型产业当属制造业，制造业是当前我国资源消耗和污染物排放的主要行业，主要包括大气污染物的排放，生产废水的排放等。随着政府对污染物排放的监管力度不断加大，制造业企业绿色转型发展的需求不断扩大，逐步从污染物排放主体向追求污染物减排方向发展，不断推动制造业绿色发展的进程。

（4）追求健康安全的组织购买者。随着消费者日益增长的健康安全美好生活的需要，组织购买者在生产经营中也逐步追求产品的健康安全属性。典型的追求健康安全的组织购买者包括农业类企业和建筑类企业等。我国作为农业大国，当下绿色农产品的需求大大增加，促使传统农业逐步向绿色有机农业发展，通过减少化肥农药的使用，对农产品的生产过程实施严格的质量把控，并借助高科技技术加强对生产环境包括温度、湿度、光照强度和二氧化碳浓度等进行实时监控，致力于追求生产绿色安全健康的农产品。追求健康安全的绿色建筑成为当下建筑行业发展的趋势。我国作为全球最大的建筑市场，建筑企业逐渐将绿色、安全、健康的理念融入建筑的整个过程中，致力于原材料采购、建筑过程以及建筑产成品的绿色化安全化，推动建筑业绿色化发展。

第四节　绿色产业市场行为分析

绿色产业市场行为是在传统市场行为的基础上考虑了绿色、环保、生态等因素，既要实现利润最大化，又要体现商品绿色环保的价值。绿色产业市场的购买方由绿色组织消费者构成（B2B层面），绿色组织消费者包含了各类工商企业、政府机构和非营利性机构等。相比较绿色个人消费者，绿色组织消费者的购买决策过程更为规范和严谨，参与决策的人数较多，更易受到人际因素、组织和环境因素的影响。因此，通过对组织消费者绿色购买决策过程和影响组织消费者绿色购买行为的因素进行分析，有助于绿色产业市场中供需双方更好地达成交易与合作。

一、绿色产业市场的购买类型

（一）直接绿色重购

直接重购又称直接再购，是指一种在供应者、购买对象、购买方式都不变的情况下而购买曾经购买过产品的购买类型。在绿色产业市场中，对于一些绿色产品的大批量购买往往采用直接重购。例如，多次反复购买一些绿色办公用品、绿色农产品、生态产品等。面对这种采购类型，原有绿色供应商不必重复推销，所以绿色供应企业应努力使产品的质量和服务保持一定的水平，争取稳定的关系。

（二）修正绿色重购

修正重购也称变更重购，是指组织用户改变原先所购产品的规格、型号、价格、数量和条款，寻求更合适的供应者。在绿色产业市场中，修正重购是常见的类型。因为当前绿色政策、消费者绿色需求、绿色行业标准时常发生改变，所以需求侧的组织用户常常需要调整绿色购买行为。在这种情况下，组织用户将会重新评估原先绿色供应商所提供的产品，发生修正绿色重购行为。为了不失去顾客，原供应商必须时刻关注绿色产业市场的变化，采取有效措施维持原客户，而对新的供应商而言，则应及时与组织用户进行沟通，抓住获得交易的机会。

（三）绿色新购

绿色新购是指组织用户初次购买绿色产品或服务。在绿色产业市场中，处于绿色转型初期的组织需要进行绿色产品或服务的新购，因此绿色新购是最复杂的一种绿色购买类型，涉及大量的决策，如产品规格、数量、价格区间、交货时间、服务内容、付款条款等。另外，在绿色产业市场中，大量的新购交易多为一次性的交易，如清洁能源设备购买、节能设备购买、资源循环设备购买、废弃物处理装置购买、污染防治、环境修复治理、原有装备绿色升级等业务均是大规模和一次性的，所以组织用户在进行绿色新购决策时会更为慎重，这对绿色供应商提出更大的挑战。

二、绿色产业市场的购买方式

绿色产业市场中的组织用户往往采用系统购买的方式。系统购买是指组织用户通过一次性购买而获得某项目所需的全部产品的采购方式。绿色产业市场中的系统购买分为两种。一种是购买一组连锁产品。在绿色产业市场中，生产型企业往往会采用连锁购买的方式，例如，汽车生产厂商从原材料供应厂商处购买符合绿色环保标准的零部件。另一种是系统承包，即供应商还可以销售一整个系统（包括生产制造、存货控制、分销和其他服务等），以满足产业购买者顺利进行业务活动的需求。在绿色产业市场中，系统承包的购买方式十分常见。需求组织需要进行大规模的绿色改造、绿色升级或绿色治理时，往往会选择系统承包的购买方式，例如，生产厂商安装固体废弃物处理设备。所以供应企业应将系统销售作为一个重要的绿色营销策略，完善产品组合策略、定价、质量和其他各方面以争取更多的客户。

三、绿色产业市场的购买决策过程

绿色产业市场中组织消费者往往需要制定较为复杂的购买决策,购买过程会涉及较大的资金流动、较长的决策周期、复杂的技术以及严苛的供应商筛选过程。因此,决策过程中组织消费者往往需要制定较详细的产品说明、书面购买清单等,对组织消费者绿色购买决策过程的具体分析如下:

(一)确认绿色需求

绿色采购过程中组织消费者往往需要先确定自身的绿色需求。绿色需求可能是组织要开发适销对路的绿色新产品,从而需要添置新的生产设备和生产材料,抑或是组织内部不再满足于当前供应商产品的质量、服务或价格,为提高现有绿色产品的质量,优化绿色产品的功能,从而进行更加环保高效的设备、材料替换,寻找价格优惠的供应商。因此,必须先根据组织消费者的具体情况确认需求后,方能推动绿色决策过程的发展。在数字时代,组织的首席采购官可凭借具有人工智能和自我学习功能的算法技术,如智能可视化工具来实现采购数据清理和分类的自动化,即运用数字化技术实现对绿色购买的自动化抉择。

> **思维扩展**
>
> 云计算、大数据和人工智能技术对绿色产业市场的购买决策过程有何助益?

(二)绿色产品说明

确认需求后,组织消费者需要根据该绿色产品项目的技术制定详细的产品说明,组织消费者往往会突出所需产品绿色环保的特点。绿色产品说明过程往往需要咨询工程师和环保专业人员的意见进行产品的绿色价值分析,环保专业人士会对所需产品的绿色性、可靠性、耐久性和价格等其他属性进行详细说明,以帮助绿色组织内部更加明确自身的需求。在数字时代,品类经理可运用协作型数字化采购工具,如从品类战略端到平台工具,在每个步骤(如了解绿色需求、分析绿色产业市场、绿色采购成本节约措施、衡量措施实施效果等)中获得指导,从而创建有效的综合性品类策略,实现绿色购买成本的大幅节约。

(三)寻找绿色供应商

组织消费者在寻找供应商时,往往会偏向于寻找符合环境标准的供应商。寻找供应商可以通过考察工商名录、互联网搜索和电话访问等方法,来寻找符合循环经济和绿色供应链发展要求的供应商。在选择理想的绿色供应商时不仅要考虑该企业是否符合环境法规要求,更应注重其是否具备从源头减少、防止环境污染的意识。因为只有从这种具有积极环境管理意识的企业中选择绿色供应商,并与之结成战略伙伴,才能促进企业和社会的可持续发展。政府或非营利组织机构会定期披露企业绿色信息以及企业绿色评定标准,并公布于网络平台。政府机构或其他组织机构根据企业主营业务环境贡献度及环境表现得分,将企业绿色评价等级由高到低依次评为深绿、中绿、浅绿、非绿四个等级。

在数字时代，组织消费者通过网络平台可以快速地筛选出与自身企业绿色理念相吻合的供应商，并与之合作。

（四）绿色方案评价

在绿色方案评价阶段，绿色组织消费者会邀请符合条件的供应商提交供应方案。在获得绿色供应商的供应方案后，绿色组织消费者会以交货时间、交货方式、产品配置清单、产品质量保证和售后服务等方案内容为依据，对供应商进行评价，筛选符合组织绿色需求的供应商。在数字时代，利用云计算和大数据技术，从企业数据库中敏捷提取数据并呈现可操作化信息，对绿色产品价格、质量、能耗和环境贡献度等多维数据进行建模并做交互能力评估，将不同层次、维度的企业数据在一个完整的计算方案中整合起来，以帮助绿色组织消费者科学评估方案。

（五）选择绿色供应商

绿色产业市场中组织消费者在选择供应商时会列出理想的供应商属性，会偏向于选用产品生产无污染和质量符合环境标准的供应商，并按照理想属性对供应商的产品和服务质量、产品绿色环保程度、声誉、及时交货、公司绿色形象和价格竞争力等对供应商进行打分，最终确定最佳的绿色供应商。在数字时代，企业需要选择绿色、科学、智能的供应商。组织消费者可运用供应商深度透视、电子化采购活动和供应商协作平台等一系列协作型先进采购工具，实现对绿色供应商的资质评估、筛选、风险管理、谈判和创新协作。随着数字技术运用，复杂数据分析能力得到了持续提升，各数字平台的功能性和易用性的不断改善，这些数字化采购工具将极大程度地帮助组织识别绿色购买的可持续成本降低的机会，最终实现绿色购买的价值最大化。

（六）发出正式绿色订单

在选定了绿色供应商之后，组织消费者就会正式通过网络等途径发出绿色订货单，列明所需产品的规格、数量、预计交货时间、维修条件和退货政策等。通常情况下，如果双方都有良好的信誉，就会更趋向于建立一种长期的合作关系。对于已构建长期友好合作关系的绿色供应商，组织消费者通过运用"一揽子"合同来缔结一种长期关系，绿色供应商将在长期合作框架内，依据协议好的交易条件在组织消费者需要时重复供应绿色产品。

（七）绿色绩效评价

在正式交易完成后，在对绿色供应商的绩效评价阶段，组织消费者将对绿色供应商的绩效进行评价。组织消费者联系终端消费者和环保专业人士，请他们对所供应绿色产品的满意程度作出评价。然后组织消费者根据绩效评价的结果，做出与原供应商继续合作、调整供应商或者转向其他供应商的决策。

上述七个阶段的绿色购买决策过程描述了组织消费者的绿色购买决策过程概况，尤其适用于寻找和选择新的绿色供应商的情形（见图4-1）。但是，由于组织消费市场相比个人消费市场面临更多的市场交易规模和交易项目，现实中组织消费者的绿色购

扩展阅读4-2 理论前沿：企业如何选择绿色供应商

买决策过程涉及更多的交易方，通常复杂度更高。当然，也有复杂度较低的情况，在缔结了长期稳定合作关系的前提下，组织消费者从绿色供应商方面实施调整的重购或者直接重购的情形下，其中的某些阶段会被忽略。

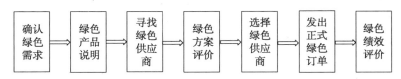

图 4-1 组织消费者的绿色购买决策过程

四、影响组织绿色购买决策的因素

组织绿色购买决策是指各类组织机构确定其对绿色产品和服务的需要，并在可供选择的绿色品牌与供应商之间进行识别、评价和挑选的决策过程。根据组织消费者的类型，可将组织市场划分为企业市场、非营利组织市场和政府采购市场。相比较个人消费者，绿色产业市场中组织消费者的绿色购买行为更加专业，也更加复杂。

（一）内部因素

（1）参与者绿色意识。与传统产业市场相比，绿色产业市场中组织购买往往会涉及较多的决策参与者，包含了高层管理者、技术专家、生产部门人员等。组织中每一个参与购买决策的成员都有自己的认知偏好，绿色环保意识的强弱也各不相同，受到个性、年龄、教育、收入、工作职位和风险偏好等个人特征的影响。因此，当参与购买的组织成员具有越强的绿色意识时，就越可能采取前瞻性的绿色购买策略。

（2）企业财务因素。绿色采购往往伴随高附加投入。例如，绿色管理流程复杂化引起人力成本上升，绿色技术增加了技术成本和培训成本，对供应商的绿色资质审查又增加了审核成本，以上因素使企业的采购成本难以控制在项目预算之内。同时，这些成本的投入是否能为企业带来预期的收益，是很多企业首先要考虑的问题。尽管实施绿色供应链管理能带来潜在收益是必然的，但这种收益的显现往往需要一定的时间。因此，企业在进行绿色购买决策时往往需要权衡绿色购买带来的收益和对企业财务的影响。

（3）"意见主导者"的绿色影响力。组织的采购部门通常由许多相互影响的参与者组成，所以人际关系因素也影响组织的绿色购买决策过程。具体而言，采购部门成员的专业技能、权力地位、职位高低、绿色共情和说服他人的能力都会影响组织的绿色购买决策。相关研究表明，"意见主导者"是人际沟通中促进绿色购买决策的关键。在人际沟通中，这些"意见主导者"对组织中的其他成员具有较大的说服力和绿色影响力，能影响组织中其他成员实施绿色购买行为和减少自然资源的使用。相比较那些非主导者，组织中的"意见主导者"往往掌握更为专业的生态环境知识，与政府机构有更频繁和良好的沟通关系，能够避免与那些非环境友好的公司合作，并能对绿色产品和服务支付更高的溢价。

（4）组织的绿色战略规划。绿色组织需要依据外部环境和自身条件的状况及其变化来制定和实施战略，并根据对实施过程与结果的评价反馈来调整或制定新战略。大多数组织机构仅仅是认识到绿色采购的价值，而没有真正将其融入战略规划中，没有与组织的使命、愿景以及价值观等联系起来。因此，战略规划可以使得绿色采购有明确的战略目标以及具体实施计划，促进各部门间互相配合，组织有效的资源实施绿色采购。

（二）外部环境因素

组织消费者的绿色购买行为很大程度上会受外部环境因素的影响，如绿色消费潮流、数字技术环境、政策支持、供应商合作因素、来自下游客户绿色压力以及同行绿色竞争压力等。

（1）绿色消费潮流。在绿色消费环境层面上，过去的粗放型经济发展以牺牲环境为代价，并且是不可持续的，因此经济水平发展到一定程度后全社会对环境绿色的关注也随之上升。在当前经济增长从粗放型向集约型和高质量转轨的进程中，绿色消费潮流不断高涨，已成为一种新的时尚。当人们不再以消耗大量的资源、能源来求得生活上的舒适，而是在求得舒适的基础上，大量节约资源和能源，这势必会影响企业开发和生产绿色产品，进而会影响企业的绿色购买决策。

（2）政府政策支持。推动组织消费者实施绿色购买行为的政策有财政政策、税收政策等，其实施必然会促进产业市场向绿色方向发展。具体来说，这些政策既可以使供应商明确绿色发展目标，通过经营生产绿色原材料、绿色产品、绿色服务等方式获得相关认证，从而提高供应商在绿色产业市场上的竞争力，又可以形成组织机构绿色采购的动力。虽然绿色采购的成本相对较高，但政策支持在一定程度上会降低组织消费者的财务压力，从而使组织机构获得更广阔的市场发展空间，有利于组织机构的长远发展。

（3）供应商合作因素。组织消费者与上游供应商的合作关系对组织的绿色购买行为具有重要影响。为了更好地实施绿色采购，制造企业需要与供应商建立长期的战略合作伙伴关系，共同建立低污染、低风险及竞争力强的供应结构，同时大力提倡绿色创新，降低成本，不断提升产品质量，从而保证形成一条低成本、高利润及高效运营的绿色供应链，形成绿色产业和绿色产业集群。

（4）客户绿色压力。除了上述经济、技术和政策环境因素外，下游客户压力也会影响组织的绿色购买行为。绿色声誉是企业当前必须重视的一个主要问题。如果企业运营超过公认的环境规制标准，并能与其下游客户建立良好的商业合作，则可以增强其竞争优势。当前，制造企业的客户通常是下游销售商，这些销售商一般直接与消费者联系，能够迅速地了解消费者需求并且把握市场发展方向。根据拉式供应链（pull supply chain）的原理，消费者的消费观念与消费模式决定了生产商的生产方式。当消费者对绿色产品有好感时，就会向销售商发出绿色诉求的信号，而销售商再向制造企业发出绿色信号，从而刺激并鼓励制造企业实施绿色生产和绿色购买行为。

（5）同行绿色竞争。同行企业是指市场上同行业内形成学习模仿及竞争关系的企业群体。同行竞争者的绿色购买行为对本企业的绿色购买行为具有显著的影响。如果行业内绝大多数企业为了抢占绿色市场份额，都实施了绿色采购并进行了绿色产品的生产和销售，那么该企业为了不让本企业产品的市场份额减少，从而失去市场竞争力，就更有压力去主动实施绿色购买行为。

就影响购买决策的因素而言，绿色产业市场与传统产业市场也存在一定差异，具体如表4-4所示。

表 4-4 绿色产业市场与传统产业市场影响购买决策的因素差异

类别	绿色产业市场	传统产业市场
内部因素	参与者（决策者）绿色意识较强	参与者（决策者）绿色意识较弱
	绿色成本较高	绿色成本较低
	"意见主导者"绿色影响力较大	"意见主导者"较少关注绿色低碳
	组织实施绿色战略规划	组织的战略规划较少涉及绿色
外部因素	绿色消费潮流	其他消费潮流
	专门性的绿色政策支持	一般性的政策支持
	供应商绿色合作	供应商商业合作
	客户绿色压力	客户其他压力
	同行绿色竞争	同行竞争

延伸阅读4-2

实践前沿：房产商用采购权影响供应商绿色生产

2016年，阿拉善SEE生态协会（以下简称"阿拉善SEE"）、中国城市房地产开发商策略联盟、全联房地产商会、万科企业股份有限公司（以下简称"万科"）及朗诗绿色地产（以下简称"朗诗"）共同发起了"绿链行动"，意在通过这纸民间绿色契约，撬动中国房地产行业在材料供应商那一端的绿色采购。

一、"良币驱逐劣币"

"这是一场针对房地产产业链、'良币驱逐劣币'的行动。"朗诗采购负责人指出。绿链行动通过发布不同品类的供应商白名单，推动房地产行业的绿色采购。加入该行动的房地产企业需提交合作的供应商名单，独立的第三方将对合作供应商的环境表现进行评估，并将环境表现良好的供应商纳入白名单中。企业需要对合作期内未进入白名单的供应商提出整改要求，同时在招标过程中应给予在白名单上的供应商优先合作的政策。整个绿链行动希望帮助重视环保工作的上游供应商占据更多的市场份额，扭转"劣币驱逐良币"的恶性竞争。朗诗负责采购的相关人士表示，"中国房地产行业过去十几年内粗放式的发展，带动了一大批上游供应商的兴盛。时至今日，产能过剩等难题在钢铁、水泥等产业内日渐凸显。然而一些没有采取环保措施的上游供应商，通过压缩这部分成本进而低价中标获得市场份额，扰乱了产业链的市场秩序。"

二、生产过程要环保

绿链行动同样寄希望于白名单这一形式，往回追溯成品的生产过程，将供应商的环境表现作为进入白名单的重要依据，以此推动房地产行业的绿色采购。目前大多数房企在选择供应商产品时，无论采用的是国家标准或行业标准，更多关注质量标准。"质量标准只能说明（供应商）产品质量过关，而很难鉴别他们在生产过程中使用的原料来源是否合法，生产加工过程是否使用了某些有害物质、工业废水废气排放是否达标……"青岛新地集团有限公司（以下简称"新地"）是首批加入绿链行动的房地产开发商。该公司采购经理郑兵指出，加入绿色供应链前，新地在验收环节主要关注从合作供应商那里采购产品的质量,不太关注供应商的生产过程是否绿色环保。截至2017年6月5日,绿链行动前后两次共推出重污染控制(钢铁、水泥、玻璃、涂料)、铝合金无铬钝化、木材来源合法化、木制品甲醛控制和保温材料HBCD阻燃剂控制五大品类的绿色采购方案。

资料来源:根据林志伟《"万科等89家房商如何用6000亿采购权影响供应商绿色生产?"》(全球新能源网,2017年6月13日)相关内容整理改编。

五、政府绿色采购的特征和意义

以上是以企业为代表,探讨绿色产业市场中组织消费者的绿色购买决策过程和影响组织消费者绿色购买决策的因素。与之相对,政府作为实施绿色采购的重要组织消费者之一,其绿色采购行为具有一些独特特征和特殊意义。

政府绿色采购是指政府优先购买对环境负面影响较小的环保产品,促进企业环境行为的改善,从而对社会的绿色消费起到推动和示范作用。政府绿色采购具有如下独特特征:①政府绿色采购作为公共财政的一个重要组成部分,是公共财政满足社会整体利益和公共需要主要目标与重要职能的有效手段;②政府绿色采购呈现出强制性特征。从国际上看,社会性支出、环保支出在财政支出中所占的比重越来越大。不少国家都制定了相关法律,要求优先采购经过环境认证的产品。2020年政府采购的环境标志产品达到813.5亿元,占同类产品采购的85.5%。①

政府绿色采购具有如下特殊意义:①政府绿色采购可以积极影响供应商,供应商为了赢得政府这个大客户,会积极提高企业的绿色管理和绿色技术创新水平,尽可能地节约资源能源和减少污染物排放,降低对环境的负面影响;②政府绿色采购量大面广,可以培养扶持一大批绿色产品和绿色产业,能够有效地促进绿色产业和清洁技术的发展;③政府绿色采购也可以引导人们改变不合理的消费行为和习惯,倡导合理的消费模式和适度的消费规模,减少因不合理消费对环境造成的压力,进而有效地促进绿色消费市场的形成。

扩展阅读4-3 市场动向:政府绿色采购倒逼企业绿色升级

本章小结

本章主要从绿色产业市场特征、绿色产业市场分析、绿色产业市场细分、绿色产业市场行为分析四个角度来洞察绿色产业市场。绿色产业市场由企业、政府及非营利组织构成,分为绿色生产者市场、绿色中间商市场、绿色非营利组织市场及绿色政府市场四类。对于绿色产业市场的细分可采用宏观和微观相结合的方式。宏观细分主要考虑绿色产业市场中需求组织的行业、规模、地区,微观细分主要将组织绿色需求、组织绿色导向等变量作为细分变量。绿色产业市场需求组织一般采用系统购买的方式,包括直接绿色重购、修正绿色重购、绿色新购三种类型。组织绿色购买决策一般有七步,影响组织绿色购买决策的因素分为内部因素和外部因素,包括企业绿色战略、绿色政策支持、绿

---

① 数据来源:顾阳. 政府采购环标产品达一点三万亿元[N]. 经济日报. 2021-12-02.

色消费潮流、绿色竞争压力等因素。

核心概念

1. 绿色产业市场（green industry market）
2. 绿色产业市场细分（green industry market segmentation）
3. 绿色生产者市场（green producer market）
4. 绿色中间商市场（green middleman market）
5. 绿色非营利组织市场（green nonprofit organization market）
6. 绿色政府市场（green government market）
7. 绿色重购（green rebuy）
8. 绿色新购（green primary purchase）

本章思考题

1. 简述绿色产业市场的定义以及特点。
2. 试从不同标准讨论绿色产业市场的细分。
3. 试述绿色产业市场中组织购买行为的类型。
4. 试述绿色产业市场中组织进行绿色购买决策的流程。
5. 试述组织绿色购买行为的主要影响因素。

本章即测即练

本章实训指南

本章综合案例

天合光能如何做好绿色供应链管理？

一、绿色供应链管理顶层设计

（一）绿色可持续发展长期目标

天合光能建立了环境管理体系和能源管理体系，不断识别经营活动可能对环境产生的影响，最大程度地减轻自身业务运营对全人类共享的地球的负面影响。天合光能设立了"2020年环境可持续发展目标"，确保以环保、负责任、可持续的方式发展业务，在工厂及电站的选址、设计、建设、研发、生产、包装、物流、产品回收等全生命周期各个阶段践行绿色理念，与所有合作伙伴共建天蓝、地绿、水清的美丽地球。

（二）绿色供应链管理机构

天合光能的绿色供应链可持续性管理工作由多个部门共同负责。项目部与海内外光伏电站建设部门负责工厂及光伏电站所在社区的生态环境和生物多样性保护；技术研发部门负责研发更高转换效率的产品；制造部门负责持续提升能源、资源的利用效率；EHS和设施部门负责废水、废气、废弃物的合规处理和达标排放；物流仓储部门负责在不影响交付的情况下降低产品运输过程中对环境的影响。

二、绿色供应链管理实施情况

（一）绿色供应商管理

天合光能注重供应商的可持续发展能力，通过全面的供应商审核评估流程和全方位的供应商沟通互动来不断提升供应链的整体竞争力，构建持续共赢的供应链系统。

天合光能对供应商实施状态管理，在采购系统里分为五种状态：批准、研发、质量异常、冻结和排除。其中，只有批准状态才可以批量采购，研发状态只能以试验单的形式少量采购，质量异常、冻结和排除状态不能采购。天合光能开发了DQMS数字化质量管理系统，其中一个模块是供应商管理，帮助其行之有效地管理供应商信息、状态以及绩效考核等内容，与供应商在线互动，促进供应商改善。

1. 重点供应商管理

天合光能制定了《供应商CSR管理程序》，每年评估供应商风险，识别供应商的风险等级，列出重点施加影响供应商。重点供应商包括所供应产品、服务与天合光能的可持续发展目标、重要环境因素或重大风险相关的供应商；所供应产品含国家限制使用或可能导致职业病的物质的供应商；所供应的产品、设备和服务对公司能源绩效具有重大影响的供应商。

（1）重点供应商CSR调查。天合光能对所有新引入的重点供应商进行全面的CSR调查，调查其在维护工人权益、减轻对环境影响、确保工人安全健康、诚信经营、守法合规等方面的表现。若供应商在CSR方面不能达到准入标准，将不能成为天合光能的合格供应商。

（2）重点供应商CSR承诺。为确保供应商能将劳工标准、环境保护、职业健康安全及商业道德等方面的要求纳入其管理体系，天合光能要求新引入的每一家重点供应商签署《供应商CSR承诺书》，承诺诚信经营，为工人提供安全健康的工作条件，使用公平的雇佣方法，给予工人应有的尊严和尊重等。

（3）重点供应商CSR审核。天合光能采用文件审核、现场检查、员工访谈等方式对重点供应商开展周期性的审核，帮助供应商提升自身在环境、劳工、商业道德等方面的管理绩效。对于审核中发现的问题，要求供应商限期整改。当发现问题较为严重时，积极督促供应商改进其管理制度和流程。

2. 供应商绩效考核

天合光能建立了《供应商业绩效评价管理规范》，根据供应商在质量、成本、交付、服务、创新等多方面的表现定期考评，并根据物料风险等级高低分为每月、每季度及不定期跟踪。根据考评结果，将供应商分为五星级（优秀）、四星级（良好）、三星级（一般）、二星级（待改进）及一星级（不合格）。对于星级较低的供应商，会提供针对性的沟通、辅导，以促进其改善；对于长期无改善的供应商，会逐步限制采购、冻结、淘汰。

根据供应商的年度综合考评结果，评选年度优秀供应商奖、卓越质量奖、技术创新奖等奖项，将单向的引导转变为更积极的双向协作与沟通，以逐步提升供应商各方面的表现。

3. 供应商质量培训

自 2013 年起，天合光能每年组织对供应商相关人员进行质量培训，培训内容包含 QC 七大工具、8D、测量系统分析、精益六西格玛等。2013—2018 年，天合光能的供应商中约 360 人参与了天合光能组织的质量培训并取得了天合光能发放的培训证书。此外，天合光能每年还组织"天合杯"供应商改善项目大赛，以促进供应商不断提升产品质量，降低制造成本，共享改善成果，共创卓越质量。

4. 供应链合作共赢

天合光能不仅关注自身绿色发展，更积极向全球合作伙伴传达与沟通天合光能可持续发展的愿景与目标，将可持续发展全面融入采购业务，致力于与全球合作伙伴一起从实际情况出发集思广益，为光伏行业可持续发展贡献灵感与创新性的解决方案。例如，天合光能与非洲贸易中心签署战略联盟协议，在"光伏+"解决方案、储能、智慧能源和能源互联网领域挖掘潜力和机会，共同推动低碳、绿色清洁能源在非洲的开发和利用。

（二）绿色生产和资源可持续利用

天合光能始终致力于在产品全生命周期内践行可持续发展的生产模式，通过天然资源的可持续利用、合规处理，达标排放废气、废水、废弃物循环利用等实施绿色运营。

作为实现可持续发展的重要内容，天合光能在运营中始终坚持最高标准的环保准则。天合光能中国及海外工厂均建立了完善且有效的 ISO 14001 环境管理体系，从工厂、光伏电站选址开始，就考虑如何保护当地的生态环境和生物多样性，通过一系列环境管理制度和流程有效地管理公司产品、活动和服务相关的环境因素，将环境责任纳入公司整个业务流程。

天合光能常州总部工厂按照国际标准在光伏行业中率先建立了 ISO 50001 能源管理体系，通过制定节能目标、细化节能责任、识别主要能源使用，实施节能项目，持续降低能源消耗，提高能源利用效率，推动行为节能，有计划地将节能措施和节能技术应用于实践。

在生产废水达标排放方面，天合光能利用硅片车间产生的废水中的有机物作为生化反硝化处理所需的碳源，利用电池扩散产生的少量偏磷酸作为生化硝化所需的磷源，成功地实现了"以废治废"，降低对环境的影响。为持续降低污染物排放，天合光能常州工厂投资 740 万元完成酸性废气净化塔改造。天合光能所有制造工厂每年均按照工厂运营所在地法律法规的要求请有资质的第三方机构进行监测，监测指标的排放浓度和速率远低于当地标准和行业标准。在废弃物管理方面，天合光能将废弃物作为资源来管理，坚持减量、重复利用、回收利用的原则将其分类收集和存放。

为持续推动节能降耗工作,天合光能建立和实施了内部碳交易制度,为各个部门设立年度综合能耗目标,并按月度进行考核,致力于实现"零"碳排放,实现用清洁能源生产清洁能源产品。

(三)绿色回收

光伏组件的平均寿命在 25 年以上。相关研究机构的调查表明,光伏组件的报废量从 2020 年开始呈爆发式增长,到 2030 年达到 80 万 t/年的规模。天合光能充分认识到在合规处置废弃光伏产品方面应承担的责任,严格遵守相关国家的废弃电子设备管理规定,积极推动废弃光伏产品的回收及循环利用,提高资源利用效率,保护环境。

光伏组件中的硅、银、铜、铝等有价值的资源,大部分都能够通过回收实现循环再利用,由此可节约资源,减少对原生资源开采并降低资源提炼耗能,减轻对生态环境的影响和破坏。天合光能关注产品延伸者责任,积极开展废弃光伏组件的回收研究,研究实验阶段取得了如下进展:组件拆解自动化设备开发,正进行样机调试;背板塑料材料的回收利用,正尝试分离+离心整体系统整合;电池片材料回收利用,已完成碎片电池提纯回收中样实验,正尝试电池粉末提纯实验。

三、绿色供应链管理的实施成效

天合光能从厂房建设、原材料选用、生产工艺、废物利用到能源资源消耗等各方面推行绿色制造,努力构建厂房集约化、原料无害化、生产洁净化、废物资源化、能源低碳化的绿色工厂,2018 年入选工业和信息化部第二批绿色工厂。

天合光能不断提高能源使用效率,以持续降低生产和商业运营过程中的能源消耗及温室气体排放。2015—2019 年,每兆瓦生产所使用电力减少了 47%,每兆瓦生产所使用的水资源减少了 32%,温室气体排放下降了 46%。

天合光能常州西南厂区的 35 kV 变电所于 2005 年投入使用,变电所内两台主变压器的型号较老,能耗较高,且负载率较低。经评估,可将 35 kV 变电所的负载直接接入 35 kV 变电所上游的 110 kV 变电所,以减少电力消耗,同时可减少 35 kV 变转供电环节,提高安全和可靠性。2018 年 12 月,项目完成改造,改造后每年节省电力 20 万 kW·h,减少二氧化碳排放量 160 t。

凭借在环境保护、劳工实践和员工权利、商业道德及可持续采购等 4 个方面的突出表现,天合光能在 EcoVadis 发布的 2017 年和 2018 年全球企业社会责任评估中,连续两年荣获"全球企业社会责任成就金奖"。

资料来源:根据天合光能《天合光能入选国家绿色供应链管理典型案例》(中国绿色供应链联盟,2021 年 6 月 23 日)相关内容整理。

案例思考

1. 天合光能如何从顶层设计绿色供应商管理?
2. 结合案例说明天合光能在管理绿色供应商方面做了哪些工作?
3. 结合所学内容谈谈除了选择绿色供应商,天合光能在进行绿色购买时还需进行哪些决策?
4. 在绿色产业市场中,你认为天合光能除了作为需求者,还在绿色价值洞察方面扮演了什么样的角色?

第三篇

绿色营销的价值创造

第五章

绿色市场战略和定位

◆ **本章导语**

绿色形象定位是品牌年轻化的全新打法。

◆ **本章引例**

泽福食用菌开辟绿色细分市场

上海泽福食用菌种植专业合作社于2009年入驻上海青浦现代农业园区。创始人彭兆旺先生发明"带料菌棒栽培"技术，被业界称为"菌棒之父"，历经三代传承、58年历史，注册成立上海彭世菇业有限公司（以下简称彭世菇业）。如今在孙辈彭长儿的管理下，彭世菇业从专注于菌棒原料和种植的合作社，发展成集食用菌技术研发、生产种植、营销、物流与出口于一体的综合性现代农业企业。目前拥有活体有机菌菇工厂化生产基地90亩，林下食用菌种植基地350亩。

开辟特色细分市场探索"活体菌菇+林下菌菇"产业。随着食用菌市场日益饱和，泽福合作社通过技术革新，运用工厂化经营模式，创新研发食用菌产品品类，开辟了活体菌菇细分市场，成功找到突破口，实现了转型升级。同时，公司还借助青浦绿色生态优势，发展林下产业。经过不断探索，走出了一条"工厂化活体菌菇"与"原生态林下菌菇"并行的特色产业之路。

为何选择活体菌菇这个市场"小众"的产品？泽福食用菌种植专业合作社理事长彭长儿介绍，活体菌菇"即摘即食"，契合新时代人们对于鲜活健康食材的需求；同时，通过技术改良，活体菌菇菌棒出菇量相比传统菌棒大幅增加；工厂化人工仿自然种植方式还可以缩短种植周期，实现周年性稳定供应；多层立体培育模式可提高能源使用效率、提升单位面积产出量与产值，既能创造可观经济效益，又能带动农民就业致富。

彭长儿介绍，合作社所有的活体菌菇均采用人工仿自然性气候工厂化种植，基地拥有菌棒生产车间 1 500 m^2，年产菌棒达 500 万棒，现代化发菌房 7 000 m^2，已研发十多个品种菌菇。为了让消费者吃到更新鲜的产品，合作社还自建前置仓、冷库和物流配送中心，目前拥有冷库 7 000 立方米、冷链物流专车 32 辆，其产品直供海底捞、七欣天、小辉哥等 1 600 家中高端餐饮连锁客户。

此外，利用练塘闲置的涵养林资源优势，合作社从 2009 年起开始发展林下菌菇种植，在菱浜村、大兴村、东庄村 3 个村种植赤松茸和灵芝，供给盒马、批发市场；通过承包制、计件制和计时制三种方式，带动农户就业增收。合作社曾获国家林业和草原局颁发的"中国林业产业突出贡献奖"，2018 年获得"林下食用菌种植标准化示范基地"称号。

依托"活体菌菇+林下菌菇"的产业联动运营，2019 年彭世菇业及直属合作社完成销售额 5 800 万元，吸纳 130 多名农民成为产业工人。林下食用菌产业累计带动 600 户农户就业实现增收。合作社计划在 3~5 年内打造 500 亩工厂化活体菌菇种植产业园及大蒸港沿岸 2 000 亩林下珍稀食用菌产业园，带动 1 000 户以上农户就业增收。

资料来源：根据赵一苇《上海泽福食用菌种植专业合作社：开辟细分市场，科学规范治理，走上现代化农业之路》（"上海三农"公众号，2021 年 8 月 5 日）相关内容整理改编。

◆ **本章知识结构图**

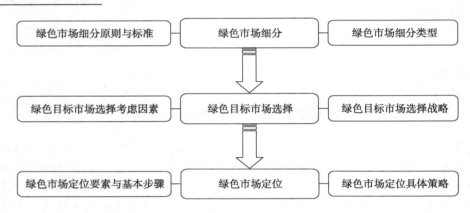

第一节 绿色市场细分

现代营销者逐渐意识到他们不可能以同一种营销方式吸引市场上所有的顾客。庞大的消费群体有着不同的需求和购买行为，而企业服务不同细分市场的能力也不尽相同。因此，企业必须能够识别出最擅长且最能获利的细分市场，采纳顾客驱动型营销战略与目标顾客群建立亲密关系。致力于绿色产品生产与销售的企业也有必要识别绿色细分市场，关注对产品绿色价值感兴趣的消费者群体，然后选择其中的一个或多个绿色细分市场，有针对性地研发绿色产品并制定相应的营销方案。

一、绿色市场细分的原则

绿色市场细分是指将绿色市场划分为较小的顾客群，这些顾客群具有不同的需求、特点和行为，需要不同的绿色市场战略或组合。绿色市场细分的作用是识别具有相似绿色需求的绿色消费者群体，分析绿色消费者特征以及绿色购买行为。绿色市场细分帮助绿色生产和销售企业及时发现和充分利用市场机会，科学地确定绿色市场目标，有效地运用产品、定价、促销和渠道等营销策略，避免企业资源的浪费，从而获得最大的绿色经济效益和增强竞争能力。然而，并非所有的绿色市场细分都是有意义的。绿色细分市场的原则如下。

（1）可盈利性。企业所选择的绿色细分市场应该具有可盈利性且具有一定的绿色发展潜力。例如，随着绿色消费市场的持续增长，淘宝和天猫平台通过大数据技术了解平台消费群体绿色消费的规模和人群特征，以此来完善"绿色篮子商品"（指具有"节资节能、环境友好、健康品质"三大绿色属性的商品集合），对 50 大类 2 亿种商品进行倾向性营销，满足消费者绿色需求和引导他们绿色消费。

（2）可区分和可衡量性。企业能够对绿色细分市场内外的人员进行分类，并能衡量该细分市场的绿色特征数据。如果营销人员不能确定谁在或不在绿色群体中，那么就无法评估该群体的规模，也无法制订为该群体服务的营销计划。尽管人口统计学变量（例如年龄、性别）等个人因素很容易衡量，但在分析消费者对可持续性议题和绿色产品的兴趣程度时，它们提供信息的作用非常有限。因此，绿色营销中的市场细分更多依赖消费者的个性和动机。

（3）可实现性。在很多情况下，企业基本能够量化绿色细分市场的规模，但它无法通过定制的营销组合策略将绿色产品信息传达到该细分市场。例如，贵州山地绿色刺梨原浆饮料具备美白、解酒的作用，但作为全新的绿色产品，由于营销渠道的不畅通，细分市场的消费者难以获得产品信息并进行购买。

扩展阅读 5-1　市场动向：绿色建筑从细分到主流需求

思维扩展

如何利用网络社交媒体提升绿色市场细分的可实现性？

二、绿色市场细分的标准

传统营销的市场细分大致分为人口因素、地理因素、心理因素、行为因素四类（Gittell，2012）。具体而言：①人口细分。根据年龄、婚姻状况、家庭收入水平、教育、家庭中的孩子和职业等变量将市场划分为多个部分。②地理细分。按人口密度（城市、郊区和农村地区）和气候等变量，将市场划分为若干个细分市场。③心理细分。根据消费者生活习惯、态度和信仰等变量对市场进行分类。④行为细分。根据消费者对产品的使用行为、用户状态或使用频率等变量来划分细分市场。

绿色消费市场还可以进一步细分成多个子市场。绿色营销可以借鉴传统营销理论，通过绿色市场细分、目标群体和市场定位等方式来推广绿色产品，为特定绿色消费群体创造并交付绿色价值。然而传统的市场细分方式并不完全适合绿色营销。例如，人口统计变量往往不如心理学变量有效，而后者不如行为变量有效（Yilmazsoyd et al., 2015；Straughan, 1999；Modi and Patel, 2013）。许多研究人员发现，态度和心理相较于人口统计变量能更好地对消费者进行细分。德帕克和拉波索（DePaco and Raposo, 2009）在参考传统市场细分方法以及各类研究的基础上，考虑绿色营销的特点，增加了环境标准，将市场细分标准分为人口统计、行为、心理、环境四方面。

表 5-1 显示了绿色市场细分与传统细分市场在各自细分变量上的区别。

表 5-1 绿色市场细分变量与传统市场细分变量的区别

划分标准	绿色市场细分变量	传统市场细分变量
人口统计学	年龄、性别、家庭、宗教、亚文化、收入、职业、环保教育、社会阶层、居住类型	年龄、性别、家庭、宗教、亚文化、收入、职业、教育、社会阶层、居住类型
心理	绿色生活方式、绿色个性动机、绿色价值观	一般生活方式、个性动机、价值观
购买行为	绿色购买行为、绿色品牌忠诚度	一般购买行为、普通品牌忠诚度
环境	环境关注、环境知识、绿色情感承诺、回收利用、对非环境主张的质疑	对环境的关注和了解较少、缺乏环境知识和绿色情感承诺、较少实施回收利用、未对非环境主张产生质疑

延伸阅读5-1

市场动向：2019—2020年绿色智能消费的市场特征

绿色智能消费已经成为潮流。京东大数据总结了近两年来相关商品的消费趋势，发现了绿色智能消费"高线市场引领、中线加速普及、下沉市场快速渗透、关注人群向两端延伸"的特点。

节能大家电：高线城市对周边地区具有消费指导作用

能效分级：按照国家标准相关规定，目前我国的能效标识共5个等级。等级1表示产品节能电已达到国际先进水平，能耗最低；等级5是产品市场准入指标。从1~2级能效的冰箱销量增长前10名来看，广东2020年同比增长领先全国，与此同时，四川、陕西、湖北等"第二梯队"增幅均超全国平均值的50%以上，而更下沉的市场增长则体现在宁夏、广西、河北等省份，体现出发达地区如广东、北京等对周边地区的消费引导作用。不过从智能化产品（能效1~2级）的渗透率来看，北京、广东、浙江等发达地区的领先优势仍较为明显，用户对智能化的接受度需进一步传导。高效节能的空调、洗衣机销量增长最快地区也集中在二三线市场，其中四川、陕西、福建在2020年的增长非常明显。

此外，智能化产品正在由高向低渗透。未来家电、家居、家装市场的增长点在于面向高速智能化的消费升级，智能家居将从单一智能家电发展为整体住宅空间的智能解决方案。后疫情时代，随着智能化居家办公成为趋势，智能住宅也将进一步成为刚需。

节水＋智能：坐便器市场想象空间的重塑

坐便器是生活用水器具中的一类重要产品，也是水效标识制度重点推动的产品。国家发展改革委、水利部、质检总局2018年起出台水效标识管理办法，将依据坐便器水效新标准，率先实施水效标识制度。按照国家标准相关规定，水效等级分为三级：1级为节水先进值，是行业领跑水平；2级为节水评价值，是我国节水产品认证的起点水平；3级为水效限定值，是耗水产品的市场准入指标。由相关数据可见，华中（河南、湖北、江西、安徽等）、华北、西北地区是近年来高效节水坐便器需求增长最快的地区，此外，广西、云南、吉林等省区也有较快增长。除了节水之外，依托大数据、人工智能、C2M反向定制等能力，智能马桶不再是单纯的家装用品、卫浴用品，它已跻身智能家居最新潮品之列，成为消费者重新定义生活空间的驱动力之一。

净化类需求以区域特色需求引领

近年来人们日益注重空气、用水的质量，其中空气净化器、净水器销量持续增长，智能化趋势是引发该类设备销售增长的重要动力之一。从净水器需求增长来看，主要增长地区是东部沿海和西南地区，不过智能化趋势拉动（作用该产品销量中智能化产品的占比增长）最明显的地区并不在北上广深等一线城市，而是分布在安徽、山东、四川、辽宁等省。而空气净化器的需求增长除了东南沿海之外，主要在华北地区；有"雾都"之称的重庆消费者则最容易被智能化产品所吸引。

西北地区更快接受循环利用商品

再生纸是一种以废纸为原料，经过分选、净化、打浆、抄造等十几道工序生产出来的纸张，它并不影响办公、学习的正常使用，并且有利于保护视力健康。在京东平台上，再生纸主要为打印纸、生活用纸、笔记本等，也有一些文件夹、铅笔等制品。总体来看，西部尤其是西北地区的消费者更快、更容易接受节能环保、循环利用的理念。

有机菜果种植普及市场仍然以高线为主

有机菜果，指禁止使用任何化学药剂及基因产品，而是采取一系列可持续发展的农业技术，协调种植平衡，维持农业生态系统稳定，遵循自然规律和生态学原理种植的蔬菜、水果。从其销量增速来看，排名前十的基本都是农业生产大省，目前主要销往中高线城市和市场。

资料来源：根据闫宇航、王瑞景《京东大数据发布绿色智能消费发展报告》（人民网"人民科技"官方账号，2021年4月19日）相关内容整理。

三、绿色市场细分的类型

营销从业者通常采用多种细分标准来缩小顾客搜寻范围、识别更精准的目标群体。现有国内外绿色市场细分的实践中存在多种细分方式，虽然最终细分得到的消费者群体数量不同，但都反映了消费者绿色程度的差异。绿色程度是"在所有其他条件相同的情况下，消费者更愿意选择绿色产品而不是对环境不太友好的产品的程度"（Weisstein, et al., 2014）。

（一）三类细分法

奥格尔维·俄斯（Ogilvy Earth, 2011）运用"行为"和"心理"将消费者群体分为三类：只购买可持续产品的铁杆绿色消费者被称为"超级绿色者"，约占市场的16%。另一个极端是"绿色拒绝者"，即那些不寻求绿色产品或对绿色产品不感兴趣的消费者，占市场的18%。然而，约66%的被调查者处于绿色中间地带——不是彻底的绿色消费者，但对环境可持续发展问题有一定的关注、意识或了解。

(二)四类细分法

即使最具有绿色意识的消费者也没有时间、精力或资源来处理全球气候变暖、碳排放所引发的环境、社会、经济等一系列相关问题,他们会优先考虑自身所关注的问题。市场细分的一种有力工具就是按照消费者从产品中获取的不同绿色利益来划分消费者群体。以绿色利益为依据,可以将绿色消费者分为四个细分市场:资源保护者、健康狂热者、动物爱好者、户外爱好者(Ottman,2011),他们的绿色行为如表 5-2 所示。

表 5-2 基于绿色利益的绿色消费者市场细分

资源保护者	健康狂热者	动物爱好者	户外爱好者
节约能源、水	购买有机食品	素食主义者	避免使用过度包装的产品
回收瓶、罐、报纸,购买节能灯泡	购买天然化妆品	避免皮毛用品	购买可回收材料制成使用的产品
重复使用购物袋	购买天然清洁剂	抵制动物制品	购买耐用、可重复使用的产品

(三)五类细分法

金斯伯格和布鲁姆(Ginsberg and Bloom,2004)使用心理细分来区分消费群体,将消费者分为五个细分绿色市场。①忠实的绿色主义(true-blue greens)。该群体具有很强的环境价值观,真正关心环境并愿意为绿色产品支付更多费用,追求可持续发展并积极参与政治活动。②美钞绿色主义(greenback green)。该群体真正关心环境并愿意为绿色产品支付更多费用,但他们对政治活动并不感兴趣。③口头绿色主义(spouts)。该群体在理论上相信环境面临危机,但在实践中并不一定会购买绿色产品。如果购买绿色产品会花更多的钱,他们则会减少购买绿色产品。④抱怨者(grousers)。该群体不了解环境问题并且对自身影响环境变化的能力持怀疑态度,认为绿色产品成本高,价格昂贵。⑤漠不关心者(basic browns)。该群体专注个人日常事务,不关心环境和社会问题。

(四)中国消费者的五类细分法

根据《2019 年中国可持续发展报告》,基于消费者态度、行为、人口等变量将中国消费者分为乐活族(LOHAS:健康和可持续性的生活方式)、自然主义者、漂流者、传统主义者和不关心者五个细分市场。①乐活族细分市场。该群体代表了所有消费者中最具有环保意识、整体导向和追求绿色价值的消费者。他们是绿色产品最积极的购买者和使用者,最容易对绿色效应产生共鸣和积极反馈。②自然主义者细分市场。与乐活族消费者相比,这是一种更"浅"的绿色消费者。自然主义者的主要动机是个人健康和安全保障,旨在实现健康的生活方式,他们属于天然产品的目标市场。③漂流者细分市场。该群体具有绿色观念,但并非根深蒂固,容易受外界的影响而发生行为改变。④传统主义者细分市场。该群体虽然在很多方面趋于节俭、保守,但他们的环保行为更多是由于实用性的驱动。例如,传统主义者参与回收和节能并不是由于环保动机的驱动,而是为了节省成本。⑤不关心者细分市场。该群体是所有细分市场中环境责任感最低的人群。除非环境问题影响到他们的生活,否则对绿色产品无动于衷。

（五）基于大数据的绿色市场再细分

阿里巴巴研究院 2016 年发布《中国绿色消费者报告》，通过大数据分析了 4 亿名消费者的购物行为、10 亿件商品的特征和几十万量级的关键词，将带有绿色属性关键词的商品称为"绿色篮子商品"。绿色篮子商品是通过商家宣称与消费者感知的关键词来界定的，并非通过标准进行认证的绿色产品。绿色篮子消费额占阿里零售平台的 11.5%，过去五年的年复合增长率超过 80%。

结合数据特征，购买超过五个品类以上"绿色篮子商品"的消费者被定义成绿色消费者，该群体的总人数达到 6 500 万人，占淘宝活跃用户的 16%，近四年增长了 14 倍。按购买频次可以将绿色消费者分为轻度（6~10 次）、中度（10~20 次）、重度（20 次以上）。按照对"绿色篮子商品"消费频次的分析，过去五年，重度绿色消费者（年均消费 20 次以上）显著增长，从 2011 年的 19.4%增长到 2015 年的 28.4%。

数字时代市场细分出现了"超细分""动态精准化"以及"用户画像"，如淘宝网"千人千面"的排名算法就能基于每个买家的不同特征提供精准推荐。京东与腾讯联手推出整合了购物与社交数据的立体营销解决方案——京腾魔方，从社交行为到购买行为，全方位理解用户，真正看清"千人千面"，实现精准营销，帮助品牌客户满足消费者多维度的消费需求。这样的"360 度"用户画像，能够帮助品牌在转化中找准更多的潜客。例如，作为绿色环保理念的践行者——全棉时代结合大数据分析了现有近 400 万名会员，描绘出精准的画像，并根据客户需求分类研发新产品，提供精准的服务。同时，全棉时代凭借全方位的用户画像，利用京腾魔方的大数据用户标签，快速从微信的海量用户中挖掘出潜在用户，并基于种子用户画像，进行 Lookalike 相似人群拓展，快速化、规模化地精准圈定更多高浓度目标人群。不仅如此，全棉时代借助阿里妈妈数字营销平台上的大数据，积累更多消费者的偏好信息，从而获得更为精准的绿色消费者画像。

（六）绿色市场细分的跨国比较

伊尔马兹索伊等（Yilmazsoy et al., 2015）认为不同国家之间的差异是构成本地化营销战略的重要基础，国家之间的相似之处表明有必要提出跨国标准化战略。尽管在绿色营销实践中存在一定难度，国家之间的差异迫使营销人员划分出不同国家本土化的绿色细分市场，而这些绿色细分市场中的绿色消费者群体也存在一定相似性。例如，中国和德国都划分出负责任的绿色消费者，中国和土耳其都划分出不活跃的绿色消费者。具体而言，可以将中国、德国和土耳其的绿色消费者细分为三种类型。

（1）中国绿色消费者。①忠诚的绿色消费者：对环境持十分积极态度，很少会怀疑环境的重要性。②负责任的绿色消费者：持有积极的绿色消费态度，但对某些环境问题持怀疑态度。③经济型的绿色消费者：对环境问题有积极的态度和高度的情感关注，但只在有经济动机的情况下才实践绿色行为。④不活跃的绿色消费者：对环境和绿色生活有积极的态度和情感关怀，开展一些日常的绿色行为，但经常避免负责任的消费。

（2）德国绿色消费者。①负责任的绿色消费者：持有积极的绿色消费态度，参与日常的绿色行为，愿意推荐绿色产品。②常规的绿色消费者：持有积极的绿色消费态度，但不反对非绿色消费者，参与日常的绿色消费行为。③依从者：对环境持温和态度，对环境问题没有责任感，也没有情感上的关注，在涉及其他类型的绿色行为时大多不活跃。④反对者：对环境和绿色生活持负面态度，不主动实践绿色行为。

（3）土耳其绿色消费者。①关注情感的绿色消费者：对环境持十分积极的态度以及高度的积极情感，践行日常的绿色行为，愿意为他人推荐绿色产品。②避让型绿色消费者：对环境持十分积极的态度，较少实践日常的绿色行为，但愿意购买绿色产品。③不活跃的绿色消费者：对环境、绿色生活和绿色消费总体态度温和，在有限的范围内践行绿色行为。④不关心者：自身与环境问题无关，不愿意对此负责，较少践行绿色行为。

扩展阅读5-2　理论前沿：环保——品牌年轻化的全新打法

第二节　绿色目标市场选择

在分析绿色细分市场后，企业通常选择市场的某个或者多个细分市场作为绿色目标市场。绿色目标市场选择是指整个绿色市场的一个或多个细分市场被选定为绿色营销的焦点。也就是说，企业评价并选择绿色市场细分之后的若干个绿色"子市场"，运用企业绿色营销之"矢"瞄准绿色市场方向之"的"，从而获取绿色经济效益和社会效益。

一、绿色目标市场选择考虑的因素

在评价不同的绿色细分市场时，企业主要关注四个因素：绿色细分市场规模、绿色细分市场的增长潜力、企业能力以及绿色市场竞争者。这些是绿色目标市场选择需要考虑的因素。

首先，企业应该选择有适当规模和成长性的绿色细分市场。一般来说，企业更容易将消费量庞大的人群作为绿色营销的目标市场。例如，随着收入的增长，倾向于购买绿色有机食品的中国消费者越来越多。然而，小企业可能因为资源的限制，难以服务好大规模的绿色细分市场。此外，作为绿色目标市场的细分市场应该具有一定的最小规模，保证企业能够通过服务该目标市场获得足够多的顾客价值。例如，由于电子印章兼具绿色性、便捷性与及时性，2020后各行各业对电子合同的需求被极大地释放出来，电子签名行业规模已由2016年的8.5亿元增长至2020年的108.2亿元，年均复合增长率高达66.3%。[1]e签宝和法大大抓住机遇，目前已成为我国的两大头部厂商，并分别获得12亿元、9亿元的大额融资。[2]因此，抓住绿色细分市场并预估该市场的成长性十分必要。

其次，企业在选择绿色目标市场时，绿色细分市场的增长潜力也是一个重要因素。随着"双碳"目标的逐步落实，消费者对绿色消费的关注度持续提升，对各类绿色产品有着巨大的现实与潜在需求。比如，在食品市场上，近年来我国消费者对无污染和高质量的绿色食品需求旺盛；在家装市场上，绿色装饰装修材料也受到消费者的青睐。环保

---

[1] 数据来源：艾媒咨询. 2020—2021年中国电子签名行业发展现状及趋势分析[EB/OL]. 2021-03-07.
[2] 数据来源：王贝贝. e鉴宝完成12亿E轮融资，押宝稳了？[EB/OL]. 2021-09-15.

型消费热情的日益高涨，是挑战，更是机会。很多企业看准了消费者的绿色需求，提前布局投入大量资源，将会在未来的绿色市场竞争中获得更多优势。

再次，即使一个绿色细分市场具备适当的规模和吸引力，企业还需要考虑自身是否具备满足细分市场需求的能力，根据满足细分市场需求的战略能力来选择要重点服务的绿色细分市场。如果企业拥有满足绿色细分市场需求的资源和能力，可将该细分市场作为潜在目标市场，针对绿色细分市场的需求进行大量投资。例如，海天味业围绕消费者不断变化的需求，在酱油生产中采用独有的科学限盐酿造工艺，突出"健康""自然""绿色"等元素，推崇低盐概念，满足持有健康、绿色、环保生活观念的消费者。

最后，除了市场规模、增长潜力和企业的能力外，企业还必须将大量注意力集中在竞争对手上。当企业在绿色目标市场的销售量和利润趋于上升时，竞争者数量的增加会使得企业利润率下降。大型竞争者能够将大量资源投入绿色市场，从而使较小的企业无法进行有效竞争。企业应在绿色目标市场选择中突出自身的绿色竞争优势，一方面避免与大型竞争者短兵相接，另一方面要能够开辟"护城河"，牢牢把握自身在绿色目标市场里的竞争优势。

 思维扩展

选择绿色目标市场时，你认为还需要考虑哪些因素？

绿色目标市场与传统目标市场选择的考虑因素存在一定的差别，具体如表 5-3 所示。

表 5-3　绿色目标市场与传统目标市场选择考虑因素的区别

划分标准	绿色目标市场选择	传统目标市场选择
市场类型	更多地考虑有适当规模和成长性的绿色细分市场	考虑有适当规模和成长性的市场
增长潜力	考虑绿色细分市场增长潜力	考虑一般市场增长潜力
企业能力	考虑企业自身是否具备满足细分市场绿色需求的能力	考虑企业自身是否具备满足一般细分市场需求的能力
竞争对手	考虑竞争对手对绿色市场的投入和竞争对手的优势	考虑竞争对手对其他市场的投入和竞争对手的优势

二、绿色目标市场选择

在对绿色细分市场做出评价后，企业必须决定以哪几个绿色细分市场为目标市场，可选择以下几种绿色目标市场的覆盖模式。

（1）绿色无差异营销（绿色产品专业化）。绿色无差异营销指公司忽略绿色细分市场的差异，用一种绿色产品和服务满足整个绿色市场，并向各类顾客销售这种绿色产品和服务，沟通、交付和传递绿色价值。现有的无差异绿色营销通常针对同质化的绿色产品，它的优势在于绿色产品的经济性与批量性。但现如今，消费者越来越追求个性化和差异化，尤其是"年轻一代"，渴望自己使用的绿色产品或享受的绿色服务是与他人有较大区分的,因而不少公司通过满足或补缺某一细分市场的绿色需求取得成功。在绿色消费需求愈加多样化的未来,无差异绿色营销的方式将难以占据一席之地。

(2)绿色差异化营销(绿色选择专业化)。绿色差异化营销的企业通常瞄准几个具有良好潜力和吸引力的绿色细分市场,设计符合该市场绿色需求的产品和服务。其中,每个细分市场与其他细分市场之间联系较少。显然,这样的策略增加了企业成本,企业在采用差异化绿色营销战略时,必须仔细考量成本与销售额之间的关系。例如,中国是茶叶的最大生产和消费国,随着茶叶消费者健康意识的提高,很多茶企实施绿色差异化营销策略。茶叶的绿色差异化营销是在茶叶生产和加工过程中注重生态环境的保护,生产"绿色、自然、和谐、健康"的绿色食品茶、有机茶等,通过绿色认证打造绿色品牌,在销售渠道上选择高绿色信誉的中间商,在促销方式上采用绿色宣传。企业实施绿色差异化营销符合茶叶消费者的绿色需求,有利于在竞争中获取差别优势。

(3)绿色集中营销(绿色市场专业化)。采用绿色集中营销的企业力求满足某一顾客群体的绿色需要,在一个或几个较小的补缺市场占有较大份额。例如,与传统超市不同的美国健康食品超市——全食超市(Whole Foods Market)——所提倡的高质量生活、绿色健康食品和环境保护,一举击中了美国中产阶级的神经敏感点。通过专业化的绿色集中营销,吸引广大消费者的目光,打造出一批较为忠实的绿色消费者。虽然全食超市的食品比一般超市贵很多,但它仍被比作"有机食品界的谷歌",而它的老板被称为"绿色食品业的比尔·盖茨"。

(4)绿色微观营销(绿色市场集中化)。绿色微观营销是指为特定个人和特定地区的绿色偏好而调整产品和营销策略。最普通的微观市场营销形式之一是区域化,也就是使绿色产品和服务适合所处地区的消费者。除了区域化以外,企业还可以瞄准人口、心理及行为等微观市场。绿色微观市场营销的极致便是大规模绿色定制,例如,"工业产品绿色设计示范企业"诗尼曼为大量的顾客提供个性化服务、定制化服务,树立家居领域绿色定制标杆;绿色建筑企业朗诗,在绿色建筑的"荒芜"时刻,专注于绿色差异化发展战略,针对具有迫切健康生活需求的客户,打造健康舒适的绿色住宅。尽管售价高于周边住宅,但销售量却好于非绿色住宅。

三、绿色目标市场选择战略

根据菲利普·科特勒的观点,选择何种目标市场战略取决于公司资源、产品的差异性、产品生命周期以及市场差异程度。当公司资源有限时,集中营销便是最理想的战略。同样该战略也适用于差异化较小的产品,以及大部分消费者具有相同偏好的情况。若产品的差异化较大或产品处于生命周期的成熟阶段,则更适合采取差异化营销或集中营销战略。最后,竞争对手的市场营销战略也十分重要。例如,竞争对手采用无差异营销,企业就可以借助差异化营销或集中营销获得竞争优势。

针对绿色营销,金斯伯格和布鲁姆(Ginsberg and Bloom,2004)指出,企业选择绿色目标市场战略时,应考虑其行业中绿色细分市场的可能规模,以及它们在绿色方面将其产品与竞争对手的产品区分开来的能力,从而选择合适的战略。根据绿色细分市场规模以及企业通过绿色产品区分竞争对手的能力，有四种绿色营销战略，如图 5-1 所示（横轴表示企业通过绿色产品区分竞争对手的能力，纵轴表示绿色细分市场规模）。

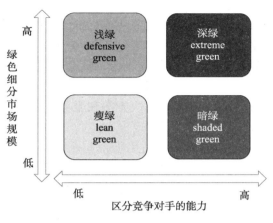

图 5-1 绿色营销战略

（1）瘦绿（lean green）战略——适用于绿色细分市场规模较小，企业的绿色差异化程度有限的情况。该战略下企业试图对环境负责，但不全力投入，也不注重绿色宣传举措。它侧重于通过环保活动来满足法律法规或社会压力。例如，新能源汽车最近几年开始得到发展，但是考虑到产品的成熟度不高，市场需求不温不火。很多传统燃油车企业如通用、福特在中国也有纯电动车型（别克 Velite 与福特领界纯电 SUV），但市场反响"波澜不惊"。当人们提及"美国制造电动车"时，首先想到的仍是特斯拉。包括通用与福特在内的很多传统燃油车企并不相信纯电动时代已经到来，也不相信现在走上纯电动路线是一门有利可图的生意。对它们来说，开发纯电动汽车更多是顺应法规要求，以及面向未来的必要技术储备。

（2）浅绿（defensive green）战略——适用于企业所处的绿色产品市场规模大，但产品差异化较低，企业使用绿色营销作为危机时期的预防或竞争保护的情况。虽然环保活动是有前途和可持续的，但这些企业只是偶尔开展绿色环保活动，其目的不是通过绿色活动来获得竞争优势。例如，利乐是一家提供全球包装解决方案的供应商，业务已经覆盖到了食品加工机械、罐装机械、包装等多类技术服务。利乐包装的原材料 70% 源于纸。2015 年，利乐向上海国际旅游度假区捐赠了由 438 万个饮用后的牛奶饮料纸包装再生利用制成的环保装置，包括 19 匹达拉木马、500 条环保长椅、250 组环保垃圾桶以及 325 米环保围栏等，其中一匹高达 6 米的木马成为生态园的地标。这些绿色活动只是为了扩大利乐的企业声誉，并未表明利乐会深耕于绿色生产和绿色营销领域。

（3）暗绿（shaded green）战略——适用于企业对绿色产品需求较低，但产品差异化突出的情况。企业长期投资环境可持续活动，将绿色营销视为构建满足客户需求的创新产品和技术的机会，这使其具有竞争优势。服装行业虽然表现出可持续发展的趋势，但大多数消费者在购买服装时，却并不一定会以面料的可持续性作为优先考虑因素。但是，科德宝积极为服装行业开发创新的可持续解决方案。1992 年，科德宝的材料专家便研发出首款可生物降解无纺衬布。该材料降解只需一个月，不会对环境留下任何有毒残留物。为了解决 PET 塑料瓶对环境的污染问题，科德宝的服装材料专家于 2007 年开始着眼于考虑用废塑料瓶再生纤维取代服装衬布产品中的原生聚酯纤维。如今，其位于意大利北部诺韦德拉泰（Novedrate）、意大利南部的皮斯蒂奇（Pisticci）和法国小镇科尔马（Colmar）的工厂，每年回收约 25 亿个 PET 瓶。科德宝利用 PET 塑料瓶生产的无纺布，由百分之百再生 PET 组成，可用作屋顶防水、隔热及隔音，质量可与新产品媲美。这样的回收工程，不仅赋予了 PET 瓶第二次生命，还显著节约了自然资源和能耗。科德宝不断开发出满足其绿色发展所需的先进技术、产品、解决方案和服务，在为客户创造更多绿色价值、获得更大市场竞争力的同时不断升华自己。

（4）深绿（extreme green）战略——适用于企业处于对绿色产品需求大，产品绿色差异化显著的环境，以及企业将绿色环保完全融入业务流程和产品生命周期的情况。企业通常通过专门的网点和分销渠道为具有绿色价值需求的消费者提供服务。例如，在青岛啤酒内部流传这样一句话，"确保每一瓶青岛啤酒，都有一个绿色基因"。青岛啤酒将环保投入视为投资而不是成本。环保投入不仅是对企业可持续发展的投资，更是对社会效益的投资。青岛啤酒引进先进技术，在糖化热能回收、余热制冷、液氨冷却等环节实现了技术突破的同时，又采取冷凝水回收、中水回用等措施减少耗水量。通过安装二氧化碳回收装置，再将发酵过程中产生的二氧化碳进行有效收集、净化、干燥、液化处理，二次利用到啤酒罐装生产中。青岛啤酒公司在 4 年间的二氧化碳回收量相当于 460 万棵 30 年树龄的冷杉树的二氧化碳吸收量。

延伸阅读5-2

市场动向：升级绿色草饲奶粉，人之初角逐细分市场

2021 年，奶粉市场迎来动荡的一年。新生儿数量还在下滑之中，而奶粉新国标的出炉使得奶粉配方注册制迎来二轮更新，许多奶粉品牌借着政策的契机，打响一轮轮"升级战"，从而拓展和开发绿色细分市场。A2 奶牛奶粉、有机奶粉、羊奶粉、特配粉、草饲奶粉作为奶粉行业的绿色细分市场，市场表现突出，增速远超奶粉行业整体水平，成为越来越多父母的选择。人之初"喂爱 20 年"庆典官宣与恒天然深化合作，全系列婴幼儿配方奶粉均采用新西兰草饲奶源，为消费者带来"更绿色、更天然、更健康"的营养体验。

掘金绿色细分市场、打造差异化核心竞争力

近几年，随着母婴新生代消费者需求向个性化、多元化、精细化转变，主打"天然、健康、环保、高端"的草饲奶粉渐渐受到越来越多的关注。草饲牛奶是指可自然漫步于天然牧场中、主要以鲜草为食的牛所产的牛奶。相比谷饲，草饲牛奶更强调为牛提供天然的养殖环境，在符合自然规律的生活习惯和生存条件下产奶。

在做好了充分的准备之后，人之初集团决定全面顺应市场的绿色需求，宣布与恒天然深化合作，全系列婴幼儿配方奶粉均采用新西兰草饲奶源。正如人之初集团董事长李国勇所言："多年来人之初一直坚持为更多家庭带去更好营养的信念，用品质赢得了消费者的信任。草饲奶粉焕新上市,旨在让更多中国消费者享受到'更绿色、更天然、更营养'的牛奶,也满足母婴新生代消费者更高的消费追求。"

当然,此次草饲奶粉上市,不仅是人之初集团掘金绿色细分市场的利器,也是人之初集团打造差异化核心竞争力的重要举措之一。众所周知,近几年在乳业集中度提升、同质化竞争加剧的行业背景下,为了寻求新的蓝海市场,各大乳制品企业通过羊奶粉、特配粉、有机奶粉等细分品类来寻求增量市场。对此,人之初集团方面指出,公司持续创新,从源头出发打造差异化核心竞争力,希望用"更绿色、更天然、更营养"的草饲奶源延续消费者的信任和喜爱,给消费者带去更好的天然营养。

在乳业资深专家王丁棉等第三方观察人士看来,奶粉存量市场进入厮杀的"红海",品牌间展开激烈的殊死搏斗。但与存量市场的疲软之态相比,身处增量赛道的绿色细分市场却逆势增长,实现了蓬勃发展。所以众多实力派选手齐头并进,将各个绿色细分市场规模做大做强,既能为自身业绩寻找引擎,也能为奶粉市场挖掘新的增量潜力。

草饲奶粉市场增长更快、规模依然偏低

没有好的奶源,再优秀的生产工艺,也无法制造出一罐好的奶粉。而草饲奶粉从源头上拥有更天然的奶源,这就保证了草饲奶粉的品质。在奶粉行业中,上游供应链的质量几乎对奶粉的品质起着决定性作用,能拥有优质的奶源供应链,是乳制品企业自身实力强大的证明。

草饲牛奶作为更天然、更安全的食品,不仅仅体现在草饲牛奶的质量与安全以及认证标准上,更体现在草饲奶牛的福利与健康上。2021年6月,《五谷财经》联合奶粉渠道、门店做了一个问卷调查显示,在得知草饲奶粉的全面信息后,85%左右的新生代父母愿意购买草饲奶粉,可见草饲奶粉的发展潜力巨大。

虽然近年来草饲奶粉的增长速度很快,调查也指出,相较于有机奶粉、羊奶粉和A2奶牛奶粉,草饲奶粉的认知度偏低,市场规模偏小。因此,需要企业加大消费者教育力度和草饲奶粉的知识普及力度。公司官宣全系列婴幼儿配方奶粉采用珍稀草饲奶源,正式宣告企业向绿色细分品类"草饲奶粉"市场全方位进军。人之初集团方面表示,这是人之初不断创新,用高品质的产品力推动市场、促进品类增长的重大举措,也是人之初多年来"为更多中国家庭带去更好营养"的匠心见证。

资料来源:根据佚名《角逐细分市场:人之初全系列产品升级草饲奶粉 打造差异化竞争力》(网易号"五谷财经",2021年7月18日)相关内容整理。

第三节　绿色市场定位

除了决定以哪些绿色细分市场为目标,企业还必须提出绿色价值主张——如何为目标市场创造差异化的绿色价值并在绿色细分市场中确定自己的位置。绿色市场定位也被称为绿色产品定位或竞争性定位,是指在目标消费者心目中相对于竞争产品,为自己的绿色产品设定一个明确的、独特的和理想的绿色形象,使该绿色产品在绿色细分市场上占有强有力的竞争位置。企业在绿色市场定位过程中,一方面要了解竞争产品的市场定位，另一方面要研究目标顾客对该绿色产品的各种绿色属性的重视程度；然后，确定本企业绿色产品的特色和独特形象，完成产品的市场定位（Gittell，2012）。例如，北汽新能源汽车立足新能源，贴近年轻个性的新生代群体，定义为高品质年轻化时尚生态品牌。天地人禾采用稻鸭共生的传统种植农法，将"保护农田"贯穿种植全程，将产品成功定位为不使用化学农药的绿色有机大米。

一、绿色市场定位的基本要素

有效的定位策略应体现对绿色目标市场的价值，同时在信息爆炸时代，产品应具有简单性和独特性（Thomas，2008）。任何有效的绿色定位策略都应包括实现对顾客的承诺，为顾客创造实质性的绿色价值。绿色定位策略还需与企业内部价值观、长期以来的营销战略、向外界宣传的企业绿色形象保持一致性。

（1）实质性。为了使绿色定位策略长期有效，企业必须实现对消费者的绿色承诺，并致力于为顾客创造实质性绿色价值。例如，康宝莱作为全球知名的营养品企业，视质量为企业的生命，自1980年创建以来一直坚持"质量为先"的理念，在世界各地严选优质、天然的原料，利用自身在营养健康领域丰富的资源与优势，守护消费者"舌尖上的安全"，为"健康中国"建设贡献自己的力量。再如，比亚迪一直是绿色出行、环保出行的忠实践行者，自2008年提出了"三大绿色梦想"后，已完成"从能源获取、存储到应用，摆脱对化石能源依赖"的战略布局。

（2）一致性。绿色定位策略需与企业长久以来的环境价值观、企业文化保持一致且具有延续性，企业成员以及企业面向外界传递的信息都能表达出一致的市场定位，从而增强消费者对品牌的绿色感知。佰草集是一个现代中草药个人护理品牌，自1998年成立以来坚持树立"清新、自然、健康"的品牌形象，以传统中医药学的"平衡理论和整体观念"作为品牌理念，以环保为重要的品牌特色，并将其贯穿于产品的整个生产和销售过程当中。如使用圆形包装、减少纸质包装和使用可降解材料等，将其在生产中耗费的原料量降至最低，同时提高包装重复使用的效率。此外，在所有产品的包装上，都印有"支持环保，建议回收"的字样，同时在专卖店设回收箱，鼓励消费者进行回收，真正践行了"从我做起，从点滴做起"这一环保宗旨。

 思维扩展

如何从制度层面制约企业的"漂绿"行为？

与之相反，很多企业在绿色定位中存在的内部不一致最终损害了企业形象。在绿色营销领域，"漂绿"是指一家公司、政府或是组织以某些行为或行动宣示自身对环境保护的付出，但实际上却是"反其道而行之"。这实质上是一种虚假的环保宣传。例如，一些服装品牌公司曾声称希望在2020年以前业绩翻倍增长的同时，减少一半对环境的影响。然而，2016年7月，环保组织在全球发布了"去毒时尚榜"，针对19家承诺在其供应链中淘汰有毒有害物质的时尚品牌提出了"2020去毒计划"、消除化学品PFCs（全氟化合物）和透明度（公布供应商及其排放危险化学品的信息）三个指标，多个服装品牌表现较差，其中某国际知名体育运动品牌的三项指标都不合格。

（3）独特性。企业所提供的绿色价值必须对绿色目标市场具有意义。如果消费者无法意识到该绿色产品的好处，即使功能再多也失去了绿色价值。在传播过度和信息爆炸的时代，人们往往会屏蔽和排斥大部分信息。简单且独特的产品更容易被消费者记住，也将更有价值。企业可以将品牌融入消费者最核心的生活轨迹，并用最简单、最高效的方式走进消费者的内心，抢占别人可能抢占的位置。例如，全棉时代主要以"棉花"为原料，生产衣物、日用品、母婴用品等，以"健康、舒适、环保"为核心理念。全棉时代自成立以来，就一直在践行绿色环保的理念，始终坚持使用全棉水刺无纺布，100%采用优质全棉，并拥有多项专利技术；在线上铺设官网覆盖各大电商平台，线下拥有门店100多家；请明星代言助力，不遗余力地宣传棉的环保价值，注重绿色环保的形象建设。经过十多年的发展，全棉时代的全棉绿色品牌定位深入人心。

扩展阅读5-3　实践前沿：中国邮政的绿色发展定位

二、绿色市场定位的基本步骤

（一）识别潜在绿色价值差异和绿色竞争优势

识别潜在差异化绿色竞争优势是绿色市场定位的基础。营销者必须比竞争者更好地理解顾客的绿色需求，才能传递更多的绿色价值。企业必须实施有效差异化战略并进行市场定位，通过为绿色目标市场提供卓越的绿色价值，进而获得竞争优势。企业如果把自己的产品定位为绿色产品，就应当对绿色产品进行差异化定位，以交付承诺的绿色价值。为了发现差异点，营销人员必须认真考虑顾客对企业绿色产品或服务的体验。具体而言，企业可以从产品、服务和形象等多方面进行绿色差异化定位并获得竞争优势。

除了绿色产品本身差异化，企业也可以对绿色产品的包装进行绿色差异化。绿色包装（green package）又称为无公害包装和环境友好包装（environmental friendly package），是指对生态环境和人类健康无害，能重复使用和再生，符合可持续发展的包装。阿联酋饮料公司Agthia Group开发出首款完全由发酵植物糖制成的植物基水瓶（包括瓶盖），瓶身以玉米糖为原料，加工成树脂并像塑料一样模制成型。瓶盖用发酵甘蔗制成，它可以在80天内完成生物降解。与其他饮料包装材料相比，这项革命性创新将使碳足迹降低60%。2017年，创新型可持续包装公司Skipping Rocks Lab公布了一项发明：用海藻提取物制造出一种可食用的球型饮料包装。该公司用褐藻提取物和氯化钙形成凝胶状结构，在外层裹覆一层保护膜。饮用时撕去外膜，即可放入口中或咀嚼或饮用。外膜在4~6周后可完全生物降解。

企业还可以对服务进行绿色差异化定位。第一服务控股有限公司（简称"第一服务控股"）不是跟别人拼保安保洁、管理面积、增值收入，而是做科技人居，用科技的力量提高居住舒适度。公司除了拥有人们熟知的物业管理与增值服务，其独特性是提供一体化的绿色物业管理服务和绿色人居解决方案，覆盖物业从前期开发、中期施工建造、到后期运营管理的全生命周期。企业运用多种环保、智能、高效的设施和系统，比如绿色节能电梯系统、绿色节能照明绿色云平台、绿色节水系统和绿色太阳能热水系统等。第一服务控股坚持走"绿色科技之路"，专注于绿色科技物业服务体系的研发，在绿色物业场景应用、绿色能源运行、健康人居产品以及智慧社区绿色能源云平台搭建等方面，具备自主研发优势。

（二）建立合适的绿色价值差异和绿色竞争优势

企业在识别竞争优势的过程中，可能发现在产品、服务、形象的某些方面都具有一定绿色优势，企业应把这些绿色差异点和竞争对手逐一比较，从中选择足以建立绿色定位战略的核心竞争优势。例如，朗诗绿色生活作为一家物业企业，与传统物业公司提供的"工程绿化、保安保洁、维修保养"基础服务相比，朗诗绿色生活主要从绿色管理、防灾韧性、健康福祉、能耗管理、资源循环利用、生态环境、污染控制以及水资源管理八大维度着力，形成差异化的绿色物业企业核心竞争力。然而，不是所有的绿色差异性都是有意义的。一个绿色差异点是否值得建立取决于以下几个标准：①重要性。差异性产品能够向目标顾客传递一种重要的绿色价值。②区别性。竞争者难以推出同样的绿色差异性产品或服务。③可见性。对顾客来说，绿色差异性是可以沟通的，是显而易见的。④可支付性。购买者能够支付得起这种绿色差异性产品。⑤可获利性。企业推出这种绿色差异性产品有利可图。

通过绿色产品差异化，品牌可以在产品特点、性能和风格上区别于其他品牌。例如，赛百味（Subway）把自己定位为健康的快餐选择，获得美国心脏协会的认可。以色列汽水饮水机制造商 SodaStream 把自己定位成瓶装碳酸饮料和软饮料的替代品。它承诺可以简单、方便、环保地将家用自来水转换成新鲜的家用苏打水。

企业还可以通过品牌形象来制造绿色价值差异和绿色竞争优势。绿色环境标志是企业绿色品牌的一种象征，也是区别于普通品牌、彰显竞争优势的一种明显标志。绿色环境标志是由政府部门、公共或民间团体依照一定的环保标准，向申请者颁发并印在产品和包装上的特定标志，用以向消费者证明该产品从研制、开发到生产、运输、销售、使用直到回收利用的整个过程都符合环境保护标准，对生态环境和人类健康均无损害。对企业而言，绿色标志可谓绿色产品的身份证，是企业获得政府支持、打造绿色竞争优势、获取消费者信任、顺利开展绿色营销的重要保证。1978 年，德国实施的"蓝色天使"计划，就是一种"绿色标志"（这是世界上最早使用的"绿色标志"）。在这一计划的实施过程中，他们给 3 600 种产品发放了环境标签。1988 年，加拿大、日本、美国等国家开始实行绿色标志。随后，法国、瑞士、芬兰、澳大利亚等国于 1991 年开始实施环境标志。1989 年，中华人民共和国农业部（现为中华人民共和国农业农村部）开始实行绿色食品标志制度。1991 年，国际标准化组织（ISO）环境战略咨询组成立了环境标志分组，其目的是为了统一环境标志方面的有关定义、标准及其测试方法，以避免导致国际贸易上的障碍，促进社会、经济与环境的协调发展。环境标志一出现就显示出它强大的生命力。调查表明，40%的欧洲人喜欢购买有环境标志的产品，而不是传统产品。

（三）制定并有效传播绿色定位战略

品牌的绿色定位即品牌的绿色价值主张——绿色差异化和定位的绿色利益组合，为绿色目标市场中的消费者提供绿色价值。绿色价值主张直接回答顾客的问题：你的品牌为什么值得我购买？企业必须制定明确的绿色定位战略，在绿色市场上充分体现核心竞争优势，通过一系列营销活动向外界传播核心优势战略定位。例如，阿迪达斯在可持续发展领域的传承与革新方面不懈努力，践行着"废弃物终结者"的绿色价值主张。2021年1月11日，阿迪达斯联手天猫超级品牌日，打造了"即刻绿动"环保主题的直播活动。除了天猫站内，阿迪达斯官方还在微博、微信、抖音、小红书等核心社交平台进行传播，借助KOL（key opinion leader，关键意见领袖）力量，精准触达目标人群。在活动前夕，通过全平台"logo集体变绿"进行预热，加深阿迪达斯绿色超级品牌日形象；在抖音，通过不同类型达人进行扩圈创作，触达不同类型粉丝群体，带起第一批声量；在小红书平台，利用KOL大量发声，为活动预热造势。截至2021年1月22日，微博话题阅读量为9 873万次，抖音播放量为3 723万次。阿迪达斯这次的"即刻绿动"活动，无论是对阿迪达斯还是天猫，都是数字营销时代的绿色价值态度表达。

可口可乐中国一直秉承"我们在乎"的绿色价值主张，在保护水资源和提高水效、节约能源、应对气候变化等各方面做了很多努力。2018年，可口可乐宣布了"天下无废"的全球可持续包装战略。在"天下无废"的战略下，2019年可口可乐推出了全球首款海洋废塑料再生瓶。2021年，可口可乐公司在全球范围内升级产品包装，新包装首次在瓶身上印上"回收我"的可持续标志，通过与消费者对话的形式鼓励大众共同参与饮料瓶回收的行动。2022年，可口可乐公司推出了首个瓶身由100%植物基塑料制成的塑料瓶，标志着公司旗下可持续包装的发展实现重要突破。同样，这也是以包装为媒介传递品牌"我们在乎"的绿色价值主张。

绿色市场定位的基本步骤和传统市场定位的基本步骤存在一定差别，具体如表5-4所示。

表5-4 绿色市场定位与传统市场定位基本步骤的区别

划分标准	绿色市场定位	传统市场定位
识别差异与优势	从产品、服务、形象、功能等多方面进行绿色差异化定位并获得竞争优势	产品、服务、形象和功能上建立差异化定位并获得竞争优势，但很少识别绿色化差异与优势
建立差异与优势	注重并建立绿色价值的重要性、可见性、可支付性和可获利性	建立产品、服务、形象等差异与竞争优势
制定战略	制定绿色定位战略、传递绿色价值主张	制定一般定位战略，传递企业价值主张

三、绿色市场定位的具体策略

绿色市场定位有三种具体的策略，分别是绿色利益定位、绿色用户定位和绿色竞争定位（Dahlstrom，2011）。

（1）绿色利益定位。利益性绿色定位是指强调消费者从绿色产品消费中实现的功能、情感或自我表达的回报。由于利益是大多数消费者购买的基础，在许多市场中关注消费带来的利益回报是有价值的。绿色利益主要包括功能性利益和情感性利益。基于功能性品牌属性的绿色定位旨在通过提供产品有关环保属性的信息来建立品牌联想。然而，仅仅通过功能属性来定位绿色产品可能会受到以下限制：绿色产品对环境的益处通常不会为消费者带来个人利益。因此，消费者感知利益可能不足以作为绿色品牌购买的激励因素。此外，功能性利益定位策略通常很容易被模仿，使企业失去绿色差异化优势。

消费者购买绿色产品可能不是为了它们的功能利益，而是为了情感利益。情感性绿色利益定位主要分为三类：一是基于利他方式。有环保意识的消费者通过购买绿色产品为改善环境做出贡献，从而获得个人满意度。二是基于消费者个人体验。有环保意识的消费者通过购买绿色产品，向他人展示环保意识和行为，从而体验并提升个人满意度。例如，支付宝用户通过蚂蚁森林的种树功能支持环保并获得环保证书，从而获得情感及自我表达的利益。三是基于对自然的情感亲和力。消费者通过购买绿色产品，实现与自然接触，从而感受到愉悦感和幸福感。

（2）绿色用户定位。营销人员将具有特定绿色需求的目标用户作为定位策略的重点。例如，全棉时代推出了专门为宝宝设计的奈丝宝宝棉尿裤以及婴儿纯棉柔巾，更好呵护宝宝的娇嫩肌肤，瞄准了重视孩子舒适健康体验的宝妈群体。另外，绿色营销实践者可以根据消费者的过往消费记录或消费习惯对其进行用户定位划分，针对浅绿的消费者可以紧扣消费需求，推送充分满足其绿色需要且具备环保属性的产品，而对于深绿的消费者则需要维护好客户关系，并从中获取改进绿色产品的反馈或新兴绿色产品的研发意见，充分稳固好深绿用户群。

（3）绿色竞争定位。即在与竞争对手的比较中阐明企业品牌的环保优势。在许多情况下，开发出更加环保产品的企业会将其产品的绿色特性与竞争对手进行比较。例如，某品牌新节能系列空调在广告中使用宣传语"一晚只用一度电"，强调其相对于竞争对手而言更节能和环保。虽然该宣传语受到专业角度的质疑，但是它在营销方面是一个反映竞争定位的合适例子。因此，不同的绿色品牌需要向消费者传达令其记忆深刻的一个营销关键点，以保持自己在市场竞争中的独特优势。

本章小结

绿色市场战略通过强调市场细分、目标市场选择和市场定位过程中的绿色特征，为接下来设计和制定整合的绿色营销策略提供方向和指导。如果没有明确绿色市场战略和定位，营销人员设计的营销策略再精巧，也会导致南辕北辙的效果。制定和实施绿色营销战略的关键要素包括绿色市场细分、绿色目标市场选择和绿色市场定位（STP）。本章首先探讨了如何根据人们对绿色价值的不同偏好将他们划分为多个不同的消费群体，把整体绿色市场分割为若干个子市场的过程。其次阐述了绿色市场细分的出现与绿色目标市场营销的起点。绿色市场细分必须有效，并且要按照一定的标准和依据进行。绿色目标市场选择是营销战略的中间环节，包括对绿色细分市场进行评估，结合企业自身情况以相应的绿色产品和服务满足其中一个或几个子市场的绿色价值需求。最后，企业选择了绿色目标市场后，需要确定绿色产品在目标顾客心目中的位置，并树立鲜明的绿色形象，以最大化自身的绿色竞争优势。

核心概念

1. 绿色市场细分（green market segmentation）
2. 绿色目标市场（green target market）
3. 绿色市场定位（green market positioning）
4. 瘦绿战略（lean green strategy）
5. 浅绿战略（defensive green strategy）
6. 暗绿战略（shaded green strategy）
7. 深绿战略（extreme green strategy）
8. 漂绿（greenwashing）

本章思考题

1. 试析绿色市场细分与传统营销市场细分的差异。
2. 以特定主打绿色产品的企业为例，试述企业市场细分、目标市场、市场定位（STP）的过程。
3. 试析 STP 的作用以及对企业绿色营销的指导意义。
4. 选择目标市场所考虑的因素有哪些？
5. 什么是乐活？试析乐活与 NMI[①]所确定的其他细分市场的对比。

本章即测即练

本章实训指南

本章综合案例

泉林本色纸的困局与突围路径在哪儿？

1. 泉林集团

山东泉林纸业有限责任公司（以下简称泉林）是全球最大的以农作物秸秆为原料，

---

① NMI, Natural Marketing Institute（自然营销协会）的缩写。

以本色系列纸品和黄腐酸肥料为主导产品的秸秆综合利用企业。在山东省极为严苛的环保标准之下，尤其是面对严峻的能源和资源形势，泉林依托自主创新技术，主导以小麦、玉米等农作物秸秆为原料，开发了用秸秆生产本色浆纸品和黄腐酸肥料、以废气氨法脱硫后副产品作为制浆化工原料、制浆中段水综合治理后用于农业灌溉和回用于生产等四条主要循环经济产业链，形成了具有自主知识产权的"泉林模式"。"泉林模式"不仅破解了制约造纸企业发展的纤维原料、环境保护和水资源三大技术瓶颈，形成了独特的产业竞争优势，还实现了秸秆资源高附加值全效利用。"泉林模式"对传统行业转型升级、新时期农业发展、农民增收、治理大气污染、保护生态环境等具有重大意义。

泉林在全产业链上将环保贯彻到底，用一根秸秆串起黄腐酸和纤维化工两大产业，让丰收后令人头痛的秸秆有了循环再用的好归宿。依靠绿色技术创新成功实现两大产业链条的强强联合，其中一条是以本色纸为核心的"生态纸业"链条。泉林开发出不漂白的秸秆本色浆产品，不仅突破了传统工艺草浆不能生产高档纸的技术瓶颈，还取消了传统造纸的漂白环节，不仅比漂白浆节能20%，还从源头上杜绝了氯漂白过程有机卤化物AOX和二噁英的产生。依靠这项绿色技术创新，泉林开发出本色文化纸、本色生活用纸、本色食品包装纸和本色食品包装盒等高档本色纸制品。目前泉林本色生活用纸和食品包装盒均通过了美国FDA和欧盟SGS等国际权威食品级检测机构的检测，各项卫生指标达到了食品级标准。

2. 我国的纸制品市场

2015年我国规模以上纸制品生产企业3 898家，年生产量7 038万吨，消费量6 766万吨，生产量、销售量增长速度均达到6%以上，纸制品具有广阔的市场空间。其中，生活用纸是制浆企业的产业下游行业，有着全行业产业链附加值最高的盈利空间。泉林也正是稳定了生活用纸的市场地位，才占据草浆造纸企业行业领先地位。生活用纸是人们在日常生活中为了清洁而使用的各类纸制品，根据不同的用途，生活用纸分为卷纸、餐巾纸、纸巾/手帕纸、面巾纸、擦手纸、厨房用纸等。其生产原料包括纯木浆、草浆、甘蔗浆、竹浆和再生浆（废纸浆）。

随着国家环保标准的不断提升，各类草浆造纸企业纷纷关闭，草浆造纸市场占比逐渐缩小。然而，泉林依靠绿色技术创新突破了草浆造纸瓶颈，稳稳占据了草浆造纸的行业领先地位。随着我国生活用纸市场需求的高速增长，以及消费升级带来的居民对健康生活需求的提升，行业增长的市场蛋糕将由具有核心竞争力的主要品牌分享，低端的杂牌产品将很难与高端生活用纸品牌同享行业蛋糕的利好。市场调查发现，在同一文化领域的地区，生活用纸人均消费量和品质与该地区的人均GDP正向相关。据统计，我国中产阶级（年收入人民币12万~15万元）人口由2000年的100万人增长到2011年的2.9亿人，当时估计2020年预计达到7亿人左右。泉林所生产的生活用纸区别于市场上大部分的木浆造纸，生产成本导致泉林不能与其他竞争者进行价格战，而应当将营销群体定位于对生活品质有要求、品质至上且对价格不太敏感的中产阶级人群。

在市场竞争方面，2012年由生活用纸委员会统计在册的生产商近1 600家，其中有原纸生产环节的综合性企业520多家，全国性的主要品牌有：心相印、维达、清风、洁云、舒洁、洁柔、五月花和优选等。其中，恒安、金红叶、维达、中顺是中国领先的4

家生活用纸企业，恒安是中国目前最大的生活用纸生产商。2014年，恒安生产用纸业务销售额为117.47亿港元，生活用纸业务占集团总销售额约49.4%；由于生产成本随着原材料木浆价格回落而下降，生活用纸毛利率回升至35.4%。金红叶是App在中国的生活用纸集团，目前居中国第二位，产能和恒安接近，已经达到88万吨。维达是中国最早的生产用纸专业生产商，多年来保持平稳发展的领先地位，目前是居第3位的生活用纸生产商，维达坚持走品牌道路，开展全方位的产品市场推广策略，但是仍然采用木浆造纸。泉林与此竞争的不同之处在于，目前中国生活用纸的龙头企业均采用木浆造纸，产品利率易受木浆价格影响，而泉林突破草浆造纸的技术瓶颈，原材料就节省了很大一部分成本。

3. 本色纸的突围

2007年之前，泉林生产的生活用纸、文化用纸是经过漂白的，跟市场上的心相印、维达等品牌共同竞争。但是在夹缝中生存，利润微薄。现在的本色纸始于2007年泉林总经理李洪法在泰国考察。由于泰国阳光充足，使用白纸非常刺眼，李洪法开始思考是不是可以生产一种更护眼的纸。他另辟蹊径，打开一条新的用纸通道，由此开始了泉林的"本色"之旅。

本色纸刚面向市场的时候，消费者并不认可，纸张略黄，并且产品普遍比市场上同类普通纸制品定价要高1.5倍。消费者觉得不可思议，节省了漂白成本怎么价格反而更贵了，本色纸市场一度陷入僵局。事实上，工艺上取消了漂白工段是增大了纸浆的选择难度，因为漂白工序会使得很多杂质隐形，不漂白则需要更高标准的纸浆，才能达到漂白后纸面不含杂质的效果。通过自主研发技术，泉林保证了产品天然柔韧、质感舒适、不掉屑、不掉粉和吸性强的品质，泉林生产的本色纸已经通过了"中国环境标志（Ⅱ型）产品认证"和美国SGA、欧洲SGS食品级检测，是唯一一个通过以上检测的生活用纸产品，真正可以称为"可以吃的纸"。市场的不认可迫使泉林投入更多的成本进行营销推广，外聘专业的营销公司，制定营销策划方案，可是成效甚微。最后还是泉林人最了解自己的产品，选用了公司自己的营销部门方案——"本色"推广方案，以"绿色产品"为切入点，深入市场，在纸品"不漂白"的特色上做文章，以秸秆本身的颜色——"本色"为出发点，主打"不漂白更健康""不含二噁英更安全""原生态天然秸秆更环保""不掉尘屑更卫生""食品级检测更卫生"五大优势，以绿色产品原型进行市场推广。

4. 世博会后的腾飞

真正使泉林尝到"绿色"甜头的是2010年的世博会。"低碳"是2010年世博会的主旋律。泉林在招标竞争中主打低碳理念，从原材料、制浆和加工成品每个环节都体现了创新和环保的理念，原材料选择用农作物秸秆替代木浆，年节省木材320万立方米。同时，每年减少的焚烧秸秆可降低二氧化碳排放250万吨，或减少闲置秸秆产生260万吨污染源化学需氧量排放。秸秆造纸最大限度地发挥了农作物秸秆的价值，同时收购秸秆为当地及周边地区农民带来4亿多元的经济效益；而在制浆过程中，与国家环保标准相比，节水4 000万吨，减排化学需氧量3 200吨；取消了漂白阶段，并且将造纸过程中产生的有机物废料加工成了黄腐酸有机肥，真正做到了"变废为宝，秸秆还田"。从选择原材料到制浆、加工整个造纸过程都将"绿色环保"理念贯穿其中，泉林本色生活用纸系列产品将创新、环保理念与世博会元素相结合，满足了人们追求高品位健康生活的需求，是"低碳"理念的最完美诠释。由于对产品特色的准确把握,泉林获得了2010年世博会特许生产商,为世博会提供会议期间需要的所有生活用纸。由此,泉林的本色纸才真正迈出市场认可的第一步。

世博会的成功宣传使得泉林的纸品有了一定的知名度,泉林抓住了此次机会进行更广泛的市场宣传,将泉林的纸制品定位为具有高附加值的、环保的"绿色"纸制品,是绿色产品。高于市场上同类普通产品1.5倍的价格使得泉林拒绝了市场上很大一部分的普通消费者,面向的是有绿色需求、有环保意识的,并且具有一定购买力的消费者。随着国家将绿色发展上升到国家战略的高度,人们也开始意识到环保、绿色的重要性,他们愿意以一定的代价获得更环保、更健康的绿色产品。泉林借着国家绿色发展理念的传播,牢牢把握住了消费者对健康产品的迫切需求,本色产品主打的"不漂白""环保"等优势开始获得消费者的认可。同时,泉林喊出了"给家人用本色纸""保护眼睛从本色开始""给孩子不漂白的爱"这样的宣传口号,真正对应消费者的绿色需求,使得本色纸在纸品竞争中获得一席之地。

资料来源:根据卢小丽、品晓菲《一草两业,冰火两重天——记山东泉林集团本色纸及黄腐酸有机肥推广》(中国管理案例共享中心,2017年5月)相关内容整理。

案例思考

1. 泉林本色纸的定位是绿色产品吗?你对绿色产品和绿色价值是如何理解的?
2. 泉林本色纸如何进行市场细分分析?如何确定绿色目标市场?
3. 泉林本色纸营销成功的原因是什么?它是怎样确定绿色市场定位的?
4. 你认为新的绿色产品进入市场时确定绿色市场定位的重点是什么?

第六章

绿色产品策略和创新

本章导语

绿色产品是对核心产品、形式产品和延伸产品的产品整体概念而言的。

本章引例

食品饮料可持续包装这样做

目前塑料包装材料在各类包装材料总量中占比已经超过30%，仅次于纸制品。在我国食品包装材料中，塑料应用量已超过食品包装材料总量的50%，居各种包装材料之首。

随着绿色经济的发展，食品行业的包装材料目前都有哪些发展趋势呢？

一是轻量化。一直以来，我们都习惯性地在喝完饮料后把瓶子一整个投入垃圾箱，但其实只有 PET 瓶身能作为回收材料重新利用。因为市面上大部分使用的标签纸属于 PVC 材质，无法自然分解。对此，最近国内外也有不少品牌开始"去标签"，并获得了不错的反响。

百事公司推出了"无瓶标"包装。"无瓶标"包装的百事可乐去除了原先瓶身处的塑料标签和瓶盖处的油墨打印，可直接减少材料和能源的使用。同时，由于这款"无瓶标"包装可乐的瓶身是单一材料，节约了分离所需的人力成本和资源，大大提高了循环利用率。此外，在多联包外箱包装上，百事还采用了含有20%回收PET成分的材料，并添加"好好回收"标志。该标志基于可回收符号进行创新设计，增加了点赞手势，并在"回"字图案上围绕圆心融入两个箭头，象征着被回收的饮料瓶将循环再生。用"好好回收，回收好好"的宣传语向消费者发起科学回收行动，在倡导循环利用这一环保行为的同时，双向互动共同践行绿色可持续发展。

二是低碳。低碳饮品包装是食品饮料环保化的最大趋势之一。为了提供更环保、更低碳的饮料包装解决方案，许多国际食品饮料巨头都在努力做出更多尝试。

百威英博在英国试点生产500万瓶百威440 mL"超低碳"铝罐，碳足迹比普通铝罐低95%；百威啤酒国际集团采购和可持续发展部门负责人莫里科·宽特罗（Maurico Coindreau）表示，新款的"超低碳"铝罐包装啤酒，无论是在外观还是手感上都与现有款式一模一样，但是它可以做到无限次回收利用，为消费者带来了真正低碳循环、可持续的未来。

每一份浓缩咖啡大约要消耗20多颗咖啡豆，换言之每天销售越多的咖啡就会产生越多的咖啡渣。一般情况下，咖啡渣都被直接丢弃，很容易造成环境污染。于是，一直致力于绿色环保的星巴克决定在咖啡渣上动点小心思。2021年，星巴克推出新品"渣渣杯"包装，该包装是通过自主研发，回收咖啡渣进行脱水和烘干处理，将咖啡渣代替部分PP塑料粒子制作而成（材料中咖啡渣含量超过30%）。未来星巴克还将定期推出限量咖啡环保周边，如咖啡渣杯垫、咖啡渣肥皂等。行业人士称，未来咖啡渣有望成为经济效益较好的新一代环保可再生能源。

通过以上的各个示例可见，可持续不再仅仅是口中空谈的概念，而是早已逐渐形成真正落地的执行。相信在不久的将来，可持续食品包装会更频繁地出现在大众视野中。让我们一起期待，持续不断的绿色未来！

资料来源：根据佚名《轻量化、植物基、低碳，食品饮料可持续包装这样做》（"斯普威环保科技"公众号，2022年4月21日）相关资料整理。

◆ **本章知识结构图**

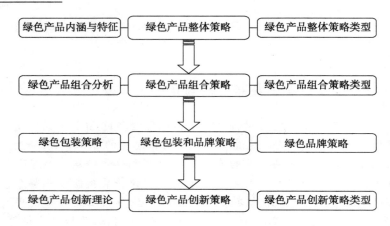

第一节　绿色产品整体策略

一、绿色产品内涵与特征

（一）绿色产品的内涵

绿色产品（green product）是相对于传统产品而言的，20世纪70年代，美国在环保法规中首次提到了"绿色产品"一词。在此之后，越来越多的学者开始关注绿色产品。关于绿色产品的定义，有许多不同的说法。美国的《幸福》周刊1995年刊登了文章《为再生而制造产品》，文中将绿色产品定义为那些旨在减少对部件的使用，能够合理利用原材料并使部件能够循环利用的产品。有些学者将绿色产品称作环境协调产品，因为其在产品设计、原料获取、生产制造、销售运输、使用、废弃回收、重用和处理的生命周期全过程中，都是有利于环境保护、不产生环境污染或使污染最小化，有利于资源节约的（万后芬，2006）。杨旻旻、梁宁和王亚娟（2021）认为绿色产品是指在产品生命周期的全过程均符合环境保护要求,对生态环境无害或危害极小,并且能源和资源利用率高,有助于资源再生和循环利用的环境友好型产品。

从上述的定义可以总结出,绿色产品的内涵至少应当包含以下几点:首先,绿色产品在产品的整个生命周期中,都要符合特定的环境保护要求;其次,绿色产品对环境危害较小甚至无害;最后,绿色产品具备资源可再生性和可循环利用性的特点。目前,绿色产品涉及范围广阔,主要有绿色食品、绿色家电、绿色建材、绿色服装、绿色汽车、绿色建筑等。

(二)绿色产品的特征

绿色产品一般包含三个要素:①技术先进性。这是绿色产品生产的前提要素,先进的技术保证了绿色产品的各项功能能够安全、经济地实现,并且满足环保要求。②绿色性。这是绿色产品的核心要素,主要是指绿色产品能够在产品生命周期的各个阶段实现节能减排、环境保护、可再生、可回收等环保目标,因此,拥有绿色价值属性。③经济性。这是绿色产品必不可少的要素特性,绿色产品需要更加注重通过改善设计减少资源投入和使用过程中的成本,同时也应注重资源使用的合理性。

绿色产品的要素内涵决定了绿色产品具有以下产品特征:①实用性。绿色产品作为具有市场价格的商品,首先应当能够满足消费者的使用需求。因此它应当具备实用性,各方面功能应当是先进的,能够满足当前社会的绿色需求。②生命周期性。从绿色产品的定义来看,大多数学者都提到了全生命周期这个概念。绿色产品与传统产品的不同之处在于,绿色产品需要从生命周期的整体角度考虑问题,而生命周期大致可以划分为:原材料清洁化制备过程、绿色产品清洁化生产过程、绿色产品清洁化使用过程和绿色产品回收处理及再利用过程。绿色产品的整个生命周期都需要满足相关的环保要求。③安全性。绿色产品具有对环境和自然无伤害性或少伤害性的特点,因此绿色产品一定是安全的,否则就不能称为绿色产品。因此,在结构设计、原材料选择、生产使用的过程中,都应当采取先进、安全的技术和材料,确保劳动者和消费者在生产和使用该产品时的健康安全。④可拆卸性。为了实现回收过程中部件的循环利用,降低原材料和部件的浪费,绿色产品还应当具备良好的可拆卸性,这在一定程度上也能够降低产品废弃对环境的不利影响。⑤资源利用最优性。绿色产品在生产过程中,还应当尽量减少对资源和能源的消耗,在不损害实用性的前提下,尽可能地简化产品结构,合理利用材料,以实现节约资源和保护环境的目的。

扩展阅读6-1 政策法规:《绿色产品标识使用管理办法》节选

二、绿色产品整体策略类型

产品整体策略,是从核心产品、形式产品和延伸产品的价值整体出发,树立产品整体的营销观念,并贯穿于产品的研发、生产、销售、回收等全生命周期过程。绿色产品整体策略,就是在产品整体策略的基础上,更加强调企业的社会责任和环保目标,以满足消费者的绿色消费需求为目的,通过有效的绿色产品管理,创造更多的绿色价值,最终达到企业绿色产品营销目标的手段集合（万后芬，2006）。

（一）绿色核心产品策略

核心产品是产品的使用价值或核心利益，一般是指产品本身中消费者最为看重的部分。核心产品体现了消费者的真正需求（消费者真正要采购的是什么），并提供相应的核心利益。相应地，绿色核心产品在传统核心产品的基础上增加了满足消费者绿色需求的一部分，即绿色价值部分。绿色核心产品的关键在于提升产品的绿色特性，让产品的使用价值或其提供的核心利益与消费者的绿色环保理念相一致，其实质是满足消费者的绿色消费需求。例如，汽车的核心功能是满足位移的需求，而绿色汽车可以实现节能减排，其绿色核心产品还包括满足消费者的绿色环保需求。因此，企业一定要注重绿色功能的研发，提升产品绿色质量，增强绿色特质，传递绿色价值。对企业而言，如果能在开发原有核心产品的基础上，根据产品特点并结合绿色市场趋势，开发新的绿色核心产品，满足现有的或即将出现的绿色需求，必能得到丰厚的回报。例如，华为根据绿色市场趋势，利用节能技术设计绿色核心产品，于 2019 年推出了用于数据中心网络的 CloudEngine 16800 系列交换机以及用于城域网的 NetEngine 8000 系列路由器两大全新系列绿色产品，有效降低了整机功耗。相比业界同类产品，每比特数据的功耗降低 26%～50%。以 NetEngine 8000 X8 路由器为例，每台设备每年就可节电约 9 万 kW·h。华为将数字世界带入用户的工作和生活，构建了万物互联的智能世界。

企业可以从以下方面着手实施绿色核心产品策略：①进行绿色研发设计。产品的研发设计处于产品全生命周期的起点，对后续产品的生产有着重要影响。绿色设计要从绿色产品的内涵出发，始终坚持以绿色环保为核心，并以鼓励消费者采取绿色消费行为为目的。在设计绿色核心产品时应考虑使产品尽可能短小轻薄，节省材料。从产品的整体概念来看，企业在绿色产品设计、绿色产品核心及售后服务等环节都要考虑节约资源及保护环境。②提升产品绿色价值。在产品的全生命周期中，贯彻绿色管理理念，选择绿色技术，采用清洁可再生的资源和能源，加强废弃物管理，尽可能减少对环境的不利影响，并且在产品的回收过程中也要提升资源重复使用的效率。此外，还要保障劳动者和消费者的生命健康。③注重产品绿色功能。绿色产品和传统产品的本质区别在于其拥有绿色价值，能够满足消费者的绿色消费需求。因而，在开发绿色核心产品时，应注重其独特的绿色价值创造：节约原料和能源；易于回收，可再生和可重复使用；使用环保包装；在使用过程中及使用后不含危害人体健康和生态环境的因素；合理的使用功能和使用寿命，具有节能、节水、节电及降低噪声的功能等。

（二）绿色形式产品策略

形式产品是核心产品的实现形式，因此绿色形式产品是绿色核心产品满足消费者核心利益及绿色需求的相应载体。绿色形式产品一般指绿色产品的外观式样、特征、绿色品牌、绿色包装及绿色标志等方面，是消费者能够直观感受到的实体。绿色形式产品在一定程度上能够增强产品的绿色特质，使之与传统产品区分开来。

企业可以从以下几个方面着手实施绿色形式产品策略：①使用带有"绿色"的名称与标志。在产品的名称中，尽量体现产品的"环保""绿色"特性，在产品包装上，可以设计特定标志,符合相关产业标准的产品也可以使用绿色产品标志。②绿色产品的外观设计。绿色产品的外观设计应与传统产品有所不同,绿色产品在外观设计过程中应当重视对可再生资源的利用,避免使用稀缺资源。同时应结合自身产品特征,更着重突出产品的绿色特性,更好地将"环保""安全"等绿色要素融入产品的外观式样中。③使用绿色包装。在包装上也要尽可能采用绿色材料,减少对环境的污染,也可以采用绿色颜色、绿色标志等,使消费者更加迅速地识别绿色产品。

(三)绿色延伸产品策略

延伸产品是指消费者在购买和使用产品过程中获得的除核心产品、形式产品之外的附加利益,主要包括产品赠品、免费安装使用指导、产品送货、咨询、售后服务等附加产品服务。相应地,绿色延伸产品是指消费者在进行绿色消费的过程中所获得的除绿色核心产品和绿色形式产品之外的绿色附加利益。

企业可以从以下几个方面着手实施绿色延伸产品策略:①提供绿色指导。企业销售人员向消费者介绍产品的绿色功能,鼓励消费者对包装物、产品的循环再利用。企业也可以通过官网、社区、自媒体等途径宣传成功的实践经历,鼓励更多消费者进行绿色消费、传递绿色价值。②提供绿色赠品。企业可以推动消费者形成绿色化的购物方式,如提供可重复使用的帆布袋以减少塑料袋的使用、提供精简包装的产品等。③提供绿色送货。企业在送货过程中应该尽可能使用新能源汽车,实现节能减排目标。④提供绿色安装。在安装过程中,多使用可再生或可循环使用的材料、部件等,减少对资源的浪费。⑤提供绿色服务。在消费者购买完产品后,为消费者提供绿色产品售后服务或者在一定的使用期限后提供回购服务(如"以旧换新"服务等),以提升产品在回收过程中的重复利用效率,如苹果公司的设备回收服务等。

> **思维扩展**
>
> 新零售情境下如何实现绿色产品和服务的延伸?

在实施绿色产品整体策略时,应当同时关注绿色核心产品、绿色形式产品以及绿色延伸产品的整体效能(绿色产品整体策略如图6-1所示)。绿色产品整体策略并非只关注产品在生产过程中的清洁环保,而是将产品的全生命周期看作一个有机整体,从原材料的选择、产品的生产销售,到最后的回收过程,都贯彻绿色环保的理念。

绿色产品整体策略		
绿色核心产品策略	绿色形式产品策略	绿色延伸产品策略
进行绿色研发设计 提升产品绿色价值 注重产品绿色功能	使用带有"绿色"的名称与标志 绿色产品的外观设计 使用绿色包装	提供绿色指导 提供绿色赠品 提供绿色送货 提供绿色安装 提供绿色服务

图6-1 绿色产品整体策略

第二节　绿色产品组合策略

一、绿色产品组合分析

（一）产品全生命周期分析法

产品的全生命周期，主要包含原材料生产、产品设计、生产制造、推广销售、回收利用等过程，也可以归纳为产品开发、产品制造、产品使用和产品回收四个阶段。在绿色产品的整个生命周期中，都应该符合安全、环保、绿色的要求，从而使节约资源和环境保护的绿色价值融入产品生命周期的每个阶段。在产品的不同阶段，企业应采取不同的策略，尽可能减少对环境的不利影响。

产品全生命周期分析的结构与策略主要包括：①产品系统。产品系统包括产品功能的满足以及为满足这些功能所要求的所有其他过程，主要包括产品的生产、使用和废弃物的处理。一个产品系统可能会对其他产品系统或者环境系统产生影响。在绿色环保理念的指导下，应当尽可能降低产品系统对其他产品系统的影响，最小化对环境系统的影响。②过程树。产品系统的生命周期框图可以用"过程树"表示。过程树有根和枝，其中，"根"是指物料的生产过程，"枝"是指废弃物的处理过程。这些根和枝相互连接并通过一个中心点与使用功能相连接。"中心点"是指产品的使用过程。运用过程树可以清晰明了地展示一个产品系统的生命周期。③产品生命周期分析的结构。产品生命周期包括产品系统、环境系统和规范系统三个系统，对应的分析手段包括清单分析、环境影响分析和评估（如图6-2所示）。a. 清单分析，具体是指将产品系统中每一项影响环境的行为列入清单，进行逐项分析，主要是为了了解产品可能对环境造成的不良影响。b. 环境影响分析，利用模型将产品系统的环境干预和环境系统的环境功能联系起来，并指出产品系统对某些公认的环境问题的干预程度，利用"效应评分"量表量化环境干预。c. 评估，分为定性评估和定量评估。定性评估是指对产品全生命周期的各项效应评分进行综合评估，并进行排序，确定它们对环境的影响。定量评估是指对各项效应评分进行加权，但此方法尚未形成统一的加权系统表，因此在实际应用中难以实现（万后芬，2006）。通过以上分析手段，可以在产品开发到回收的全过程中，对所有可能产生的环境问题进行跟踪分析，最小化产品系统对环境的不良影响。

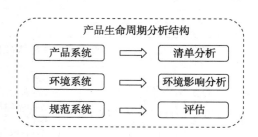

图 6-2　产品生命周期分析结构

产品全生命周期分析法能够综合分析产品在生命周期各个阶段的资源利用情况和对环境的影响，确保企业能够掌握整个生产过程。如企业通过收集原材料、能源的使用数据，可以对后续的资源利用和排放物进行量化分析，并做出相应的改进。以便在发生环境突发状况时，能够更快速地控制、处理和应对。产品全生命周期分析法贯穿于绿色制造的全过程，也越来越受到企业管理者的重视。

（二）产品线分析法

产品线一般包含宽度和长度两个维度。绿色产品线的宽度是指企业绿色产品的产品线数量，而长度是指产品线中绿色产品的品种数。对于企业来说，在考虑环保目标的同时，更在意企业的盈利目标。因此，在考察产品线和产品项目时，可以按照环保贡献度、综合获利能力和增长潜力这三个维度进行评估，进而决定绿色产品的最优组合，确定组合优化的策略（万后芬，2006），如图 6-3 所示。

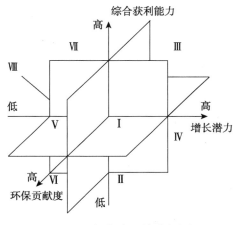

图 6-3 绿色产品线分析图

对于低环保贡献、低综合获利、低增长潜力的产品线或产品项目（Ⅷ区域），企业应当尽早淘汰；对于低环保贡献，而其他两者可能较高的产品线或产品项目（Ⅲ、Ⅳ、Ⅶ区域），企业应当对产品的社会效益进行评估，考虑是否加大对绿色产品的研发力度以提高环保贡献度；对于高环保贡献，而其他两者可能较低的产品线或产品项目（Ⅱ、Ⅴ、Ⅵ区域），企业应当评估其发展前景，确定是否值得进一步发展；而对于高环保贡献、高综合获利、高增长潜力的产品线或产品项目（Ⅰ区域），则是企业的明星产品，应当加大资金投入，重点发展。

二、绿色产品组合策略类型

产品组合是指一个企业生产或经营的全部产品线、产品项目的组合方式。一个企业的产品组合通常包括若干产品线（又叫产品系列），每个产品线又包括数目众多的产品项目。产品线指的是在功能、技术、目标群体或分销渠道等方面存在相关性的一组产品，产品项目是产品线中每一个具体的产品。绿色产品组合策略是在传统产品组合策略的基础上，以引导和满足绿色消费需求为导向，在满足环保要求的前提下，对企业的产品组合进行评价，最终确定适应企业能力与发展要求的最优绿色产品组合的手段集合。因此，绿色产品组合策略将企业的盈利能力与环保需求进行有机结合，与企业长远发展策略相吻合。以华为为例，面向数字化和碳中和驱动的时代需求，华为的技术大多能与产品组合，可以行之有效地连接两侧，构筑一条车轴。面向数字化深耕需求，产品组合优势可以与真实的行业场景相适配，将数字化价值带入生产系统的核心，满足企业必然存在的多元化数字化转型价值。而面向绿色节能需求，产品组合可以将多个产品的节能价值做乘法，完成系列化放大，并通过智能技术检测、智慧整体数字化系统的能耗，实现统一管理，智能减排。

绿色产品组合一般包含三个方面，即宽度、长度和关联性。绿色产品线的宽度是指企业拥有的绿色产品线数量，多者为深，少者为浅。如比亚迪的秦 PRO 新能源车型有燃油版、插电式混动版、纯电系列、e5、e6 等多种，属于深度产品线，而宋 MAX 则只有插电式混合动力版，是浅度产品线；绿色产品线的长度是指每一条产品线中绿色产品项目的数量，如果具有多条绿色产品线，可将所有产品线的长度加起来，得到绿色产品组合的总长度；绿色产品线的关联性是指各个绿色生产线在功能、技术或目标市场等方面存在的关联。如海尔集团的冰箱、热水器、洗衣机、中央空调等系列产品都属于家用电器消费品，是关联性较高的产品组合。因此，公司可从绿色产品线、绿色产品项目和各条绿色产品线之间的关联性出发构造绿色产品组合策略。如公司可采用拓宽、增加绿色产品组合宽度的策略，即增加绿色产品线策略；也可采用增加绿色产品项目的策略，即延长或加深绿色产品线策略；还可采用加强绿色产品组合的一致性的策略，即增强绿色产品线间关联性的策略。优化绿色产品组合有助于提高企业在绿色消费市场的地位，进一步提高和发挥企业在该领域的市场能力，创造更多的绿色价值，树立企业绿色品牌形象。

（一）绿色产品组合宽度策略

绿色产品组合宽度策略是企业改变绿色产品组合中产品线数目的策略。企业一般会从环保贡献度、综合获利能力和增长潜力这三个维度评价分析是否应该增加或减少产品线，企业改变产品组合宽度常用的策略包括绿色产品线扩散策略、绿色产品线削减策略、绿色产品线全面策略、绿色产品线现代化策略等。绿色产品线扩散策略是指增加环保贡献度高、盈利能力强和增长潜力大的产品线，形成不同口味、用途、形式、定位、层次、价值属性的产品线组合。如格力公司在原节能家电的基础上，扩散绿色产品线，推出智能调控温度的绿色家电；绿色产品线削减策略是剔除产品组合中环保贡献度低、获利能力弱、发展潜力不足的产品。目前很多企业根据其绿色环保战略，将高排放、高污染的产品线进行削减，实现高耗能产品削减策略；绿色产品线全面策略是指企业所经营的各条绿色产品线在其目标市场上全面发展。如新能源公司天能股份提供的产品包括动力电池、储能备用电池、起动电池、智慧能源、燃料电池等。实行产品线全面策略的公司，其每种产品的目标客户都不同，因此需要针对各类产品的功能特性区分目标市场，制定全面发展策略；绿色产品线现代化策略是指企业引进新工艺、新技术更新产品线，推动产品线的现代化，向消费者提供绿色高品质产品。

（二）绿色产品组合长度策略

绿色产品组合的长度策略从产品项目出发，对拥有绿色价值和良好发展前景的产品（高环保贡献度、高增长潜力）加大研发投入，大力支持目前主要的盈利产品并增加其环保贡献度，淘汰不符合环保规定或者企业发展规划的落后产品（低环保贡献度、低增长潜力）。延长绿色产品组合长度是优化产品组合长度策略中较难实施的一种策略方法，常用绿色产品线填完策略和绿色产品线延伸策略。绿色产品线填完策略指根据目前日益增长的绿色消费需求和环保要求，在产品线中增加绿色产品项目数，从而延长绿色产品生产线。例如，比亚迪等许多传统的汽车制造企业，开始加大对新能源汽车的研发投入，进而生产推广新能源汽车。绿色产品线延伸策略是指以某一条产品线为轴心，向其上游（如附加值更高的产品）或其下游（如附加值更低的产品）延伸或者双向延伸，以扩大市场占有率。

（三）绿色产品组合关联策略

除了调整企业的产品线和产品项目，还可以从绿色产品组合关联的角度出发，强化绿色产品组合之间的关联，以提高质量、降低成本、减少环境污染为目标。绿色产品组合关联性策略主要包括绿色产品线专业性策略和绿色产品开发策略。绿色产品线专业性策略主要通过缩短绿色产品组合的长度，重点发展某一条或几条选定的产品线，以此强调产品组合的深度和关联性；绿色产品开发策略是指在现有产品组合的基础上，以提升产品绿色价值为目标，研发新产品。目前，企业在绿色生产过程中，越来越重视研发创新的重要性，纷纷与高校合作开发绿色产品，创造更多的绿色价值，以满足消费者日益增加的绿色消费需求。如铁流股份与吉林一高校合作，开展"绿色研发"项目，通过此次校企合作，铁流股份借助高校科研力量提升了绿色创新技术水平；普洛药业与上海一高校共建"绿色药物合成与智能制造协同创新研究院"，以推进化学制药工艺的智能化绿色转型。绿色产品组合策略如图 6-4 所示。

> **思维扩展**
>
> 请结合实际经历，谈谈绿色产品组合策略在营销实践中有哪些应用？

绿色产品组合策略		
绿色产品组合宽度策略	绿色产品组合长度策略	绿色产品组合关联策略
绿色产品线扩散策略 绿色产品线削减策略 绿色产品线全面策略 绿色产品线现代化策略	绿色产品线填完策略 绿色产品线延伸策略	绿色产品线专业性策略 绿色产品开发策略

图 6-4　绿色产品组合策略

> 绿色营销：价值视角

延伸阅读6-1

市场动向：康师傅无标签产品有望引领新潮流

"双碳"作为"2021年度中国媒体十大流行语"，正在成为越来越多企业履责的重要赛场。近日，康师傅饮品在拥抱"双碳"的路上亮出了一个大动作：无标签产品——无糖版冰红茶和柠檬口味冰红茶正式上线，并在上海举办无标签产品发布会。会上汇聚了诸多环保领域重量级嘉宾，大家对于如何在可持续发展方面逐绿而行，见仁见智——康师傅的这次减碳绿色行动对于带动更多企业向绿而行，堪称一个极有意义的范式。

裸装上阵背后：可持续发展大文章

何谓"双碳"？简而言之，就是"碳达峰"与"碳中和"的简称，倡导绿色、环保、低碳的生活方式。"双碳"目标作为国之大计，是我国向世界做出的庄严承诺，彰显了中国积极应对气候变化、走绿色低碳发展道路、推动全人类共同发展的坚定决心。

减碳，无处不在，即使是一张小小的饮料标签，也可以在减碳方面做出大文章。

据了解，在目前国内PET瓶的热收缩膜标签中，PVC占有相当大的比例。在收回PET饮料瓶过程中需要对PVC标签进行分拣，增加了回收成本。因此，减小饮料标签使用面积、使用更环保的非PVC标签，或者索性推出无标签瓶装饮料，都是行之有效的减碳路径。康师傅作为行业龙头企业，此次推出无标签PET瓶包装，让产品"裸装"上阵，就是企业自身对于绿色生产、绿色经营的积极探索。

2022年3月3日，2022年减碳环保可持续发展论坛暨康师傅无标签产品发布会现场，"一个瓶子的精彩旅程"讲述了"无标签更减碳"的环保故事，当包装瓶被再回收后，也便拥有了新的生命：一种叫作R-PET（再生聚酯纤维）的新型环保再生面料，以新的使命继续参与着地球新的发展进程。为了让更多瓶子的旅程精彩，康师傅饮品事业已经将R-PET专案纳入日程，以实现废PET闭环循环利用。据了解，康师傅后续将在全国各地的工厂拟全面推广R-PET专案，预计每年可实现约6 000 t废PET循环利用。而这份由回收塑料瓶制成的"特别的礼物"完美传递出品牌的减碳环保理念，获得现场嘉宾媒体的一致好评。

低碳网红上线：无标签包装有望成消费新潮流

发布会上，上海市消费者权益保护委员会副秘书长唐健盛在"可持续发展理念造就消费趋势"的主题分享中指出，"碳中和"等可持续发展及消费者对于减碳概念产品的新需求将推动更多消费产品的创新和迭代。对于康师傅推出的无标签产品，唐健盛副秘书长认为当下的时尚是由品牌和消费者共同定义的，"年轻一代"对于环保的推崇有望使无标签产品创造新消费趋势并引领新消费潮流，极有可能成为新的网红。

全球市场调研公司欧睿国际发布了《2022全球十大消费者趋势》报告，报告对2022年的消费趋势进行了预测，其中，趋势之一便是：追求环保。报告显示，2021年，约65%的全球消费者担心"气候变化"问题，消费者逐渐意识到个人行动对于气候变化的影响，以及气候变化对日常生活的影响，生态焦虑促使消费者们开始更加关注环保行动和购买决策。

当消费者将环保纳入消费决策，无标签产品掀起"潮范儿"也就有了更强大的市场基础。康师傅对于无标签产品的推出，背后也有着对于消费潮流的洞察，康师傅控股行政总裁陈应让在发布会上表示:"康师傅坚持一切以消费者为中心,一切为消费者服务。我们推出国内行业首款无标签低碳环保包装产品,是为了顺应广大消费者的低碳生活需求,让我们的低碳环保产品成为广大消费者绿色消费、绿色生活的一部分。"

绿色消费效应:品牌更易赢得年轻人的投票

年轻人作为消费主力军,品牌如何赢得年轻人的喜爱正在成为众多企业面对的难题。随着时代的发展,消费者大局观的觉醒,"可持续发展"不失为一个行之有效的解题思路。

据悉,康师傅无标签产品在电商平台刚刚上线,已有消费者关注到这款具有环保低碳理念的产品,并在社交平台给予支持。不难推测,随着无标签产品进入更广阔的市场,康师傅饮品将进一步赢得更多年轻人的好感。

资料来源:根据朱萍《无标签更减碳康师傅无标签产品有望引领新潮流》(中商网,2022 年 3 月 10 日)相关资料整理。

第三节 绿色包装和品牌策略

一、绿色包装策略

(一)绿色包装内涵

绿色包装(green package)是指在整个产品生命周期中,对生态环境和人体健康无害,能够循环和再生利用,可以实现可持续发展的适度包装(赵玺等,2011)。根据绿色的要素和特征,绿色包装要求包装从原材料的选择、各类产品的生产、使用、回收到废弃的整个过程均符合环保要求。在实现普通产品包装功能的同时,绿色包装还能够实现环保要求,是产品绿色价值的一部分。许多发达国家将绿色包装的设计原则概括为"4R1D",主要有以下几点。

减量化(reduce):减少包装的用材。产品包装的目的是为了保护商品、促进销售,而目前有太多产品存在"过度包装"现象,造成了资源的严重浪费,对环境也造成了一定破坏。因此,绿色包装的原则之一就是包装减量化,让包装更加轻便,在满足包装基本功能的前提下,尽可能地简化设计,削减包装层数,减少用材,以达到节约资源和环境保护的目的。

可重复性(reuse):采用可以重复使用的包装材料。这些包装材料是比较常见的,而且通过简单的修改加工就可以重复使用,如玻璃器具等。相较于许多定制包装,绿色包装在设计上更加具有普适性,也在一定程度上节约了资源。

可回收性(recycle):包装材料可以被回收循环利用。通过回收包装废弃物,制成新产品,或者经过燃烧降解,而不会或者很少对生态环境造成危害,这也要求在选择包装物用材时,要考虑材料的环保性和可降解性。

再填充性(refill):产品包装重新填充后可以再次使用。这也是实现产品包装循环利用的措施之一,可以达到节约资源的目的。

可降解性(degradable):产品包装在回收废弃的过程中可以被降解。过去常用的塑料袋虽然便利，但因其不可降解，对生态环境造成了极大的伤害。为了消除"白色污染"，需要在包装上"以纸代塑"，或者研发利用其他生物或光降解的包装材料。

（二）绿色包装策略

许多营销人员将包装（package）称为营销组合要素中的第五个"P"，可见商品包装在营销中的重要地位。当企业实施绿色包装策略时，要树立节约环保的理念，以节能环保为目的。在包装设计上应当更加简单，尽可能减少材料的使用，避免资源的浪费，同时考虑到包装的生命周期，应尽可能地为后期的回收与循环利用提供方便，这样才能实现绿色初衷，创造绿色价值，与传统包装区分开来。此外，在选材上要选择新型环保材料，可以考虑可降解塑料包装、纸包装、竹包装等可循环或者可回收再利用的包装材料。绿色包装策略具体包括：

（1）再使用包装策略。再使用包装分为复用包装和多用途包装。复用包装可以循环利用。例如，绿色循环包装生产运营商"小象回家"推出智能循环共享包装箱。多用途包装指产品的包装物在产品使用完后，可以用作其他用途，实现资源的循环利用。这种包装策略可以在一定程度上引起消费者的好奇，进而刺激购买的欲望，同时满足消费者的绿色消费需求，对于企业绿色形象的树立与传播也有一定的积极作用。如顺丰的快递箱，可以用来制作猫窝或者其他工艺品。

（2）类似包装策略。企业对产品采用近似或相同的包装材料和包装设计进行包装。这种策略将产品的单个包装放在一起，形成一个包装系列，由于部分印版的共享，大大节省了包装的设计和制作费用，满足绿色包装的可重复性原则。不过需要注意的是，类似包装只能用于相似产品之间，而对于品质差异明显的产品，则不宜使用。例如，百雀羚、美加净、相宜本草等护肤品品牌都推出了护肤系列套装，均采用类似包装。

（3）改变包装策略。企业采用新的包装设计、包装材料、包装技术，以弥补原有包装的不足。绿色包装策略对企业包装提出了许多新要求，在满足传统包装功能的同时，还应当满足绿色包装的"4R1D"原则，因此企业需要改变包装策略，以绿色设计为指导思想，改变传统包装。如在2022年"618"购物节期间，伊利金典推出减油墨牛皮纸电商专供产品，采用了由80%社会回收纸再利用纤维抄造而成的牛皮纸箱，减少了相对于原包装60%以上的油墨，外箱包装使用的是更加环保的纸提手，减少了塑料的使用。

（三）数字技术下的绿色包装策略

随着数字技术的发展，企业的生产与运营正在被区块链、大数据、云计算等广泛地影响，同时数字技术也可赋能产品包装绿色化，积极地影响企业绿色包装策略的选择。

首先，数字化运营为企业提供了竞争优势，有助于全面实施绿色包装战略。当今社会，网购已经成为人们生活中的一部分，同时也引起了对快递包装需求的迅猛增加。据测算，2020年我国的快递业务量已达到830亿件。大量的快递箱（大多采用聚氯乙烯PVC或聚乙烯PE）不仅造成了资源的严重浪费，还造成了严重的环境污染。为了推动快递包装行业的绿色发展，降低对环境的危害，国家发布了《快递包装绿色产品认证目录（第一批）》和《快递包装绿色产品认证规则》。快递行业纷纷进行绿色转型，顺丰、菜鸟裹裹等都开展了快递箱的回收行动，同时在各个媒体平台进行宣传，吸引了无数网友的点赞与讨论。

其次，数字化为绿色包装的印刷环节带来了重要的改变。随着数字信息技术的不断发展，从 PDF 到 JDF（工作定义格式）工作流程，从 CIP3（印前、印刷、印后一体化合作系统）到 CIP4（印前、印刷、印后及管理一体化合作系统，在 CIP3 的基础上拓展了企业管理和电子商务功能），以及它们与 CRM（客户关系管理）、ERP（企业资源计划）等管理系统的逐步整合，使印刷与包装标准数据方便、快捷、有效、安全地交换成为可能。印刷厂、印刷物料供应商、印前公司、印后加工厂及物流业者等，将共同整合成"印刷电子商务运筹体系"。

最后，数字化技术有助于推动包装绿色化、减少二次包装。除了减塑、回收、循环使用等常规手段之外，数字化技术为电商包裹环保创新环节提供了技术支撑。雀巢和菜鸟正探索利用智能分析等手段扩大原箱发货的规模。以奶粉为例，以往很多出厂的产品都是每箱十几罐，甚至几十罐。奶粉到仓后，还要根据消费者购买的数量，拆零重新打包。而菜鸟供应链通过数字化智能分析，得出消费者倾向于一次性购买的奶粉数量，生产端据此改进包装方案，变成消费者常购数量的包装，从而减少二次包装，贴上面单直接原箱发货到消费者手中，大大降低纸箱等相关材料的使用量，更节约环保。

二、绿色品牌策略

（一）绿色品牌内涵

"品牌"是市场营销学中的重要概念之一。菲利普·科特勒认为，品牌表达了消费者对一个产品及其性能的认知和感受，表达了这个产品或服务在消费者心中的意义，可以缓解企业与消费者之间的信息不对称。一个优质的品牌资产是企业与消费者建立牢固关系的基础。

绿色品牌是绿色产品的形式产品之一，也是绿色产品战略的重要组成部分。在绿色营销日益兴起的今天，绿色品牌日益成为一项重要内容。哈特曼等人（Hartman et al., 2005）认为，绿色品牌具有特定的品牌属性，能够让消费者感知到对环境友好的品牌。绿色品牌所具有的环保属性能够激发消费者对环保的积极情感，为有环境意识的消费者创造和交付绿色价值。

（二）绿色品牌策略类型

品牌策略，是一系列能够产生品牌积累的企业管理与市场营销方法，包括 4P（产品、价格、渠道、促销）与品牌识别在内的所有要素。品牌策略的核心在于品牌的维护与传播，进而获得消费者的信任，增加对品牌的认同度。绿色品牌战略可以帮助企业树立绿色环保的形象，增强绿色消费者的信任，进而产生购买意愿。

企业建立绿色品牌，主要有以下策略：①绿色化行动策略。企业应当将环保意识贯穿到企业生产经营的各个环节，在产品的整个生命周期内，进行清洁化生产，革新工艺流程，采取绿色制造技术和绿色管理体系，同时注意"三废"处理，满足环境保护的相关要求。②绿色品牌信号策略。企业进行绿色制造，生产出绿色产品之后，还需要让消费者了解到他们的绿色产品和绿色行为，因此与消费者之间的沟通十分重要，要着力引导消费者了解和购买企业产品。企业在进行品牌设计时,在富有创意、符合审美的同时,融入绿色概念十分重要,并且将绿色品牌设计出来后,进行适当的宣传和推广,企业可以通过绿色公共关系或者公益活动,宣传企业在保护生态环境方面做出的实际努力。③第三方绿色认证策略。引入第三方认证机构,例如 ISO 9000 质量管理体系认证、ISO 14001 环境管理体系认证等,可以在一定程度上降低企业与消费者之间的绿色信息不对称,增强消费者对企业绿色品牌的信任程度。④环境信息披露策略。企业主动向公众披露环境信息,通过环境年报、企业社会责任报告、公司官网等途径,向消费者、股东、政府等利益相关者展示他们的绿色行动和成果,可以更好地树立企业的绿色形象,增强消费者的积极情感。⑤网络绿色品牌形象策略。如今品牌营销的方式有许多,而网络品牌营销越来越受到企业的青睐。企业可以借助网络开拓绿色公共关系,通过线上公益活动、线上+线下社区活动等塑造企业的绿色形象,利用网络新闻事件提高绿色品牌的美誉度,逐渐建立企业绿色品牌形象。

思维扩展

网络博主和短视频主播在绿色品牌塑造中有何优势?

扩展阅读 6-2　实践前沿:农业银行,品牌的绿色新生

在数字时代,由于信息和数据传播的广延性、及时性以及跨界性的存在,良好的绿色品牌声誉通过更及时广泛的传播和推广,将会给企业带来巨大收益。与此同时,口碑不好的品牌声誉也会在短时间内进行更快、更广的传播,从而给企业带来更大灾难,这远远比传统环境下要可怕得多。因此在数字经济环境下,随着社交网络的广延性和裂变性,隐性"品牌"(如口碑、评论、网红关注等的力量)逐渐起到了前所未有的推动作用。例如,绿色口碑作为一种典型的"隐性绿色品牌",由企业以外的个人通过明示或暗示的方法,不经过第三方处理加工,传递绿色产品及其相关绿色信息,从而影响他人对该绿色品牌的态度,甚至影响其购买行为。数字时代传播渠道的多样化给绿色口碑传播带来更多可能。尤其是自媒体迅速发展,在 B 站、小红书、抖音、快手、西瓜、梨视频等短视频平台上,一些具有影响力的绿色产品专家、意见领袖、试用者、测评博主等纷纷参与到为绿色产品背书或推荐的队伍中,从专业的角度或其亲身经历为产品传播绿色口碑。例如,拥有 5 000 万粉丝的某自媒体通过专业的消费品安全评测,不仅为非常关注健康环保品牌的消费者群体带来值得信任的绿色产品,也帮助商家在消费者群体中建立或传播了绿色口碑。

第四节　绿色产品创新策略

一、绿色产品创新理论

绿色创新主要由公司或非营利组织研发,从性质上可以分为技术创新、组织创新、

社会或制度创新（Rennings，2000）。除此之外，绿色创新也可以被定义为有助于创造新的生产和技术的过程，并以减少环境风险为目的，如降低污染和资源开发对环境的负面影响（Takalo et al.，2021）。目前，关于绿色产品创新并没有一个统一的定义，综合来看，绿色产品创新是一种贯穿于产品全生命周期，以节约资源、保护环境为目的进行产品设计、工艺改善和清洁生产，从而提高资源利用效率，实现循环利用的一种整合性的、绿色的技术创新。绿色产品创新也是创造绿色价值的过程。

绿色产品创新的理论基础主要有：①产品创新理论。产品创新是指为了给消费者提供新的或更好的产品和服务而产生的产品技术变化。产品创新能够提高企业的技术水平，增强企业凝聚力，帮助企业在市场上获得竞争优势，最终实现经济效益的提高。产品创新一般有七个阶段：市场分析、创新构思、构思筛选、产品设计、工艺设计、试制监测和商业化。②生态经济学理论。生态经济学将经济系统与生态系统有机联系起来，在考虑经济效益的同时也考虑生态效益。③可持续发展理论。可持续发展的理念最早出现于生态学，随后被纳入经济学范畴。可持续发展理论认为我们在满足当代人需求的同时，不能损害后代的需求，要具备发展的"可持续性"。④企业资源理论。企业的组织能力、学习能力等资源是企业在市场竞争中取得优势的关键，这些资源能够形成企业独特的能力，不易被其他企业模仿，具有不可替代性。

二、绿色产品创新策略

（一）差异型绿色产品创新策略

差异型绿色产品创新策略主要通过降低生产成本、采用新型技术、提升产品质量等手段，形成绿色产品的独特优势，突出产品特色，与市场上的同类型产品形成明显差异，进而吸引更多的消费者。绿色产品的最大优势就在其绿色特性，因此，企业要想实施差异型绿色产品创新策略，在注重绿色产品开发和技术研发的同时，还要注重对绿色产品的营销推广以及绿色价值的传递，满足每个细分目标市场中顾客的绿色消费需求。具体来说，可通过开发设计绿色广告，突出绿色产品在功能、品质、价格、品种、包装和销售服务等方面与传统产品的差别。消费者一般通过广告和网络媒体等途径了解绿色产品，因此广告在实施差异型绿色产品创新策略中起着关键作用。绿色产品包装也是实施差异型绿色产品创新策略的重要手段之一。例如，可乐纸杯上示意消费者在使用后将其投入垃圾箱内，这代表了一种绿色消费的新时尚。此外，可回收、易拆解的部件或者整机、包装材料可翻新和循环利用也成为绿色消费的一种选择时尚，这些变化为企业实施差异型绿色产品创新策略提供了新的启示。

（二）组合型绿色产品创新策略

组合型绿色产品创新策略是指研发新型绿色产品或形成新型绿色产品组合的策略。组合型绿色产品创新既可以满足现有市场内消费者的绿色需求，又可以创造新绿色需求，开拓新绿色市场。例如，如今广受欢迎的新能源汽车，就是将新能源技术与传统汽车制造工业相结合。传统汽车的驱动需要消耗大量的石油，不仅造成了能源危机，消耗石油排放的二氧化碳也造成了严重的大气污染问题。而新能源以其清洁性和可再生性，成为解决这一问题的最好方案,新能源汽车也因此受到社会广泛的关注。未来,新能源汽车制造技术还可以进一步与智能制造技术和互联网技术相结合,加快新能源汽车替代原有常规汽车的速度,从而减缓汽车尾气的排放,实现节能减排和保护环境的目标,从而将电动汽车推向高端智能电动汽车新时代。

(三)技术型绿色产品创新策略

技术型绿色产品创新策略主要是应用新技术、新原理来解决现有绿色产品或市场中存在的问题,并实现提高市场占有率的目标。实现这一策略的关键,是确定新技术在现有产品或市场中能够有效地降低绿色成本、提升品质以及减少环境污染,并通过技术创新来实现和保持这些优势。这一策略与差异型产品创新策略的不同之处,主要在于产生差异所采取的手段不同。差异型策略主要是基于绿色广告宣传、绿色包装和绿色营销推广,而技术型策略所采取的手段主要是基于绿色技术的不断积累和开发。目前的绿色产品技术创新主要有:①渐进型技术创新,是指企业在进行绿色技术创新时,采用末端处理技术来进行废弃物处理的一种策略。采用这种策略的企业一般是迫于政府和环保部门的压力而做出的决策,其创新类型属于渐进型创新。②参与型技术创新,是指企业在进行绿色产品技术创新时,不仅采用末端处理技术,更注重采用绿色工艺设计的一种策略。绿色工艺创新以企业自主开发为主,以引进某些技术为辅。③突破型技术创新,是指企业在进行绿色技术创新时,除了采用末端技术和绿色工艺外,还着重于开发和设计绿色核心产品本身的一种策略。这种类型的创新是指引进和使用新技术、新原理的创新。它要求消费者重新学习和认识创新绿色产品,彻底改进原有的消费模式。如老板电器围绕"水、空气、土、火"四种要素构建绿色厨房生态,其老板中央吸油烟机 CCS3.0 以智能云平台 3.0 为网络平台,实现双 4G 的高速传输中枢,通过云端大数据、AI 人工智能算法,联动中央吸油烟机与楼层终端机,均匀分配有效风量。同时,通过智能云平台 3.0 还能联动智慧城市系统,实时监管住户厨房油烟排放,实现城市油烟的动态管理,是技术研发和细节创新的结果,也是技术型绿色产品创新策略的典型应用。

扩展阅读 6-3　实践前沿:开启可持续战略新旅程,特步发布 100% 聚乳酸风衣

(四)复合型绿色产品创新策略

复合型绿色产品创新策略要求企业不仅在技术方面进行创新,同时还要配合市场创新。绿色产品市场创新包括三种类型:①地域意义上的市场创新,是指企业生产的绿色产品进入未曾占领过的地区或市场。例如,由国内向海外拓展,由城市向农村拓展。这种类型的市场创新通常需要企业向目标市场大力宣传和推广绿色产品的环保、节能、低耗等优点,进行绿色价值传播,使消费者对绿色产品有一定的认识和了解,才会购买绿色产品,企业才能更好地打开市场,增加市场占有率。②需求意义上的市场创新,是指当现有的产品和服务都不能很好地满足潜在的绿色需求时,企业以创新型绿色产品满足已有市场消费者的绿色需求,如引导绿色消费者购买相较于传统汽车更为环保的新能源电动汽车等。③产品意义上的市场创新,是指将市场上原有的绿色产品,通过在价格、

质量、性能等方面的创新，生产不同档次的、不同特色的绿色产品，满足不同消费层次、不同消费群体的需求。

不管是哪种类型的技术创新与市场创新的结合，新的绿色产品都需要企业对消费者进行一定的引导，让绿色产品更快地走向市场。这类产品在一定时期内具有垄断性，因此价格优势不是这类新绿色产品开发的重点，产品质量、服务、绿色价值属性甚至企业绿色形象等才是其独特的优势。

（五）数字时代的绿色产品创新策略

数字技术的迅速发展为绿色产品创新注入新的动力。将绿色产品创新策略与数字技术相结合，能够帮助企业获得竞争优势，顺利实现绿色化转型。在数字时代，"智能制造"（以下简称"智造"）成为企业进行绿色产品创新主要手段。"智造"是通过互联网、大数据等技术，实现更加"智慧"的生产。通过引进先进的数字技术，打造智慧绿色工厂，实现对产品生产全过程的可视化管理。在工业领域，浙江的巨化集团、天能股份、铁流股份等企业都在倡导"智造"。铁流股份运用大数据、工业云、人工智能等先进手段帮助企业进行绿色决策。"智造"不仅能够助推企业的绿色清洁生产水平，更能够提高企业的绿色产品创新能力，助力企业实施绿色产品创新战略，创造更大的绿色价值。在金融领域，中国农业银行、北京银行等金融机构和企业，也通过科技创新的力量致力于寻求绿色转型之路，开发绿色金融产品，助力企业绿色产品创新策略，推动绿色价值的传递。在电子产品领域，2022年爱立信推出5G RAN节能组合等全新绿色产品，其中双频无线产品Radio4490相比上一代同等级的产品能耗降低达25%。

思维扩展

数字时代，如何更好地进行绿色产品创新、传递绿色价值？

延伸阅读6-2

经验借鉴：优洁士掀起绿色环保清洁新热潮

近些年，国民的消费需求已经从过去的追求效果逐渐转向追求健康、安全，健康绿色清洁已然成为当下日化企业发展的一个必然趋势，不少企业都在这方面投入大量的精力，力争占领市场。优洁士抓住这个发展趋势，立足绿色健康的基础，成功塑造了"绿色植萃""高效清洁"的品牌特点，告诉广大消费者国产品牌也能高端。

绿色植萃新配方，一改传统清洁配方

清洁剂作为每个家庭的必备品，任何清洁都离不开它。但是清洁剂的选择却是一门学问，面对琳琅满目的清洁剂品牌，消费者会怎么选择？

绝大多数人会从价格、功效、气味、容量等方面来考虑，综合下来会选择性价比最高的那款。但也有这样一群"奇葩"在选择清洁剂时，首先考虑的是原料，且越来越多的人加入这个行列。他们的目标是：选择天然成分的清洁剂，让双手远离化学成分的"腐蚀"。优洁士将这样的诉求落实到了产品的研发中，从2004年开始纯植物清洁剂的研发生产，经过10多年的发展，成功生产了几十款清洁剂，有助于解决家中各种清洁难题。

在配方方面，优洁士采用天然植物配方，将椰子油、玉米油、柠檬、艾草等植物原液新鲜萃取加入配方。从每一颗种子的挑选、播种、培育，再到采收、浓缩、萃取，都投入大量的科研力量，不断升级，运用高科技，让植物的清洁功效极大化。清新、安全的成分，不仅能带来良好的体验，还拥有极好的效果。

万人好评，口碑领跑，亿万家庭的放心选择

如果说使用绿色天然产品已经成为一种时尚趋势，那优洁士就是这股趋势的带领者。绿色配方，改变过去的日化传统；高效清洁，让其成为众多清洁品牌中的佼佼者。作为国内第一个将纯植物配方落实到清洁产品中的品牌，优洁士已经成功俘获了亿万消费者的心，使用口碑极好，带领国产天然清洁剂走向世界前列。

如口碑王之一的"玻璃亮洁剂"，凭借超强的去污去雾能力，赢得诸多好评。解决当下严冬玻璃易起雾的难题，同时它具有很强的清洁力，不留水痕，让视野更清晰。得到消费者的好评就是对优洁士最好的肯定。

资料来源：根据马敏《国货崛起，优洁士掀起绿色环保清洁新热潮》（凤凰网河南，2018年1月17日）相关资料整理。

本章小结

绿色产品策略及其创新比普通产品策略更强调绿色价值创造、沟通和交付过程中对生态环境的适应性及其创新性。绿色产品策略关系到绿色价值创造、沟通和交付方式及其成效，绿色产品策略创新关系到企业绿色营销的活力。本章是本书的核心章节之一，围绕绿色产品策略和创新展开，主要介绍了绿色产品的内涵和特征、绿色产品整体策略、绿色产品组合策略、绿色包装策略和绿色品牌策略、绿色产品创新理论及创新策略，深入剖析了适用于绿色产品策略和绿色产品创新的方式和方法。尤其是在数字时代，很多企业不断创新绿色包装策略，给消费者带来全新的环保包装使用体验，帮助企业提高绿色价值交付成效。还有绿色品牌策略为众多企业树立了绿色企业形象，为企业创造、沟通和交付绿色价值提供有益参考。未来的产品策略制定，需要更加注重绿色性与创新性结合，以此创造更多的绿色价值。

核心概念

1. 绿色产品（green product）
2. 绿色核心产品（green core product）
3. 绿色形式产品（green form product）
4. 绿色延伸产品（green expanding product）
5. 绿色产品组合（green product mix）
6. 绿色包装（green packaging）
7. 绿色品牌（green brand）
8. 绿色产品创新（green product innovation）

本章思考题

1. 简述绿色产品的含义及其与传统产品的差异。
2. 简述绿色产品整体策略和组合策略。
3. 简述绿色产品对企业绿色营销实践的意义。
4. 以特定产品为例,试论企业绿色产品策略的主要内容及社会影响。
5. 试论绿色产品创新策略的内涵,并举例说明。

本章即测即练

本章实训指南

本章综合案例

华为如何开辟绿色 5G 新赛道?

华为发布《绿色 5G 白皮书》首提绿色 5G 网络八大技术方向

在全球"双碳"战略下,各个行业都在以绿色为目标践行节能减排。尽管移动网络的碳排放仅占全球碳排放总量的 0.3%,国际电信联盟和全球运营商仍然积极推进"双碳"行动计划。

为了助力全球运营商绿色网络"双碳"行动计划,2021 年 8 月 30 日,在华为首届无线媒体沙龙上,华为无线网络 SRAN 产品线总裁马洪波发表了"绿色 5G,E2 四化八大方向,共赢双碳未来"主题演讲,发布了《绿色 5G 白皮书》。该白皮书在业界首次发布绿色 5G 网络的能效评估体系——E2(Energy Efficiency,能效评估体系),率先定义绿色 5G 网络的技术趋势——"四化八大方向"。

其中,"四化"即绿色网络的关键特征和未来发展趋势,包括设备高集成化、站点极简化、网络智能化和全生命周期环保化。"八大方向"即八大未来技术方向,包括:射频走向多天线、大幅提升设备比特能效和能量传输效率;设备走向超宽频、多频合一降能耗;硬件休眠机制走向精细化、持续降低中低负载能耗;站点走向极简、去机房去空调;整站走向联动、综合能源高效利用;网络走向智能、节能和网络性能双优;业务承载走向高制式、充分发挥 5G 高能效优势；全生命周期走向循环经济、减少自然资源依赖。

华为：超大规模天线阵列开辟 Massive MIMO 绿色新赛道

创新过程中的突破性进展，往往来自另辟蹊径。就像汽车行业，传统演进路线上内燃机燃烧效率的提升、油耗的下降呈线性趋势。而涡轮增压技术通过在增加进气量上做文章，带来了功率、油耗等方面的阶跃式进步，在保证动力不变的前提下可大幅降低排量。

类似的情况也发生在无线领域，作为近年来大放异彩的标志性技术，Massive MIMO 通过不断地迭代优化，在持续增强网络体验的同时实现了与 LTE 4T4R 相比 20 倍以上的比特能效提升。华为为我们展示了 Massive MIMO 下一个突破性创新方向及其成果——超大规模天线阵列，并由此开辟了一条绿色新赛道。

具有多重效益：绿色 5G 势在必行

甘斌在主题发言中表示，ITU 已经制定了到 2030 年 ICT 行业温室气体减排量减少 45%的新标准；有超过 30 家运营商提出了减排目标，比如沃达丰承诺到 2025 年将其碳足迹减少一半，并从可再生能源中购买所有电力，到 2040 年实现碳中和。他解释说，绿色 5G 具有社会、商业、产业上的多重效益。对运营商而言，构建一张绿色低碳的 5G 网络既是响应"双碳"号召之举，亦有助于降低持续增高的 OPEX。更重要的是，5G 网络作为未来整个社会的底层基石，其在绿色方面的持续创新，也将更好地赋能各行各业实现"双碳"愿景。

将绿色带入 5G，可以从三个层面来分析。甘斌提到，首先是设备层面的多天线化和超宽频化，可大幅提高每比特的能效。其次是站点极简化，降低站点的能耗。最后是网络层面的智能化，实现节能效果的再提高。

开辟绿色新赛道：提升能量传送效率

基站作为末梢，是移动网络能耗产生的中心。考虑到 Massive MIMO 已经成为 5G 建网的主流方案，其在节能上的一小步，反馈到绿色 5G 上就是一大步。

"基站本身分为两个部分，有源部分包含通道、中频、射频、功放（PA），无源部分就是天线。一直以来我们在有源部分的创新非常多，功放效率领先业界 10%以上。这部分创新的方向其实是在不断地提升能量转化效率上。"甘斌分享道，"为了实现突破性创新，我们把视线放在了无源部分上，通过超大规模天线阵列来开辟一个新赛道，也就是提升能量的传送效率。"

三个最大化：Massive MIMO 节能、性能双升级

作为全球无线领域的领跑者，华为始终致力于以创新为运营商和社会创造价值，这一次亦不例外。基于超大规模天线阵列，Massive MIMO 可实现三个"最大化"，带来节能和性能上的双升级。

第一个"最大化"是天面利用最大化。新型绿色版 Massive MIMO 可以实现无障碍部署，充分利用空间，最大化天面资源利用率。第二个"最大化"是绿色节能最大化。超大规模天线阵列能实现更窄的业务信道波束，在终端接收相同功率的情况下，基站可以配置更低的发射功率，降低基站能耗。第三个"最大化"是体验覆盖最大化。在不增加基站发射功率的前提下，新型绿色版 Massive MIMO 能够提升下行覆盖 3dB。

资料来源：根据倪雨晴、李辛茹《华为发布〈绿色 5G 白皮书〉首提绿色 5G 网络八大技术方向》（"21 世纪经济报道"公众号，2021 年 9 月 2 日）、蒋均牧《华为：超大规模天线阵列开辟 Massive MIMO 绿色新赛道？》（"太平洋电脑网"微信公众号，2021 年 9 月 7 日）资料整理。

案例思考

1. 在通信技术行业，绿色产品策略是不是一个合适的选择？为什么？
2. 华为的绿色产品策略体现在哪些方面？对社会有哪些影响？
3. 对于华为等通信企业来说，你认为其绿色产品策略如何进一步完善？

第四篇

绿色营销的价值传递

第七章

绿色产品价值和价格策略

◆ **本章导语**

提升绿色产品价值不仅体现在有形层面（产品实体），更体现在无形层面（场景、体验、情感、社交、互动等）。

◆ **本章引例**

一汽大众打破新能源市场定价

造车、造车、造车，2021年似乎是新能源汽车大爆发的一年，大大小小的公司纷纷加入造车行列。而作为世界上最大的汽车公司，大众也在默默布局新能源汽车行业。造车，对于企业历史超过百年的大众来说，自然是手到擒来。但大众需要考虑的并不是短时间的热门车型，而是未来十年、二十年的汽车行业格局。

一汽大众ID.6CROZZ从正式公布售价到试驾实测，都触动着人们的心。因为它不仅是一汽大众的战略产品，也是传统车企最后一个能成功测试新能源的产品。不久前，一汽大众公布了ID.6CROZZ续航439 km、516 km和565 km的价格，一汽大众将价格定在23.98万元～33.48万元。这个跨越近10万元的价格区间，是行业老将一汽大众实施电气化战略时，对一款电动车价格的最好理解。

其实ID.6CROZZ的定价非常聪明，因为它占据了国内新能源汽车的主要销售范围，与其他车型形成了很强的竞争关系。但很少有人注意到，ID.6CROZZ的定价，其实得益于一汽大众几十年的造车经验，是大众对纯电动汽车的全新理解，也是对新能源汽车的主动出击。

在新能源汽车高企的早期，高溢价、高价格几乎是电动汽车的常态化。导致电动汽车价格居高不下的因素有很多，如初期政策、零部件成本、三电技术不完善、新势力车企成本体系粗糙等。这使得过去很长一段时间实用电动汽车在价格上并不亲近百姓，在一定程度上阻碍了新能源汽车的规模化。ID.6CROZZ的出现，从实用的角度为电动汽车的价值标准提供了完美的参考。ID.6CROZZ在MEB平台的基础上，继承大众83年造车经验，最大限度地释放了大众在零部件和生产方面的优势。在发挥成本效应的同时，也向市场输出了更具竞争力的产品体验。不难发现，ID.6CROZZ保持了与燃油车类似的定价策略,这样做的目的是让用户在中大型 SUV 市场找到一个相对合理的"价格参考"。

资料来源:根据网易《新能源汽车全新理解,打破新能源市场定价》("APSOTO 汽车社区"公众号,2021 年 8 月 6 日)、小黑《新能源汽车大变局:大众十亿建厂,即将改变行业格局》("我的极刻"微信公众号,2021 年 10 月 9 日)改编。

◆ 本章知识结构图

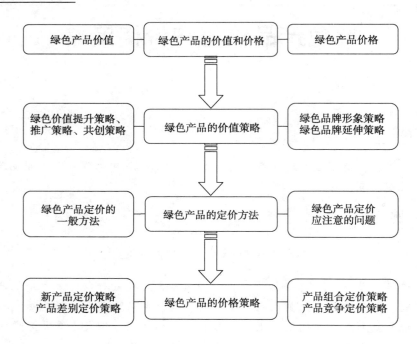

第一节 绿色产品的价值和价格

一、绿色产品价值

绿色产品的价值和属性是消费者进行绿色购买决策的重要依据。绿色产品价值分为三个维度:功能价值、情感价值和社会价值。

(一)绿色产品功能价值

绿色产品功能价值就是消费者使用绿色产品的功能和效用。绿色产品要具有社会性,首先必须具有使用价值和实用性,同时还应具备环保价值,否则商品的开发毫无意义。相比普通产品功能价值,绿色产品功能价值的优势在于不仅满足消费者对产品实用性的追求,还可以满足消费者对健康、安全和环保的追求。例如,新能源汽车的功能价值在于满足消费者对环保出行的需求,即同时兼具环保价值和使用价值。再如,绿色食品的功能价值在于不仅能提供人体所需的营养元素和能量,还能在绿色食品的生产、储存、运输、销售、使用、回收等各环节避免对人体造成的食源性危害、对环境造成的污染及资源浪费,即同时兼具环保价值与使用价值。

(二)绿色产品情感价值

绿色产品情感价值指的是顾客从绿色产品中获得的情感效用,能够触发消费者的绿色情感倾向,体现出对产品的偏好,也影响消费者的购买欲望和使用心情。例如,特斯拉认为新能源智能汽车一定是带有情感和有温度的,而且是千人千面的。由此,如何把技术语言翻译成用户的绿色感知和绿色体验,是对企业思维和经济的重大考验。数字时代,绿色产品已经不单单依靠运营,而是更注重从情感角度挖掘消费者对环保的心理情感需求,这是品牌和故事的融合,也是理性与感性的交汇。对于企业来说,找到客户的痛点,与客户共建绿色情感价值,以及从绿色产品情感方面出发,让消费者体验到产品内在的情感因素,才是赢得消费者的喜爱和取得成功的关键。

(三)绿色产品社会价值

绿色产品的社会价值是指使用绿色产品可以使消费者与社会产生连接。绿色产品的社会价值就是在充分考虑环境承受力的基础上,从生产环节、使用环节到回收环节都体现了资源节约和环境保护的社会属性,促使企业、消费者、政府和其他非营利组织在环境保护上进行联动,带动整个社会绿色发展。例如,绿色家电的社会价值在于:绿色家电生产企业采购绿色原材料、设计开发绿色产品功能和实施绿色营销等;物流企业在仓储、运输、包装和配送等环节实施绿色管理;消费者对绿色家电产品口口相传,扩大绿色家电口碑的社会面传播;政府和其他非营利组织也纷纷参与绿色家电的采购和宣传等,最终形成绿色产品社会价值共创的局面。

> **思维扩展**
>
> 数字时代,绿色产品还具有哪些价值?

延伸阅读7-1

市场动向:可降解的胜利——绿色产品和绿色价值的创造

2021年中国进出口商品交易会出口产品设计奖的至尊金奖颁给了内蒙古聚点环保餐具有限公司研发的"一次性全降解马铃薯全薯+淀粉+亚麻纤维超市用净蔬托盘"。这款托盘来自内蒙古聚点环保餐具有限公司,该公司位于我国最大的马铃薯产区。该产区有着"中国薯都"之称,每年在产出大量马铃薯的同时,也会产生许多废薯。2011年,全国马铃薯出现滞销,内蒙古聚点环保餐具有限公司董事长段利东了解到废薯加上淀粉,再加上北方大量种植的亚麻,可以制成绿色产品。于是他们经过多次的实验,终于成功将废薯设计成这款托盘。

一颗小马铃薯通过设计增值到可创造出口价值的产品,向世界诠释了中国创造的魅力。这款一次性全降解净蔬托盘在适宜的自然环境下,180天内全自然降解,在气温较高的广州70天左右可全降解。大量使用后的产品可以通过自然堆肥措施,在合适的环境中转化为有机肥，不会对环境造成二次污染，从原料到加工工艺再到废弃物的处理，产品实现了"从土里来回到土里去"！

这颗小马铃薯经过"变身"后，不仅一跃成为环保绿色产品，展现了绿色价值，而且还会带动当地农民的增收。用废薯做成的环保产品，价格低廉，是销往韩国和日本的较有竞争力的市场产品。

资料来源：根据亚化咨询《可降解的胜利！这款全自然降解产品荣获广交会至尊金奖》（"CCUS和生物能源材料"微信公众号，2021年10月20日）相关资料改写。

二、绿色产品价格

（一）绿色产品价格的内涵

绿色产品价格是指企业在一般产品价格的基础上考虑产品的绿色成本（社会环境和生态保护支出）所制定的销售价格。绿色价格的制定在本质上源于消费者的感知价值，在污染者付费和环境有偿使用的现代理念下，健康生活和崇尚自然的心理使消费者对绿色产品有了区别一般产品的价值认定。一般来说，消费者对绿色产品的价值判断会高于一般产品价值，这也意味着消费者愿意为绿色产品支付更高的价格。但是，消费者对绿色产品的价值感知不是制定绿色价格的唯一因素，企业对环境保护费用支出的多少和其所提供产品品质提高的幅度也会影响绿色产品的价格。

绿色价格策略是要将生态价值观贯穿到绿色产品定价体系中，将绿色产品中的生态环境成本算入产品的总成本，在同类普通产品价格的基础上对绿色产品确定一定的加价率，树立绿色产品优质高价的良好形象。所以，每个企业对绿色产品的定价都有一套完整的定价策略，太高或太低的定价对企业和消费者双方都会带来不利。在发达国家，消费者对绿色产品的接受程度较高，绿色产品价格涨幅也较大。而在发展中国家，由于消费者绿色消费意识比较薄弱，绿色产品价格上涨幅度还不宜过大。

绿色产品价格与传统产品价格的区别如表7-1所示。

表7-1 绿色产品价格与传统产品价格的区别

类别	绿色产品价格	传统产品价格
观念	污染者付费和环境有偿使用的现代观念	根据价值和使用价值付费观念
成本核算	企业用于社会环境和生态方面的支出	企业产品生产和管理支出
其他因素	消费者绿色觉察价值	消费者的其他觉察价值

（二）绿色产品价格的影响因素

1. 绿色产品成本

企业制定绿色产品价格不能随心所欲。绿色产品的最高价格受消费者的需求状况影响，最低价格则取决于绿色产品的成本。

（1）绿色产品成本与绿色成本函数

产品的绿色化将改变产品成本和产品成本函数。产品的成本可用函数表示：

$$C = f_1(Q)$$
$$Q = f_2(Z_1, Z_2, \cdots, Z_n)$$

式中，C 是成本，Q 是产量。

$Q = f_2(Z_1, Z_2, \cdots, Z_n)$ 即生产函数，表示生产技术状况给定条件下，生产要素的投入量与产品的最大产出量之间的物质数量关系的函数式。

（2）绿色产品成本构成因素

①绿色原材料的采用。绿色原材料采用和绿色采购是绿色产品生产投入端的第一个环节。绿色采购要排除污染环境和有害健康的生产材料、包装材料和半成品等。为了便于对绿色采购进行统一管理，企业一般会建立"绿色供应商"和"绿色生产材料"目录。例如，对绿色农产品来说，要求不得使用化肥、农药、杀虫剂等，严格的有机食品还排除掉了通过基因工程、生长激素或放射技术生产出来的水果、蔬菜、肉类等农产品。

用绿色原材料替代传统原材料肯定会发生成本变化，通常会带来成本的增加。如无氟空调采用的新型环保制冷剂"R410A"。作为不含氯的氟代烷非共沸混合制冷剂，具有清洁、低毒、不燃、制冷效果好等特点，不会破坏臭氧层，被认为是现在替代传统空调"R22"制冷剂的最佳冷媒。但其采购价格也大大高于"R22"，以 2021 年 10 月份价格为例，"R22"约 26.7 元/kg，"R410A"则为 30～40 元/kg。当然，对传统材料的替代也可能会引起产品成本的降低。例如，国外某农场用黄蝉替代农药杀虫剂灭虫，这使得成本大大降低，原来的农药费用每年高达 4 000 美元，而进口黄蝉只花了 3 500 美元。这样的转变不仅降低成本，还减轻了对土壤和农作物的污染，保护了人体健康。

②绿色产品的研发。绿色产品的研发对生产企业的生存和发展尤为重要。但是绿色产品研发的难度也决定了研发资金的大量投入和生产成本的增加。绿色产品研发成本主要包括绿色产品研发过程所需费用和绿色产品生产成本，绿色产品的研发费用包括开发费用、测试费用和人才费用等，绿色产品成本包括采购和材料费用、制造费用等。一般来说，绿色产品研发费用投入成本更高，尤其是人才费用的投入，很多企业越来越注重绿色科技人才对于绿色产品研发的重要性。例如龙净环保、理工环科、东方园林、启迪桑德、聚光科技等，其中理工环科的 1 300 余名员工中，过半员工都是技术研发人员。

③清洁生产工艺的采用。企业应当将污染预防的环境理念运用到产品的生产过程中，采用清洁生产加工工艺，提高资源能源利用率，最大限度地减少污染物和废弃物的产生。绿色生产工艺的引进会导致成本的变化。首先，生产工艺的革新意味着需要引进新的节能环保生产设备，重建生产线，淘汰旧的生产线和生产设备，增加成本。其次，全新的生产流程和设备导致生产操作技术的变化，为此要对企业员工进行环保知识、新型技术工艺的培训，培训费用的增加也导致了成本的提升。最后，技术工艺的更新换代会提高能源资源的利用效率，提高劳动生产效率，从而带来成本的降低。青岛国际机场新能源发展有限公司采用基于天然气三联供技术的泛能网清洁供能技术系统，通过能源生产、储运、应用与回收循环四环节，将能量和信息耦合，形成能量输入和输出跨时域的实时协同，实现系统全生命周期的最优化和能量使用的最高效率。能效控制系统对各能量流进行供需转换匹配、梯级利用、时空优化，以达到系统能效最大化，最终输出一种自组织的高效智能能源。并且能够更好地适应气候、条件变化引起的负荷变化，并随变化调

整设备运行功率，可以有效提高能源利用效率，超过传统用能模式中能源利用效率的两倍以上，大幅降低运营成本。

④绿色包装与绿色标志的采用。绿色产品在包装和储运同样要求绿色化。绿色产品包装需要无害化和减量化，采用可降解包装和可重复利用包装。产品包装储运既不能影响产品质量，又不能对环境造成污染。绿色包装同样会对成本产生影响：一方面，使用新型绿色包装材料及环保包装用具会提高包装成本，相应地，产品成本也随之增加。例如，国内的啤酒生产厂商也已经开始尝试使用可以回收利用的PET塑料瓶，但其综合成本高于玻璃瓶10%～15%，对于需求价格弹性极大的啤酒来说，影响会比较大。另一方面，绿色包装的减量化会降低成本，2019年美菱从产品包装向轻量化、易回收和绿色环保的发展需求出发，对EPS泡沫等材料减量化设计、环保可回收包装材料利用、绿色可回收循环包装等技术进行研究，实行拼装式复合包装、蜂窝纸板、空气包装袋等新型包装方式，不仅减少了包装材料的使用，提高了可回收材料利用率，还降低了储运成本。

绿色标志是对产品绿色身份的认证。绿色标志为绿色产品背书，帮助绿色产品取得消费者信任。绿色标志也为消费者提供指引，消费者得以放心购买，规避"漂绿"产品。因而获取绿色认证对绿色产品生产企业而言至关重要。但一般而言，绿色产品标志和环境标志的认证都要求相关企业支付认证实验费、认证申请费和标志使用年费等费用，这都会一定程度地增加绿色产品成本。

2. 绿色产品需求

在绿色产品的定价过程中，企业营销人员必须分析绿色需求对价格的影响，以此来制定企业产品价格。绿色需求的价格敏感性因素包括以下几个方面：第一，绿色产品性质。对消费者健康和环境具有有利影响的产品，可能会使消费者对价格敏感性降低。消费者对绿色食品、绿色家电、绿色汽车、绿色建筑等绿色产品的价格敏感性一般来说较低。例如，鉴于消费者对水质较为关注，尽管纯净水价格远高于自来水，但依然有很多的消费者愿意购买。第二，绿色企业形象。比较关注环保生态与消费者健康，并且为保护环境作出贡献的企业，能够更好地展现企业承担的社会责任，为企业树立更好的形象，向消费者传递企业的绿色观念，可能会使消费者对价格的敏感性降低。第三，绿色信息沟通。企业不但要生产高质量的绿色产品，还要打通信息渠道，帮助消费者了解绿色产品的性能和益处，提高消费者的环保意识和对绿色产品的关注，进而鼓励消费者优先选择绿色产品。充分的绿色信息沟通往往有助于降低绿色需求的价格敏感性。第四，消费者素质和消费者收入。消费者素质不同，对环境问题的关注程度不同，必然对绿色产品的价格敏感性不同。消费者的收入会影响消费预算，显然也会影响消费者对绿色产品的价格敏感性。

3. 绿色产品竞争

市场需求决定最高价格，生产成本决定最低价格，产品的中间价格则受绿色企业的竞争程度影响。绿色产品的竞争激烈程度可用市场结构来划分。通常市场结构划分的依据主要有三个：行业内企业数目、企业规模和产品是否同质。据此，从竞争激烈程度的角度而言，市场结构可划分为完全竞争、垄断竞争、寡头竞争和完全垄断四种类型。

绿色营销中，企业主要考察企业、顾客、竞争者和生态环境之间的相互关系，这要求企业重塑竞争观念，即要在考虑生态环境及其他相关者的利益的基础上，生产更安全、更健康、性能更好、更人性化、使用寿命更长的绿色产品，以此获得竞争优势。在与顾客的关系建立上，应更注重"人"的价值，尊重顾客的生态权力，从顾客对产品的环境保护与资源节约需求出发，赢得竞争优势。还要把竞争对手视为生态环境保护的合作伙伴，在经济利益和环境利益上取得共赢。总之，绿色产品竞争不应只关注市场份额和利润，还应关注生活质量、资源和环境等问题，从这些方面取得竞争优势。

4. 其他因素

除了绿色产品成本、绿色产品需求和绿色产品竞争外。绿色产品的价格还受到社会经济发展状况、消费观念等因素的影响。一般来讲，发达国家的经济水平高，居民绿色意识强，消费者收入越高，购买力越强，对绿色产品需求越强烈，对价格敏感性越弱。此外，国家的政策法规、关税壁垒对绿色产品定价也有影响。

第二节　绿色产品的价值策略

一、绿色价值提升策略

首先企业要注重提升绿色产品的核心价值，这可以通过绿色技术创新实现。企业通过关键技术革新引发相关技术、组织、管理方式和制度环境变化的连锁反应，实现绿色技术创新。绿色技术为绿色营销提供保障，企业利用绿色技术开发出更多的绿色产品，并实现产品设计、制造和销售的绿色化。比如，可口可乐推出 Hybrid Bottle 包装瓶，由 50%的植物基可再生材料和可回收 PET 制成；百加得（Bacardi）推出使用百分之百可生物降解的 PHA 酒瓶。当前，绿色技术创新是绿色产品兼容环保和经济的有效途径。能让企业抓住市场机会，提升企业社会地位，保障绿色产品的持续发展以及价值实现。除此以外，企业还应注重绿色产品附加价值的提升。包括提升产品绿色包装、售后服务、绿色广告、绿色配送服务、产品回收服务等方面的绿色程度，进而提升产品的绿色价值。

扩展阅读 7-1　市场动向：国家电投构筑低碳新跑道，提升绿色新价值

二、绿色价值推广策略

"好酒也怕巷子深"，如果没有营销推广，再好的绿色产品也难以实现其绿色价值。企业可以通过以下方法进行绿色价值推广：第一，在全社会范围内推行绿色教育。通过开展全民环保宣传工作，营造人人环保的社会氛围，吸引全民加入生态保护的行动中，培养人们的绿色价值观，促进绿色产品购买。第二，企业可以通过广告宣传、示范营销、技术营销、信誉促销等提高消费者对于绿色产品的认可度。例如，太阳能作为可再生新能源越来越受到人们的关注，"皇明"用了七年时间成长为太阳能热水器行业第一品牌。

其中示范营销是其成功的关键,"皇明"把太阳能绿色产品与样板工程融合打造了一个"绿色太阳能示范工程小区",形成了绿色广告宣传的最佳素材,产品说服力强,也促进了绿色产品价值的输出与实现。

三、绿色价值共创策略

绿色价值共创策略是指企业和消费者共同创造绿色产品价值。在绿色价值共创策略的驱动下,企业和消费者不再局限于简单的交易关系,而是形成了共同创造绿色价值的共生关系。企业应把环境保护提升到战略发展的高度,并把与消费者的关系纳入环境可持续性发展的绿色价值创造过程中。绿色价值共创需要企业识别并理解消费者关注的绿色焦点,提出绿色价值主张,制定并实施自己的环保战略;同时也依赖消费者对企业环保战略的积极响应,自觉践行环境保护行为。绿色产品价值共创可分为以下六步:①明确绿色共创的目标及实现的具体方式;②准确找到需要融入绿色价值共创项目中的消费者;③与消费者合作,找出他们真正需要的绿色产品或服务;④联合设计绿色价值共创产品及共创系统,以使消费者的绿色需求转化为落地的产品,这还要求企业选择适当的绿色合作伙伴,融入自己的绿色生产经营网络;⑤决定如何分享绿色价值;⑥畅通经销商、顾客及合作伙伴等各个渠道,有效协调绿色价值共创。

四、绿色品牌形象策略

绿色品牌形象是绿色产品价值的重要来源。良好的绿色品牌形象会提升消费者对绿色品牌的信任,有利于消费者对品牌价值的评估。绿色品牌形象的形成和维护是一个长期的过程,企业需要持续地将绿色产品的价值信息传递给消费者。绿色品牌形象的塑造有以下方式:一是运用和协调不同的传播手段,使其在绿色消费每一环节的作用最大化。其目的是通过多渠道的品牌、产品绿色信息传播,帮助绿色品牌建立与消费者之间的长期关系。二是开发绿色品牌形象识别系统、品牌推广运营系统和绿色品牌管理控制系统。通过对上述三个系统进行整合和统一管理,系统性地提升品牌的绿色形象,进一步提升消费者对绿色产品价值的感知。

> **思维扩展**
>
> 如何借助网络社交媒体提升绿色品牌形象?

五、绿色品牌延伸策略

绿色品牌延伸分为两种:一是指绿色企业利用现有的绿色品牌延伸到新产品经营,进而提升整体绿色产品价值的策略。二是指非绿色企业为了推出绿色产品而采用的策略。绿色品牌延伸策略有直接延伸策略、子绿色品牌延伸策略、原有品牌与绿色新产品的名称相结合等策略。绿色品牌延伸策略能较充分地利用主品牌的绿色形象提高消费者对新绿色产品的信任度和接受度。不过绿色品牌延伸策略也存在损害主品牌形象、淡化主品牌形象、抢夺主品牌产品市场份额等风险，因而在使用绿色品牌延伸策略前应认真考察绿色品牌的可延伸性、延伸产品与主品牌的绿色形象的契合度、主品牌的品牌资产价值、品牌延伸的绿色营销环境及企业支撑力度等几个问题，进而才能有效地提升企业总体产品的绿色价值。

扩展阅读 7-2　市场动向：晋能科技通过碳足迹认证，让产品更具绿色价值

第三节　绿色产品的定价方法

绿色产品价格的高低，受成本费用、市场需求、市场竞争等因素的影响和制约，制定价格理应全面考虑这些因素。

一、绿色产品定价的一般方法

自然资源和生态环境是影响绿色营销决策的重要因素。绿色产品定价同样要求企业结合绿色产品需求、自然资源和生态环境价值等价格影响因素考虑绿色产品定价的方法。常用的绿色产品定价法有以绿色成本为基础的定价、以绿色价值为基础的定价、以绿色竞争为基础的定价。

（一）以绿色产品成本为基础的定价

绿色成本主要包括：环境保护成本，开发及引进环保技术和设备成本，减少或不使用可能造成环境污染的原材料而导致的损失以及绿色产品检测、认证和包装成本等，此外还要考虑支付较高的品牌成本等。因此，绿色产品需要比普通产品支付更多的绿色成本与品牌成本、质量成本等。以绿色成本为基础的定价主要包括成本加成定价法和目标定价法两种具体方法。

1. 成本加成定价法

成本加成定价是指按照单位成本加上一定百分比的加成制定销售价格，加成的含义就是一定比率的利润。所以成本加成定价的计算公式为：

$$P = C(1+R)$$

式中，P 为单位产品售价，C 为单位产品成本，R 为成本加成率。

使用成本加成定价法时需要着重考虑两点：第一，确定产品成本；第二，确定最适加成率。绿色产品价格的特征之一就是反映环境成本，即绿色产品通常会吸收保护环境及改善环境所支出的成本，作为绿色价格的主要组成部分。

2. 目标定价法

目标定价法是指根据估计的总销售收入（销售额）和估计的产量（销售量）来制定价格的方法。其计算公式为：

$$价格 = 平均总成本 + \frac{(总投资额 \times 投资收益率)}{预计销售量}$$

目标定价法在应用时具有局限性，该方法根据预估的销售量制定价格，但在实际中，

价格对销售量又有极大的影响。不过，在合理的需求预测基础上，将价格与销售量统一起来，有助于用合理的价格达到预期的销售目标。

（二）以绿色产品价值为基础的定价

绿色产品凭借生态环境保护、资源能源节约、有利于身体健康、无毒无害的属性，在满足消费者基本生理需要的同时，也能满足人们对文明、环保、健康、社会责任等高层次的心理需要。因而，消费者认为相比于一般的产品，绿色产品具有更高的价值。再配以市场营销策略，如通过提高产品质量、产品创新、促销等方式，在消费者心目中塑造产品独特价值；通过绿色营销、公共关系等活动，提高绿色产品在消费者心目中的认知价值；通过取得环境标志和生态标签等手段增加价格的接受度，使消费者形成认知偏好，提高消费者对产品的认知价值，弱化其对绿色高价的敏感度，从而赢得市场。因此，世界许多国家在法规中对绿色产品价格做了规定，允许绿色产品的价格比同类产品上浮一定比例。

（三）以绿色产品竞争为基础的定价

以绿色产品竞争为基础的定价方法是一种企业为了应对市场竞争的需要而采取的特殊定价方法，是根据市场上同类绿色产品竞争结果的可销零售价格，反向计算确定绿色产品价格的方法。例如，企业按照行业的平均现行绿色产品价格进行定价。但是由于行业平均现行价格水平只在较小区间内上下浮动，不会发生大的变化，因此企业的绿色成本和绿色利润也被约束在一个具体的区间内，这就使得企业难以生产出有差异的绿色产品，很容易趋于同质化。因此，对于绿色创新企业而言，使用这种方法时，需要考虑市场因素，避免出现企业绿色产品的价格低于其价值的情况。

从绿色产品和普通产品的定价差异来看，政策法规是为绿色产品定价带来正向比较优势的主要因素，而产品成本、市场需求和竞争对绿色产品价格都未见明显有利影响。此外，要使得绿色产品获得消费者更多青睐，需要进一步改善定价影响因素对绿色产品的作用方式。绿色产品与普通产品的定价差异如表 7-2 所示。

表 7-2　绿色产品与普通产品的定价差异

维　　度	绿　色　产　品	普　通　产　品
产品成本	考虑绿色附加成本，定价相对高	考虑生产和经营成本，定价相对低
市场需求	目标人群较为狭窄，市场需求小，需求弹性大	市场需求数量大，范围广
竞争情况	信息透明度不足，不公平竞争市场出现概率大	竞争市场成熟，较为平等公正
政策法规	政策倾斜，定价策略更为宽松	无政策倾斜，依据成本及企业目标定价

二、绿色产品定价应注意的问题

（一）环境成本与定价

产品的绿色化意味着企业改进环境业绩并由此引起成本结构变化，即绿色产品的环境成本增加。传统营销中产品的价格由生产成本、流通费用、税金和企业利润等部分组成，即价格＝生产成本＋流通费用＋税金＋企业利润。而绿色产品定价时还要考虑被传统定价所忽视的环境成本，即为了保护和改善环境所支付的成本和费用，包括垃圾处理成本、资源本身的价值等，并且要把这些成本作为价格的组成部分。因此，企业在对绿色产品定价时应当注意以下两方面的问题：

（1）重视环境污染处理成本。目前，"污染者付费原则"是多数国家和地区对企业进行环境管制的理论依据，它要求企业为污染负责，在生产经营全过程中严格执行环保标准（如 ISO 14000[①]环境系列管理标准），推进清洁生产，努力实现"零废料"目标等。评估产品环境成本时，要进行"从摇篮到坟墓"的全过程评估，包括原材料的利用、产品制造、营销环节和产品使用后的最后处理环节。其中，最后处理环节包括工业、农业产生的垃圾和污染的处理，比如大气污染、水污染、固体废物污染，还有消费产生的垃圾和污染的处理。这就需要企业在制定产品价格时，不仅要考虑"三废"的处理成本，也要对消费后产生的垃圾处理费用予以充分考虑。企业在计划生产时应当把这两种垃圾处理成本计算在内，这样产品定价就会更加合理和全面。

（2）内化自然资源自身价值。价值通过价格来体现，即价格是价值的货币表现。在传统的价格体系中，产品的本身价值和使用价值决定了产品的价格，而土地、淡水、森林、矿山等产品原材料中的资源价值往往被忽视。随着经济的快速发展，这种错误的认识导致地球上的有限资源，包括可再生资源和不可再生资源被掠夺性开发和浪费使用。为了更有效、合理地利用有限的资源，绿色营销树立了"资源本身是有价值的""资源有偿使用"的新观念，彻底抛弃"资源无偿使用""资源无效用"等一些错误认识和旧的观念。这就使得企业在对绿色产品定价时，必须充分考虑到资源的本身价值，并且把它作为价格的组成部分纳入新的价格体系。

（二）非成本因素与定价

绿色产品在定价过程中，除了环境成本外，非成本因素也会带来一定的影响，如需求的价格弹性和绿色产品的感知价值。

（1）需求价格弹性与定价。由于绿色理念的全面普及时间较短，绿色产业发展还不成熟，目前绿色产品在市场上所占份额相对较小。随着人们绿色消费需求的增加，新兴的绿色企业和传统企业的绿色转型成为不可逆转的历史趋势。在此背景下，绿色产品的需求价格弹性依旧比非绿色产品需求的价格弹性要低，企业在定价时要更注意绿色产品需求价格弹性，充分发挥其优势。

（2）绿色产品感知价值与定价。当人们认为绿色产品的价值比一般产品价值大时，才愿意接受它较高的价格，即"物有所值""一分价钱一分货"。据有关部门调查，欧美国家中，半数以上的消费者在购买绿色产品时，愿意为生态环境多支付30%～100%的费用；在日本，多数人愿意多支付 20%～30%的费用。但值得注意的是：企业定价既要避

---

① ISO 14000 环境管理系列标准是国际标准化组织（ISO）继 ISO 9000 标准之后推出的又一个管理标准。该标准是由 ISO/TC 207 的环境管理技术委员会制定，有 14001 到 14100 共 100 个号，统称为 ISO 14000 系列标准。

免价格过高给人造成"高处不胜寒"的感觉,也要避免价格过低而给人造成"便宜没好货"的错觉。因此,企业在对绿色产品定价时,注意利用人们绿色消费心理和心中的"感知价值"是很重要的,它既有利于企业在激烈的市场竞争中取胜,也有助于企业通过绿色产品合理定价获得更好的效益。

 思维扩展

在数字时代,如何提高消费者对绿色产品的感知价值?

延伸阅读7-2

经验借鉴:美国售电公司的定价策略

美国电力体制改革已超过20年,售电公司的产品和服务创新值得总结。本案例梳理了20年来美国售电定价创新的管理策略,以资借鉴。

1. 动态定价

美国传统的电力零售和中国一样,售电端价格常年不变,基本无法反映发电端成本的变化。与之相反,动态定价在一定程度上可以反映电力实际成本的变化。美国售电公司最常用的动态定价模式有以下三种:

TOU(time-of-use)模式:不同时段价格不同,但是同一时间段内的价格保持稳定,在一周的时间里有高峰、离峰、平谷三种不同电价。通常,这种定价模式是根据市场预期用电需求,提前一个月就要设置完毕。一般来讲,用户会通过调节自身的用电行为,从而起到平滑负荷的作用。

RTP(real-time pricing)模式:实时定价。实时定价的实现通常需要一个日前市场的存在和一个实时市场的存在。这个市场会更为灵敏地反映供需关系。这种定价模式的要求会更高,也很有可能是中国电力现货市场初步建立后可以借鉴的形式。日前市场的价格变化一般是以小时计算的,而实时市场价格的变动更快。

CPP(critical peak pricing)模式:关键高峰定价。大多数时候和TOU模式或者传统不变电价类似,但是在用电达到高峰极值的时间段里会基于较高的实时市场的价格来定价。一般而言,对价格非常敏感的客户会选择这类套餐,这种定价在一定程度上会降低售电商在竞价中面临的边际价格过高的风险。

PTR(peak time rebates)模式:高峰时刻折扣。实际上是CPP的"同胞兄弟"。关于某些时段价格稳定,高峰时段采用实时市场高价这两点与CPP差别不大。但是与客户在高峰时刻自己支付高电价不同,PTR不是调整电价,而是在供求紧张的时段,向节电的用户支付金钱或其他形式的回扣。这一点不仅在美国使用,日本横滨也实现了。

2. 绿色能源定价

一个售电公司最普遍的选择是为客户提供可再生能源的选项,即购买从环境友好型电力设施发出的电。工商业和居民用户越来越意识到环保问题的重要性,并愿意为可再生能源支付略高价格。在美国，传统性质的电力市场主要存在于西南、西北和东南，选择绿能的客户数增长缓慢，甚至可以用"停滞"来形容；相反，在开放竞争性售电的区域，选择绿电的客户数量增长很快。像绿山能源（Green Mountain Energy）这样提供可再生能源电力套餐的企业，市场拓展也很迅速。

在目前煤电去产能以及大方向要求单位GDP能耗的情况下，为客户，尤其是能耗大户提供绿能或者可再生能源套餐，有可能成为开拓市场的利器，值得售电公司考虑。

资料来源：根据北极星电力网搜狐账号《美国售电公司怎么做定价策略、客户管理？》（搜狐网，2016年9月13日）资料整理。

第四节 绿色产品的价格策略

基于成本、需求和竞争等因素的绿色产品基础价格是单位产品在生产地点或者经销地点的价格，然而在实践过程中，企业还需要考虑其他因素的影响，利用灵活多变的定价策略制定并调整绿色产品价格。

一、绿色新产品定价策略

产品定价是绿色新产品开发过程中的一个重要环节。价格策略的正确与否关系到绿色新产品上市的成功与否，它是产品推广的一个重要决策内容。当某种绿色新产品第一次投入市场，或者进入全新的市场时，企业可以根据情况分别采取撇脂定价、渗透定价的定价策略。

（一）撇脂定价策略

撇脂定价策略也叫高价策略，是指在绿色产品生命周期的最初阶段，以尽可能高的价格投放市场，以求得最大收益，尽快收回投资成本。并非所有的绿色产品都适合采用该策略，具备以下条件时企业可以采取撇脂定价：①绿色产品质量和品牌形象必须能够支持产品的高价格，并且在此价位有较大的绿色市场需求；②高价使绿色需求减少一些，产量减少一些，单位成本增加一些，但不至抵消高价带来的利益；③市场进入壁垒高，即竞争者短期内不易打入该绿色市场。

（二）渗透定价策略

渗透定价策略是指企业将绿色产品投入市场时，把价格定得相对较低，以吸引较多的顾客，提高市场占有率。这种定价策略的适用条件是：①绿色产品功能同质化比较明显，潜在顾客较多，市场规模较大；②绿色产品的生产成本和经营费用会随着生产经营经验的累积而下降，即可获得成本效应；③随着销量增加，市场占有率扩大，单位产品成本会下降，即取得规模经济效果；④低价能够刺激购买，唤起人们的绿色消费意识；⑤竞争环境良好，即低价不会引起竞争强化的威胁。

二、绿色产品差别定价策略

绿色产品差别定价是指企业按照两种或两种以上不反映成本费用的比例差异的价格

销售绿色产品或服务。差别定价的主要形式有：

（一）产品目标群体差别定价策略

根据目标群体选择不同定价策略。绿色产品市场一般划分为政府、企业或组织、普通消费者三个细分市场。

①政府市场是潜在的巨大绿色产品市场，因为政府是环保的倡导者和支持者，并对绿色产品具有较强的支付能力，乐意优先购买绿色产品并支付较高的价格，以表明其环保立场。面向政府市场，绿色产品可制定相对较高的价格。②企业或组织对绿色产品的价格比较敏感，且受到有限预算及利润空间的影响，一般难以接受较高的绿色产品价格。因此，适宜制定较低的价格，这样企业可以从大批量购买中获得较高的回报。③普通消费者对绿色产品的价格敏感度受收入水平及教育程度因素影响较大。文化和收入层次都较高的消费者对绿色产品往往有偏好，愿意支付更高的价格；反之有些消费者虽也有环保意识，对绿色产品表示认同，但受收入制约，支付意愿虽高出普通产品，但程度有限。

对同一种绿色产品，不同消费群体的意愿支付价格是不同的。绿色产品生产企业可以针对目标顾客群的不同支付意愿，采取差别定价策略，适应不同层次消费者的绿色需求，最大限度地占领市场。

（二）产品特点差别定价策略

对同一类型的绿色产品，企业也可以根据其不同特点进行差别定价。从绿色食品、绿色时装，到绿色冰箱、绿色电脑，直至绿色汽车、绿色住宅，被冠以"绿色"名称的产品不可胜数。同为绿色产品，有着不同的特征，为消费者提供的绿色消费效用也不尽相同。绿色产品的生产企业必须根据各类绿色产品的特点，选择合适的定价策略，制定合理的绿色价格，才能满足不同消费群体的需求，从而占据更多的产品市场。

对于健康绿色产品而言，由于它为消费者提供的绿色消费效用是直接的，与消费者的安全、健康乃至生命紧密相关，多数消费者愿意为这类绿色产品支付更高的价格，因此对这类产品可以选择高位定价策略。制定较高的绿色产品价格，不仅能抵消全部绿色成本，还可以为企业创造高额利润，为绿色产品的再开发积累资金，形成企业良性循环的发展态势。

对于环保绿色产品而言，带给消费者的绿色消费效用是间接的，而且具有外部性。例如，绿色冰箱的使用功能与普通冰箱并无实质性的差异，其绿色品质主要表现在其使用的新型制冷剂有利于保护臭氧层。消费者使用绿色冰箱所起到的环保作用，不仅仅是消费者本人受益，而是所有人都受益，这种外部性不利于激励消费者个人支付额外的绿色成本。也就是说，消费者未必愿意为这类环保绿色产品支付过高的价格。因此这类绿色产品的定价，可以不选择高定价策略，选择介于高价与低价之间的满意定价策略才是明智之举。略高于同类产品的价格，既可以显示绿色产品的高品质特点，树立企业绿色形象，满足消费者的绿色需求，又不至于给消费者带来过重的负担，企业也可以从稳定的销售收入中获得长远的利益。

（三）产品设计开发途径差别定价策略

绿色产品的设计开发途径不同，不仅产生的绿色成本不同，而且设计生产出来的产品绿色特征也不尽相同，消费者对其接受和认可程度也有差异，因而绿色产品的设计开发途径也成为企业选择绿色定价策略的客观依据。

（1）低物质化设计价格。所谓"低物质化"是指尽可能降低生产过程中物料和能源的消耗强度。这种低物质化设计的绿色产品，不仅节约了材料和能源，而且具有体积小、重量轻的优点，容易得到消费者的青睐。这类绿色产品上市时，可选择新产品导入期的高价定价策略，在短期内收回研发成本，获得高额利润。

（2）再循环设计或生态设计价格。这种设计是基于产品生命周期理论，认为产品是具有起源和归宿的物质实体，产品源于环境又归于环境，今天的废弃物将是明天的产品。以这种方式设计的绿色产品，研发成本比较高，其回收系统也难免给顾客带来"麻烦"。如果简单地采取高价定价策略，往往难以迅速占领市场。明智的做法是根据再循环设计或生态设计的差异采取相应的差别化定价策略。

（3）绿色产品再开发价格。一些农产品、林副产品、野生动植物制品等，其核心产品就是绿色产品，再开发过程主要发生在核心层以外的包装、广告、认证等外部层次，开发费用较低。产品再开发过程的差异导致了定价上的差别。因此，在产品定价上，可以利用绿色消费者崇尚自然、回归自然的心理，令他们接受远高于原始绿色产品的价格。

（四）产品地点差别定价策略

（1）绿色产品产地交货价格。绿色产品产地交货价格是卖方按绿色产品出厂价格交货或将货物送到买方指定的某种运输工具上交货的价格。绿色产品产地交货价格对卖方来说较为便利，费用最省，风险最小，但对扩大绿色销售有一定影响。例如，素有"苹果之乡"美誉的河南省灵宝市拥有19.2万亩苹果园（2021年12月被批准为"全国绿色食品原料标准化生产基地"），灵宝苹果在当地的交货价格较低。

（2）绿色产品目的地交货价格。绿色产品目的地交货价格是指由卖方承担绿色产品从产地到目的地的运费及保险费后形成的价格。具体而言，目的地交货价格由绿色产品出厂价格加上产地至目的地的手续费、运费和保险费等构成。虽然手续较烦琐，卖方承担的费用和风险较大，但绿色产品目的地交货价格有利于扩大产品销售。

（3）绿色产品统一交货价格。绿色产品统一交货价格，即卖方将绿色产品送到买方所在地，不分路途远近，统一制定同样的价格。这种价格的运费按平均运输成本核算，这样可减轻较远地区顾客的价格负担，从而使买方更乐意购买，有利于扩大市场占有率。同时，能使企业维持一个全国性的广告价格，易于管理。该策略适用于体积小、重量轻、运费低或运费占成本比例较小的绿色产品。

（4）绿色产品分区运送价格。绿色产品分区运送价格也称区域价格，是指卖方根据顾客所在地区距离的远近，将绿色产品覆盖的整个市场分成若干个区域，在每个区域实行不同的价格。当企业实施这种定价策略时，处于同一价格区域内的顾客，就得不到来自卖方的价格优惠；而位于相邻价格区域交界地的顾客，虽然相距不远，但要按高低不同的价格购买同一种产品。

（5）绿色产品基点价格。有些企业会选定某些城市作为基点，然后按一定的绿色产品出厂价加上从基点城市到消费者所在地的运费来定价，而不管产品实际上是从哪个城市起运的。有些企业为了提高灵活性，选定许多个基点城市，按照顾客最近的基点计算运费。例如，在电商平台购买绿色产品的江浙沪消费者可以享受运费价格"包邮"。

（6）绿色产品运费津贴价格。产品运费津贴价格是指为弥补绿色产品产地交货价格策略的不足，减轻买方的运杂费、保险费等负担，由卖方补贴其部分或全部运费。该策略有利于减轻边远地区顾客的运费负担，使企业保持绿色市场占有率，并不断开拓绿色新市场。

三、绿色产品组合定价策略

传统产品组合定价的依据是产品系列的需求和成本的内在关联性，没有考虑生态环境问题。绿色产品组合定价策略，是根据绿色产品的需求、绿色产品生产成本和绿色产品生产资源，利用三方面的内在关联性实施定价的一种策略。一般来讲，消费者有强烈需求的绿色产品，如健康、安全、无毒、无害的产品，可以制定比较高的价格，而对回收利用生产过程中的废物所形成的产品则实施低价甚至低于成本的价格策略。可见，绿色产品组合定价策略，实际上是发挥价格的调节作用，建立合理的消费结构，从而减少资源消耗、保护环境，协调企业、消费者和生态环境关系，达到企业持续经营的目的。

绿色产品定价策略和传统产品定价策略的区别如表 7-3 所示。

表 7-3　绿色产品定价策略与传统产品定价策略的区别

类　别	绿色产品定价策略	传统产品定价策略
定价依据	绿色产品的需求、绿色产品生产成本和绿色产品生产资源的内在关联性	需求和成本的内在关联性
定价水平	价格整体相对较高	价格整体相对较低
定价目的	协调企业、消费者和生态环境关系	协调企业和消费者关系

四、绿色产品竞争定价策略

竞争定价策略是指根据竞争对手的产品来确定自己产品的价格，尤其是在供应者相对稀少的情况下采用这种定价方法。竞争定价法，虽然也考虑产品的成本、需求等，但主要依据仍是竞争产品价格。受到市场管理规范程度、政府监管等因素的影响，企业为了获得更多经济利润而未向消费者提供高透明化的绿色产品信息，从而造成部分高绿色度产品竞争不过低绿色度产品的无序竞争局面，扰乱了绿色产品竞争市场的秩序，甚至导致高绿色度产品最终被低绿色度产品所取代。因此企业应明确产品的绿色度，控制好产品的成本，同时市场和政府也应发挥相应作用，促使企业良性竞争，实现绿色产品长远发展。

扩展阅读 7-3　理论前沿：从绿色产品定价看绿色产品发展路径

 思维扩展

互联网时代，如何限制绿色产品之间的无序竞争？

本章小结

绿色产品定价是绿色营销策略的重要组成部分。在绿色营销实践中，产品的绿色属性是产品的核心价值和特征，也就是说，绿色产品定价的一个重要前提是明确产品的绿色价值，消费者正是依据绿色产品价值的三个维度（功能价值、情感价值和社会价值）来做出消费决策。本章主要围绕绿色产品的价值和价格，分别介绍了绿色产品价值和绿色产品价格的内涵、分类、影响因素，绿色产品的价值策略、绿色产品的定价方法、绿色产品的价格策略。影响绿色产品定价最重要的因素包括绿色需求、绿色成本和绿色产品的竞争状况。企业进行绿色产品定价时，应考虑非环境成本、非成本因素与产品定价的关系，确定绿色产品定价的导向，同时充分运用绿色产品的价值策略和价格策略，制定合理的绿色产品价格。

核心概念

1. 绿色产品价格（green product price）
2. 绿色产品成本（green product cost）
3. 绿色价值共创（green value co-creation）
4. 绿色品牌形象（green brand image）
5. 绿色品牌延伸（green brand extension）
6. 绿色产品差别定价（green product differential pricing）
7. 绿色产品组合定价（green product mix pricing）
8. 绿色产品竞争定价（green product competitive pricing）

本章思考题

1. 简述绿色产品价值和价格及其影响因素。
2. 结合实际分析绿色产品在生活中的价值体现。
3. 简述绿色产品的定价策略。
4. 评述绿色产品定价与传统产品定价的异同点。
5. 以特定绿色产品为例，试思考其能选择的定价方法。

本章即测即练

本章实训指南

本章综合案例

中林如何探索生态产品价值实现机制？

2021年12月3日，中国中化、中粮集团、中储粮集团、国投集团、中国农发集团、中林集团等6家中央企业与中国农业银行签署共同服务乡村振兴战略合作协议，为乡村振兴贡献央企力量。

中国林业集团有限公司党委书记、董事长余红辉介绍，中林集团将积极融入国家的乡村振兴和"双碳"战略，全面布局森林、湖泊和园区绿色生态产业链，联合有关央企成立"双碳"绿色发展平台，共同探索林业碳汇助力乡村振兴的实现路径，助力增强中央企业未来在国内国际碳汇市场上的竞争力和话语权。

转型承载新使命

2021年12月，位于大巴山腹地的重庆城口县飘起了雪。虽然天气寒冷，但修齐镇张地翠的心里却很热乎。作为曾经的建卡贫困户，她已经成功摘掉了"贫困帽"。帮助她家增收的一大来源，就是重庆国储林项目。

经过两年的建设，中林集团与重庆市人民政府共同推进的500万亩储备林正在构建起长江上游的绿色生态屏障。与此同时，在该项目中，中林集团创新政府搭台、企业实施、村社动员、农民参与的"四方联动"机制，发挥政府主导、银行主推、企业主体、农民主力"四个作用"，探索出"林地流转、就近就业、林木采伐分红、产业带动"四条增收路子，让国家储备林项目成为带动山区群众脱贫致富的"金钥匙"。

除了重庆，中林集团的"造绿"工程在多地陆续铺开。在广西，500万亩国家储备林已签订战略合作协议；在广东、广西，100多万亩人工速生林基地通过科学种植精准提升林木质量，让曾经荒凉的土地变成林海绿洲；在福建，参与了福建省综合林改项目工程、林权证券化改革实践，与三明市人民政府、国家开发银行签署建设200万亩储备林战略合作协议。

外界曾认为，从事国有森林资源培育、开发和利用的中林集团，靠"育林砍树"做木材生意，然而事实并非如此。近年来中林集团调整优化业务结构，进一步锻造自身实力和竞争力，其经营业务已涵盖林业资源培育开发利用的全过程。

不久前，作为国资委管理的唯一一家林业企业，也是中国最为国际化的林业企业——中林集团有了新使命。

2021年11月19日，国资委公布央企领导人员职务任免，余红辉任中国林业集团有限公司党委书记、董事长，不再担任中国节能环保集团有限公司党委副书记、党委常委、董事职务。中国节能是国务院国资委旗下唯一一家以节能环保为主业的中央企业，而余红辉也是节能减排的"老兵"，在节能环保与新能源领域具有突出的经验和成绩。中林集团将认真落实好国家"双碳"目标新使命，在"双碳"主战场上发挥央企的主力军作用。

余红辉表示，中林集团有丰富的生态资源和良好的产业基础，有利于从森林资源培育、大水面湖泊治理等源头上落实"双碳"发展目标。

深耕碳汇资源优势

践行"双碳"目标，一方面要系统化调整能源结构，另一方面则是增加碳汇。森林是全球公认最经济有效的碳汇资源，随着碳汇市场建设加速推进，林业的巨大价值和多重效益开始被重估。

中林集团战略投资部负责人介绍，截至目前，中林集团在境内拥有林地资源森林蓄积量达3 470万m^3，林地资产市值约644亿元。林地碳汇量470万t/年，预估碳汇资产价值3.8亿元/年。到2030年，预计可实现境内碳汇交易林地约3 263万亩，森林蓄积量约10 467万m^3，林地资产价值约1 300亿元，碳汇量2 240万t/年，碳汇资产价值约18亿元/年。此外，内陆水沉积物也是重要的长期碳汇。据有关研究显示，湖泊和水库中每年所埋藏的有机碳超过海洋沉积物中的埋藏量。目前，中林集团水域控制和经营面积超过1 800多km^2。

拥有巨量森林和湖泊等生态资源的中林集团在碳汇市场上具有无法替代的核心作用。近期已有多地政府、金融机构纷纷加大与中林集团深入对接，共同谋划未来"碳机遇"战略布局。

2021年12月7日，中林集团与中国节能签署战略合作协议，将依托各自在节能环保领域和森林碳汇领域的龙头地位、资源和经验优势，平等协商、开放合作、协同推进、共建共享，加快促成合作项目落地见效。

此外，中林集团还积极推进与中国国新控股有限责任公司等多家中央企业战略合作，探索成立"双碳"基金，在节能减碳与碳汇综合服务平台搭建、碳达峰碳中和实施方案、碳汇林开发等方面开展合作。

根据中林集团"十四五"战略规划，集团将开展碳汇基础能力建设，建立碳汇发展专业团队，搭建碳汇技术服务平台，开展林草碳减排核算方法研究并参与制定相关核证技术标准，探索参与中央企业、地方政府碳汇林建设和管理，并成为全国碳资产主要供应商。

走高质量发展之路

以打造林业现代产业链链长为契机，中林集团在全国孵化建设绥芬河国林木业城、镇江国林生态城、九江华中国际产业园、泗阳家居产业园等7个生产性综合服务园区，加速带领林业产业向集群化方向，向产业链高端转型，推动林产加工企业实现绿色低碳发展。

近年来，集团加快推进"沿边、沿江、沿海"产业园布局，300多家中小企业入驻园区，实现了产业链、供应链、资金链"三链"融合，促进了创新创业，培育了一大批"特、精、优"企业，达到了能源集中利用、土地集约优化的效果。

对湖泊生态经济的探索也在持续推进中。中林集团千岛湖发展公司开创了以水养鱼、以鱼护水的"保水渔业",并率先推出了"有机鱼"概念和品牌——"淳"牌,成为享誉国内外的有机鱼品牌。在发挥重要社会效益的同时,企业的经济效益实现了连续20多年持续稳定增长。中林集团千岛湖发展公司副总经理晏文娟介绍,千岛湖发展公司在保水渔业的基础上,探索和挖掘碳汇渔业,进而发挥湖泊生态系统的碳汇功能,为打造碳汇渔业、湖泊碳汇提供千岛湖样本。

"我们要聚焦国家重大战略需求和自身主责主业,加快推进国家储备林建设,积极探索湖泊生态资源和森林资源等生态产品价值实现机制的路径方案。"余红辉表示,中林集团将全面贯彻新发展理念,坚持山水林田湖草沙一体化保护和系统治理,将林业产业发展与生态环境保护有效结合,为保障国家生态安全、木材安全、物种安全,推进林业可持续发展和国际资源开发合作发挥更加突出的示范和引领作用。

资料来源:根据刘瑾《中林集团积极探索生态产品价值实现机制——做强绿色产业助力"双碳"战略》(《经济日报》,2021年12月10日)改编。

案例思考

1. 中林集团在实现生态产品价值方面做了哪些努力?
2. 中林集团在实现生态产品价值的过程中有哪些值得学习的经验?
3. 结合案例材料,运用本章所学知识,谈一谈中林集团在对"有机鱼"产品定价时,可以采用哪些绿色产品价格策略。

第八章

绿色价值链和分销渠道策略

◆ **本章导语**

营销渠道的简洁、通畅、高效是成功实施绿色营销的关键。

◆ **本章引例**

三顿半"返航计划"回收用户空罐

越来越多的消费者重视绿色可持续理念,品牌也在寻找能将可持续话题和品牌建设、用户互动,甚至销售相结合的方式,三顿半就是很好的例子。2015年成立的三顿半定位是一家精品咖啡品牌,在售产品包括精品咖啡豆、挂耳咖啡、冷萃滤泡咖啡和即溶咖啡。其中,"小杯子"罐装的超即溶咖啡是三顿半的明星产品。

三顿半推出"返航计划":用户在特定时间将咖啡空罐拿到线下"返航点"回收,可以兑换新的咖啡和限定周边。整个活动采用微信小程序预约和线下交换的模式,即线上确认细节,包括空罐数、返航点和兑换品的确认,现场凭借预约码进行操作。1个空罐即可以兑换徽章、贴纸和胶带等周边的小合集包,这种低门槛的设置是为了鼓励大家参与到该项目当中。5个空罐可以兑换一杯主题咖啡,100个则能获得品牌T恤。三顿半会在小程序中展示物资清单,方便用户按需兑换心仪物品。对于能量不够的用户,可以邀请朋友进行助力。这些物资通常是人们随身率或者收藏率较高的物品,可以有效满足他们的分享欲。

三顿半表示"小杯子"由100%可回收材料制成,回收的咖啡空罐并不会用于二次包装,将按回收标准处理材料,用于制造新的产品周边,并在现场提供环保购物袋呼吁消费者使用。

除此之外,通过"返航计划",三顿半还实现了用户信息的收集整合。通过小程序激活在微信公众号的关注者,借助"以验证身份进入返航计划"为门槛绑定用户电话,进一步用电话号码作为桥梁整合淘宝的购物数据和微信微商城的数据,以及用户在微信的互动,完善用户画像,将用户进行更精准的分层。

通过"返航计划",三顿半提升了用户的黏性和复购率。如果没有"返航计划",消费者可能买过之后没有很喜欢就不会再买了,空罐也不会留着。但是每次"返航计划"发生的时候都会预告下一次的返航时间,让用户有一种返航的心理预期,这时小罐从仅仅是一个产品包装变成了"货币",悄悄地带上了价值。

可以看到,"返航计划"是三顿半具有战略意义的全季节性活动,既传播了企业绿色价值和绿色理念,还通过"积罐促销"的方式提升消费者购买水平,增强消费者忠诚度。通过把空罐本身作为货币兑换物资,不仅增加了活动的趣味性,扩展了品牌合作的空间,也促进了线上线下互相导流,推动形成自己的用户–产品–体验生态。

资料来源:根据 BrandStar《三顿半推出"返航计划",回收用户的咖啡空罐》("品牌星球 BrandStar"微信公众号,2020 年 6 月 30 日)资料整理。

◆ **本章知识结构图**

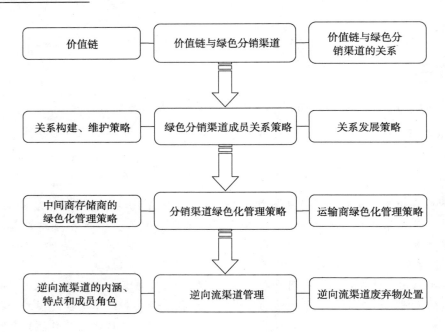

第一节 价值链与绿色分销渠道

一、价值链

(一)价值链的概念与组成

价值链(value chain)的概念首先是由竞争战略之父迈克尔·波特(Michael E. Porter)于 1985 年提出的,波特认为:每个企业都是在设计、生产、销售、发送和辅助其产品的过程中进行种种活动的集合体,所有这些活动可以视为一个价值链。企业的生存和发展离不开价值的创造,其创造价值的过程可以分解成一系列相关联的生产经营活动,这些生产经营活动的总和即构成企业的价值链。价值链又可以分为基本活动和辅助活动两类,基本活动包括内部后勤、生产经营、外部后勤、市场销售、售后服务等,辅助活动包括采购、技术开发、人力资源管理及企业基础设施等。这些互不相同但又相互关联的生产经营活动共同构成了企业的价值创造过程。

价值链可以分解,又可以整合。企业通过对整个价值链的分析,从自身的比较优势出发,选择和培育具有核心竞争力的价值增值环节,借助市场择优寻求合作伙伴来共同完成整个价值链的价值创造过程。这样原本属于某一企业的价值链就会由许多相对独立又各具独特优势的价值增值环节组成。价值链的分解和整合不仅可以提升价值链价值,也能够保证企业获得更高的投入产出比。绿色价值链将绿色价值发现、绿色价值创造、绿色价值传递和绿色价值传播相互连接,是一个从绿色产品设计、绿色原材料采购、绿色产品制造、绿色营销和物流、绿色消费直至回收再生的动态闭环过程,此过程不仅促进绿色生产和绿色消费相互渗透,带动全价值链(产业链)及相关配套服务的绿色化,而且将绿色产品价值和绿色社会价值共同纳入价值范畴,提升绿色价值的交付质量与效率。

(二)绿色价值链的创造过程

聚焦于企业所在的整个绿色产业价值链,绿色价值不仅仅是在企业内部被创造,企业与相关联企业之间进行的外部活动也是绿色价值创造的过程。按照波特的逻辑,每个企业都处在绿色价值链中的某一环节上,一个企业要赢得和维持竞争优势不仅取决于其内部绿色价值链,而且还取决于其同供应商、销售商以及顾客相连接的绿色产业价值链。

扩展阅读8-1 实践前沿:2022京东年货节助推绿色"春运"

这条绿色产业价值链囊括了产业中各个企业的绿色价值活动,这些活动在绿色产业链的价值组织形式下创造绿色价值。在商品生产的整个过程中,供应商提供的原料与技术、劳动一起被生产商融合产成绿色产品,绿色产品通过分销渠道转移到最终消费者,从而完成绿色价值传递,这一过程中各个企业都通过相应的活动实现了绿色价值创造,即构成了绿色价值链。处于绿色价值链上游的企业从事绿色生产经营活动,而绿色价值链下游的企业会为绿色商品提供诸如绿色促进、绿色分销等方面的服务。绿色价值链中每位成员的活动都会影响到绿色价值的创造、沟通和交付。

如果将企业集合用来代表它们在绿色产业价值链中进行的活动,那么绿色价值链将会呈现出"绿色供应商—绿色生产商—绿色分销商—最终绿色顾客"这样的线性结构。可以说,传统分销渠道是价值链线性结构中的组成部分。基于此,要实现分销渠道绿色化,完全可以从整体的价值链出发,采取相关绿色策略对分销渠道进行绿色化建设。

二、绿色分销渠道

(一)绿色分销渠道与传统分销渠道的区别

分销渠道(distribution channels)又称为营销渠道、流通渠道等。菲利普·科特勒将分销渠道定义为"某种货物或劳务从生产者向消费者移动的过程中,取得这种货物或劳务所有权的企业和个人"。美国市场营销协会(American Marketing Association,AMA)认为"分销渠道是由制造商、代理商、经销商、批发商、零售商、储运商等组织机构构成的,通过这些组织机构,商品(产品或劳务)才能得以上市销售"。也就是说,商品的生产者很难直接将商品销售给顾客,利用中间商才能有效地推动商品顺利、广泛地进入市场。由此可见,分销渠道通过商品交换,将商品从生产者传递到分销商,再将商品从分销商传递到消费者,通过渠道成员协调运作与共同活动的商品增值过程,为消费者创造出最终使用价值。

绿色分销渠道即绿色化的分销渠道，相比于传统分销渠道，绿色分销渠道的功能和流程都应该是绿色的，是具有可持续性的。绿色分销渠道主要聚焦于解决传统分销渠道中各个环节产生的大量废弃物问题。传统分销渠道在商品传递过程的每个环节都会产生大量废弃物。面对这些废弃物，传统渠道成员为了减少成本往往会采用最简单、最低成本投入的方式来处置或处理，通常会将各种废弃物直接抛弃到自然界中，甚至直接焚烧，这给生态环境的可持续性发展带来较大的负面影响。

传统分销渠道的商品传递过程中产生的废弃物不仅会破坏生态环境，也阻碍了分销渠道的可持续发展，传统分销渠道难以实现生态环境的可持续发展以及经济的高质量运行。在这种情况下，渠道成员们在绿色领域中积极展开联合合作，寻找出使分销渠道更绿色化、更可持续化的方案，来合理、有效地处理分销渠道各环节中产生的废弃物，即建设出一条绿色分销渠道。对于渠道成员来说，一方面，绿色分销渠道能为渠道成员带来巨大的环境收益；另一方面，绿色分销渠道也为渠道成员带来了可持续的经济收益，渠道成员之间进一步进行的联系合作，使得营销和物流等活动高效顺利进行，营造出积极的经济环境。

绿色分销渠道与传统分销渠道的差别如表8-1所示。

表8-1　绿色分销渠道与传统分销渠道的区别

类　　别	绿色分销渠道	传统分销渠道
分销衍生问题	分销渠道中各环节产生的废弃物较少	分销传递过程的每个环节都会产生大量废弃物
功能流程	全程绿色化	非全程绿色化
废物处置方式	回收利用或绿色化处理	抛弃、焚烧或选择性回收
环境影响效果	对环境的影响小	导致资源浪费和环境污染

（二）绿色分销渠道建设

建设绿色分销渠道的过程并不复杂。其中关键的一点是，绿色分销渠道从价值链出发，设计出了一条逆向流回收处理渠道。简单来说，这是一条以废弃物为流转目标的渠道，不能即刻被生物降解的废弃物将经过它逆向流回商品所在的价值链中。在最终回到商品所在的价值链之前，废弃物中可以被自然界直接吸收利用的部分会直接回到生态圈中，另外大部分废弃物还需要经过一定的处理和改造，而其中对废弃物进行处理加工的系统被称为再生系统。在被收集、处理和再制造之后，会对环境造成负面影响的废弃物通过逆向流渠道再次成为生产中能使用的原材料。正是这样的逆向流渠道与传统的价值链相连接，传统的线性价值链转变成了可持续的价值环（如图8-1、图8-2所示），而绿色分销渠道就存在于这样的价值环中，具有了绿色可持续的性质。

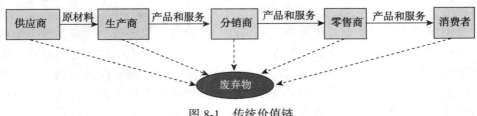

图8-1　传统价值链

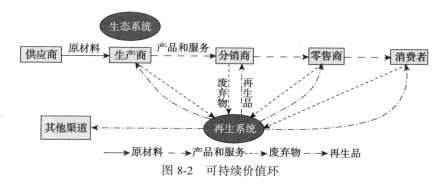

图 8-2 可持续价值环

在绿色分销渠道的建设过程中，一方面，渠道成员自身开始尽最大的努力来减少废弃物以及更多地回收再生资源。企业在生产时更多地开始尝试使用可回收材料，尽可能多地对产品或包装进行重复使用。例如，食品制造商雀巢计划到 2025 年实现包装材料百分之百可回收再利用或可重复使用，通过自研奶粉罐回收机等手段，充分利用闲置包装材料资源进行再生产。另一方面，渠道成员之间也进一步加强合作。为了更好地完成由废弃物到再生资源的转变，渠道成员开始与专门从事材料回收再利用的相关企业进行合作，将其纳入传统的价值链中，帮助可持续价值链闭环的实现。例如，"爱回收"企业与多家合作伙伴联合，在消费者发布了想要回收的手机产品信息后，"爱回收"会在 10 分钟内把 30 余家回收企业的报价发送给用户，并提供上门取货、代付货款等服务，促进回收活动的进行。

（三）绿色分销渠道与价值链的关系

绿色分销渠道是价值链的组成部分，绿色分销渠道的建设过程也必须回到价值链中进行。在传统分销渠道的运作过程中，生产商和消费者分别是分销渠道的起点和终点。产品和服务从生产商出发经由各个中间商转移到消费者的同时，资金也沿着该链条从消费者倒流回生产者。传统分销渠道只关注产品和服务在生产者和消费者两端的线性传递，没有考虑到产品和服务的"初始来源"和"最终去向"。事实上，商品不是生产商凭空变出来的，而是生产商将供应商提供的资源和技术通过劳动融合制造而来。同时供应商所提供的资源从自然环境中或者上级供应商处获取，这就是我们需要考虑的"初始来源"。同样的，产品和服务也不会永久停滞于消费者手中，它们还会有"最终去向"，或者回到自然环境中，或者进入再生系统进一步被回收为原材料。

在绿色分销渠道中，不仅需要考虑渠道功能和流程的绿色化，更需要关注产品和服务的初始来源和最终去向，将产品和服务的初始来源和最终去向纳入传统分销渠道中。换言之，绿色分销渠道是把其完全置于价值链之中的。最终去向与初始来源相连结，形成闭环的分销渠道，这样产品和服务不再单纯地在传统分销渠道中进行线性传递，已演变为"初始来源—生产商—消费者—最终去向—初始来源"的循环传递。将容易被忽略的"最终去向"连接到自然系统或者再生系统中，在经历可持续处理和转变后，这些处于终端的废弃物也有可能再次回到价值链中，成为可以利用的资源，同时价值链也被赋予了可持续性。以计算机产品为例，生产商生产计算机使用的各种原材料的初始来源是自然界，被消费者使用后报废的计算机往往不会一直留存在消费者手中，而是作为废弃物进入逆向流渠道。首先经过简单的处置后，计算机中能够被直接再次利用的废弃物（各类金属）不用经过再生系统，而是同从自然系统中获取的贵金属一样，再次作为生产商制造计算机的原材料。而无法立刻被自然界分解吸收甚至会对环境造成危害的废弃物（电子元件、电池、屏幕等）进入再生系统，大部分废弃物被处理和转化后也可以成为新的原材料。在这个过程中，本应该直接丢弃但仍有价值的废弃物进入了另一条渠道，并且在各环节中被不断添加价值，即将低价回收的"垃圾"又以较高价格卖出去。价值链也由此转变为可持续价值环，传统分销渠道进而成为了可持续的绿色分销渠道。绿色分销渠道和可持续价值链的建设需要整个价值链上的主体共同参与和配合。渠道成员应该积极开展资源的回收再利用计划，打破传统"资源—生产—废弃物"模式，形成"资源—生产—废弃物—再生资源"的新型循环模式。

> **思维扩展**
>
> 在数字时代，企业在推进分销渠道和价值链可持续化方面可以有哪些突破？

扩展阅读 8-2　实践前沿：永辉超市打造活力绿色生态体系

绿色分销渠道和价值链可持续化不仅需要价值链上各个主体的共同努力，也需要外部政策的催化与推动。例如，我国近年来出台的多项推动垃圾分类与废弃物可持续化处置的相关政策有效推动了回收产业的发展，使得回收再利用的相关企业加入传统价值链成为可能。又如，长虹格润通过数智技术，利用手机App、微信小程序等手段将销售门店和回收渠道融合到废旧家电回收系统中，创建了"互联网+回收体系+物资回收平台+家电拆解中心"的全产业链体系，在回收渠道方面做出了全新突破，对于废旧家电流通中存在的加码问题、利益分配问题、私人拆解问题，通过专业的分拆处置和一套完善的回收处理系统，让电子垃圾变废为宝，使其再资源化。

第二节　绿色分销渠道成员关系策略

一、绿色分销渠道成员关系构建策略

绿色分销渠道成员主要包括生产商、分销商、零售商、消费者以及能造福分销渠道的所有成员。绿色分销渠道成员关系的构建是打造分销渠道绿色、可持续性的关键。与传统的分销渠道成员关系类似，绿色分销渠道成员之间的关系既相互依赖又彼此独立。在产品和服务的绿色价值生产和价值转移的过程中，渠道成员追求各自最大化利润，通过渠道成员之间的合作来实现资源的充分利用。那些在此过程中能创造显著优势的企业被称为最强渠道力量（the strongest channel power）。同时，又与传统渠道成员之间的竞争不同，绿色分销渠道成员之间的竞争并非一定是零和博弈，渠道成员会以渠道的绿色发展为导向，构建出开放且合作的新型绿色沟通与合作关系，共同打造可持续性价值链。

（一）与上游渠道成员关系的构建

在传统渠道中，渠道成员在追求各自利益时可能会将原有的承诺置之脑后，损害分销渠道的整体利益。然而，绿色渠道所宣扬的低碳、无污染等特点在无形之中提高了渠道成本，而成员之间的合作可以降低成本提高带来的冲击。因此，绿色分销渠道中各渠道成员之间的紧密配合则尤为重要。为此，企业在进行绿色分销渠道成员的合作伙伴选择时会更加关注那些具有良好的绿色形象和信誉的渠道成员。例如，华为将可持续发展纳入供应商选择的认证和审核指标中，依据公众环境研究中心（Institute of Public and Environmental Affairs，IPEA）提供的全国企业环境表现数据库来调查供应商，进行供应商认证及选择，通过认证的供应商才能成为正式供应商。并基于电子行业行为准则（Electronic Industry Code of Conduct，EICC），与正式供应商签署包括劳工标准、安全健康、环境保护、商业道德、管理体系及供应商管理等要素在内的"供应商企业社会责任（The Corporate Social Responsibility of Supplier，CSRS）协议"，与供应商建构绿色合作关系。

> **思维扩展**
>
> 如何运用数字化手段联动上下游渠道成员、构建绿色分销渠道？

（二）与下游渠道成员关系的构建

生产商建构的绿色理念也会试图影响下游渠道成员（downstream channel members），即企业的分销商、零售商直到终端消费者。为了维护绿色分销渠道的整体性，企业也需要对下游渠道成员进行有效的管理和约束，因为在产品和服务的流通、使用的过程中同样会产生废弃物，这些废弃物都需要企业指导渠道成员进行再回收和再利用。例如，联想就一直致力于最大程度地控制产品生命周期的环境影响，加大对可再利用产品和配件的回收力度，并为消费者和客户提供全球范围内的资产回收服务（asset recovery services，ARS），对回收的零部件进行无害化处理。通过这样的措施，消费者会逐渐养成绿色回收习惯。

二、绿色分销渠道成员关系维护策略

当产品和服务沿着分销渠道流通时，增加利益相关者的组织透明度可以维护绿色分销渠道成员的稳定关系，表现为其供应商、分销商、投资者以及消费者都可以评估该产品和服务的相对可持续性（马丁，2014）。绿色分销渠道不只意味着产品和服务是绿色的，同时要求产品的生产、运输、销售过程也应符合环保标准。如果在供、销环节中某个渠道成员没有防治污染或控制污染源，就会对绿色分销渠道的可控性造成影响，绿色分销渠道成员间稳定的绿色合作关系也会因此受到影响。因此，绿色分销渠道的透明度是维护渠道成员关系的关键。企业提高绿色分销渠道透明度的重要措施主要包括构建全渠道监管链和利用外部监督。

（一）构建全渠道监管链

由于存在信息不对称等问题，下游渠道成员无法获知产品或服务是否符合绿色标准，这对绿色分销渠道的可控性会造成一定的冲击。因此，构建依靠国家标准认证的全渠道监管链可以使零售商以及消费者便于检验产品或服务是否满足环境与社会管理方面标准。促进绿色分销渠道透明度的一项重要措施就是建立产品或其组件的监管链（chain of custody）。监管链是指对产品或其组件的运转与所有权变更从其现处位置追溯到源头出处的管理链。

例如，为了改进林业实践活动，促进可持续性木材生产，2019年我国实施了森林认证——产销监管链认证（GB/T 28952—2018）的国家标准。旨在对林业企业的各个生产环节，即从加工、制造、运输、储存、销售直至最终消费者的整个监管链进行评估。再生塑料也是影响绿色环境建设的重要因素。中国物资再生协会、华信创（北京）认证中心有限公司向国家认监委申报了"绿色再生塑料认证——产销监管链"这一再生资源行业的特色认证。该标准通过可追溯、环境保护、社会责任、再生标识和一般原则五大方面的要求对塑料再生造粒企业和塑料制品企业进行行业特色质量管理体系认证，旨在提升企业的产品竞争力，与国际高价采购再生塑料产品的国际体系接轨。

（二）利用外部监督

确保渠道透明度的另一种方法则是利用外部监督（external audits），即让第三方机构根据企业自愿服从的标准来监督、记录企业的行为，并判断企业行为与标准的符合程度。外部监督能够为一些不具有国家标准监管链的企业提供有效的绿色监管，确保产品或服务符合绿色可持续的发展标准。例如，南京国环有机产品认证中心每年都会对茅台的高粱基地实施认证，且从未检测出禁用物质，为原料的健康无污染提供了有效保障。

外部监督也可以来自国家第三方机构。例如，食品行业排放了全世界 1/3 的温室气体，并占用了地球上最大的清洁水供应量，为推进食品行业可持续发展，实现透明的食品链，就需要进行信息披露以提高食品行业渠道的绿色透明度，隶属于农业部的中国绿色食品发展中心是负责全国绿色食品开发和管理工作的专门机构，其承担无公害农产品、绿色食品、有机产品标志授权管理和产品质量跟踪检查，开展绿色食品、有机农产品和地理标志农产品生产基地创建、技术推广和宣传培训，协调指导名优农产品品牌培育、认定和推广等工作。

延伸阅读8-1

实践前沿：溢达纺织让消费者看到每一个环节

溢达集团于1987年创立，是世界领先的"高档纯棉"制造商，其业务范围涵盖棉花育种、种植、纺纱、织布、染整、制衣、铺料、包装和零售等，是世界知名品牌 Hugo Boss、Polo Ralph Lauren、Brooks Brothers、GAP、Nike 等的面料供应商和成衣制造商。溢达集团相信，如果我们还没有醒悟到过去几个世纪人类对环境造成了巨大破坏，就不太可能拥有繁荣昌盛的未来。溢达的宗旨是所有行为都必须对环境有利，并让世界变得更加美丽。

溢达纺织于2019年获评"国家知识产权示范企业""智能制造标杆企业（第二批）"；2018年获评国家第二批绿色制造示范项目绿色工厂，同年10月获评国家第三批绿色供应链管理示范企业，获得市级推动机器人应用及产业发展专项支持、佛山市经济科技发展专项资金,被认定为佛山市"专精特新"企业。溢达纺织是节能减排和绿色制造的标杆企业,在棉田种植上,溢达集团一直推行可持续发展的措施,例如,妥善运用水资源,采用滴灌技术;采用生物灭虫法,减少化学药品的使用;使用人工采摘,实现可持续种植计划等,以此保证新疆长绒棉自然、洁白、健康的特点。

溢达集团积极引进、探索先进技术,例如,超洁净排放热电厂、太阳能光伏发电等,都为溢达提供了源源不断的绿色能源;无水染色技术、免烫整理技术、天然染料染色技术、免上浆技术等极大地降低了化学用品使用量和资源能耗,最大限度地降低了对环境的影响。除此之外,溢达集团还从采购源头入手,最大程度确保绿色环保,降低污染,其采购供应商必须环保过关,对于有问题的供应商,溢达会主动敦促整改,拒不整改则将逐步终止与其合作。

溢达集团一直在积极推动更多的供应商在环保信息公开和环境改善方面作出努力。位于广东省佛山市高明区的水质净化中心是中国纺织业内最大的污水处理中心之一,日处理能力达 38 000 吨,经处理后排放的污水比中国国家规定的排放标准更严格。该中心显著减少了污水处理过程中产生的异味,并通过独特的技术,对污泥进行有效脱水和干燥处理。整个过程都处于可实时监察状态,不仅提高了信息透明度,更为企业进一步提高污水处理能力提供了基础和动力。溢达集团力争做到信息的共享和透明。"从生产端到消费端是否绿色,我们要让消费者看到每一个环节。"

资料来源:根据佛山市工业和信息化局《溢达纺织:可持续发展打破传统行业刻板印象》(世界服装鞋帽网,2020 年 5 月 18 日)相关资料整理。

三、绿色分销渠道成员关系发展策略

在渠道成员之间存在的互利互惠关系中,只有当渠道成员在其所在的岗位上均能获得满意收益时,分销渠道才能得以稳定运行,渠道成员之间的关系才能得以更好地维系。而在绿色分销渠道成员关系已经建立的基础上,绿色产品分销渠道的容量大小会对绿色产品的流通和渠道成员的利益产生深刻影响。因此,绿色分销渠道成员关系发展的重点是扩大绿色分销渠道容量。

(一)扩大生产商的绿色生产能力

在扩大绿色分销渠道容量的过程中,首先面临着绿色原材料供应不足的问题。即受到技术条件、生产成本,以及产量水平的限制,供应商缺乏生产绿色原材料的能力和动力,导致能提供绿色原材料的供应商较少。因此扩大渠道供应商的可持续生产能力能有效扩大可持续渠道的容量。

市场收益是激励供应商生产绿色原材料的直接原因。一般而言,绿色原材料的生产过程较为复杂,相较于非绿色原材料,其成本往往较高,在这种情况下,制造商可以用高于非绿色原材料的价格向供应商收购绿色原材料,或者与绿色供应商达成长期收购协议,形成市场收益激励,从而激发供应商生产绿色原材料的动力。制造商还可以加强与供应商之间的合作,对其提供教育、管理、技术以及资金方面的支持,以保证绿色原材料的稳定来源。

(二)发展绿色分销渠道的人力资本

企业还可以通过在价值环上发展人力资本的方式来扩大可持续渠道容量,造福营销渠道中的每一个成员。发展人力资本主要包括对分销渠道的员工进行可持续发展理念、生产知识、技术能力等方面的教育培训以及增加对员工身心健康状况的关注等。可以使员工感到企业的关怀,强化员工工作的意愿和动机,进而提高员工的工作效率。而对员工进行可持续生产知识和技术的培训,可以提高绿色分销渠道中员工的工作技能,确保目标的完成,提高绿色分销渠道的竞争力。教育、培训以及关怀可以造福价值环上的每一个成员,进而创造更强的渠道关系。

(三)激发绿色分销渠道成员的绿色需求

扩大绿色分销渠道容量还可以通过激发渠道成员的绿色需求来实现。分销渠道成员自发形成的绿色需求,可以促进制造商企业主动向绿色转型,直接影响到整个分销渠道的绿色水平。目前分销渠道成员的环保意识、生态意识正逐渐增强,但渠道成员的绿色需求仍待激发和释放。绿色分销渠道成员的绿色需求主要受到其环保意识、经营成本以及绿色产品可信度方面的影响,首先,制造商可以通过举办一系列可持续发展讲座或者教育培训、知识宣传等活动,强化分销渠道成员生态文明责任意识,培养绿色分销渠道成员的环保意识。其次,制造商还需要向绿色分销渠道成员提供管理和资金等方面的帮助,降低渠道成员经营绿色产品的成本和风险。最后,制造商可以公开绿色产品信息,增加绿色生产全过程透明度,让渠道成员充分掌握绿色产品信息,降低信息不对称成本,从而增强绿色产品合作意愿。

第三节 分销渠道绿色化管理策略

一、中间商的绿色化管理策略

中间商是绿色产品或服务从生产端到消费端的桥梁和纽带。由于中间商的存在,不仅减少了交易次数,提高商品流通效率,而且能够调节生产与销售的矛盾,有效分担企业的营销职能,但是过多的中间商会增加产品或服务"负担"。有效的中间商绿色化管理策略对提高企业效益尤为重要。优化中间商的绿色化管理策略具体如下:

(一)减少中间商的环节和层次

在传统的分销渠道中,生产商提供的产品和服务通常需要经过两到三级以上的批发商、零售商等,产品和服务经过多个环节、多个层次才能最终到达消费者手中。大量中间商服务所带来的价值难以覆盖渠道带来的成本,因此造成资源的浪费。在加大分销渠道成本的同时,必然将销售成本转移给消费者,使消费者难以购买到物美价廉的产品,生产商的收入也会受到挤压。

为了解决长分销渠道造成的资源低效率,可以通过缩短和简化分销渠道的方式提高分销渠道效率,即通过"精兵简政"的方式促进分销渠道的绿色化。这种减少分销渠道成员的数量,或者弱化分销渠道中间商作用的过程通常被称为去中介化(disintermediation)。

去中介化不仅有利于充分利用资源，节约了人力、物力成本，同时也会减少废弃物的产生，改善了环境，也有效推动了分销渠道的绿色化。缩短分销渠道的一种有效方法是建设电子渠道。电子渠道是近年来迅速发展起来的一种自助式新型营销服务渠道。它以互联网技术和通信技术为支撑，将产品的销售与服务数字化，客户可以借助终端设备，自主订购产品、获取服务。电子渠道在满足了客户实时服务需求的同时，降低了生产商的服务成本，大大提高了分销渠道的工作效率。

绿色产品和服务相较于普通产品有价格劣势，因此采取减少中间商的环节和层次，减少中间商的价格"剥夺"，并减少中间环节产生的废弃物等措施来提高绿色产品和服务的价格相对优势和环境友好的绝对优势，符合企业绿色化分销渠道管理的"初心"，能够有效提高企业产品绿色化流通效率。

（二）强化零售商作用

零售商作为分销渠道的最终环节，在价值链中有着特殊的地位。零售环节连接着分销渠道的各个成员与消费者，具有独特的渠道话语权，在分销渠道绿色化过程中起着重要作用。零售商可以监督上游供应商的行为，敦促其停止供应生产环节中危害环境的商品和服务，也可以引导消费者购买绿色产品，并可以为消费者提供可回收物品的场所。

（1）零售商可以对上游供应商提出绿色诉求。从本质上讲，零售商是其上游所有渠道成员的顾客。作为"顾客"，零售商必须要挑选能够有效满足自己顾客需求的产品与服务类别。零售商通过加大与上游供应商的绿色信息交流，以终端绿色销售指导上游供应商的绿色生产，促进上游供应商更加合理地配置资源，生产符合消费者需要的绿色产品，并节约自身的绿色生产成本，这能够推动上游供应链生产绿色产品和服务，因此零售商在上游企业的绿色化转型中起到驱动作用。

（2）零售商可以向下游消费者传播绿色理念。零售商通过引导消费者购买行为可以有效地推动零售过程的绿色化，可以且能够通过各种营销方式来吸引消费者的注意力，例如制作展台、布景展示商品、为商品制作标牌、提供折扣等多种方式，将绿色产品和绿色消费理念传递给消费者，从而激发消费者对绿色产品的兴趣与购买欲望。零售商还可以把绿色价值和绿色生活方式传递给消费者，使消费者体验到绿色生活方式带来的幸福感与满足感，消费者对绿色产品的需求还可以推动零售商绿色化，从而进一步反向推动渠道的绿色化，即消费者绿色需求—零售商绿色化需求—分销商绿色化需求。

（3）零售商可以为可循环利用的物品提供回收场所。零售商作为连接消费者与分销渠道上游的中间环节，是消费者返还可循环再利用的废弃物的理想中介。零售商可以作为废弃物收集商，帮助回收消费者手中可循环再利用的废弃物，通过逆向流渠道将回收的废弃物转到再生系统，实现废弃物的循环利用。例如，零售商可在其营业场所设置相应的回收点，回收诸如消费者使用过的包装袋、塑料袋、纸箱等废弃物，引导消费者积极参与到废弃物的回收利用中。因零售商在分销渠道中具有重要话语权，可以充分发挥其"上传下达"的作用，使其承担更多的社会责任和环境责任来推动分销渠道的绿色化发展。

> **思维扩展**
>
> 如果你是中间商，你会如何借助数字化手段提高绿色化管理成效？

二、存储商的绿色化管理策略

加强分销渠道绿色化管理的另一个重要途径是产品和服务的存储绿色化管理。产品和服务的存储是分销渠道的重要功能，对分销渠道起着缓冲、调节和平衡的作用。相对于功能单一、现代化、社会化、环保化程度相对较低并且通常依赖于非自动化存储系统的传统存储，绿色化的存储会在整个存储环节中减少环境污染、避免货物损失、降低作业成本。在分销渠道的运行过程中，存储环节是否绿色化，直接关系到分销渠道的绿色化水平。

（一）存储商储存设施及设备的绿色化管理

存储商的基础设施建设首先需要先进的绿色存储设计与规划，涉及仓库选址布局的绿色化、立体仓库设计绿色化、绿色仓库建筑材料绿色化等内容。存储商的基础设施建设还需要进行相应的环境影响评价，充分考虑仓库建设对所在地的环境影响。同时，存储商需要尽可能采用节能环保设备与技术来提升仓储的绿色化程度。节能环保的存储设备与技术，主要涉及屋顶实施光伏发电技术、冷库节能技术、智能穿梭车与密集型货架系统等节能环保的存储技术设备，对于打造绿色仓储、推动节能减排具有重要作用。例如，目前存储企业已经投入使用的分布式发电项目每天可发电 240 万 kW·h，大大降低存储的耗能，有利于推动储存行业的绿色化进程。

（二）存储商日常运营的绿色化管理

存储商需要将日常的运营纳入绿色化建设进程中，将整个更具可持续性的仓储环节融入绿色分销渠道，具体做法包括：提高仓储园区的场地利用效率，充分利用库区零散空间与地下空间；给水系统实行分类分级管理，建立合理的非循环冷却水重复利用措施，提高循环冷却水的利用效率；根据自然生态条件规划绿化区域，发挥降尘、减噪、抑虫等功能；使用开放式的窗户，以提供新鲜空气，减少加热或制冷负荷；鼓励员工进行绿色通勤并为其提供便利条件。存储商的绿色化管理表现为具体日常活动的绿色化，以及更加琐碎化与碎片化，需要进行有效的管理将碎片化的日常活动进行整合，形成绿色化链式分销渠道，才能有效提高中介商绿色化分销渠道的绿色程度。

（三）存储商的废弃物回收利用管理

在产品的生产、销售、使用等环节，会产生大量的废弃物，有些在存储过程中产生的基本或完全失去使用价值的废弃物，应根据实际情况进行收集、分类、包装、搬运、存储或销毁，完全丧失再利用价值的废弃物在进行处置时以净化加工、焚烧、掩埋等对环境无害的方式进行妥善处理，尽可能避免空气接触、环境破坏以及土地资源浪费。有些废弃物仍具有充分利用的价值，并且可以回收、循环使用，存储商则可以作为废弃物的提供者，将其通过逆向流渠道流回再生系统，重新投入价值链中的各个环节，推动资源的回收与利用。

三、运输商的绿色化管理策略

作为在分销渠道承担产品和服务空间转移的运输商,其绿色化也是分销渠道绿色化建设的重要部分。实现运输过程和方式的绿色化改进是实现分销渠道绿色化的关键环节。

(一)运输商货物运输业务的绿色化管理

运输工具的高空驶率、货物运输量不足、货物的迂回运输等问题不仅会造成运输资源的浪费,影响运输效率,也不利于节能减排。提高运输商的运输效率和绿色化管理策略如下:①运输商合理设置货物网点及配送中心以实现合理运输,通过减少货运总里程和车辆空驶率,加大货物运输批量,实现运输过程中的节能减排;②运输商还应积极调整自己的运输结构,不同的运输方式产生的温室气体不同,对环境的影响也不同,运输商应按照"宜水则水、宜陆则陆、宜空则空"的原则,推进铁路、公路、水路、空运等多方式联运,发挥每种运输的优势特点,降低运输过程中的资源浪费并推动运输中的节能减排。

(二)运输商货物运输装置的绿色化管理

随着现代交通工具的发展,内燃机驱动的汽车、火车等交通工具的广泛使用导致运输过程中产生了大量污染物并排入环境中,空气中的大部分一氧化碳、悬浮物质等污染物来源于人类的运输活动。控制交通运输装置造成的环境污染是运输绿色化管理的重要环节,运输商必须落实交通运输装备的废气净化、噪声消减、污水处理、垃圾回收等装置的安装要求,有效控制运输装置产生的排放和污染;运输商必须严格控制交通运输装备的污染物排放水平,淘汰超标排放的交通运输装备,特别是要加强对运输酸液、有毒类药品、油类、放射性物品等有毒有害物质交通运输装备的污染防治,防止运输过程中存在的安全隐患造成运输物对环境的损害。

(三)运输商绿色交通运输工具的应用

为了减少货物运输过程中的碳排放,运输商一方面应推进以天然气等清洁能源为燃料的运输装备和机械设备的应用,用高能效低排放的绿色低碳运输工具,在港口和机场服务、城市物流配送、邮政快递等领域优先使用新能源或清洁能源汽车;另一方面,运输商有义务及时淘汰、更新或改造高能耗、高排放的老旧交通运输工具,注重对交通运输工具的养护,减少能耗及污染物排放,来提高交通运输的工作效率和能效水平。

延伸阅读8-2

实践前沿:京东的绿色供应链行动——青流计划

2017年,京东物流联合九家品牌共同发起绿色供应链行动——青流计划,通过京东物流与供应链上下游合作,共同探索在包装、仓储、运输等多个环节实现低碳环保、节能降耗。京东物流就可持续能源作出承诺，在全国范围内逐步升级自身及第三方合作伙伴的物流车队，改用新能源汽车。2017年12月京东物流投入10亿元打造行业最大绿色物流基金，探索供应链全链条低碳环保节能降耗的更多可能。

2018年5月，京东集团宣布全面升级"青流计划"，从聚焦绿色物流领域，升级为整个京东集团可持续发展战略，从关注生态环境扩展到人类可持续发展相关的"环境（planet）""人文社会（people）"和"经济（profits）"全方位内容，倡议生态链上下游合作伙伴一起联动，以共创美好生活空间、共倡包容人文环境、共促经济科学发展为三大目标，共同建立全球商业社会可持续发展共生生态。

2019年9月在全国开展纸箱回收行动，京东物流在全国100余个城市累计回收纸箱540万个，免费上门回收旧衣、旧玩具、旧书350万件。通过慈善捐赠、回收利用等处理方式，这些闲置物品焕发了全新的生命力。同年10月，京东物流宣布加入"科学碳目标"倡议，成为国内首家承诺设立科学碳目标的物流企业。2020年11月，京东物流对外公布科学碳目标承诺：与2019年相比，2030年碳排放总量减少50%。

2020年7月，京东物流"青流计划"宣布再升级，推出物流行业首个环保日，旨在进一步推动和落实全供应链的环保理念与实践，主要聚焦于末端回收再利用。公益回收作为"青流计划"重要的组成部分，联合公益组织向全社会发起旧物回收活动。截至2020年，京东小哥上门回收了约150万件闲置衣物、40万余份闲置玩具、1万余单过期药品、100万个纸箱。回收物资通过捐赠、再循环，减少碳排放量2 400吨。

"青流计划"诞生以来，京东物流在运输、仓储、包装等环节逐步建立起了更加绿色低碳的供应链体系。在运输方面，京东物流先后在全国50多个城市投放新能源车，仅此一项就能实现每年约12万t的二氧化碳减排；在仓储方面，京东物流在园区布局屋顶分布式光伏发电系统，并正式并网发电，2020年发电量达到253.8万kW·h，相当于减少二氧化碳排放量约2 000 t；在包装环节，京东物流使用可重复使用的循环快递箱、可折叠保温周转箱、循环中转袋等代替一次性塑料包装的使用，同时采用商品包装减量化等方式，截至2020年年底，京东物流带动全行业减少一次性包装用量近100亿个。此外，京东物流更是携手上下游合作伙伴成立青流生态联盟。2020年6月，京东物流推出物流行业首个"青流日"，携手宝洁共同探索循环新模式。截至2020年12月，"青流计划"已影响超20万商家和亿万消费者，共同推动低碳、绿色发展。

2021年10月18日，由京东物流主办的2021全球智能物流峰会（GSSC）在北京举办。峰会上，京东物流CEO余睿与中华环保联合会副主席、北京2022冬奥会和冬残奥会可持续性咨询和建议委员会副主任杜少中，以及联合利华、网易严选、宜家、雀巢等合作伙伴发布"青流计划"新五年绿色低碳倡议。京东物流宣布，将继续投入10亿元用于加码绿色低碳的一体化供应链建设，未来5年，实现自身碳效率提升35%。同时，京东物流也发起倡议，携手上下游合作伙伴共同采取三大举措，合力推进全环节循环包装使用、全国重点城市清洁能源汽车上路、全链条生产运营管理数字化。此外，京东物流还将开放京东物流材料实验室，作为高校可再生材料创新项目孵化器，推动行业环保材料的使用和技术革新。

未来，京东物流将继续以"青流计划"为依托，秉承"与行业共生、与环境共存"理念，积极担当，努力作为，不断以突出的实际行动引领全行业履责，建立全球商业社会可持续发展的共生生态。

资料来源：根据佚名《"青流计划"》（京东官网）、央广网搜狐账号《京东物流发布"青流计划"新五年绿色低碳倡议未来5年实现自身碳效率提升35%》（搜狐网，2021年10月19日）资料整理。

第四节 逆向流渠道管理

一、逆向流渠道的内涵和特点

20世纪70年代，营销界逐渐认识到逆向物流（reverse logistics）的必要性，通过逆向物流让废弃物通过分销渠道回流，从而再被转化成可以使用的原材料，可以充分利用废弃物的价值，降低废弃物对环境的危害，能够将价值链的线性流动转变成渠道成员间的循环流动，实现价值链（value chain）向价值环（value circle）转变。

斯托克·詹姆斯（Stock J. R.）1992年在给美国物流管理协会（Council of Logistics Management，CLM）的报告中首次提出了逆向物流的概念，认为逆向物流是一种包含产品回收、传统物流替代、物品再利用、废弃处理、再处理、再维修、再制造等流程的物流活动。随后，国内外学者对其开展了进一步的研究和解读。美国逆向物流执行委员会（The Reverse Logistics Executive Council，RLEC）指出，逆向物流是商品从典型的销售终端向其上一节点的流向过程，其目的在于补救商品的缺陷，恢复商品价值，或者对其实施正确处置。中国国家质量技术监督局2001年发布的《中华人民共和国国家质量标准物流术语》中将逆向物流划分为广义逆向物流和狭义逆向物流两类，广义的逆向物流（reverse logistics）除包含狭义的逆向物流定义之外，还包括废弃物物流的内容，其最终目标是减少资源使用，并通过减少使用资源达到废弃物减少的目标，同时使正向以及回收的物流更有效率；狭义的逆向物流（returned logistics）是指对那些由于环境问题或产品已过时的原因而使产品、零部件或物料回收的过程，它是将废弃物中有再利用价值的部分加以分拣、加工、分解，使其成为有用的资源重新进入生产和消费领域。

逆向物流作为企业价值链中特殊的一环，与正向物流相比，既有共同点，也有各自不同的特点。二者的共同点在于都具有包装、装卸、运输、储存、加工等物流功能。逆向物流与正向物流相比又具有鲜明的特殊性，其特点表现为：首先，逆向物流具有分散性。逆向物流产生的地点、时间、质量和数量是难以预见的，废弃物流可能产生于生产领域、流通领域或生活消费领域，涉及不同领域、不同部门和不同群体。其次，逆向物流具有缓慢性。起初逆向物流数量少，种类多，只有在不断汇集的情况下才能形成较大的流动规模。能够回收利用的废弃物不能直接满足人们的某些需要，它需要经过加工、改制等环节，甚至只能作为原料回收使用，这一系列过程的时间是较长的。再次，逆向物流具有混杂性。回收的产品在进入逆向物流系统时往往难以划分为产品，因为不同种类、不同状况的废弃物常常是混杂在一起的。当回收产品经过检查、分类后，逆向物流的混杂性随着废旧物资的产生而逐渐衰退。最后，逆向物流具有不确定性，由于消费者退货、企业产品召回、回收政策等客观因素的不稳定性，使得逆向物流也是不确定的。

> **思维扩展**
>
> 与传统时代相比，数字时代的逆向流渠道管理有何优势？

20世纪90年代，一些发达国家的企业就开始在逆向物流领域进行实践，如国际商用机器（IBM）、思科（Cisco）、戴尔（Dell）、西门子（Siemens）等大企业纷纷投资建立逆向物流体系。我国首例成功的逆向物流模式诞生于2014年，是由小狗电器与顺丰速运共同完成的，其最初目的是为用户提供更加便利的维修服务和极致体验。在整个逆向物流过程中，用户需要先拨打客户免费服务电话报修，商家客户在收到用户报修后，通过系统下单安排物流公司到用户指定场所上门取货，最终交寄物品通过快递公司物流送达商家客户所在地。产品维修好之后，商家客户再通过正向物流将交寄物品重新送达用户手中。

二、逆向流渠道成员的角色

凯特·戈金（Kate Goggin）等人于2000年提出了建立废旧产品回收链（end-of-life product recovery chain）的概念，他们认为逆向流渠道成员包括废弃物提供商（supplier）、废弃物收集商（collector）、再制造商（recoverer）、分销商（distributor）和顾客（customer）等五个角色。

（一）废弃物提供商

废弃物提供商（supplier）可能是分销商，也可能是最终消费者或制造商。他们将已经使用完的或者不用的产品以及残次品返还给废弃物收集商，从而形成对整个逆向流渠道的原始输入。废弃物提供者应当主动了解对于没有结束生命周期产品的主动回收政策以及产品生命周期结束后的有关处理政策和处理途径，积极采用对环境或持续性发展负责的行为，配合废弃物收集商，主动返还废旧产品。

（二）废弃物收集商

废弃物收集商（collector）主要负责将制造商、分销商、零售商及消费者手中收集到的废弃物运送到再制造商。一般而言，他们可以是再制造商的本地代理机构或零售商，也可以是再制造商委托的第三方运输公司，或者任何其他可能形式的组织。但无论是哪种情况，废弃物收集商一般都和再制造商存在某种长期或短期的协议。其中，在现实经济生活中最常见的形式是物资回收公司和社区废品回收站。在废弃物收集过程中，废弃物收集商可以与生产商合作，采用以旧换新、以租代卖等方式主动回收废弃物。例如，拼多多公司作为一家专注C2B拼团购物的第三方社交电商平台，瞄准"下沉市场"，以低门槛方案吸引大量商家进入，以低价位满足了一部分消费者追求性价比的要求，使平台订单量高速增长，但商品质量问题也日益凸显，退换货数量激增，对平台逆向物流造成极大的压力。为了提高逆向物流的效率，拼多多选择与顺丰快递进行合作，顺丰快递收件员揽收时，进行拆箱检验、拍照后上传至系统，对于包装不牢固的物件可进行二次包装等一系列的步骤，提高了收集废弃物的效率。

（三）再制造商

再制造商（recoverer）主要执行产品修复活动，这些活动包括：一是直接可再利用（direct reuse）废弃物，回收的物品不经任何修理可直接再用（也许要经过清洗和花费比较低的维护费用），如集装箱、瓶子等包装容器；二是修理后再利用（repair）废弃物，通过修理将已经损坏的产品恢复到可工作状态，但可能质量有所下降，如家用电器、工厂机器等；三是再生（regenerate）废弃物，即从边角料中再生金属、再生纸品等；四是再制造（remanufacturing），与再生相比，再制造则保持产品的原有特性，通过拆卸、检修、替换等工序使回收物品恢复到"新产品"的状态，如飞机发动机的再制造、复印机的再制造等。实践中，再制造商可以是原始设备制造商，即企业内再制造回收中心，也可以是独立的经营者。正是由于再制造商的附加价值活动，才使得那些本来没有使用价值的废旧商品成为二手市场上所需要的产品、零部件或者原材料。因此，再制造商成为整个逆向流渠道中最有价值的角色。

（四）分销商

分销商（distributor）是再制造商和客户之间的桥梁，负责把产品或原材料从再制造商那里转移到最终客户。实践中，他们可能是运输或仓储服务的提供者，也可能是批发商、零售商、销售代理或者是废旧物回收交易市场（即二手市场）。在分销过程中，分销商应当合理设计分销政策（如退货政策），提供多种产品使用形式来帮助顾客减少不必要的退货，并采取积极的退货策略来提高消费者的忠诚度和满意度。例如，目前彩妆市场的大多数零售商在专柜都会提供试妆服务，互联网销售也会在邮寄正品的同时赠送化妆品小样，使顾客可以在使用正式产品前体验产品性能，减少逆向流渠道中废弃物的产生。

（五）顾客

扩展阅读 8-3 变"废"为宝，可口可乐的绿色冬奥定制

逆向流渠道的顾客（customer）可能是需要某些再生产品的消费者，也可能是需要某种原材料或零部件的产品制造商。顾客在进行商品、原材料及零部件的采购时，应该尽可能选用再生材料、回收后可以再度使用的材料和采用方便在逆向流渠道循环的材料，顾客的绿色化需求会直接推动逆向流渠道开发更多的绿色化服务。例如，随着消费者绿色意识的增强，其对绿色食品、绿色服装、节能家电、新能源汽车等产品的需求增强，趋利性质的企业会主动转变传统生产与服务，推动逆向流渠道提供更多的绿色化产品和服务。

三、逆向流渠道的废弃物处置

（一）废弃物处置的环境价值与商业价值

废弃物"简单粗暴"处置不仅造成资源浪费，而且造成环境污染。价值链闭环的形

成，正是为了有效避免这些问题，实现"变废为宝"。事实上，废弃物本身并不是真的"废"，价值链各个环节中产生的大多数废弃物都是有价值的。所以说，对废弃物的处置既是挑战又是机遇。

废弃物处置最直接、最显著的成果是使其产生商业价值。回收废弃物促进其在价值链闭环中的流动已成为商业盈利的一部分。例如，顺丰公司在每个快递点设置了专门的快递包装回收装置，进行快递包装的专门回收，旗下的包装实验室研制的循环利用快递包装箱也投入使用，每个箱子可以重复使用50次，一年下来可以减少3 000万个纸箱。深圳格林美公司是世界领先的废物循环与绿色低碳企业代表，年回收处理电子废弃物、废旧电池（铅酸电池外）占报废总量的10%以上，年处理废弃物总量500万吨以上，循环再造钴、镍、铜、钨、金、银、钯、铑、锗、稀土等30余种稀缺资源。

废弃物处置的隐性成果是产生环境价值。价值链闭环的形成可以使废弃物得到正确的处置，最大限度地避免其对自然和人文环境造成污染。如上海市嘉定区再生能源利用中心利用国际先进的垃圾焚烧处理技术，让湿垃圾处理无黑烟、无异味，并通过网络和厂内电子屏将排放烟气的关键指标实时公示。隔着玻璃，市民能清晰地看到垃圾池内抓斗车一次性抓取10吨的垃圾；日处理垃圾500吨的机械炉排将燃烧后的废渣变成美观实用的环保砖。上海市嘉定区再生能源利用中心成为"网红"垃圾回收科普教育基地。

（二）废弃物处置的自然法则

废弃物源自价值链中渠道成员的生产与运作活动，处置废弃物也需要渠道成员投入资金。因此，渠道成员需要寻求有效的原则对废弃物进行管理，寻求用最低的成本将废弃物合理有效地处理，甚至转化为新的收益。

自然界中天然产生的废弃物处置过程是其他生物或过程的某种重要输入。动物粪便（废弃物）会被土壤吸收，植物又从土壤吸收养分生长，而植物并不会耗竭它周围的环境资源，相反，这些成长的植物撒落果实（废弃物）又是动物的食物来源，大自然实现了废弃物的循环利用和绿色处置。在对工业流程按照生态过程予以模拟后，迈克尔·布朗嘉特（Michael Braungart）与威廉·麦克唐纳（William McDonough）在2015年基于仿生学的基础提出了的"从摇篮到摇篮"思想（cradle-to-cradle），他们指出废弃物最趋近自然的处置方式是废弃物中能够直接回到生态系统（生物圈，biosphere）的部分会被自然降解吸收，不能直接进入生物圈的部分经过再生系统（技术圈，technosphere）的处理再利用，进而回到价值链的循环系统。"从摇篮到摇篮"思想为企业处置价值链中的废弃物提供指引，也成为废弃物处置的自然法则。

依据"从摇篮到摇篮"的思想，企业在产品设计中，既要考虑更多地利用可再生资源生产出能大部分甚至全部被自然界无害吸收的产品，也要考虑是生产能够通过人造技术系统再利用的产品。此外，企业也积极发展技术圈以实现废弃物的处理和循环利用。

从产品设计方面来解决废弃物处置问题的一种集中体现是产品的可拆卸设计（design for disassembly，DFD）。该设计使得产品在生命周期结束后，可以非常容易且安全地被拆解成组件，使得产品避免成为废弃物而丧失价值。拆卸设计在机电产品、汽车、家电、航天、船舶等工业产品上得到了应用。例如，美的净水器采用"机芯分离"的设计，在净水滤芯达到使用寿命后，通过拆卸更换新的滤芯，可以增加整个机器的使用寿命，同时又有效避免了机器的整体报废。

（三）废弃物处置的社会法则

为了保证废弃物的经济效益、社会效益和环境效益，渠道成员在处置废弃物的过程中应遵循如下原则：

（1）减量化原则（reduce）。要求用较少的原料和能源投入来达到既定的生产目的或消费目的，在经济活动的源头就注意节约资源和减少污染。减量化有几种不同的表现。在生产中，减量化原则常常表现为要求产品小型化和轻型化。此外，减量化原则要求产品的包装应该追求简单朴实而不是豪华浪费，从而达到减少废弃物排放的目的。如安慕希推出"减墨装"酸奶产品，从外观上看，新品采用简约白色底包装，酸奶瓶以蓝色字印有安慕希 logo 及"环保不墨迹，一起安慕希"的 slogan，凸显"减墨"理念。

（2）再使用原则（reuse）。要求制造产品和包装容器能够被反复使用。再使用原则要求抵制一次性用品的泛滥，生产者应该将制品及其包装当作一种日常生活器具来设计，使其像餐具和背包一样可以被重复使用。再使用原则还要求制造商应该尽量延长产品的使用时长，而不是非常快地更新换代。如二手电商的兴起就是再使用原则的具体应用，2021 年"双 11"期间转转在平台 28 小时内交易超过 17 万单包括二手 3C 产品在内的闲置物品，实现了至少 430 万千克的碳减排量，相当于减少了中国近 500 个家庭一年的能源消耗。

（3）再循环原则（recycle）。要求生产出来的物品在完成其使用功能后能重新变成可以利用的资源，而不是不可恢复的垃圾。按照循环经济的思想，再循环有两种情况，一种是原级再循环，即废弃物品经过循环用来产生同种类型的新产品，例如报纸再生报纸、易拉罐再生易拉罐等；另一种是次级再循环，即将废弃物转化成其他产品的原料。原级再循环在减少原材料消耗上达到的效率要比次级再循环高得多，是循环经济追求的理想境界。

本章小结

绿色分销渠道管理与价值链管理都是绿色营销管理中的重要环节。绿色分销渠道是价值链的重要组成部分，绿色分销渠道的建设过程也必须回到价值链上进行，鉴于绿色分销渠道与价值链联系的紧密性，本章将其结合阐述。本章首先介绍了价值链和绿色分销渠道的概念，并分析了二者间的关系；其次，为了实现分销渠道功能和流程的绿色化，先后介绍了绿色渠道成员关系策略和分销渠道绿色化管理策略；最后，考虑到产品和服务的初始来源和最终去向，在实现价值链向价值环转变的基础上，阐述了逆向流渠道管理。绿色分销渠道与价值链策略的可持续性的实现不仅需要价值链上多方主体的共同努力，也需要外部政策的催化与推动。在企业绿色营销管理实践中，绿色分销渠道与价值链的内部要素会随时发生变化，营销者应在具体情境下恰当地选择绿色分销渠道与价值链策略。

核心概念

1. 绿色价值链（green value chain）

2. 绿色分销渠道（green distribution channel）
3. 逆向流渠道（reverse logistics channel）
4. 废弃物处置（waste treatment）
5. 全渠道监管链（omnichannel chain of custody）
6. 外部绿色监督（green external audits）
7. 去中介化（disintermediation）
8. 绿色化管理（green management）

本章思考题

1. 什么是绿色价值链？
2. 什么是绿色分销渠道？简述绿色分销渠道与价值链的关系。
3. 简述绿色分销渠道成员关系策略。
4. 简述分销渠道绿色管理策略及其作用。
5. 什么是逆向流渠道？
6. 简述逆向流渠道成员的运营策略。
7. 简述逆向流渠道废弃物的处理策略。

本章即测即练

本章实训指南

本章综合案例

立白如何构建绿色全价值链？

20世纪90年代，随着我国日化行业对外资进一步的开放，国际日化巨头对中国本土品牌造成了强烈冲击，国内本土日化企业的发展严重受阻。从1996年开始，立白集团在国内日化企业的激烈竞争中崭露头角，推出的立白洗衣粉家喻户晓，1997年立白洗衣粉实现广州销量第一。20世纪90年代末到21世纪初，国外日化企业开始大规模收购国内企业，在日化市场竞争日益加剧过程中，立白集团脱颖而出。"十四五"规划提出构建生态文明体系，推动经济社会发展全面绿色转型，对日化企业转型升级提出了更高要求。针对近年来日化企业出现的环境污染、产品质量等问题，立白集团通过打通绿色全价值链的关键环节，积极承担社会责任，发挥了龙头企业的表率作用，这也成为立白集团的制胜法宝。

2016年7月26日，立白集团在北京水立方正式发布了"绿色健康战略"，这是日化行业首个提出的绿色发展战略。多年来，立白集团的"绿色生活研究院"一直致力于洞察和满足消费者需求，深耕于健康产品的研发。立白集团从配方改良、原料选择、产品制造、运输存储、废弃物处理等价值链各个环节，减少对环境的影响。依托绿色价值链为消费者提供更健康、更优质、更环保的产品（见图8-3）。

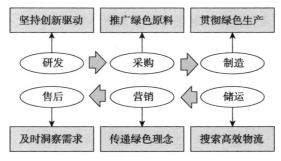

图8-3 立白绿色价值链

源头把控

早期国内日化品牌普遍是不含酶制剂的产品，洗衣粉只注重基础的洗涤性能，化学结构较为简单，去污性能一般。而国外品牌早已大量应用了酶制剂。酶制剂对于国内日化企业来讲还是较为全新的领域，其稳定性、相容性以及跟踪检测等方面一直是困扰业界的技术难题。面对亟待解决的难题，2012年立白集团首席科学家张利萍博士便开始积极寻求破局之道。通过招聘、培训双管齐下，带领团队迎难而上，对内持续研发，潜心钻研新技术、探索新方法，对外与全球最大的酶制剂公司诺维信公司达成战略合作，共同建立产、学、研一体的创新网络，经过无数个日夜笃志研究，终于取得了丰硕的成果。添加酶的洗涤产品，不仅提高了产品的去污效果，保护织物原有色泽，而且更健康环保，同时也更适合低温洗涤、节水节能。立白集团还与华南理工大学签署合作协议，开展"高塔成型洗衣粉浓缩增效技术"研究。该项目通过建立喷粉塔，在技术上解决了如何利用现有高塔喷粉工艺实现浓缩粉生产，避免了洗衣粉浓缩化生产装置重复建设。

绿色供应商管理

立白集团在全球范围内，甄选天然原料供应商，严格把关原料生产过程，并按照对应原料技术标准实施原料准入验证，以确保原料品质及技术标准均符合要求，尽可能在生产过程中减少对环境的污染。

在产品原料方面，积极寻求使用可再生原料烷基糖苷（APG，由葡萄糖、脂肪醇等原料合成）。使用该原料生产的产品本身不仅无毒无害，而且不会产生刺激性，安全可靠，还可以百分之百生物降解。扩大烷基糖苷绿色原料在配方中的应用，全力推广绿色可再生原料的使用。据了解，立白集团旗下洗洁精产品全线使用了通过欧盟 ECOCERT 认证的烷基糖苷，且在全国率先完成洗洁精食品用全线切换，为消费者带来健康产品。

在包装材料方面，立白集团主动优化现有包装设计，寻求可再生或可生物降解的包装材料，并采用可回收利用的塑料材料。同时，优化纸箱结构，调整纸箱用纸成分，降低纸的使用量。针对复合型材料及其他非可回收性包装材料，积极甄选可回收性替代材料。目前，集团正在与陶氏公司等上游供应商合作研究开发可回收的软包装材料，以便最终实现全品类的塑料包装都是可回收的环保包装。

绿色智造

立白集团深度聚焦绿色制造过程，大力提倡节能生产、循环生产、安全生产和清洁生产，追求生产无污染，品质有保障，资源循环利用。同时，不断进行技术革新，致力于借助科技从源头节能减排，实现绿色智造（见图 8-4）。

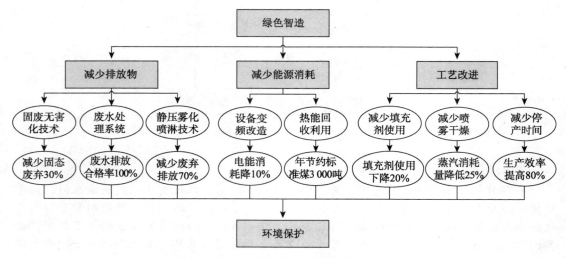

图 8-4 立白集团绿色智造

减少排放物。升级废水、废气和固废处理系统，在生产过程中积极探索固废减量化技术，最终削减固态废弃物 30% 以上；引进先进的生产设备进行污水处理，经处理的水，部分投入生产线，部分用于改善厂区环境，如绿化带浇灌、"污水养鱼"等。同时，成立专门组织对污水进行全天候监测，实现排污合格率达 100%；改进静压雾化喷淋技术处理气态污染物，根据污染物不同特性，采取差异化的方法对其进行回收。

减少能源消耗。积极进行项目改造，降低电能、热能的使用。据统计，集团生产过程各类能耗均远低于国家和行业标准。进行大功率设备变频改造，优选节能设备，整体电能消耗比之前降低 10% 以上；采用热能回收再利用模式，控制热能流失，年节约标准煤超 3 000 吨。

2021 年 1 月，广州市工业和信息化局公布了 2020 年广州市绿色制造体系建设示范项目名单，立白集团绿色设计产品占 75%。截至 2021 年 2 月，立白集团已拥有 94 项绿色设计产品,在未来立白集团也将继续坚持和贯彻执行绿色发展理念,全方位实施产品绿色化升级。

绿色物流

运输过程中产生的尾气、噪声,不仅会污染环境,而且会影响人类健康。如何减少运输过程带来的负面影响,打通绿色价值链的每一环节,立白集团迎来了一次新的挑战,陈凯旋董事长带领物流团队决心探寻解决之道。立白集团需要更科学的仓储运输布局,更前沿的信息管理系统和更先进的运输设备。对此,立白集团通过专家组多方会谈,进行数次可行性研究,形成了一套独有的物流管理模式(见图8-5)。

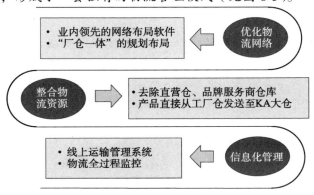

图8-5 立白集团物流管理模式

根据外部物流环境的变化及内部业务发展的需要,以更低的成本、更合理的库存水平、更好地满足客户需求为目标,结合行业内领先的网络布局软件,对集团物流网络进行优化;采用"厂仓一体"的规划布局,通过优化WMS存储逻辑及上下架策略,实现产成品库存投放的短链与减存;通过网络优化,将产品从工厂仓配送至直营仓,直营仓配送至卖场优化为从工厂仓、KA大仓直接配送,整合物流资源,缩减运输环节;2019年起,全面上线TMS系统,以PDCA串联订单交付,通过导入预约提货、提前备货、叫号进厂、月台分配、运营监控、动线优化、急单响应等功能模块,提高了仓配作业效能,减少了厂区内外车辆拥堵,实现了运输减排与仓库降耗,通过现场在途管控的集成和全节点可视化货物出库过程,对货物进行在途跟踪及历史轨迹查询等,实现物流全过程监控,提升安全管理水平。2019年,立白集团凭借先进的绿色物流运营理念,卓越的节能减排意识和成效,以及对物流行业绿色发展的贡献,荣获第十七届"中国物流社会责任贡献奖"。

绿色推广

随着信息技术的高速发展,立白集团需要不断创新,考虑借助新兴媒体进行营销。在绿色新产品推广过程中,由于其售价高于普通产品,消费者并不认可,销量不容乐观。营销部集思广益寻求解决方案,借助微信公众号等新媒体平台,开展互动营销和精准营销,传播品牌理念。通过线上"立乐家"平台,为大众树立绿色消费观,引导消费者购买绿色健康产品。此外,搭建TMIC创新平台、CMR客服平台征求消费者意见,以积极主动的倾听和科学有效的互动，传递绿色理念，营造美好生活。

通过入户调查、线下定点访问的方式了解消费者需求，开展绿色探秘行活动：邀请消费者参观立白集团工厂、绿色生活研究院，为消费者展示产品及研发流程。定期开设公益讲堂，通过入校授课的方式，为青少年普及洗衣护衣知识，并号召孩子们节约水资源。举办"一步一爱立白公益跑"活动并发布"HOME＋"公益 App，一方面提升参与者环保意识，另一方面打破传统的捐款、捐物模式，以做健康管理的形式，为留守儿童提供帮助。在社区举办亲子手工节爱心义卖活动：号召小朋友们开动脑筋，对闲置物品进行改造，使其变废为宝，义卖所筹善款捐赠给山区留守儿童。

绿色售后

以强大的自主创新能力为坚实保障，立白集团创造了健康、安全的产品，通过线上互动营销和线下精准营销推广产品，并借助高效的物流系统将产品送到千家万户。如何提供高质量售后服务成为立白集团面临的又一挑战。立白集团制定规范的客户咨询投诉处理程序及《客户咨询投诉信息管理制度》，通过热线电话、线上客服系统等渠道与客户交流沟通，及时调查、处理客户反馈的涉及产品、服务的问题。据统计，立白每年接收顾客来电超 5 000 个，售后处理及时率高达 98%。

立白集团运用数智化技术连接采购、研发、制造、营销、物流、售后价值链的各环节，提升效率的同时，精准洞察和满足消费者需求。百尺竿头，更进一步。眺望未来，在面临百年未有之大变局的当下，立白集团能否把握行业发展和消费升级趋势，秉承"绿色、环保"的核心发展理念，以绿色价值链为依托，肩负起时代赋予的社会责任，为消费者提供更多健康、安全的产品，时间将会给我们答案。

资料来源：根据马苓、王艺彬、王思琪《互利共生：破解立白集团的绿色价值链之谜》（中国管理案例共享中心案例库，2021 年 7 月 16 日）相关内容整理改编。

案例思考

1. 立白的绿色分销渠道与价值链策略体现在哪些方面？是否还存在不足之处？
2. 你认为立白等日化品企业的绿色分销渠道与价值链策略未来如何进一步完善？

第五篇

绿色营销的价值传播

第九章

绿色促销和公共关系策略

◆ **本章导语**

"漂绿营销"实际上是"反绿色营销"。

◆ **本章引例**

以环保为主题的直播带货

2020年12月5日,遥望网络旗下头部带货达人瑜大公子现身三亚亚特兰蒂斯酒店,开启了一场特别的"海底直播"。直播一开场,瑜大公子便宣布本次直播将从每一笔成交订单中拨取0.1元作为公益基金,捐赠给蓝丝带海洋保护协会用于海洋垃圾处理及教育宣传。蓝丝带海洋保护协会秘书长蒲冰梅也空降直播间,宣传海洋垃圾危害及海洋保护知识,与瑜大公子共同向公众呼吁关注海洋生态保护。直播现场,蒲冰梅秘书长代表蓝丝带海洋保护协会,为瑜大公子授予"海洋倡议大使"称号,并为其颁发证书。这场别开生面的公益活动,以环保为主题、以直播为形式,架起了直播带货与环保公益的桥梁,为海洋生态保护、公众环保意识提升做出了贡献。

海洋是人类赖以生存的基础,而世界工业化的高速发展和人类一些不正确的生活习惯,正在给海洋生态带来严重污染和破坏,如何有效减少海洋塑料垃圾排放也成了当今几大环保议题之一。直播间内,蒲冰梅向大家介绍了海洋污染的现状及危害。全球每年至少有800万吨塑料垃圾流入海洋,每分钟就有一卡车垃圾倒入海中,而降解塑料垃圾需要几十年甚至数百年的周期。比如一次性塑料袋需要20年才能降解,塑料瓶需要450年才能降解。在这过程中,海洋生物受到垃圾危害,又通过人类食物链回归到我们的身体当中。所以,保护海洋就是保护我们自己。针对塑料垃圾对于海洋生物以及人类的危害,瑜大公子也介绍了自身体验。他提到,三亚是全国首个世界自然基金会"净塑城市"。在这次三亚之旅中,瑜大公子与团队成员自带洗漱用品,减少一次性用品的消耗,并在直播中呼吁粉丝在超市购物时自带环保袋、将可回收物品重新利用,力所能及地为环保做出贡献。同时,瑜大公子也向蓝丝带海洋保护协会以及粉丝承诺,本场直播中每一笔成交订单中都将捐赠0.1元作为海洋保护基金,用实际行动来影响粉丝和身边的每一个人加入海洋保护之中。

值得一提的是，在这场以海洋环保为主题的直播中，遥望网络在选品上也有所侧重，特意上架了电动牙刷品类，以此倡议直播间观众在旅行和商务途中能够自带牙刷，不使用酒店一次性用具，减少塑料垃圾的产生。在这场遥望网络携手蓝丝带的公益直播中，通过贴合海洋环境的直播间布置、海洋保护知识的科普和互动交流，更广泛地传播了海洋保护知识和理念，提升了公众对于海洋生态保护的关注度和参与度。与此同时，双方的合作也将带货直播的公益力量带进环保领域，为"带货直播+公益"开创了新的道路。

资料来源：根据佚名《以环保为名的直播带货——遥望网络牵手蓝丝带共同守护蔚蓝深海》（上游新闻、光明网，2020年12月7日）相关资料整理。

◆ 本章知识结构图

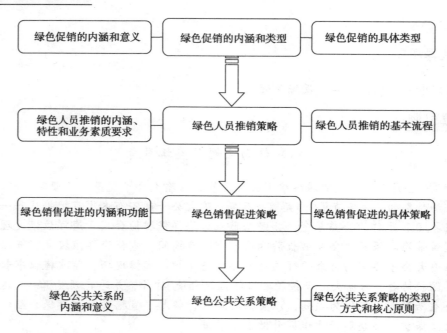

第一节　绿色促销的内涵和类型

促销是指企业通过人员和非人员方式将所经营的产品或提供的服务信息传递给消费者，引起消费者兴趣，激发其购买欲望，影响和促进其产生购买行为的方法。绿色促销的内涵分为两个层面，即"绿色产品"的促销和产品的"绿色促销"。前者指绿色营销者通过传递绿色信息，树立产品的绿色形象，与消费者绿色需求相协调，从而增强绿色产品的市场竞争力，促进销售的同时也促进消费者重复绿色消费行为；后者指绿色营销者在促销过程中以绿色为指导原则，注重过程的绿色化和资源的节约化，例如，在促销过程中物料的循环使用、无纸化或少纸化宣传等。

传统意义上的促销主要包括广告促销、人员推销、销售促进和公共关系等策略。绿色促销既有传统促销的共性特征又有新的绿色内涵，通过传递绿色信息，谋求消费者绿色需求与绿色产品协调,降低消费群体对绿色产品的不信任感,最终满足消费者的绿色需求,所以绿色促销策略的选择和执行与传统促销有较大的区别。

绿色促销与传统促销的区别体现如表 9-1 所示。

表 9-1　绿色促销与传统促销的区别

类　　别	绿　色　促　销	传　统　促　销
目标导向	满足消费者绿色需求	满足消费者需求
信息类型	侧重传递产品的绿色信息或绿色促销信息	传递产品的信息
促销效果	侧重树立产品的绿色形象、增强绿色产品的市场竞争力、提高消费者绿色消费重复率	树立产品的良好形象,引起消费者兴趣,激发其购买欲望

在现实中,受到各种复杂因素的影响,企业在实施绿色促销时面临着一些困难。

第一,由于企业伪善、"漂绿"等事件频繁出现在大众视野,消费者对企业绿色营销的信任感逐渐降低。同时,当大众缺乏正确处理此类问题的专业技能与知识时,很可能会对企业绿色促销活动望而却步。而且,目前大部分绿色消费数据报告只是在调查消费者对环保的关注程度和可持续产品的消费意愿,真正的绿色消费行为难以度量,绿色营销领域容易产生"言行不一"的"态度-行为差距"。也就是说,消费者对环保的绿色购买行为表示了肯定与支持的态度,但常常并不付出实际行动。

> **思维扩展**
>
> 数字时代企业还会面临哪些新的营销挑战?数字化手段对企业解决以上营销问题有哪些帮助?

第二,企业绿色促销活动策划的可操作性较难有效把握。一些企业策划的绿色营销活动参与步骤烦琐,以至拉长了消费者的参与路径,无法调动更多人参与绿色营销活动。企业还面临着绿色消费市场的一些不确定因素。比如,当消费者认为参与绿色促销活动需要花费大量时间和精力时,就会降低他们的参与意图,不利于企业开展绿色营销。同时,企业还将面临尽可能提升绿色产品信息透明度、降低绿色公共关系门槛和优化绿色促销绩效考核等问题,绿色促销如何有效落地是企业亟须思考的问题。

扩展阅读 9-1　实践前沿:美团外卖青山计划

第二节　绿色人员推销策略

一、绿色人员推销的内涵和特性

绿色人员推销是指通过推销人员直接向潜在购买者传递绿色产品特征、价值、功能、使用方法和环保作用等信息来激起消费者绿色购买欲望的一种销售模式。当需要解决问题和说服受众时，人员推销是最佳选择。绿色人员推销正是一种能够有针对性且及时地解答消费者有关绿色产品问题的一种营销方式。对于绿色产品而言，很多情况下绿色价值并非是产品的核心卖点，产品绿色价值往往也难以被消费者直接感知，因而给绿色产品的销售推广带来阻碍。绿色推销人员可以通过面对面沟通交流，及时准确地向消费者传递产品绿色核心价值信息，从而有效增加消费者对绿色产品的真实性感知，提高消费者对绿色产品的信任感。

好的促销需要与消费者进行面对面的沟通，一个优秀的绿色推销人员应具备较高的综合素质。在环境友好型产品推销方面，绿色人员推销具有以下独特性。

（1）绿色信息传递的双向性。绿色人员推销作为企业与顾客间的纽带，发挥着双向促进的作用。一方面，顾客可以从推销人员这里获取有关该企业的经营状况、经营目标、绿色理念、环保努力程度，以及绿色产品的性能、用途、特点、使用和价格等诸方面绿色信息；另一方面，推销人员要尽可能向顾客传递正面绿色信息，帮助顾客打消他们的潜在绿色疑虑。同时，推销人员还要不断收集和反馈绿色市场信息，及时掌握绿色需求的变化趋势，兼顾顾客本身的利益以及绿色产品购后感受、意见和看法。绿色推销人员将获得的有效信息提供给企业，为企业后续制定绿色营销策略提供依据，从而帮助企业对绿色市场做出预测，合理安排企业的生产经营并进行适当的风险规避。

（2）绿色推销过程的灵活性。绿色推销人员可以从客户的反应揣摩他们的真实绿色需求和心理变化，及时变换推销策略和方法。绿色推销过程的灵活性体现在两方面：一方面，由于绿色人员推销带有一定的倾向性，绿色推销人员可以通过绿色市场细分有针对性地去访问顾客；另一方面，由于每个客户的绿色需求具有差异，绿色推销人员可以针对不同绿色需求灵活定制不同的绿色营销策略。例如，对于绿色智能空调，绿色推销人员可针对不同性格特点的人群，进行类别细分，灵活制定差异化推销策略：面对初次购买的普通消费者，绿色推销人员可以从利己视角宣传绿色家电节能、省电的特点，突出绿色产品给消费者生活带来的获得感和幸福感；面对环保人士，可从利他视角强调绿色智能空调低碳、健康和环保的特点，即绿色产品消费带来的生态价值和环保价值。此外，面对喜欢"精致"、讲究"颜价比"、愿意"悦己消费"的年轻消费者，绿色推销人员可更灵活地从绿色设计和外观款式独特性等方面进行绿色推销。

（3）满足绿色需求的多样性。绿色推销人员在向顾客推销绿色产品时，还要向顾客传达隐藏于绿色产品背后的购买建议，使顾客通过购买绿色产品满足其真实的绿色需求。一方面，相对于产品的功能价值，新一代的绿色消费者更看重绿色产品背后的社会心理价值。具体地说，浸润在集体主义文化背景的中国消费者更易受到社会比较和面子意识等心理需求的影响，消费决策更加考虑他人看法，进一步产生依存性消费，因而其心理价值需求的实现和满足对于能否营销成功显得格外重要。特别是当绿色产品价格略高于普通产品时，实现这一心理意识的需求会格外强烈，此时爱面子的消费者会更倾向于购买绿色产品。绿色推销人员可借用绿色产品依存性消费的特点刺激消费者对绿色产品的购买欲望，通过宣传绿色产品消费对他人带来的好处，激发消费者的面子意识和社会认可压力，而不单单是强调绿色产品的功能或者环保价值（于春玲等，2019）。另一方面，一些对绿色产品不够了解的消费者会产生绿色体验需求，绿色人员场景推销可以紧密结合消费者的绿色体验需求，帮助消费者获得绿色产品的第一手感觉，增加对绿色产品的好感度。

（4）绿色推销目的的双重性。绿色推销人员在维护老绿色顾客的同时，也要善于挖掘和培养新绿色顾客。一方面，维护老绿色顾客可以降低绿色推销成本，因为老顾客对某种绿色产品或企业较为信任，就会缩短购买的决策时间和交易周期，而且对绿色品牌或绿色产品满意的老顾客，还能给企业带来良好的口碑效应。另一方面，愿意购买绿色产品的潜在顾客越来越多，企业需要不断开拓和占领新的绿色市场，探寻尚未被满足的新绿色需求。即在维护老顾客，稳固既有绿色市场的基础上，积极开拓新的绿色产品市场，发掘新的绿色需求点。

绿色人员推销与传统人员推销也存在一定差别，具体如表 9-2 所示。

表 9-2　绿色人员推销与传统人员推销的区别

类　别	绿色人员推销	传统人员推销
信息传递	绿色信息双向传递	产品信息单向传递
推销过程	推销过程灵活 针对绿色细分市场 实施定制化绿色推销	通常未专门针对绿色细分市场
推销本质	满足顾客绿色需求	实现销售
推销目的	维护与老绿色顾客的关系，同时还要善于培养和挖掘新绿色顾客	维护与老顾客的关系，还要善于培养和挖掘新顾客

二、绿色推销人员的素质和能力

（1）绿色推销人员应具备较强的绿色营销观念。只有具备较强绿色营销观念的推销人员，才能在绿色推销过程中坚持以环境保护为指导思想，以绿色文化为价值观念，以消费者的绿色消费价值为中心和出发点。具体而言，它要求绿色推销人员在绿色推销过程中始终坚持绿色营销观念，积极主动向消费者讲解和示范产品的绿色功能，回答消费者关于绿色相关的疑问，通过文化、情怀和故事等载体，激发消费者对绿色购买行为的自豪感，最终引导消费者产生绿色消费欲望。因此，绿色推销人员只有具备较强的绿色营销观念，才能深入贯彻企业绿色人员推销策略，有效实现绿色营销目标。

（2）绿色推销人员必须对所代表的企业有深入了解。绿色推销人员需熟悉企业发展史、企业绿色发展战略、绿色经营状况、环保支持状况等情况，并在向顾客解释时能灵活运用这些信息，便于增强顾客对绿色推销人员的信任感。近年来，"漂绿"行为随着绿色消费之风也悄然兴起，例如被曝光的虚假绿色广告和对环保效果的夸大宣传，使得消费者开始质疑企业是否真的在"做绿色"。在这一背景下，消费者对绿色产品的信任感亟须建立。而消费者的信任会较大程度上受到其对企业绿色营销事业与产品功能契合程度感知的影响，一般而言，在消费者眼中，企业的绿色经营不论是与产品功能契合（企业产品的属性、功能与合作事业具有一致性）还是与产品形象契合（企业价值观、形象与合作事业具有一致性），都有助于增强消费者的绿色信任，进而产生绿色购买意愿。尤其是当消费者意识到企业的绿色营销事业与产品功能契合时，消费者对产品的信任程度更高，绿色产品购买意愿也更强烈（盛光华和林政男，2018）。所以，绿色推销人员只有在对企业的绿色营销等状况十分熟悉的前提下，才能在绿色推销过程中准确、充分地传递企业绿色信息，增加消费者对企业的绿色信任，进一步促成购买行为。

（3）绿色推销人员应该具有丰富的绿色产品知识。绿色推销人员应全面了解绿色产品从设计到生产的全过程，不仅要熟悉绿色产品的性能、特点、用途等，还应熟悉绿色产品的售后服务、定价原则、付款方式、运输方式和交货方式等信息，力求圆满地回答顾客提出的各种问题。原因在于消费者对绿色产品的购买始终是以满足自身利益为前提的，他们不仅会考虑环保属性，更会考虑到绿色产品的实用功能的基本属性。有学者将绿色产品属性的维度划分为产品边缘属性绿色（产品具有绿色包装）和产品核心属性绿色（产品含有绿色成分）：当产品边缘属性绿色时，消费者对产品质量推断的责任效应较小，即不易做出绿色属性降低产品质量的推断；当产品核心属性绿色时，可以改善消费者对绿色产品性能的感知（Skard et al., 2021）。因此，绿色推销人员掌握的相关绿色知识越多，越能够成为一名合格的绿色产品专家，在绿色推销过程中更能游刃有余地实现绿色营销目标。

（4）绿色推销人员应该熟悉消费者绿色需求并洞悉其绿色购买心理。绿色推销人员需要了解顾客对绿色产品的期望价值、购买决策依据和实际使用者。除此之外，绿色推销人员也应该了解和掌握消费者的绿色购买心理，从而"对症下药"。例如，当消费者绿色消费感知效力较高，即认为绿色消费行为对环境保护有一定效果时，绿色推销人员可以利用这一心理特点促使消费者绿色购买；同时参照群体对消费者造成的社会比较压力也会促使消费者进行绿色消费。此时的绿色推销人员需要充分挖掘消费者群体圈子的绿色购买信息，通过群体内部的心理比较，帮助消费者下定绿色购买决心。此外，人们制定决策时往往受到沉没成本的影响，绿色推销人员在绿色推销过程中可以传递降低大额成本的绿色信息（大额成本指消费者已支出的能效低或环境不友好产品的较高成本）。

（5）绿色推销人员应熟悉当下的绿色细分市场。绿色细分市场的变化是绿色推销人员需要敏锐捕捉的重要信息。例如，绿色推销人员需要时刻关注绿色细分市场从地方性经营向全球性绿色竞争转变、从机会型增长向能力型转变、从企业竞争向绿色价值链竞争转变。具体而言，绿色推销人员需要了解市场供求情况，以及企业整体绿色营销策略、现有用户和潜在用户的绿色需求，还要了解当前市场绿色产品的品种、花色和款式等，以及竞争产品情况。部分绿色细分市场的消费者还会受到"时间折现效应"的影响，由于绿色产品的高价格给消费者带来的经济成本是立竿见影的，而收益却往往会被推后或是逐渐增长，所以绿色推销人员应该突出节能的长期收益，以吸引消费者的注意（王建明和孙彦，2018）。

（6）绿色推销人员应具备良好的文化素质、法律素质和推销业务素质。绿色推销人员的业绩与他们的文化素质相关。绿色推销人员应充实自身在经济学、心理学、社会学等方面的专业知识，以及文学、历史、哲学、艺术、地理、自然科学、国际时事和外语等方面的文化知识。绿色推销过程中除了沟通业务方面的知识，更多的时候是人际交往，只有和顾客成为朋友，才能继续推进绿色推销工作。同时，绿色人员推销工作是一种复杂的社会活动，受到一定的法律法规制约，推销人员要有强烈的法律意识和丰富的法律知识，尤其是与绿色环保相关的法律法规。最后，绿色推销人员是公司的"外交官"，要求他们讲究必要的推销礼仪。

（7）绿色推销人员还应具备面向数字化促销渠道的开拓创新精神与能力。绿色推销人员面向的是各种各样的消费者和消费场景，尤其在线上直播带货的浪潮下，绿色市场上的很多不确定性因素对绿色推销人员的创新精神与能力是一个极大的考验。线上直播带货是一种即时性直播促销方式，促销人员需要对在线绿色消费需求做出实时回应与互动，直观展现绿色产品、制造热点话题，引导粉丝加入对绿色产品的讨论等。此外，绿色产品比普通产品更加需要通过促销人员的创新化促销展现其优势，需要线上绿色推销人员（带货主播）打破常规，充分利用其创新思维，以及较强的讲解力、临场发挥力、综合反应力让绿色促销和绿色产品变得更具吸引力。因此，基于数字化促销渠道的绿色价值传递与传播效果很大程度上取决于线上绿色推销人员（带货主播）的创新精神和能力。例如，新东方"东方甄选"抖音某农产品销售主播，一边推销绿色产品五常大米，一边中英文切换自如地传递知识与情怀，以创新式双语直播促销方式迅速火爆全网，其直播间一度位列"抖音带货榜"第一名。

三、绿色人员推销的流程和策略

绿色人员推销在遵循推销基本流程的基础上，要围绕绿色价值传播这一核心，充分体现绿色性。具体而言，绿色人员推销的工作分为以下几个环节：

（1）积极寻找和发现绿色消费的潜在顾客。企业想要最大化实现绿色发展和长期利润，势必要优先关注正确的顾客群体。通过顾客细分，寻找并培育顾客忠诚，从而补偿获客成本。在此背景下，绿色推销人员可根据企业战略中的绿色细分市场，进一步对顾客进行细分，研究他们的特征及影响因素，结合自身经验和调查，有针对性地发掘具有绿色需求的潜在顾客。例如，从性别角色来看，女性化绿色消费者（倾向于表达对绿色产品的情绪和感受的消费者）、男性化绿色消费者（更关注与绿色产品有关的工作、成就等信息的消费者）以及双性化绿色消费者（同时兼具女性化和男性化人格特质的消费者）的绿色消费意愿有所不同，对此，绿色推销人员可以根据消费者的群体特征发掘潜在绿色顾客。

（2）选择有效的绿色信息传递方式推销绿色产品。根据心理学中的"框架效应"（framing effect），由于在信息加工过程中认知资源具有有限性，人们更大程度上表现为有限理性，受到信息表述特点及呈现方式等影响，对客观等价问题的不同表述会导致不同响应偏好的心理现象。具体而言，信息框架分为获得框架和损失框架，前者的信息表述突出采取行为后能获得的积极结果，后者则突出采取行为后将失去的利益（孙彦等，2012）。由于绿色消费行为在很大程度上体现了道德性和公益性，绿色推销人员在绿色推销过程中可以合理利用框架效应，特别是获得框架，强调消费者绿色购买行为所带来的积极情绪以及社会贡献，例如愉悦感、自豪感、对绿色发展所做出的个人努力、为社会集体利益做出的贡献等，将更容易激发消费者的绿色消费意愿。

（3）传递企业绿色产品方面的信息。消费者作为"理性人"，在进行绿色消费前必定会对成本和效用进行比较，进而追求自身利益最大化，因此绿色推销人员为了推销成功就需要有效传递绿色产品的关键信息。消费者绿色消费行为遵循"知—信—行"的路径，即认知是基础，通过信念对行为产生间接影响或直接影响。由此可见，正确的认知是开展资源节约、环境保护和绿色消费等绿色行为的开端。因此，绿色推销人员需要围绕成本和效用比较准确地掌握消费者对绿色产品的期望和购买动机，明确消费者进行产品评价的侧重点，并有侧重地向消费者传递绿色知识、传播绿色理念、宣传企业绿色表现、回答环保问题、介绍绿色产品的性价比等，为顾客解决相关疑虑，以获得更强烈的绿色产品评价和绿色购买意愿。

（4）向顾客提供其他必要的绿色服务。引发绿色消费行为的因素不仅包括人口变量、绿色产品属性、可持续生活方式、情绪、社会价值和环境影响等，还包括消费价值差（魏瑞等，2019）。消费者对于绿色产品的需求并不一定都转化为实际的购买行为，其中一个重要原因就是消费者对于绿色产品使用前的期望价值和使用过程，以及使用后的实际价值感受之间存在价值差。这意味着绿色推销人员在推销过程中除了重视绿色产品的效用价值和环保价值外，还需要积极向顾客提供绿色咨询服务、绿色技术服务、加快办理交货和废弃物回收服务等必要的绿色服务，充分满足消费者对绿色产品的情感需求，以提升对绿色产品及企业的好感度，挖掘潜在绿色客户和维系绿色产品的老客户。

（5）探索运用新兴绿色推销技术。随着数字技术的飞速发展，众多企业开始转型线上直播带货，政府部门也开始借助直播形式进行招商、推广农产品等（刘平胜和石永东，2020）。绿色人员推销同样可以尝试采取这一方式，在直播带货过程中，主播可以在一对多的高强度互动中与消费者共创绿色价值，通过评论、弹幕和网上连线等方式，实现与消费者的深度绿色交流。通过直播互动及时了解绿色需求和意见，精准解答消费者困惑，从而为消费者排解绿色产品的购买担忧，掌握消费者对绿色产品的购买及使用体验。主播和消费者之间充分的人际互动，可以增强绿色产品直播的趣味性，引发消费者对主播"带货"绿色产品的情感共鸣，既能满足消费者的社交需求，又可以激活消费者的绿色产品购买欲望。

（6）为顾客打造绿色营销新场景。打造绿色场景是线上或线下绿色促销凸显差异化商业空间的重要环节。例如，重庆光环购物公园凭借打造国内罕见的大型室内植物园成功出圈，为顾客营造了具有较强视觉冲击力和感染力的绿色环境；上海前滩太古里地面打造了 8 000 m² 的中央公园，绿色草坪"攀爬"在建筑之上，吸引众多顾客前来打卡拍照，也为推销人员推销绿色产品创造了良好契机。绿色促销人员除了可以布置"绿色消费"相关主题场景或限时市集，还可开展绿色环保挑战行动，激发顾客的社会责任感。如南宁万象城与蚂蚁森林开展合作，鼓励前来消费的顾客进行旧衣旧物回收、自带饮水杯和购物袋等行动，并以此给予相应的奖励。淘宝打造了线上"绿色乐园"促销专区，汇集众多绿色品牌，吸引众多绿色消费者关注、搜索和下单。

 思维扩展

场景营销对推动绿色产品销售有何优势？

延伸阅读9-1

市场动向：线上直播带货，助力绿色食品发展

互联网的发展给绿色农业带来了新的增长机遇。借助农业直播带货，可以实现线上快速引流，便于普及更多的农业知识，及时解答观众疑问，也让采摘、打包过程一目了然，拉近带货主播与消费者的距离，有利于扩大产品知名度，解决农产品滞销问题，缩短农产品线下的交易环节，减少商品滞销，增加农民收入。电商直播与农业相结合，不仅走出了一条新的道路，还迎来了绿色农业电商的新发展。

邮政精英直播带货，助力江苏绿色食品云端展会

2020年9月24日，首届江苏省农民合作社绿色食品云展会启动仪式在南京举行，来自全省各地的近50款特色绿色食品参展。展会的主题是"苏合绿品，邮你分享"。云展会为参展合作社提供"销售+寄递+金融"一揽子综合服务，旨在做大做强江苏"一县一社一品"，提升江苏农民合作社绿色食品品牌影响力，助推江苏农民合作社等新型农业经营主体高质量发展，助力乡村振兴。

"线上展销+直播代言"是本届云展会的一大特色。在云展会启动仪式现场，江苏邮政两名精英何健忠、殷勇为江苏特色绿色产品当起"带货官"，开展直播代言。据悉，全省13个地市邮政分公司还将组织超过26场"我为合作社代言"惠农直播活动，邀请农民合作社理事长、当地县乡干部、网红达人以及邮政名人等为合作社代言。

直播大咖助力打造南博会"绿色食品牌"

2020年12月12日至18日，由中国南亚博览会秘书处主办的2020年"永不落幕的南博会"在线展举办。其中，由云南省农业农村厅负责的绿色食品馆，严把参展企业资格，审核通过企业均是省级以上重点龙头企业或近三年来云南省"十大名品"获奖企业、绿色食品牌"10强企业"、绿色食品牌"20佳创新企业"。

此次南博会最大的亮点之一就是线上直播，在线展上琳琅满目的云南名优特产品引人注目，拥有强大线上直播能力的一部手机云品荟，正是云上南博会的参展商之一，其将于云上南博会开展期间，利用多条直播渠道，为云上南博会带货。同时，本次"云上南博会"邀请了罗永浩等直播大咖和本土头部主播来直播，助力打造"绿色食品牌"，另外还邀请了影视明星于荣光到现场购物体验并直播，为这次云上南博会带货，推介优秀产品。

直播带货对于绿色农业来说是一种创新的营销方式，如今有互联网技术的支持，政府公信力的背书，再加上农产品着重在生态绿色食品上做文章，提升农产品品质，相信绿色农业会迎来新发展。

资料来源：根据刘霞《江苏省农民合作社绿色食品云端办展会》（中国江苏网，2020年9月24日）、王彤《900余展品亮相云上南博会》（网易云南，2020年12月18日）资料整理。

第三节　绿色销售促进策略

一、绿色销售促进的内涵和功能

绿色销售促进也称绿色营业推广，是为了鼓励对特定绿色产品或服务的购买或销售，

而采取短期的刺激活动。企业需要不断获得新顾客的支持来实现绿色产品的价值交换，而绿色销售促进可以破除"购买习惯"，促成第一次购买。绿色销售促进主要有抽奖赠送礼品、免费试用和绿色产品质量保证等形式，尤其是通过发放绿色产品赠券和奖售等绿色销售促进方式，可以有效增加消费者对绿色产品的重复购买率，让消费者更易成为绿色产品的忠实使用者，从而稳定企业在绿色细分市场的份额。

绿色销售促进根据对象的不同可以分为针对消费者的绿色销售促进和针对中间商的绿色销售促进。其中，针对消费者的绿色销售促进包括折扣促销、积点促销、赠品促销和抽奖促销等；针对中间商的绿色销售促进包括批量折扣、合作广告津贴、中间商销售竞赛和免费咨询服务等。此外，绿色销售促进根据促销时间的长短又可以分为短期绿色促销和长期绿色促销；根据诱因的性质分为加量绿色促销和降价绿色促销；根据促销的时机分为立即性绿色促销和延迟性绿色促销。

概括来说，绿色销售促进具有如下功能：

（1）沟通功能。绿色销售促进是企业与消费者之间的双向沟通过程。消费者向企业获得绿色价值信息，企业向消费者获取消费者对绿色产品的反馈。企业通过各种绿色销售促进方式，帮助消费者建立起对绿色产品的兴趣和使用爱好，起到通知、提醒、刺激消费者的作用。

（2）激励功能。企业运用绿色销售促进手段，通过向消费者提供某些额外的利益，来激起消费者的利己消费动机。例如，企业绿色营销人员以赠送的绿色样品有效刺激消费者试用和购买。特别是消费者对于新绿色产品，尤其是高价的新绿色产品存在一定抗拒心理，不愿冒风险尝试。通过绿色销售促进让消费者降低这种风险感知和初次消费成本，可以有效降低消费者的抗拒感，从而接受绿色产品。

（3）协调功能。企业运用多种绿色销售促进方式，如购买馈赠、价格折扣、批量折扣、经销竞赛等，既可以刺激消费者和中间商的绿色购买，又可以协调企业与消费者、企业与中间商的关系，保持与消费者和中间商的共生共荣关系。尤其是稳定企业与中间商的稳定购销关系，有助于提高销售业绩，建立绿色品牌忠诚。

（4）竞争功能。企业通过绿色销售促进有效增强企业绿色产品的竞争力，特别是绿色消费折扣促销和绿色消费积分促销等方式可以明显降低消费者初次购买绿色产品的成本，有效提升消费者对绿色产品的感知价值，增加购买数量和购买频率，进而在未来提升消费者对该企业的忠诚度，构建企业竞争绿色壁垒。

二、绿色销售促进的具体策略

（1）折扣促销。绿色消费折扣促销，即按照一定比例降低绿色产品的正常销售价格后进行出售，是目前网上最常用的绿色销售促进方式。例如，在2019年"全国节能宣传周"，海尔、格力、美菱、阿里、苏宁、京东、网易严选、居然之家、顺联动力等九大品牌商和渠道商联手推出绿色消费让利促销活动，给消费者带去了一大波绿色福利，积极拉动绿色消费，助力节能减排，推动绿色发展。此外，近年来兴起绿色消费满减的变相折扣促销，指如果消费者购买绿色产品金额或数量达到一定参考值，商家会给予一定价格上的优惠。当然从长期来看，频繁使用绿色消费折扣促销会增加消费者对绿色产品价格的敏感度，减少对商家的信任，对消费者购买意愿和品牌忠诚度产生负面影响。

（2）赠品促销。绿色消费赠品促销主要由一项绿色产品和一项免费赠品构成，是企业在新产品试用、对抗竞争品牌和开辟新市场时采用的一种绿色促销方式。绿色消费赠品促销使消费者更容易接受新产品和新品牌，提升企业品牌的知名度。网上绿色消费赠品促销通过设置获取赠品的资格附加条件，更加及时地收集到真实、详细的绿色产品反馈信息。此外，随着电商的快速发展，包邮成为赠品的另一种表现形式，通常不会使消费者感知利益降低，反而对增加消费者绿色购买意愿大有裨益。

（3）抽奖促销。绿色消费抽奖促销已被很多网站广为采用。绿色消费抽奖促销利用公众在消费过程中侥幸获大利的心理，利用抽奖的形式吸引消费者购买绿色产品。抽奖方式不仅适合大品牌，更适合新进入市场的品牌和消费者不熟悉的绿色产品。例如，有机农产品和绿色蔬菜水果通过抽奖促销能够覆盖大范围的目标消费群体，吸引新顾客尝试购买，同时促使老顾客多次重复购买，对销售绿色产品具有直接的拉动作用。当然，目前少数抽奖促销还存在着不规范问题，使抽奖的真实性和公平性受到质疑，未来绿色产品的抽奖活动必须做到公正、简洁、有趣。

（4）积分促销。绿色消费积分促销是一个较长期的活动。绿色消费积分的多少往往对应着不同等级的绿色产品优惠政策或绿色价值不同的奖品。获得绿色消费积分的形式多样，可以是购买绿色产品、提出绿色产品改进意见，也可以是在企业论坛发表与绿色消费相关文章或正确回答与企业相关的问题。由于绿色消费积分电子化程度越来越高，因而具有操作相对简便和活动成本低等优势，且有利于提升消费者对于绿色产品的重复购买率，培养长期绿色购买习惯，提升绿色价值共创水平。企业可通过积分促销刺激消费者参与绿色消费的热情。

（5）联合促销。绿色联合促销是指企业与非竞争性的企业或其他组织结成促销联盟，共享绿色信息资源和宣传推广途径，增加与潜在消费者接触机会的绿色销售促进方式。联合促销的绿色产品或服务可以是互为补充的，起到相互提升自身价值的效应，从而获得良好的促销效果。例如，阿里巴巴在 2021 年推动首个绿色商家联盟，通过天猫与 14 个品牌共同发出《绿色商家联盟倡议书》，在"双 11"开辟绿色会场，在"满 200 减 30"的折扣基础上，会场内绿色产品可再叠加"满 1 000 减 100"或"满 100 减 10"的绿色购物券。这一举措推动了绿色生产和绿色物流等的普及，促进商品和快递包装绿色、减量和可循环发展。

（6）捐赠促销。购买绿色产品后，商家会根据购买数量或金额对相关环保组织机构进行一定金额的捐赠，通过唤起消费者的绿色意识，鼓励他们参与绿色公益活动和购买绿色产品。捐赠促销是一种非经济的信号，能够传达企业关心环境、对环境负责的形象，有利于减少消费者对企业促销活动的负面认知和消极情感反应，进而提升消费者绿色购买意愿。但是要注意消费者对企业动机的归因，只有当消费者认为企业提供捐赠的目的是为了帮助慈善事业的利他动机时，才会积极支持；否则，当消费者认为企业是出于销售产品的利己动机，则会适得其反（Choi et al. 2016）。

扩展阅读 9-2　经验借鉴：星巴克绿色营销——咖啡免费喝

> **思维扩展**
>
> 在数字时代，你还能想到哪些有效的绿色销售促进策略？

第四节 绿色公共关系策略

一、绿色公共关系的内涵和意义

公共关系是指组织机构与公共环境之间的沟通与传播关系，也是企业机构借以建立公众信任的重要工具。企业通过各种传播和沟通手段，有意识地与内外部公众进行信息双向交流，塑造企业形象，建立稳定融洽的社会关系，有效促进营销目标的实现。绿色公共关系又称环境公共关系，是指企业以生态环保与经济可持续发展观念为指导，运用具有绿色特征的信息传播手段，有针对性地向公众开展的绿色传播、绿色沟通和绿色协调活动，以塑造企业绿色形象，赢得公众信任与支持，给企业带来更多便利和竞争优势的一系列公共关系活动。绿色公共关系与传统公共关系相比，更加侧重和关注生态保护，二者的差别具体如表 9-3 所示。

表 9-3 绿色公共关系与传统公共关系的区别

类别	绿色公共关系	传统公共关系
手段	运用具有绿色特征的信息传播手段	运用一般特征的信息传播手段
观念	生态环保与经济可持续发展观念	追求经济效益的观念
目标	塑造企业绿色形象赢得公众绿色信任与支持	塑造企业形象赢得公众信任与支持
效果	促进绿色产品销售	促进一般产品销售

绿色公共关系直接造"势"，间接造"市"，顺应全球倡导绿色消费的趋势，也把注重绿色健康的理念充分融入企业公共关系活动中，以可持续发展的观念影响着企业的行为。同时，在培育消费者的绿色消费意识、促进绿色产品销售方面发挥着重要作用。绿色公共关系的重要性可从企业内部绿色公共关系、企业外部绿色公共关系以及企业内外部绿色联结方面体现出来：

第一，在企业内部，绿色公共关系为绿色营销奠定了基础。企业通过建立和维护绿色公共关系，树立全员绿色营销观念，帮助经营决策者制定和调整绿色战略目标，在员工心目中塑造企业绿色形象。

第二，在企业外部，绿色公共关系是拓展绿色市场的重要途径。绿色公共关系能够适时运用新媒体手段和各种绿色环保活动，为企业进行绿色宣传。

第三，在企业内外部联结方面，绿色公共关系能够促进企业的政府信任，并促使企业与社区保持良好有效绿色沟通。

二、绿色公共关系策略的原则

第一，注重提升绿色公共关系意识。企业是进行绿色公共关系的主体，其绿色意识是决定绿色公共关系开展成功与否以及开展效果的关键。具备绿色意识和绿色理念的企业会自觉维护消费者的利益，满足消费者的绿色需求。因而，全体员工特别是公共关系人员需要具备绿色公共关系意识，通过他们敏锐的绿色观察力及时捕捉消费者的绿色需求，更好地处理绿色公共关系相关的事务。

第二，合理运用绿色传播方式。绿色公共关系不止包括传播"绿色"，还包括"绿色"传播，运用各种绿色节能特性的公共关系传播方式，积极正面地向消费者宣传企业绿色理念、分享绿色知识。这里需要注意的是，很多企业在进行绿色产品宣传时对环保概念界定不清、对产品环保效果的夸大其词，或追逐热点凭借"绿色"文案和海报虚假宣传。这些行为不仅不能获得消费者的认同，还会降低消费者的信任感。

第三，切实履行社会责任。企业可采用环保事业合作与赞助环保事业的方式推动生态环境可持续发展，在传递绿色产品信息的同时也宣传企业自身所承担的社会责任。只有切实履行社会责任，实事求是地宣传企业绿色环保行为，才有可能实现"企业行动—公众信任"的良性循环。同时，如果企业能向消费者公布更多真实的绿色产品信息，将更有助于增强消费者对企业的绿色认知，提升企业公信力。

延伸阅读9-2

实践前沿：小红书沉浸式直播"种草"环保理念

2021年7月12日，为期六天的COP15青年生物多样性科学探索活动圆满结束。据了解，作为本次活动的独家科普平台，小红书为入驻的35名科学家和青年代表提供包括流量扶持等多方面支持。

沉浸式科普新体验

2021年7月5—11日，科考队从中国科学院昆明植物所出发，前往位于云南省红河哈尼族彝族自治州干热河谷地区的中科院昆明植物所山地未来研究中心、中国科学院西双版纳植物园元江干热河谷生态站（萨王纳科考站）以及红河哈尼梯田世界文化遗产地，深度调研学习生态修复现状，反思人与自然关系的发展。

"种草"环保理念让生态保护进入现实生活

这些科考过程也同步在小红书平台进行直播，吸引大量网友关注，多次获得同时段直播人气榜第一。清华大学公共管理学院博士研究生包塿含在科考期间，每天利用休息时间制作短视频，在小红书记录科考过程，讲解环保知识。网友评论道："讲解通俗易懂，学到了生物多样性知识。""加油，科普任重道远。"还有许多学弟学妹向他咨询环保专业的学习和工作情况。中国科学探险协会极地科学探险专业委员会的温旭一直关注和研究气候变化对冰川的影响，他在交流会上说，接下来他将投入更多精力在科普工作上，"通过短视频和直播等形式，把科普的声音放大传开，让更多人知道如何在日常的生活中保护遥远的冰川。"

让生态保护成为生活方式

COP15青年生物多样性科学探索活动仅仅是小红书在科普领域的初始探索。2021年10月，小红书携手生态环境部宣传教育中心等多家机构，举办了多场生物多样性宣传保护活动。小红书通过"我的去野日记"话题活动，以"神奇动物在哪里""神奇植物在哪里"等专题，向公众展示出多姿多彩的自然风貌，并鼓励用户发布更多与生态多样性相关的内容。2021年10月15日，小红书上线"360度探秘国家公园"活动，深入东北虎豹国家公园，进行"万里追踪大猫神秘足迹"等三场独家沉浸式探秘直播。同时，东北虎豹国家公园还将以官方账号入驻小红书，并发布此前从未公开过的视频。

为完成此次探秘国家公园活动，小红书打造了沉浸式第一视角科普视频专栏《沉浸式探秘东北虎豹国家公园》，邀约小红书博主参与科学探索全过程，近距离接触中国境内极为罕见的，由东北虎、豹等中小型兽类构成的野生动物种群。作为年轻人聚集的多元生活方式平台，小红书一直向用户传递生物多样性的相关内容，比如，2021年9月，小红书制作首档自然探索真人秀《博物学家的一天》，跨界脱口秀科学家张宇识与主持人配合默契，两人随口抖落的科普段子都能让人捧腹大笑，寓教于乐。

小红书社区相关内容负责人表示，"通过丰富多彩的活动，鼓励更多年轻人记录身边的大自然，吸引专业学者进行保护生物多样性的科普，让科学的元素触达更多人，让大众近距离感受生物多样性的魅力，使生态保护不再只是一小部分人的独行，而成为全社会的共识，成为人们一种生活方式。"

资料来源：根据赵鹏《沉浸式直播"种草"环保理念——小红书上线多个生物多样性探索活动》（环球网，2021年12月14日）相关资料整理改编。

三、绿色公共关系策略的类型

企业绿色公共关系策略可以分为以下三种类型（李媛和景庆虹，2010）：

（1）进攻型绿色公共关系策略。该策略以提高企业的绿色美誉度为目标。企业主动出击，采取公众接受的方式树立和维护自身绿色形象。如企业用新颖的内容和形式，迅速吸引公众注意和兴趣，向公众宣传企业为保护环境所做的努力，提升企业的绿色信誉度。尤其当企业生产经营活动与环境发展存在利益冲突时，采取以攻为守的策略，把公众的利益放在第一位，抓住有利时机和有利条件，积极主动开展绿色活动，使公众对企业的绿色营销活动满意，可以减少社会舆论对企业的批评，减少企业损失。

（2）预防型绿色公共关系策略。稳定发展的企业需要居安思危，企业也可以强化对环境的检测，及时发现潜在危机，预先运用有效手段消除对环境的负面影响。以麦当劳为例，随着环境污染和恶化正引起社会各界重视，麦当劳积极加入环境保护的行列。2007年开展"绿色包装"行动，率先将外带塑料袋换为纸袋；2010年麦旋风改为纸杯包装；2015年刀叉尺寸优化，减少约10%的塑料用量；2020年5月发布"因为热爱、尽善而行"的全新品牌理念；同年6月宣布将在食品包装上进一步减塑，逐步停用塑料。麦当劳的一系列行动表明了其对环境保护大趋势的关注和了解，彰显了企业的预防型绿色公共关系策略。

（3）补救型绿色公共关系策略。企业遇到绿色形象危机时，亟须采取补救型公共关系策略进行绿色危机处理。补救型绿色公共关系策略程序一般分为以下几个步骤：明确绿色危机处理负责人和小组成员职责分工；第一时间以真诚而负责的态度与公众交流与沟通；尽快开展调查，明确绿色危机全貌；制定和实施绿色危机处理方案；复盘和评估绿色危机事件，做好善后工作。面对突如其来的绿色危机，如果企业处理得当可以挽回形象，就可以重新赢得公众的信任和支持，但是如果反应迟缓或处理不当，企业在公众心中的绿色形象将会受到很大程度的损害，情形严重的甚至会恶化企业与消费者的信任关系。

四、绿色公共关系策略的方式

绿色公共关系应该贯穿企业公共关系工作的整个过程，从产品设计、研发、生产到销售和服务等各个环节，都要把环境保护放在重要的位置，避免可能出现的绿色危机所带来的不良影响或绿色形象损害。也就是说，绿色公共关系是一项长期战略，而非解决一时之需的短期途径。具体而言，企业通过以下绿色公共关系策略方式传播绿色价值：

（1）绿色宣传。将绿色营销知识融入企业和产品的宣传中，通过传递企业和产品绿色信息，可以增强公众对企业的信赖和对产品的认知，更好地激活消费需求。数字时代，企业可以借助网络、电视、广播等大众传播媒介，明确传递环保知识和绿色理念，营造生态可持续发展的良好社会风尚。同时，积极向消费者宣传企业所履行的社会责任，在消费者心中树立起环境友好的企业形象。

（2）环保活动。在策划绿色公共关系活动时，要注重主题鲜明和形式生动活泼，关注符合公众绿色心理需求、基于绿色环保观念和无明显商业色彩的活动。同时，要选择恰当的活动组织时机。例如，环境日、重大社会节日、新产品或新服务项目推出时和企业组织获重要荣誉之际，是企业进行绿色宣传的关键节点，此时开展公共关系活动更易成功引起公众的注意，产生轰动效应。此外，开展活动要具有计划性、针对性和长期性，最好形成环保系列主题活动，定期开展具有绿色内在联系和固定频率的公共关系活动，以形成规模效应。

扩展阅读 9-3　理论前沿：破解绿色公关活动困局的一个关键——契合度

（3）沟通网络。企业不仅要在产品和服务中加强消费者的环保意识，更需要与社会公众尤其是环保组织，在环境问题上加强沟通与合作，共同承担保护环境的责任。具体而言，企业要与政府、社区和消费者等各方面建立良好关系，形成绿色信息沟通网络。企业要积极建立与绿色消费组织的联系，主动参与绿色相关事务与活动，不断扩大企业在绿色消费领域的影响力。这样，即使企业遇到绿色危机事件，也能借助沟通网络第一时间向消费者公布事件真相，获得理解和支持，缓解可能产生的矛盾。

 思维扩展

企业如何通过线上绿色社区，构建和维护绿色公共关系？

本章小结

绿色促销覆盖了绿色价值从企业到消费者之间的传播渠道，也塑造了企业与消费者之间的良好关系。许多有前瞻性的企业已经设立了一套可持续性的促销战略方法论或可持续性促销平台。然而，企业的伪善、"漂绿"等事件频繁出现，导致消费者信任一再降低。如何通过企业促销和宣传活动传递企业绿色理念，降低消费者质疑和促进消费者参与仍然是一大难题。绿色促销是传递企业绿色信息，彰显企业可持续发展观念，培育消费者绿色意识的重要形式，主要包括绿色广告、绿色人员推销、绿色销售促进和绿色公共关系。本章主要介绍了绿色促销的内涵和特征，绿色人员推销的内涵和要求，绿色销售促进的分类、功能和方法，以及绿色公共关系策略的内涵、意义、原则、类型和方式等内容。

核心概念

1. 绿色促销（green sales promotion）
2. 绿色人员推销（green personal selling）
3. 绿色公共关系（green public relationships）
4. 绿色折扣促销（green discount sales promotion）
5. 绿色联合促销（green joint sales promotion）
6. 绿色直播（green live streaming）

本章思考题

1. 简述绿色促销的含义及其与传统促销的差异。
2. 简述企业对绿色人员推销有哪些要求。
3. 试论如何成长为一个优秀的绿色推销人员。
4. 评述各类绿色销售促进方法的优缺点。
5. 以特定行业为例，试论企业建立绿色公共关系的现实意义。
6. 简述建立和维护绿色公共关系应注意的事项。

本章即测即练

本章实训指南

本章综合案例

如何让绿色更流行？

绿色发展现在已普遍被企业主们认为是一种价值与风险并存的投资，是企业长期发展的贡献者。并且许多有前瞻性的企业已经设立了一套可持续性的战略方法论。然而，如何调动消费者绿色参与的潜力则成为了一个大难题。

1. 借助不同媒介持续透明化更新品牌在可持续上的表现

用户愿意参与企业可持续性活动是建立在信任基础上，他们向往企业或品牌给予足够的诚实与重视感。因此，如何与消费者培养信任十分重要，需要在尽可能透明的框架下建立沟通。企业应该灵活利用对外沟通的渠道与平台，尽可能将活动内容有效地传播给用户，持续不断地传递品牌或产品在可持续上的表现。

荷兰的 Eosta 在世界各地进口、出口、包装和分销新鲜的有机水果和蔬菜，其推出的 Nature & More 是企业进行绿色发展的一次长久性行动。他们在产品上贴上数字标签，消费者在官网上输入这串数字可以查看种植者亲自讲述的产品故事。通过这一在线系统将种植者的故事和产品对地球、人类的影响透明化。中国的一米市集，则将产品供应方定位为农友伙伴，还会在每个产品的详情页面加入农友伙伴的介绍，在官微上有相应的图文宣传，方便消费者真实感受到品牌的可持续理念。另外，支付宝公益平台的活动阶段性图文跟踪也是增加透明度的方式。

2. 简化消费者参与步骤，让绿色活动成为"举手小事"

再善良的消费者都是"懒人"，人们能接受可持续营销或参与可持续消费的基础之一就是不需要过多努力。所以，企业开展活动时需要尽可能简化消费者的参与步骤。

多抓鱼是一家专注于二手市场，特别是二手书籍流通的企业。该企业在交易流程方面着力解决了不少二手交易的麻烦痛点，在用户体验方面下足了心思。在标价环节，卖书者只需要用手机扫一扫就可以知道书籍的相应估价；物流上，多抓鱼与顺丰合作，为卖书者省去了自己叫快递的环节；包装上，多抓鱼用自行研发的可降解材料尽可能做到了环保；旧物安全上，多抓鱼会进行消毒与清洁，免去了卖家的麻烦，同时也给买家带来了安全感。同样，喜茶也为消费者更好参与可持续发展提供便利。消费者利用"喜茶GO"小程序下单时，有 PLA 可降解吸管、纸吸管（口感略有影响）、常规吸管和不使用吸管几个选项。既告知了纸吸管的缺点，也没有强制去掉常规吸管，给予了消费者充足的选择权，让环保参与行为变得更为自由且轻松。

3. 让消费者参与变得"有去有回"

尽管回收产品类型的可持续活动大多是企业在做，但如何将回收物再利用是一个需要考虑的问题。回收物利用需要给予消费者回馈感，才能更好地激励他们参与到活动中去。

高露洁在美国举办的再生游乐场挑战赛具有一定的借鉴意义。此活动开放人群为学校的师生群体。在校师生通过回收使用过的口腔护理产品包装和产品来赚取积分，积分排名前两名的学校将会获得由这些回收材料制成的游乐场或者滑梯。这一活动让学生们体会到自己在可持续方面的努力可以换来相应回报的满足感。竞赛性质+有意义的激励的活动设计帮助高露洁在当地赢得不少好口碑。

4. 激励物应有助于消费者个人身份和价值观的表达

让消费者在参与过程中产生满足感是激发他们参与可持续消费活动的一个关键点，需要一定的激励手段。当然，这里所说的激励不只包含物质激励，也包含内在的情感激励。因此，激励物应该有助于消费者表达个人身份和价值观的积极信息，获取方式的选择上也应该从公司业务层面与社会的连接点出发。星巴克在4月22日世界地球日推出"爱地球，出一杯之力"活动。当日固定时段，消费者带上自带杯接受星巴克回馈一杯新鲜煮制的滤滴咖啡。

5. 营造环保氛围，彰显企业环保努力

喜茶在深圳开设了首家环保主题门店，是利用回收材料的典范。用回收的纸吸管排列成门楣。使用喜茶自研的"10%回收小票纸的人造石"铺成的墙面，专门设立的"灵感实验室"区域，区域内摆放着使用可再生材料制作的喜茶周边。当消费者走进这家店，周围的环保氛围既能给他们带来回馈感，也能以一种无声的方式去倡导他们以更环保的形式消费。

6. 减少参与者、品牌与受资助方之间的距离感

2017年腾讯公益推出"小朋友画廊"活动，用户每购买一幅自闭症儿童的画作，就相当于向腾讯公益平台上的"用艺术点亮生命"公益项目进行捐赠。通过受助孩子提供的画作为激励物让人们感受到真实与温暖，并通过画作分享页面激发用户的二次传播。这种让受资助方也加入进来的方式大大减少了参与者、品牌与受资助方之间的距离感，给予了各方满足感。

其实，换个角度思考会发现，企业开展活动时在强调"更绿色"的同时也不应该忘记强调消费者真正关心的信息（如活动形式、内容等）。只有当这些信息成为活动的主体，让可持续性为主体锦上添花，才能吸引更多的人参与进来。

资料来源：根据胖鲸研究所《喜茶三顿半多抓鱼们如何让"绿色"更流行？》（胖鲸头条微信公众号，2020年12月1日）资料整理。

案例思考

1. 回顾以上案例，你认为绿色品牌在宣传过程中应该如何建立消费者信任？
2. 企业设计绿色公共关系活动时需要考虑哪些问题？
3. 针对绿色促销活动，以上哪个企业的做法对你启发最大？请简述原因。

第十章

绿色广告和传播策略

◆ **本章导语**

精准化（而不是多余）的绿色传播才是真正的绿色传播。

◆ **本章引例**

本章引例：农夫山泉的绿色传播策略

"我们不生产水，我们只是大自然的搬运工"——农夫山泉围绕一系列深入人心的广告布局它的绿色传播策略。在上市之初，农夫山泉并没有选择和当时市面上的怡宝、康师傅等纯净水正面竞争，也没有走低价策略，而是推出天然水产品，主打"健康"的差异化卖点。另一个著名广告词"农夫山泉有点甜"，从口感上强调农夫山泉的独特性——"甜"，不仅指口感更好，更引发消费者产生天然水的联想。实际上农夫山泉的产品不甜，而"有点甜"的传播是为了突出天然甘泉水的清甜，能够让社会公众迅速认可。

除了强调"天然""健康"的广告传播，农夫山泉还通过著名的"水仙花实验"事件营销来表现天然水比纯净水更有益健康。凭借这一系列差异化营销，农夫山泉逐渐在一片竞争红海中"崭露头角"，将"天然水"的理念打入受众者心里。农夫山泉在商业化的竞争中，愿意始终坚持品牌的输出。2018年，为了让消费者更好地感知水质的优良，农夫山泉推出一支水源地广告，采用实景拍摄的手法，展现了农夫山泉水源地山脉与森林中的生灵万物，带给消费者"原生态"的美好联想。长白山天然纯净的水源为这些珍稀生灵提供了栖息之所，同时生机勃勃的动植物也涵养了水源。水在循环，四季在循环，生命也在循环。万物轮回，生生不息，这是我们生存的自然。农夫山泉通过大自然万物共生的场景描述去阐述品牌理念，"什么样的水，孕育什么样的生命"。这一组纯生态纪实广告一经推出，便在社会上引发消费者对农夫山泉绿色自然产品的广泛讨论。

农夫山泉团队花了非常多的精力去"对话"水源，除了给我们展现自然的美妙，更为重要的是宣传它的绿色产品理念，让消费者看到品牌一直在坚守的品质。始终保证水质，专注生产自然水，做健康水的倡导者；对自然敬畏，和自然和谐共处，不破坏动植物的生存环境，不污染水源，才会获得自然的馈赠。农夫山泉的绿色传播策略，无时无刻不在体现着绿色广告所应该包含的理念，引导消费者形成积极健康的生活方式，除了具有商业价值外，还有着不同凡响的社会价值。

资料来源：根据康梦嘉、李朝阳和赖守亮《浅谈绿色广告的传播策略》(《新闻文化建设》，2021年第12期)改编整理。

本章知识结构图

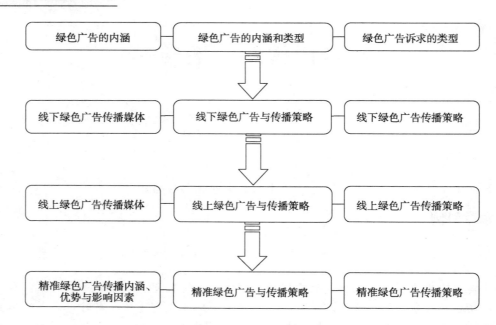

第一节 绿色广告的内涵和类型

一、绿色广告的内涵

本书认为绿色广告是指通过广告的主题、文案和产品形象体现"环境友好型"特性的广告。绿色广告的"环境友好型"特性是指包含可持续发展的主流理念，引导消费者树立资源节约和环境保护消费观念。绿色广告有广义和狭义的区别。狭义的绿色广告就是以环境友好和人类健康为核心主题的广告。从广义上而言，绿色广告是一种旨在改善人类活动与物理环境之间相互关系的传播过程，是一种"人类生态广告"。

绿色广告与传统广告存在较大差别（如表10-1所示）。主要体现在：①广告目的不同。传统广告通常以获取经济利益为目的。绿色广告则以获取经济利益、社会利益和环境利益为目的。②广告理念不同。传统广告通常向消费者传递产品消费的理念。绿色广告则向消费者传播生态保护、资源节约等绿色消费理念。③广告受众不同。传统广告通常面向普通受众。绿色广告除了可以面向普通受众，还可以选择推给特定的绿色消费群体。④广告创意不同。传统广告的创意来自产品及其相关信息。绿色广告则除了产品信息，还可以结合环境保护、资源节约等立意更高的主题进行创意。⑤广告内容不同。传统广告往往以产品相关信息为内容。绿色广告除了强调产品的绿色性质，还常常宣传企业的绿色形象。

表 10-1　绿色广告和传统广告的区别

类别	绿 色 广 告	传 统 广 告
目的	获取经济利益、社会利益和环境利益	获取经济利益、社会利益
理念	生态保护、资源节约等绿色理念	以促进销售为目的的消费理念
受众	普通受众+特定的绿色消费群体	普通受众
创意	建立绿色广告立意	广告立意一般不以绿色为中心
内容	绿色产品相关信息+强调产品的绿色性质+宣传企业绿色形象	一般产品相关信息+宣传企业品牌形象

由此，从与传统广告相对比的角度出发，对绿色广告内涵的判断和解释包含以下要点：

（1）绿色广告的任务就是传播企业产品所具有的绿色特性及其表现。其主要目标是促进绿色产品销售、弘扬绿色文化以及培养消费者绿色环保意识，鼓励消费者试用和重复购买绿色产品，提高企业绿色知名度。

（2）绿色广告经费的分配与使用遵循绿色化原则。绿色广告应当节约能源资源，尽量减少费用开支，科学合理地使用预算经费。因此，绿色广告要在促进绿色价值实现的基础上，以最小化的成本获取最大化的效益。

（3）绿色广告通过多种策略传递绿色产品及企业的真实信息。绿色广告策略应当减少说教式的信息型广告，不能滥用绿色言语，适当增加情绪感染型文案，以引发消费者对绿色消费的共鸣，呈现真实的绿色产品信息，提供关于产品的具有说服力的绿色证据，提升企业绿色形象。

（4）绿色广告媒体选择亦应贯彻绿色原则。绿色广告除了销售产品，更多在于宣传健康的消费理念。除了传统广告植入（如电视、电影），媒体还应该利用新型互联网广告（如搜索引擎广告、社交媒体广告）用户覆盖率高、成本低的传播特性，高效传播绿色信息，并设法取得绿色媒体组合的"协同"效果。

（5）绿色广告注重事前、事中及事后的效果评价与管理。与一般的商业广告不同，绿色广告不仅要关注其制作过程、营销效果，还要考虑造成的社会影响及产生的环保效应。因此，事前预测可能的后果、事中关注产品的绿色销售情况、事后关注公众的生活态度改善是绿色广告全过程效果评价和管理的重点。

二、绿色广告诉求的类型

广告诉求是指广告内容可以满足某种消费需求。绿色广告诉求是通过创意性的广告表达形式，将绿色产品信息展示给消费者，传递崇尚健康、追求自然和保护环境的绿色消费理念，以获得消费者对绿色产品的认同，刺激消费者的绿色购买欲望（盛光华等，2019）。本书认为，绿色广告诉求是在广告中加入绿色元素，表达和传递与环境相关的产品特质信息，或者向外界传达企业为环境所作出的努力，从而传播企业绿色理念，吸引消费者参与绿色购买行为。根据绿色广告诉求的不同，绿色广告诉求可以分为情感诉求与理性诉求、利己诉求与利他诉求等多种类型。

（一）情感诉求与理性诉求

情感诉求是指绿色广告传播者通过与消费者的心理建立某种联系，从而达到一种情感上的碰撞，加深消费者对绿色产品的印象，带动和激励社会公众产生绿色偏好。例如，因环境遭到破坏而带来的恐惧、内疚与沉默等广告，能引起一定的感情效果。关注消费者的情感需求，注重绿色广告信息中情感诉求的表达，在新时代的绿色诉求广告中十分关键。王建明、王丛丛和吴龙昌（2017）研究指出，绿色情感诉求中传递正面情感诉求有时更能产生积极效果。相对于负面情感诉求（内疚与鄙视），正面情感诉求（自豪与赞赏）对绿色购买决策过程的影响更显著。

理性诉求是指通过对绿色产品的客观属性进行介绍，比如功能、性能、质量、性价比等，直接呈现给消费者绿色产品的实用利益以及绿色价值。例如，强调绿色食品健康无污染；强调绿色冰箱更省电节能等。理性诉求也是重要的绿色广告诉求方式，企业采取理性说服的方式直接向消费者展示对绿色产品优势的论证，为消费者判断提供理性依据，帮助消费者更加客观和全面地了解绿色产品的质量、性能、价格等信息。

> **思维扩展**
>
> 短视频博客如何向消费者传递绿色情感、引发消费者共情？

（二）利己诉求与利他诉求

利他诉求的绿色广告主要从维护社会整体利益出发进行绿色宣传，而利己诉求的绿色广告强调最大化地改善与消费者自身相关的福利（孙瑾，2021）。在传统广告中，突出个人利益比强调社会整体利益的广告诉求更能够得到消费者积极的反应，这是因为在消费者眼中"省钱"意味着"高效"。然而，在绿色广告中，消费者不一定仅对利己诉求感兴趣。鉴于两种诉求形式都可能有效推进消费者绿色购买行为，企业应当充分了解消费者的内在动机以此来设计绿色广告诉求。例如，当激活公众的自我形象关注时，利他诉求比利己诉求更有利于激活消费者的亲社会行为（Whiteet and Peloza，2009）。

三、绿色广告传播目标

绿色广告传播的最终目标是通过广告传播方式提高企业及其绿色产品在消费者中的知名度，促使消费者购买绿色产品，提高企业的市场占有率。绿色产品传播的目标包括提高绿色产品知名度和美誉度、树立企业绿色形象、传播企业绿色观念和引导绿色消费等。现阶段，绿色广告传播目标通常有引导、告知、说服和提醒四个阶段。如表10-2所示。

表10-2　绿色广告传播目标

阶段	市场特点	目标
引导	绿色需求尚不旺盛，主要用于绿色市场初步形成阶段	激发对自然的向往和渴望； 树立高品质绿色生活方式； 培养消费者绿色消费意识； 形成绿色消费习惯

续表

阶段	市场特点	目标
告知	主要用于绿色市场开拓阶段	告知绿色产品情况，纠正对绿色消费的错误印象； 宣传绿色产品的绿色利益； 树立企业绿色形象； 宣传绿色产品的绿色成分和环保性； 建立消费者信任
说服	主要用于绿色市场竞争较激烈阶段	建立绿色产品的品牌偏好； 鼓励消费者转向绿色产品品牌； 改变消费者对绿色产品属性的知觉； 说服消费者购买绿色产品，促进绿色价值实现
提醒	主要用于绿色市场成熟稳定阶段	重复接收绿色产品信息，提醒消费者购买； 提高绿色品牌知名度与美誉度； 增强消费者对绿色品牌的忠诚度，促进绿色价值实现

四、影响绿色广告效果的因素

从广告效果的角度讲，绿色广告应注重以下四方面的问题：一是绿色广告"对谁说"，即绿色广告的绿色目标受众是谁，包括对其年龄、性别、职业、社会阶层、文化程度以及消费习惯等因素的了解。二是绿色广告"说什么"，即绿色广告向目标受众传达什么样、哪方面的绿色信息，选择目标受众所关心的绿色利益或价值。三是绿色广告"怎么说"，即选择什么样的媒体进行传播，包括媒体性质、媒体覆盖面、媒体费用、播出时间、播出频率、广告代言人、表现绿色利益或价值的方式等。四是绿色广告管理有关问题，包括绿色广告预算、效果评估及评估方法等。具体来说，影响广告效果的因素有：

（1）企业产品因素。这类因素包括产品的绿色魅力、绿色价值以及品牌的绿色声誉。产品的绿色魅力越大，消费者通常会认为生产该产品的企业具有更多绿色价值和绿色声誉，从而对品牌有更好的评价。例如，尚德企业坚持打造绿色太阳能及清洁式生产，提供资源节约和环境友好产品，深受欧亚非民众喜爱。

（2）广告内容因素。这类因素包括绿色广告是否能引起消费者注意、兴趣、欲望和购买行为。绿色广告越有趣、越有说服力，传播方式（如场景布局、设计和文案）越通俗易懂，越容易被消费者理解或接受，越能够精准高效地传达信息，实现绿色广告的有效性。例如，近年汽车行业各个公司纷纷推出绿色广告，"驰骋绿色的海洋"等广告词涌现，吸引消费者的关注。

（3）事后传播因素。这类因素包括绿色广告发布的时间和后续安排，如在广告发布之后，企业采取哪些相应的绿色促销活动，以及企业之外的影响因素，如公众言论、舆论或口碑，都会对绿色广告的有效性产生影响。例如，农夫山泉推出绿色广告后，在社会上引起较大反响，而农夫山泉公共关系部门也及时探究公众反应，继续进行千岛湖水源地的营销，稳固绿色广告带来的市场份额。

绿色营销：价值视角

延伸阅读10-1

理论前沿：脱轨的绿色广告如何回归环保的意义？

对于21世纪的地球来说，生态文明有着重大的战略意义，"绿色""环保""无污染"等词汇在资源短缺、环境恶化的情况下先总是显得格外动听。一旦企业冠上这些标签似乎就充满高尚感与责任感，金钱亦随之而来。随着社会的高速发展，各种信息技术的不断冲击，绿色广告使用有所下降，一些急功近利的企业为迎合消费者需求，借以"绿色环保"标签，人工捏造买点获取利益，盲目使用"漂绿"手段。信息科技喂养使得广告无孔不入的技巧更加熟练，这意味着有广告的地方就有"漂绿"行为的存在。每一次的地球环保日都能轻易捕捉到许多品牌把自己塑造成地球环保卫士形象与消费者进行沟通，他们贴上"绿色标签"，发布环保诉求的广告，俨然成为一个绿色倡导者。

很多绿色产品遭到信任危机，与"漂绿"的出现有着密不可分的联系，"漂绿"所带来的信任危机不可忽视。2009年，《南方周末》将"漂绿"一词引入我国，并于当年发布"年度漂绿榜"来曝光"漂绿"企业。雷达杀虫剂曾制作一则广告，采用"橘香低刺激，赶虫不赶人"的文案，搭配绿叶、甜橙香、橘子的背景元素塑造绿色产品形象。而科学上的杀虫剂属于农药，农药分为五个等级，即使最低级别也是微毒，雷达的产品利用"绿色无毒"声东击西，事实上产品里并无无毒杀虫剂，该举直接侵犯了消费者知情权。

2004年，可口可乐公司因过度开采印度喀拉拉邦的地下水资源，其生产排放的污水破坏了当地的生态环境，然而公司却对外宣称该饮料瓶具有可降解功能，无毒无害，这种行为得到了消费者的抵制，导致其停产整顿。

2008年，三鹿集团在奶粉中添加三聚氰胺（$C_3H_6N_6$）的事件曝光，三鹿高举健康纯天然的旗帜，背后却在奶粉中添加塑料化工原料，致使其形象一夜崩塌，估值150亿元的品牌价值被三元集团以6.1亿元收购。在事件曝光后，引发了一系列的连锁反应，首先，直接受害的是消费者。其次，整个奶粉产业出现缩水，大量养殖场售奶无门。该事件对中国乳业造成了严重打击。

尽管《中华人民共和国广告法》第四条规定：广告主应当对广告内容的真实性负责。但由于我国法律并未对"漂绿广告"做出明确的界定，增加了审查的难度。

随着时代的发展，环保话语权进一步浸润社会，未来公众的绿色观念将会进一步提高，然而对于"漂绿"这一现象所造成的危害，没有人可以置之度外。其引发的信任危机应当全民参与解决，企业持正自守，以绿色创新为自律；法律政策的制定；社会意识的提高……只有内外联结方能让绿色重现，"漂绿"不再。

资料来源：根据刘晨《点绿成金：脱轨的绿色广告，如何回归环保的意义？》（"广告真好玩"微信公众号，2020年9月11日）等资料整理。

第二节 线下绿色广告与传播策略

线下广告指与新媒体相对的传统广告媒体，包括电视、报纸、杂志、广播以及户外平面等广告，如传单、广告车、户外大屏、公交站牌、电梯广告以及户外的墙体广告等。

一、线下绿色广告媒体选择步骤

（1）确定范围、频率、影响。选择媒体的前提是绿色广告客户必须确定达到绿色广告目标要求的范围和频率。范围是指在既定时间内，目标市场里暴露在绿色广告活动中的消费者百分比。频率是目标市场中的人们暴露在绿色广告信息中的次数。除了覆盖一定数量的消费者和达到具体的次数，广告客户还需确定期望的媒体影响程度，即给定媒体曝光的绿色广告信息对消费者的影响大小。

（2）选择主要广告媒体类型。四大传统广告的媒体类型为电视、报纸、杂志、广播。对于需要展示的绿色产品而言，需要根据其不同的特点与需求选择传播效果最佳的广告媒体类型。例如，绿色工业用品具有节能、低污染和安全的技术特性，适宜采用专业性杂志；若广告主题是树立一种健康、自然、和谐的高品质生活，通过电视广告的图像、动作和声音则能达到较好效果。

（3）选择具体的广告媒体。广告媒体策划者必须选择恰当的媒体，即一般媒体类型中的特定媒体。广告媒体策划者必须考虑不同媒体的广告制作成本。例如，新闻报纸广告的制作费用较低，有图像声音的电视广告则比较昂贵。广告媒体选择往往采用千人成本的计价方式。千人成本（cost per mille，CPM）指的是广告投放过程中，平均每一千人分别听到或者看到某广告一次所需的广告成本。在媒体选择方面，绿色广告也要考虑环境保护因素，至少不污染环境、不破坏自然和谐，能够高效地使用资源或宣传环境保护、维护生态平衡等内容。因此，随意派发宣传单、在风景名胜处竖立巨大的广告牌等方式不宜采用。同时，绿色广告传播的平台和空间应该是多样化的，创意形式也应当是灵活的。例如，绿色广告往往被植入电视和电影作品中，或刊登于公交车站台、地铁站站台等户外场所。

（4）确定媒体时间安排。企业可以根据季节模式、反季节模式或全年相同模式来选择广告时间。例如，快消品公司会做更多的"季节性"广告。公司还需要选择广告的模式，分为连续性和节奏性两种情况。连续性模式意味着在给定时间内均匀地安排广告；节奏性模式意味着在给定时间内广告安排不均匀。节奏性的理念是在一段时间内大量地投放广告以建立消费者认知，而连续性广告采用平稳的进度达到效果且成本更低。例如，某些绿色新产品在一开始并不为消费者所注意和接受。这时为了帮助消费者加深对有机绿色农产品的认知，宜采用连续性广告，加强绿色产品广告传播的效果。

二、线下绿色广告传播策略

线下绿色广告应当传播绿色信息，表达环保的理念与主题，倡导积极的消费态度。线下绿色广告传播策略划分为以下几种类型：

（1）信息传播策略。正面信息传播策略关注绿色产品或服务带来的积极结果；负面信息传播策略告知消费者如何避免或者减少非绿色产品或服务所带来的消极结果。在短期内，负面信息传播策略会导致消费者产生消极的联想与消极情绪，使消费者损失的痛苦感远远大于获得的快乐感，更容易关注损失信息从而快速而有效地接受和理解信息，产生更好的广告效果。从长远来看，消费者对正面信息策略的绿色广告态度、绿色产品态度更认同,购买意愿更强烈。这种策略更符合绿色产品领域的沟通,因为个人授权与绿色产品购买之间的关联很容易实现。

(2)说服传播策略。训练有素的销售人员可以提高消费者对节能和效率、回收利用、环保产品购买等关键问题的认识。线下促销广告形式通过说服策略能够更好地使消费者确信绿色产品的性能,直观感受到绿色产品的优点,增强他们对绿色产品的信念。向现有和潜在的消费者宣传绿色产品的好处能够吸引消费者注意力,当绿色产品的消费者能够在环境和个人福祉之间建立联系时,他们更容易被说服并更快地做出决定。

扩展阅读 10-1 市场动向:红星美凯龙的绿色环保营销

(3)体验传播策略。随着营销方向从以产品为中心转向以消费者为中心,注重消费者绿色感受的体验营销日益凸显。相较于聚焦企业的绿色广告,聚焦消费者的绿色广告的交互性更强,它通过与消费者的互动功能传达绿色生活理念、引导消费者进行相关绿色行为,实现与消费者共建绿色世界的愿景。例如,星巴克通过门店传达其绿色理念并打造人类的"第三生活空间",不仅仅是为顾客提供高品质的咖啡,而且能够使消费者体验到一种绿色咖啡文化,进而形成星巴克自己独特的且有良好宣传效果的"星巴克式"绿色文化。

(4)渠道传播策略。线下渠道传播体现在店面促销活动、移动巡展和会议会展等场景。绿色店面促销是常见的绿色广告线下渠道传播策略。通常有在卖场发放绿色产品宣传单、悬挂绿色广告牌、促销人员穿戴统一印有绿色广告字样的服装等方式。绿色移动巡展能够给消费者带来近距离接触和沉浸式体验,主要形式有举办绿色巡展,在不同地区或城市巡回开展绿色主题街区活动,邀请绿色企业入驻,在醒目位置展示或陈列绿色产品。绿色会议会展的主要形式为定期举办研讨会议、培训会议、社团会议、技术论坛、公益论坛、订货交流会议、展销活动、节庆活动等。

(5)全程传播策略。一些企业的产品种植、加工和生产等环节均符合绿色标准的要求,但在市场流通、促销推广方面,并没有将绿色理念体现出来,致使企业产品和品牌的绿色形象得不到有效传播。盲目地投入大量广告费,不仅造成资源浪费,还会在一定程度上污染广告受众的感官,达不到绿色传播的效果。因此,全程传播展示绿色要素显得尤为重要。营销者不仅要在产品的生产设计上与绿色标准保持一致,并且在包装、定价、分销和促销等方面也应该向消费者传播绿色元素。

(6)场景传播策略。只需在天猫、京东等电商平台轻轻一点就能完成产品下单,但一些消费者仍愿意耗费很多时间与精力到线下实体店排长队等候。线下实体店场景通过装修风格、绿色产品使用体验、绿色服务、员工环保素质,以视觉、听觉、触觉、嗅觉等多重感官刺激,向消费者直观地传递绿色产品信息和使用感受,令消费者印象深刻。此外,还有地铁、公交、网约车等交通出行场景下的绿色产品传播,如在新能源网约车上传递新能源汽车广告信息,会让消费者更加感同身受,更能引起消费者的共鸣,这或许就是线下场景传播的魅力所在。消费者面对的不是悬挂或摆放的触不可及的绿色产品,而是可以试用体验并真实感受的绿色产品。场景传播策略可以引起消费者自主探寻产品的兴趣,是一种双向互动的广告传播。

> **思维扩展**
>
> 请结合自身经历，说明线下绿色广告场景传播的优势？

延伸阅读10-2

实践前沿：方太用故事传递环保理念

品牌为了更好地展示自己的精神态度，往往会在人们关心的社会议题上表达观点并付诸行动，而其中最常见的内容就是环境保护。近两年，环保几乎成为品牌营销的标配，凡是有知名度的品牌几乎都做过。例如，麦当劳推出免吸管杯盖来提醒消费者减少使用塑料；Apple 则以婴儿的视角对未来十年的气候变化许下环境保护的承诺。最近，高端厨电品牌方太，也携手全球品牌代言人陈坤写了一首《地球情书》，倡导大众将环保意识融入一日三餐，在日常生活中用点滴行动书写对地球的爱，虽然是环保主题，但感情真挚得让人泪目。

环保理念完美嫁接产品功能提升品牌价值认同。公益营销自然是品牌采取的最直观的社会价值表达方式。日前方太就联合品牌全球代言人陈坤上线了全新品牌广告片《地球情书》，用手写"情书"的方式告白地球，倡导将随手环保的公益意识融入一日三餐，用点滴行动书写对地球的爱。

这支短片以时间轴为序，讲述了"三北"防护林工程、黄河湿地护鸟行动、蓝靛天然植物染、二手循环书店等4个跨越40年的真实环保故事，深刻反映了一代又一代中国人在环保事业上所做的努力——有人用一辈子，造一片林；有人用勇气，捍卫黄河岸边的鸟语花香；有人用植物研墨，在布料上画出和地球一样的蓝；有人开二手循环书店，带动更多人一起表达对地球的爱意……不同年代的环保故事，投射出内涵丰富的"地球情书"概念，也抵达不同的情感落点。

看完这些人对地球深情的表白之后，方太又将视线转移到与其相关的领域——厨房，顺其自然通过产品卖点，树立品牌的环保形象；同时也给我们带来了切实可行的环保方案——在厨房、在生活的点点滴滴里践行环保理念。

正如陈坤的手写信：我没有他们的轰轰烈烈，却骄傲于爱你的点点滴滴：节约一滴水、一度电，滤净一杯水、一缕烟。让你的脚步多一份轻盈，让你的呼吸多一丝清甜。因为我想让你看见——对你的爱，在他们的湖海山川，也在我的柴米油盐。

相比那些宽泛、空洞的口号式营销，多了几分真实和亲切感。方太以深情厚义、娓娓道来的书信阅读形式、真情实感的故事代入，撬动"环保"的宏观主题，最终又落地环保方案，鼓励每个人为环保事业奉献一份力量，从而提升了品牌在消费者心中的价值认同。

资料来源：根据老罗《产品力+责任感，方太携手陈坤探索公益营销新出路!》（"品牌营销报"官方微信公众号，2022年5月29日）相关资料整理。

第三节 线上绿色广告与传播策略

一、线上绿色广告的内涵

线上广告主要是指在互联网刊登或发布广告，通过网站、网页、移动应用程序等互联网媒介，利用广告横幅、文本链接、多媒体的方法，以多种信息与沟通技术，实现将内容传递到互联网用户。线上广告主要有搜索引擎、微博、微信、短视频和直播等多种形式。随着Web3.0和信息科技的发展，各种数字技术和新媒体层出不穷，成为广告的新载体。这些更专业、更低成本、更高效和更具针对性的数字媒体（例如社交媒体、搜索引擎、移动App等），将传统的线下广告搬到了线上，革新了广告传播对消费者行为的影响方式。

在数字时代，线上绿色广告互动是一种能够快速准确地反映用户绿色心理需求的广告形式。例如，一些绿色品牌在互联网平台上播放绿色广告，并鼓励用户分享互动，来优化绿色广告的宣传效果，用户在参与宣传之后可以获得一些物质或其他形式的回馈。抖音、微视频等短视频社交软件，也开始加入互动式绿色小广告，并以短片的形式引导人们点赞或者转发，绿色广告宣传效果明显。

二、线上绿色广告媒体选择

在数字时代，线上绿色广告媒体选择主要是各类社会化媒体（social media）渠道的选择。社会化媒体主要有论坛、博客、微博、微信、播客、短视频等形式，能够以多种多样的形式呈现文本、图像、视频等信息。线上绿色广告传播可以利用的社会化媒体渠道如表10-3所示。当前，时间越来越碎片化、渠道越来越分散化、方式越来越自主化，体验、社交、互动、娱乐、族群成为数字时代广告传播的新特征，每一个电脑、手机终端都可以是线上绿色广告传播源，每一个消费者都可以是线上绿色广告传播者。线上绿色广告传播者要积极关注并利用数字时代广告传播的新特征，有效地开发、利用海量的微博、微信、小视频、网络社群等社会化媒体渠道，这是线上绿色广告与传播需要重点考虑的课题。

表 10-3　线上绿色广告的社会化媒体渠道

序号	社会化媒体渠道	序号	社会化媒体渠道
1	熟人社交平台（微信、QQ）	6	网络交友平台（Soul、陌陌）
2	开放式社交平台（微博、知乎）	7	网络购物平台（淘宝、饿了么）
3	网络直播平台（快手）	8	即时通信
4	短视频博客平台（抖音、哔哩哔哩）	9	社交游戏
5	多元化交流平台（小红书）	10	其他

三、线上绿色广告传播策略

（1）交互传播策略。网络广告的一大优势是交互性，聚焦消费者价值的网络绿色广告的交互性更强，通过互动功能提升消费者满意度，引导消费者参与绿色购买行为。网络顾客体验是访问者再次访问的重要影响因素，感知互动性使得消费者对绿色广告有较强的控制感，进而拥有更好的体验享受。在网站宣传上，通过感知互动性激发推荐行为、绿色购买行为和再访问行为。随着互联网绿色公益广告逐渐流行，公众通过新媒体平台对绿色公益广告信息进行即时评论、转发，通过与绿色公益广告创作者和兴趣相投的关注者进行互动交流，能够影响绿色公益广告主题和内容的发展方向。

思维扩展

你能举出哪些线上绿色广告交互传播的例子？

（2）图像传播策略。"一图胜千言"意味着视觉刺激产生巨大而有效的影响，尤其是当传播者想要影响接收者的情感反应时。绿色广告中常常运用生动而富有创新的图片。图像接近度和绿色产品类型之间存在着匹配效应。例如，相较于长镜头，展现环保信息的特写镜头能够让消费者产生更积极的广告态度和产品态度；当产品为体验品时，相较于特写镜头，展现环保信息的长镜头能够让消费者产生更积极的广告态度和产品态度。因此，利用图像与产品之间的匹配特性进行广告营销，能够达到最优的传播效果。消费者通过新媒体平台的图像功能接收绿色广告内容，是一种沉浸式的信息接收过程，能够充分调动人体的各种感官进行信息体验。

（3）事件传播策略。广告主通过设置正负事件议题达到传播绿色理念、塑造绿色品牌形象的目的。1972年，美国传播学者马克斯韦尔·麦库姆斯（Maxwell McCombs）和唐纳德·肖（Donald Shaw）提出议程设置理论，提出媒介可以通过构造事件和建立共识影响受众的观念。因此，广告主充分利用媒介的"议程设置"功能，借助环保节日、重大环保活动以及环境灾难性等议题，适时播放公益绿色广告，塑造企业的绿色形象，增强传播效果。例如，奥迪公司借植树节，与"绿手绢"公益环保组织合作推出"奥享绿色、爱趣同行"的公益广告。

（4）心理传播策略。广告主还可从社会心理学角度出发选择绿色公益广告主题。同时，一些与消费者互动性强的绿色广告还可以使受众直接迅速地体会到主题的意义，感同身受地体会和理解绿色广告信息，打造舆论声势，从而取得良好的品牌推广效果。例如，随着北京空气污染指数PM2.5查询分布图发布，雾霾便受到了社会各界的广泛关注。b-MOLA鱼仔空气净化器则针对该议题提出，"你需要一台空气净化器，让你的家远离雾霾，回归自然与清新"，从受众心理感悟出发制作这样的绿色广告，能够产生良好的宣传效果。

（5）场景传播策略。基于数字技术的场景营销模式，可以用可视、可感的手法实现绿色营销入脑、入心。如每日鲜语就以"数据可视化+故事可感知"的组合策略，搭配多元物料实现了对消费者的多重心智说服。为了运用环保价值可视化的手段帮助消费者"入脑"，每日鲜语在"再生"环节采取数字类比手法，例如，13个PET瓶≈1件风雨衣、2个PET瓶≈1顶遮阳帽、4个PET瓶≈1件环保T恤等，通过环保价值的量化为消费者提供了更强感知度与行动力。此外，随着数字短视频的兴起，每日鲜语也把这一策略体现在故事化视频中。每日鲜语通过短视频的方式，以娓娓道来的氛围感进行了更多绿色科普知识的故事化呈现，这种"数据+再生故事"的手法，既高效入脑，亦可攻心，能够实现对消费者理性与感性的双重说服。

扩展阅读10-2 实践前沿：顺丰"箱"伴计划将快递箱变顶级艺术品

第四节　精准绿色广告与传播策略

一、精准绿色广告的内涵和优势

由于传统广告媒体的信息不对称，广告主无法获悉自己的广告是否真正投放预期点位。精准广告是大数据时代的新生名词，是一种广告的创新形式。企业基于个性化、时效性和准确性等特点对消费者行为数据进行精准定位，从而推送符合消费者购买需求的互联网广告。精准绿色广告也叫精准投放的个性化绿色广告，是指广告主按照绿色广告接受对象的需求，精准、及时、有效地将绿色广告呈现在广告主希望覆盖的受众面前，以获得预期转化效果。这种服务模式是人们常说的点对点服务，特点是精准而高效。在日常生活中，人们可以直观感受到精准绿色广告的存在，例如，在百度中搜索环保型墙面装修染料，再打开淘宝、拼多多、京东等就会呈现环保染料相关的绿色广告产品。精准绿色广告和传统广告的区别如表10-4所示。

表10-4　精准绿色广告与传统广告的区别

类别	精准绿色广告	传统广告
优势	精准化+绿色化双重优势	传播较迅速、较及时
特点	精准、高效且绿色	覆盖域宽窄不均传播信息非持久
形式	通常为互联网绿色广告	线上广告和线下广告

大数据时代精准绿色广告具备多方面优势，结合"基于大数据分析海量数据为数据背后的网民推送精准广告"的基本原理，其优势可概括为绿色用户信息透明化、绿色广告创意个性化、绿色广告决策科学化和绿色广告投放精准化。

（1）绿色用户信息透明化。大数据技术支持下的绿色广告用户数据可以被全方位提取，同时结合大数据算法为绿色广告用户进行精准画像。用户的绿色购物意向、绿色购物需求、绿色购物经历、绿色兴趣爱好和个人环保属性等均能为精准绿色广告提供信息支持。例如，微信广告借助定位技术和利用机器学习模型在朋友圈推动精准绿色广告。

（2）广告创意个性化。精准绿色广告能够依托程序化创意平台在短时间内创新绿色产品信息的表达形式。程序化创意即将大数据技术与程序化创意平台算法相结合，向广告设计师推送符合设计内容的相关材料，当设计师完成多份广告创意设计，由系统先进行自由组合投放，在投放过程中不断根据用户反馈确定最优的创意。再将反馈获得的创意用于设计最终出品，使得创意式广告引起观众的共鸣，激发用户对绿色产品的购买行为。

（3）绿色广告决策科学化。传统的广告投放主通常会根据自身产品的特性寻找适合投放广告的平台。精准绿色广告通过推荐算法快速处理绿色数据信息，依据消费者的浏览记录以及购买记录等，分析消费者的绿色购买偏好、绿色需求特征、绿色需求变化趋向等内容，实现绿色广告的精准投放。利用大数据技术处理过的绿色信息数据能够促使企业针对绿色广告投入作出科学化的决策。

（4）绿色广告投放精准化。大数据时代，精准绿色广告的主要特点是广告主能够对绿色广告投放的关键点进行精准把控。在此过程中，广告主需要及时捕捉发现绿色需求，以便能够精准地针对消费者推送绿色广告。例如，消费者浏览某类信息时，适时地为消费者提供相关绿色产品的链接。当消费者购买某类绿色产品时，为消费者推送可供选择的绿色产品组合和价格，让消费者认识到在功能相同的情况下，绿色产品提供的环保价值更具性价比，以此来促进绿色产品的销售。

二、影响精准绿色广告效果的因素

（1）媒介因素。首先，媒介自身的服务质量（包括操作是否便利，是否安全可靠等）会影响精准绿色广告的投放效果。其次，媒介本身的知名度会影响精准绿色广告效果，一个知名度高的媒介会促使用户对精准绿色广告的认知发生改变，起到正向的积极作用。最后，媒介对数字化技术的应用水平也会影响到精准绿色广告效果。

（2）受众因素。提高用户的参与度会提高精准绿色广告效果。若精准绿色广告能够引起很多好友参与，则用户会增强对绿色广告的注意力。消费者的可接受性也会对绿色广告效果产生显著影响，可接受性越强则精准绿色广告的效果越好。当然，倘若消费者感知自己的隐私受到侵犯或利益受损，就会对精准绿色广告产生负面的影响。

（3）广告因素。这与消费者对广告要素的喜好度有关。广告要素包含图片、文本和视频等形式，也包括广告本身的设计创新创意。用户对不同要素的偏好程度不同，因此需要清晰地辨别消费者对各要素的偏好。广告要素设计的形式直接影响消费者对精准绿色广告的评价。

三、精准绿色广告传播策略

在广告效果的研究中，消费者扮演着重要的角色。通常，学界将消费者的知识水平（consumer knowledge）、消费者的自我建构（self-construal）和消费者对绿色信息的接收（receiving green message）作为影响精准绿色广告效果的重要因素。其中，消费者的知识水平分为三种类型，分别是系统知识、行动相关的知识和效果知识，这些知识水平会影响他们对绿色广告的反应。

绿色广告聚焦于消费者时，通过定向消费者性别、年龄、地域、兴趣、设备等属性找寻绿色产品的现有或潜在消费者，向他们推送可能感兴趣或有需求的绿色产品信息，尤其是能更清晰地为高环境卷入度的消费者提供个体参与绿色行为的途径，让他们感受到网站的绿色信息与自己的需求相匹配，信息的个性化和利益价值大大提升，产生向他人推荐的意愿。当消费者处于在线购买决策过程中的最终支付购买阶段时，个性化的精准广告推送能够更加有效地刺激消费者进行绿色购买。

因此，精准绿色广告传播策略是在深入洞察消费者之后，依据不同的市场环境、不同的客户需求和不同的客户行为及时量身定制的切合实际的营销策略，主要有以下两种类型：

（1）基于用户特征的精准化推送策略。基于大量的事实数据，企业可以从年龄、职业、学历、收入等维度分析用户的喜好和习惯，给用户设定"标签"，及时、精准地了解用户。在个性化广告的原理中，我们时常会听到一个名词叫"用户画像"。用户画像是用于描述用户的数据,是针对某一类符合特定特征的用户群体进行的定义和描述。但用户画像是对一类群体结合业务所做的数学模型,并不会呈现某一个用户的具体信息。它通过标签化的方式,刻画出具有相同属性(比如兴趣点、购物偏好等)的某一个标签。每一个标签的背后,动辄都是成千上万的用户。企业或广告主在推广某款绿色产品的时候,就可以有针对性地选取几个标签(比如"一线城市""绿色""公益""环保者"等)进行投放,更精准地触达用户。

(2)数据驱动的多渠道精准化推送策略。借助数据分析结果的支撑,在分析用户行为和特征之后,企业可以对客户群体进行细分,用邮件、短信、客户端推荐产品或服务。实体商店据此改善产品的组合陈列、搭配销售来向特定客户推荐绿色产品,实现精准定位。受众之间不仅是信息传播者,他们在彼此的互动分享中也能实现对绿色广告内容的传播。通过绿色广告把绿色产品直接推送到感兴趣的消费者面前,减少产品和服务的销售成本。同时,也减少了有环保偏好的消费者搜寻绿色产品所需的时间和货币成本,实现了企业、消费者和生态环境可持续发展的共赢结果。此外,媒体、政府、绿色环保组织等渠道也能为绿色精准广告的传播增添一份色彩,实现真正的多渠道传播推送。

扩展阅读 10-3 实践前沿:蚂蚁森林"种草"绿色生活,神反转广告我给满分

 思维扩展

你能否根据某一类用户画像,拟一条精准化绿色广告推送信?

本章小结

绿色广告将环境保护引入广告传播,使广告传播活动受到可持续发展的社会责任的加持。绿色广告是企业向消费者传播绿色价值的重要渠道,通过强化人们的环保意识、传递绿色价值理念,将消费行为和环境保护联系起来,让消费者认识到浪费资源、损害环境的消费行为会影响人类的生存,从而推进消费者选购绿色产品与采用绿色服务,并注意节约和循环利用。本章介绍了绿色广告的内涵、绿色广告诉求的类型、绿色广告传播目标、影响绿色广告效果的因素,接着重点介绍了三种绿色广告传播策略,即线下绿色广告传播策略、线上绿色广告传播策略和精准绿色广告传播策略。对每种绿色广告传播策略,我们分别讨论了其内涵优势、媒体选择、影响效果、策略使用等具体内容。

核心概念

1. 绿色广告(green advertising)
2. 绿色广告诉求(green advertising appeal)
3. 精准绿色广告(precision green advertising)
4. 线上绿色广告(online green advertising)

5. 线下绿色广告（offline green advertising）
6. 绿色信息接收（receiving green message）

本章思考题

1. 请阐述绿色广告诉求的类型。绿色广告实施的重点是什么？
2. 请比较线上绿色广告传播策略和线下绿色广告传播策略的异同。
3. 精准绿色广告在传播绿色价值方面有哪些优势？
4. 精准绿色广告与普通绿色广告的区别是什么？

本章即测即练

本章实训指南

本章综合案例

企业在绿色环保路上都做了些什么？

1. 菜鸟海洋公益项目

菜鸟是中国物流业绿色发展的倡导者和引领者，一直致力于环境保护事业，推动绿色升级。2020年，菜鸟上线了"菜鸟海洋"公益互动，旨在通过介入丰富的生活减塑场景，倡导用户践行减塑行动，这是阿里巴巴继"蚂蚁森林"后又一公益践行。对于"Z世代"青年而言，他们喜欢新潮事物，关注时事热点，热心公益事业。菜鸟海洋携手"校果"，从高校开始，将其作为其公益事业的核心阵地。

"塑料垃圾少一瓶，保护海洋多一平"，菜鸟联合全国高校开展线下快闪活动，学生支付宝扫码进入"菜鸟海洋"，参与海洋减塑线上公益活动，数万名学生成为"海洋公益大使"，使得大众目光聚集到海洋垃圾上，让减塑成为一种趋势。

2020年6月，LA MER海蓝之谜宣布与腾讯签署战略合作，将在未来三年共同推广LA MER海洋保护公益项目，依托腾讯强大的技术与传播能力，为用户打造创新的公益体验，提升公众对海洋保护的意识。让公益触手可及，凝聚点滴之力，共同守护海洋，让蔚蓝永续。用户通过手机QQ的"AR扫一扫"功能，点击"AR探索海洋"，在手机后置摄像头前缓慢画圈就会唤起海洋漩涡，穿越"任意门"即可沉浸式体验海洋的美好，也真切感受到未来海洋所面临的污染威胁。每 100 万人参与互动，LA MER 将会与腾讯 QQ 以净滩和海底打捞的方式清理 10 t 海洋垃圾，当参与人数达到 500 万还将额外清理 20 t 垃圾，并且承诺在未来一年清理海洋垃圾的重量不少于 70 吨，让用户的线上互动真正化为保护海洋、守护蔚蓝的善举和改变海洋生态的力量。

2. 宜家绿色广告策略

多年来宜家一直致力于树立和提高可持续发展的公司理念，在环保广告宣传这件事上，你永远可以相信宜家的脑洞。俄罗斯宜家与代理商 Instinct 合作推出广告片《Another planet》(《另一个星球》)，讲述了一位坚持环保生活方式的人却被当作"绿色外星人"的故事。整部广告片带有反讽意味，地球上热衷于环保的人实在太少了，以至于一些绿色的善意之举，遭到了怪异的目光。直到男主进入宜家，因为购买环保产品而遇到了同类。这些"绿色外星人"共同践行环保的生活方式，并且告诉来到这里的普通人，如果每个人都开始有环保意识地生活，这些环保举措，会让我们的地球变成一个干净、安全的星球。为了讲好共同维护地球的理念，宜家开始倾向选择外来物种作为故事主角。

英国宜家推出主题为"*Change a bit for Good*"(《为美好做出改变》)的环保主题广告。片中主角机器人试图保护已经被严重污染的地球，但通过渺小的自己面对整个地球，似乎再怎么努力效果都微乎其微。无能为力的机器人只能丧着脸回到家中寻求安慰，由宜家提供的各类环保家具成为机器人内心慰藉的一角。

3. 绿色有机文化传播

越来越多的人认可有机产品对身体健康的重要性，人们开始更倾向于选择有机的食品。京东超市有机品类和他的有机品类合作伙伴们在传播有机文化上的努力，让绿色有机生活方式无限接近当下流行的文化。

2021 年在"京东超市有机生活节"上，京东超市与蔚来汽车跨界合作，做到了双方用户人群属性的精准匹配。这是京东超市有机品类首次和汽车品牌展开合作，但却是一次非常成功圈层营销。注重环保、公益、个人价值的蔚来车主与京东超市有机品类要传递的品质消费、健康饮食、可持续发展的调性具备高度的一致性。以蔚来车主为主角的有机态度宣传片，用真实但有态度、有品质的生活点滴讲述了一个一个生活有机，未来有爱的故事。京东有机人群和蔚来车主"圈层"直接关联了一整套共享的价值观念、表达方式、行为范式，甚至品类。

围绕"有机生活节"，京东超市每月都会提出一个具备绿色有机文化的营销主题，同时也会推出极具品质消费体验的营销活动：举办线下有机市集的广告形式可以让消费者更加直观地体验有机产品，深入了解有机生活理念；与悦跑圈联合推出"越有机 悦宠爱家庭健康跑"活动，通过线上运动会的形式，倡导健康绿色生活理念。

资料来源：根据校果校园营销账号《菜鸟海洋：今天你减塑了吗？》(新浪网，2021 年 4 月 21 日)等资料整理。

案例思考

1. 以上案例采用了哪些绿色广告传播方式？
2. 回顾以上案例，你认为绿色广告传播有什么作用？
3. 你认为企业应该如何塑造绿色形象、传播绿色理念？

第六篇

绿色营销的实施和未来

第十一章

绿色营销的实施和评价

本章导语

绿色营销迭代优化是一而再地评价、分析、优化的持续改善过程。

本章引例

伊利绿色发展的行动与成果

2007年伊利集团董事长潘刚就率先提出"绿色领导力",并在2009年进一步升级为伊利的"绿色产业链战略",倡导"绿色生产、绿色消费、绿色发展"三位一体的发展理念,实现绿色理念向整个行业全面延伸。

1. 成于管理,铺就绿色之路

设立三级目标:伊利建立"环境可持续发展三级目标体系",从源头控制能耗和污染物排放,通过先进的管理和技术,致力于实现资源效益的最大化和污染物排放的最小化,从而成为与环境和谐共处、协调发展的健康食品企业。

搭建环保大数据管理平台:伊利开发 EHSQ [environment(环境)、health(健康)、safety(安全)、quality(质量)] 信息管理系统,将环境保护管理体系、能源管理体系固化在信息系统中,建立环保、能源大数据平台,实现环境保护相关管理过程的数字化,使数据分析和风险控制更加精细化。

发布可持续发展行动纲领:伊利创新管理模式,将联合国可持续发展目标中的9个作为深度对标及落实的内容,并于2019年发布《伊利集团可持续发展行动纲领(十条)》,作为伊利今后可持续发展工作更明确的方向与要求。其中第八条就是要通过自身的管理与实践,为应对气候变化做出积极贡献,助力实现"目标13:气候行动"。

2. 行于足下,践行绿色之责

连续十年开展碳盘查:伊利是行业内第一家进行碳盘查的企业,并已连续十年开展碳排查工作。自2010年起,伊利自主启动全面碳盘查,严格按照ISO 14064-1标准核查各生产事业部在生产过程中的温室气体排放量,编制年度《碳盘查报告》。2019年,伊利将碳盘查范围从各事业部在产的66个生产单位延伸至产业链上游的合作牧场,进一步促进产业链碳减排。

降低牧场温室气体排放：为降低奶牛养殖产生的温室气体排放，伊利推动牧场优化饲料配方，在日粮中添加营养物质，提高饲料转化率，降低奶牛甲烷排放量；推动已投产的牧场建立黑膜沼气池，收集氧化塘产生的沼气并进行燃烧，减少牧场甲烷排放量；推动北方牧场取缔燃煤锅炉，改用清洁能源-空气源热泵，既减少了燃料使用过程中的温室气体排放，也消除了锅炉烟气污染。

全面使用环保包装材料：伊利在行业内率先使用可降解环保包装，是中国第一家采用FSC（森林管理委员会）认证无菌纸盒包装的乳品企业。为进一步推动供应链对生物多样性和森林生态系统的保护，增加碳汇价值，伊利金典有机奶全面使用通过FSC认证的绿色包材，推动以负责任的方式经营森林，获得WWF（瑞士）北京代表处首席代表卢思骋点赞。2019年，伊利金典使用FSC包材数量达39.76亿包，相当于15万亩可持续森林经营。

3. 见于成效，缔结绿色之果

伊利开展全链条风险管理，采取科学有效的手段持续改进碳减排管理，努力实现在2030年单吨产品碳排放量较2012年下降40%的目标。自2012年以来，伊利单吨产品碳排放量呈逐年下降趋势（从2012年的377.32 kg/t下降到2019年的213.98 kg/t），为实现《巴黎协定》确定的控温1.5 ℃的全球气候目标贡献伊利力量。

截至目前，伊利旗下19家公司获评工业和信息化部国家级"绿色工厂"，32家分公司被纳入属地环境保护"正面清单"，绿色工厂数量位居行业第一。连续七次获得世界经济与环境大会最高奖项"国际碳金总奖"，彰显作为领先企业在生态环境保护和可持续发展领域的突出贡献。2021年7月27日，联合国全球契约组织官方发布《企业碳中和路径图》，伊利减碳实践入选为全球唯一农业食品业的代表企业案例，再一次获得了绿色发展理念实施以来权威机构的肯定与赞誉。

资料来源：根据小贺的观点《绿色发展，"伊""碳"究竟：可持续发展目标的伊利方案》（搜狐网，2020年12月29日）相关资料改编。

◆ 本章知识结构图

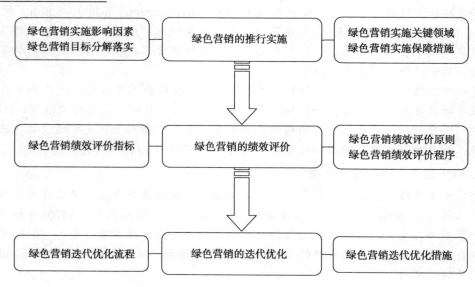

第一节　绿色营销的推行实施

一、绿色营销推行实施的影响因素

企业推行实施绿色营销是对来自政府、非营利组织和其他利益相关者压力的回应（Saha and Darnton，2005）。绿色营销推行实施是绿色价值的一种重要传递方式，也是消费者、企业、政府通过多次博弈，促使三方利益实现的结果。

首先，政府是绿色营销的主要引导者，是企业绿色营销政策的推进、检查、监督者。绿色营销的依附性决定了其需由政府引导和支持。布里托等人（Brito et al.，2008）研究指出，政府政策法规往往是企业在可持续发展中首要考虑的因素。政府通过绿色营销相关政策法规宣传绿色发展思想，明确绿色发展目的，调整市场主体的绿色营销行为和绿色营销战略的实施。政府管理部门或非政府组织（团体）向有关申报企业颁发的环境标志（也称绿色标志或生态标志）能够积极推进企业绿色营销。

其次，企业是绿色营销的重要实施者。绿色产品制造、绿色价格制定、绿色促销实施和绿色渠道拓展都离不开企业这一重要的实施主体。在一些内外部因素的驱动下，企业得以有效实施绿色营销。里奥尼多等人（Leonidou et al.，2013）通过绿色营销策略驱动因素和结果模型研究，指出足够的物质和财务资源是酒店行业企业有效实施绿色营销策略的关键，共同的愿景和技术感知及反应能力有助于制定健全的绿色营销策略。此外，企业的绿色价值取向及相应的企业战略也是驱动企业进行绿色营销的一种内部动力。贺爱忠（2018）认为，企业绿色行为既受政府监管、非政府组织压力、市场需求、行业竞争等外在因素的驱动，也受企业经济因素等内在因素的驱动。

最后，消费者和社会是绿色营销的拉动者和最终受益者。企业实施绿色营销不仅涉及自身经营的众多环节和方面，还受到消费者购买决策的影响。可以说，消费者有效且充足的绿色需求、绿色消费意识、绿色消费行为、绿色认知等是绿色营销形成与发展的前提和基础。尤其是消费者绿色需求的增长从需求端拉动企业绿色化，使企业营销的绿色转型由被动转为主动。当然，消费者也可以通过企业绿色营销获取绿色产品，满足其对美好生活的需求。但当前消费者基于收入、教育、动机等因素的制约，在绿色营销过程中尚未成为主导力量。浓厚的绿色低碳社会氛围能够潜移默化地带动企业实施绿色营销，例如，商超利用电子显示屏播放或在墙上张贴"绿色发展，节能先行""垃圾分类好回收，循环利用废变宝"等绿色营销公益口号。再如，利用大数据技术向消费者个性化推送绿色低碳发展的公益宣传信息，营造浓厚的绿色消费社会氛围。

归纳起来，绿色营销推行实施的主要影响因素如下：①法律制度和政策，主要包括绿色营销相关法律法规、命令控制政策（市场准入政策、环境标准、技术规范等）、市场政策（污染税、排污权交易政策、减排补贴政策等）、自我监督政策（绿色知识学习、绿色认知提升、绿色消费技能提升）、信息政策（绿色营销宣传，绿色公益广告，企业环境信息披露等）。②消费者相关因素，主要包括消费者的绿色价值观念、绿色偏好、绿色需求、绿色情感、人口统计学特征和情境因素等。③政府组织和其他利益相关者对环保和绿色营销的压力或支持，主要包括世界贸易组织、国内外环保组织、行业协会、股东、供应商、零售商、竞争者等方面的压力或支持。④企业相关因素，主要包括企业绩效（绿色市场绩效、绿色财务绩效、绿色社会绩效等）、企业绿色认知与绿色情感（绿色价值观、绿色责任意识、绿色知识、绿色关注、绿色情感等）、企业绿色技术（绿色技术研发技术、数智化技术和绿色化技术融合水平等）、企业组织资源（物质资源、绿色愿景、绿色技术感知、绿色反应能力、绿色发展战略等）。总体来说，绿色营销推行实施的影响因素包括外部因素和内部因素两大类。

在上述这些影响因素中，外部压力各要素之间、内部动力各要素之间、压力与动力之间存在着密切的相互关系。一方面，绿色营销推行实施的根本动力来源于企业内部而不是企业外部。内部动力起决定作用，外部压力要通过内部动力要素才会真正发生实质性的绿色驱动作用。另一方面，外部压力和内部动力要素的形成、发展、作用相互耦合，最终为绿色营销实施提供强大而持久的系统动力。缺乏内部动力，外部压力难以发挥诱发和促进作用；没有外部压力，内部动力无法启动。只有内部动力与外部压力相互联系、相互作用、相互协同，才能推动绿色营销顺利实施。

绿色营销和传统营销推行实施的影响因素差异如表11-1所示。

表11-1 绿色营销与传统营销推行实施的影响因素差异

类别	绿色营销推行实施	传统营销推行实施
内部因素	企业绿色绩效、企业绿色认知与绿色情感、企业绿色技术、企业组织资源等	企业绩效、企业认知、企业技术、企业组织资源等
外部因素	政府绿色法律法规和绿色政策	政府法律法规和政策
	消费者绿色价值观念、绿色偏好、绿色需求、绿色情感、人口统计学特征、经济收入和情境因素等	消费者消费观念、消费偏好、消费需求、消费情感、人口统计学特征、经济收入和情境因素等
	政府组织和其他利益相关者对环保和绿色营销的压力或支持	政府组织和其他利益相关者的压力或支持

二、绿色营销推行实施的目标分解

（一）绿色营销推行实施的目标确定

1. 绿色营销目标的种类

绿色营销目标就是企业绿色营销活动在一定时期内努力奋斗的方向和要达到的具体指标。进一步说，就是通过各种方式实现绿色价值的发现、创造、传递和传播，以满足顾客、客户、合作伙伴的社会现实或向往的绿色需求。传统营销目标和绿色营销目标的区别在于绿色营销目标更加多元化，更符合人类进步和社会发展需求，是以人与自然共生为目的的营销活动。数字时代带来了新技术、新形态、新模式和新特征，绿色营销与数字经济紧密结合发展的趋势愈加明显，这意味着绿色价值的创造、沟通与交付更加依赖于数字化技术的支持。数字时代绿色营销目标聚焦更加便捷化、数智化、高效化的绿色价值交付，竞争的焦点转移到数字化技术支撑的资源节约和环境保护等营销举措上，并且这种营销举措被不断创新和完善，从而形成新的绿色营销目标。

 思维扩展

举例说明企业如何运用数字化技术促进绿色营销目标实现？

数字时代绿色营销目标与传统绿色营销目标的区别如表 11-2 所示。

表 11-2　数字时代绿色营销目标与传统营销目标的区别

类　　型	数字时代绿色营销目标	传统营销目标
目标实现核心	满足社会现实或向往的绿色需求	提供产品或服务
目标实现工具	大数据、人工智能、5G、云计算等技术工具	2G、3G、PC 互联网等
目标实现渠道	线上与线下充分融合的渠道	线上或线下相对独立的渠道
目标实现状态	动态纠偏、不断创新	相对静止
目标实现特征	绿色化、便捷化、数智化、高效化	经济效益最大化

绿色营销目标按照时间划分，分为绿色短期目标、绿色中期目标和绿色长期目标；绿色营销目标按照管理层次划分，分为企业绿色整体目标、绿色中层目标、绿色基层目标和绿色个人目标；绿色营销目标按照内容划分，分为绿色市场目标（如绿色竞争力、满足顾客绿色需求）、绿色利润目标（如绿色经济效益）、绿色技术开发目标（如绿色技术专利、数智化绿色技术研发）、绿色企业形象目标（如企业绿色形象）、绿色社会目标（如优美的生态环境、碳中和）等。

2. 制定绿色营销目标的原则

制定绿色营销目标应当遵循如下原则：①以积极满足现实或潜在的市场绿色需求为中心和出发点；②以绿色价值的发现、创造、传递和传播为核心；③以企业的长远绿色高质量发展为导向；④顺应数字时代需求，绿色营销目标的实现应考虑与数字化技术或工具的适度融合；⑤目标的指标必须先进合理，既要敢于对标国际先进标杆，勇攀高峰，又要有科学态度，尊重现实；⑥注重达到真正的绿色营销目标，而不是"表层绿色""伪绿色""浅绿色"的营销目标。

3. 制定绿色营销目标的要求

在制定绿色营销目标时需做到：①各部门的绿色营销分目标，必须统一于企业的绿色营销总目标；②绿色营销目标既有主次轻重之分，又要注意绿色营销目标之间的协调，以及绿色营销目标与其他目标的协调，避免相互脱节、相互矛盾；③绿色营销目标应具有挑战性，即制定的绿色营销目标要经过一定努力才能达到，以激发各单位、各部门、各环节、各员工的主观能动性；④要规定绿色营销目标的完成期限；⑤各项绿色营销目标要尽可能具体化、定量化，便于检查和考核。

4. 制定绿色营销目标的过程

（1）前期工作是收集绿色信息资料。收集绿色信息资料的主要内容：有关绿色低碳循环发展、生态文明建设方面的法律法规和国家绿色发展战略、相关的绿色生产和绿色消费信息，绿色市场动态，同行业的绿色营销战略、策略及其趋势，能源、原材料供应情况，企业自身有关的绿色信息资料等。

（2）确定绿色营销目标要经过上下反复酝酿讨论。先由决策层主要根据以上绿色发展对企业的客观要求、绿色市场发展动态、企业整体绿色营销的战略、企业绿色营销所具备的优势、企业面临的主要问题、企业绿色营销所涉及的关键性关系等几大类信息，提出若干绿色营销短期目标和长期目标方案的设想，供各职能部门、业务部门进行讨论，向企业全体人员公开征求意见。

（3）整合有关综合部门或营销部门意见，具体拟订绿色营销目标方案。把修改过或重新拟订的绿色营销目标方案反馈给决策层，并说明提出各方案的理由、存在的问题及应对之策。然后由决策层选定绿色营销目标方案，并发动员工讨论，进一步修订后，正式确定为企业绿色营销目标方案。

（二）绿色营销目标任务的分解

绿色营销目标任务的分解是实现绿色营销总体目标任务的第一步。通常，根据各职能部门、业务部门的工作性质，对绿色营销总体目标进行细化分解。绿色营销目标分解需要注意的是：①始终聚焦绿色。绿色营销目标任务分解应围绕绿色价值创造、沟通和交付展开，切忌跑偏。②职责定位明确。不同于普通的营销目标任务分解，绿色营销目标需要明确自己在营销过程中扮演的绿色营销者角色，以及需要完成的环境责任目标。③可持续化的绿色营销目标。绿色营销目标任务分解还应注意每个阶段目标之间的过渡与衔接，确保后续目标任务持续化完成，最终达成总目标。④系统化的绿色营销目标。从上至下，把绿色营销总目标分解为分目标、子目标，一直分解到班组、个人。绿色营销目标各层次之间由下一层目标支撑着上一层目标，层层相依，形成一个金字塔形的绿色营销目标体系，如图11-1所示。

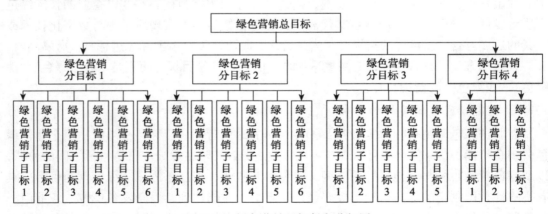

图11-1　绿色营销目标任务分解图

绿色营销目标分解之后，让下属部门自行决定完成目标的方法和手段，在目标规定范围内授予营销人员自主开展绿色营销活动的权利。上级的管理主要表现在指导、协调、提出问题、提供信息以及创造良好的工作环境上，尤其是围绕绿色价值创造、沟通和交付这一核心，对绿色营销活动进行协调控制。各部门相互联系、相互协作，协同实现绿色营销总体目标。要注意的是，在分解目标时，不宜过分地强调局部目标，要把协作、配合纳入目标分解中，也不宜仅仅锁定绿色目标而忽略了经济目标和社会目标，目标之间要统一、协调和平衡。

绿色营销目标任务分解后，还需要规划工作进度，进行资源分配。为保证绿色营销目标任务的实现，既需要解决绿色营销活动过程中出现的各种问题，纠正偏离绿色营销目标的行动，也需要按期对绿色营销目标任务完成程度，各部门、各环节、相关员工工作的努力程度，以及绿色营销目标的复杂程度进行及时的检查和评价。

可以采取的检查、评价方法有很多种：①从企业高层至基层员工自上而下地进行检查和评价；②企业内部综合职能部门负责进行检查、评价；③企业内部职能部门之间、业务部门之间、职能部门与业务部门之间进行相互检查、评价；④全员自我检查、评价；⑤邀请第三方机构对绿色营销目标任务落实情况进行专业的检查、评价。全方位的检查和评价可以对不足之处加以改进，将实现绿色营销目标过程中好的做法固定下来，使之科学化、系统化、标准化、制度化、数字化，并不断巩固提高。检查、评价的结果要与奖惩挂钩，以创造一种人人奋发向上、争做一流绿色营销工作的境界。

扩展阅读 11-1 经验借鉴：肯德基与蚂蚁森林合作，用能量宣传绿色环保

三、绿色营销推行实施的关键领域

（一）强化绿色营销观念，开展全面绿色管理

强化绿色营销观念，开展全面绿色管理是绿色营销推行实施的基础。绿色营销要求企业在生产与营销过程中以节约资源能源和保护自然环境为基础，始终做到环保、节约、安全、健康、无公害。一方面，企业要将绿色营销观念充分融入企业的规章制度，形成完善的绿色发展机制，培育企业的绿色营销文化，开展全面绿色质量管理，使绿色企业得以最终建立。另一方面，企业人员尤其是营销管理人员必须树立强烈的环境保护责任和意识，在日常经营中带领员工学习绿色营销的相关理论知识，向社会提供安全健康、无污染的、有益生态的产品或服务。

（二）开展绿色市场调研，进行绿色市场分析

企业在强化绿色营销观念和开展全面绿色管理的基础上，进行绿色市场调研分析。绿色市场调研是将消费者及企业和绿色市场联系起来的一项活动，用以识别和分析绿色营销的机会和问题，进而评价和改进现有的绿色营销方案，提高绿色营销绩效。一方面，需要将面临的绿色营销问题转化为绿色市场调研问题，在明确绿色市场调研问题的基础上设计绿色市场调研方案，进行绿色市场数据收集和调研。另一方面，深入剖析绿色市场调研数据，并进一步根据调研分析结果制定绿色市场调研报告，为企业制定绿色营销相关战略和策略提供决策依据。

（三）积极研发绿色新产品，开展绿色营销推广

一方面，企业需要从自身利益和社会利益结合的角度出发，在产品研发过程中始终

严格遵守国家环保标准，尽量选择和利用可再生资源，优化能耗过高、资源浪费等不合理的生产方案，进而设计生产出既符合消费者需求，又实现资源节约和减少消耗的绿色新产品。另一方面，以绿色新产品为对象积极开展绿色营销推广，在新产品研发过程中需要从颜色、包装、款式、商标等方面赋予新产品环保特色，打造新产品绿色形象，满足消费者绿色心智诉求，进而提升绿色营销推广效率。

（四）引导绿色消费需求，扩展绿色需求市场

企业在研发和推广新产品基础上，不断引导绿色消费需求，拓展绿色需求市场。一方面，注重对于绿色产品的宣传，在积极引导消费者关注和选择绿色产品的同时，还需要着重凸显产品环保特性，为扩展绿色需求市场打下基础。在数字时代，企业可以运用数字化绿色营销方式（如短视频形式的绿色广告、环保主题的直播等），挖掘和引导消费者的绿色消费需求。另一方面，绿色需求市场的扩展需要从绿色生活消费需求延伸至绿色生产消费需求，除了绿色服装、绿色食品、绿色建筑、绿色出行、绿色家居以及绿色旅游等正常生活需求之外，绿色原材料需求、绿色科技需求、绿色包装需求以及绿色管理技术需求等绿色生产领域的需求也需要通过新兴数字化传播方式予以引导，以此扩展绿色需求市场。

扩展阅读 11-2　实践前沿：北京冬奥"绿"在何处

四、绿色营销推行实施的保障措施

（一）绿色营销推行实施的制度保障

企业应当制定一套适用于本企业的合理、规范、有效且系统的绿色营销管理制度。这套管理制度应当服从于企业的总体管理制度，始终紧密围绕绿色营销（绿色价值创造、沟通和交付）而制定和实施。具体包含：①绿色营销业务报告制度。企业绿色营销管理部门对日常的绿色营销实施常态化的监督和管理，形成一周或一月汇报一次的报告模式，便于管理决策层动态化掌握绿色营销状况与进展。②绿色营销信息反馈制度。及时获取行业、同行、客户、相关产品等不同层次的绿色营销信息，掌握绿色市场动态。③绿色营销奖惩制度。对于给公司造成较大负面影响的非绿色营销行为予以相应惩罚，对于在绿色营销方面有创新贡献、业绩贡献等正面影响的营销行为进行晋升或物质奖励。④绿色营销绩效考核制度。对绿色营销的销售量、客户新增量、绿色化提升度等进行考核评价。

（二）绿色营销推行实施的组织保障

建立专门化的绿色营销管理部门，负责对企业的绿色营销活动统一运营。根据企业绿色营销发展规模，还可下设绿色营销策划部门、绿色营销执行部门、绿色营销后勤服务部门等。针对这些部门的运行管理，建立完备的绿色营销领导队伍，完善领导配置，构建绿色营销一体化的运转模式，形成企业管理者和绿色营销管理者"双向进入、交叉职责、共同负责"的管理模式。领导者需要提高企业绿色发展站位，抓住绿色价值交付

这一核心任务，统筹协调，兼顾企业发展的经济效益、环境效益和社会效益。同时，建立完备的绿色营销员工队伍。明确绿色营销任务和员工职责。吸纳绿色营销专业技术人才、管理人才和销售人才，将绿色理念时刻体现于营销工作中，定期进行绿色营销知识与技能培训。

（三）绿色营销推行实施的资金保障

设立绿色营销专项资金，支持绿色产品设计与研发、绿色营销人才引进、绿色营销渠道拓展等。具体包含：绿色营销管理资金、绿色产品研发资金、绿色营销教育培训资金、绿色营销渠道拓展资金、绿色营销广告宣传资金等。除了从企业内拨付绿色营销资金以外，还可以从政府绿色发展资金支持政策中获取绿色营销的保障资金。对于达到国家或地方的绿色生产节能、排污标准，符合绿色发展、新旧动能转换等要求的项目，积极申报绿色发展扶持资金，用以支持绿色营销发展。

（四）绿色营销推行实施的文化保障

从管理层到执行层，树立全员绿色营销的价值观，教育、引导和鼓励企业员工把企业的营销工作、企业的生存发展与环境保护及全社会的共同发展相联系、相协调。绿色营销文化要关注和强调消费者的绿色需求，包括对绿色价值获取的需求、对绿色消费环境的需求和对美好生态环境的需求等。同时，企业的绿色营销文化还应强调绿色营销的全过程化，从绿色营销战略的建立、绿色营销理念的传递到绿色营销策略的制定、实施和优化的全过程，并在这些实践过程中不断更新和创造更加先进的绿色营销文化。

第二节　绿色营销的绩效评价

一、绿色营销的绩效评价指标

绿色营销绩效是企业通过绿色营销活动，在实现经济效益的同时对资源、环境以及社会的友好程度（即绿色度）。一般从企业经济绩效、生态环境绩效和社会环境绩效三个方面绩效进行衡量。鉴于不同层次产业企业在经济绩效、生态环境绩效和社会环境绩效上的具体衡量指标有明显差异，这里仅以制造业为例，介绍企业绿色度的评价指标体系，如表 11-3 所示。

表 11-3　绿色营销绩效的评价指标

目 标 层	准 则 层	分 准 则 层	指 标 层
绿色营销绩效（绿色度）	企业经济绩效	财务属性绩效	总资产报酬率
			绿色销售利润率
			绿色管理成本回收率
		营销属性绩效	绿色广告费用边际效率
			绿色市场份额增长率
			绿色销售增长率

续表

目标层	准则层	分准则层	指标层
绿色营销绩效（绿色度）	企业经济绩效	竞争属性绩效	顾客绿色产品忠诚度提升率
			顾客绿色渗透率
			绿色竞争者仿效率
			企业绿色知名度
			企业绿色美誉度
		产品属性绩效	绿色产品推广率
			绿色产品存货周转率
			绿色产品研发率
		管理属性绩效	管理者绿色意识提升度
			员工绿色意识提升度
			企业绿色活动增长率
			工作环境绿色度
	生态环境绩效	环境属性绩效	清洁生产率
			碳排放达标率
			水污染度
			大气污染度
			固体废弃物污染度
			土壤污染度
			噪声污染度
		资源属性绩效	水资源利用率
			资源节约率
			绿色产品回收率
			绿色原材料使用率
			设备优化更新率
			原材料可再生率
		能源属性绩效	能源利用率
			清洁能源使用率
		生态服务绩效	生态环境教育计划
			清洁生产培训完善度
			营销战略绿色度
			消费者健康重视度
	社会环境绩效	社会导向绩效	环保公益活动参与率
			绿色控制率
			绿色氛围营造程度
			社会环境教育计划
		服务水准绩效	环保承诺履约率
			绿色产品退换率
			顾客绿色满意率
			绿色服务项目投资率
		社会贡献绩效	绿色贡献率
			绿色积累率
		公众效果绩效	媒介绿色注意度
			社区绿色影响力
			绿色消费率
			消费者绿色美誉度
			消费者绿色影响力

目标层：绿色营销绩效（绿色度）。

准则层：企业经济绩效、生态环境绩效、社会环境绩效。其中企业经济绩效是指绿色营销活动为推行实施绿色营销的企业带来的财务、营销、竞争、产品和管理等方面的影响；生态环境绩效是指绿色营销活动为生态环境带来环境、资源、能源和生态服务等方面的影响；社会环境绩效是指绿色营销活动为社会环境带来社会导向、服务水准、社会贡献和公众效果等方面的影响。

分准则层：①企业经济绩效（财务属性绩效、营销属性绩效、竞争属性绩效、产品属性绩效、管理属性绩效）；②生态环境绩效（环境属性绩效、资源属性绩效、能源属性绩效、生态服务绩效）；③社会环境绩效（社会导向绩效、服务水准绩效、社会贡献绩效、公众效果绩效）。

指标层：①财务属性绩效（总资产报酬率、绿色销售利润率、绿色管理成本回收率）；②营销属性绩效（绿色广告费用边际效率、绿色市场份额增长率、绿色销售增长率）；③竞争属性绩效（顾客绿色产品忠诚度提升率、顾客绿色渗透率、绿色竞争者仿效率、企业绿色知名度、企业绿色美誉度）；④产品属性绩效（绿色产品推广率、绿色产品存货周转率、绿色产品研发率）；⑤管理属性绩效（管理者绿色意识提升度、员工绿色意识提升度、企业绿色活动增长率、工作环境绿色度）；⑥环境属性绩效（清洁生产率、碳排放达标率、水污染度、大气污染度、固体废弃物污染度、土壤污染度、噪声污染度）；⑦资源属性绩效（水资源利用率、资源节约率、绿色产品回收率、绿色原材料使用率、设备优化更新率、原材料可再生率）；⑧能源属性绩效（能源利用率、清洁能源使用率）；⑨生态服务绩效（生态环境教育计划、清洁生产培训完善度、营销战略绿色度、消费者健康重视度）；⑩社会导向绩效（环保公益活动参与率、绿色控制率、绿色氛围营造程度、社会环境教育计划）；⑪服务水准绩效（环保承诺履约率、绿色产品退换率、顾客绿色满意率、绿色服务项目投资率）；⑫社会贡献绩效（绿色贡献率、绿色积累率）；⑬公众效果绩效（媒介绿色注意度、社区绿色影响力、绿色消费率、消费者绿色美誉度、消费者绿色影响力）。

绿色营销绩效评价与传统营销绩效评价存在一定差别，具体如表11-4所示。

表11-4 绿色营销绩效评价与传统营销绩效评价的区别

类别	绿色营销绩效评价	传统营销绩效评价
目标	绿色营销绩效	传统营销绩效
核心	绿色度评价	营销效果评价
内容	企业经济效益绩效、生态环境绩效和社会环境绩效	企业经济效益绩效

二、绿色营销的绩效评价原则

绿色营销绩效评价应遵循以下基本原则：

（1）适应性原则。绿色营销绩效评价指标体系和相应的评价模型，应适应评价对象所在行业特点，符合绿色营销的内涵。例如，针对零售企业绿色营销绩效与评价钢铁企业绿色营销绩效，应建立不同的绿色评价指标体系或评价模型。绿色营销绩效评价还应

扩展阅读 11-3 市场动向:抖音电商二手商品行业持续助力低碳环保

与企业的规模、位置、类型及其自身的需求和优先事项相适应。

（2）透明性原则。绿色营销绩效评价过程和结果应当清晰、透明。例如，在尊重企业隐私的情况下，向企业内外部及时公开绿色营销绩效评价的程序、标准、细则、方式、参与人员等信息，并及时、准确地公布绿色绩效评价结果。以便企业或客户能够获得并理解绿色营销绩效数据，以做出合理可信的决策。

（3）系统性原则。绿色营销绩效评价内容既涉及经济绩效，也涉及资源节约、环境友好和社会绩效；既有绿色销量、绿色利润率等"实"的绩效，也有企业绿色知名度、绿色公益活动投入等"虚"的绩效；既有可以定量描述的绩效，也有只能定性描述或半定量描述的绩效，应用系统思维进行评价。

（4）精确性原则。绿色营销绩效信息应当一致、准确。应合理评估和设置绿色营销绩效主观评价的权重，并保证绿色营销数据的客观性和充足性。避免企业员工对评价结果的揣度和质疑，同时便于对过去、当前以及未来的绿色营销绩效进行有效比较，以便对同行业企业绿色营销绩效进行有效比较。

三、绿色营销的绩效评价程序

绿色营销绩效评价是一个管理过程，应作为企业常规营销职能和活动的一部分。绿色营销绩效评价遵循"计划—实施—检查—改进"（plan-do-check-act，PDCA）的管理模式。这一过程的程序如下：

（1）计划。准备实施绿色绩效评价，包括：明确企业绿色营销绩效指标体系及各指标的度量单位，确定企业营销活动的地理边界，设定企业营销活动涉及资源环境问题的具体环节。依据以上内容设计系统化的绿色营销绩效评价指标体系，并对指标体系进行反复论证，听取吸纳专家、企业管理者、员工等的意见和建议，确保其合理性和科学性。

（2）实施。由专人或专门机构负责，通过统计或咨询调查的方法连续收集一定时期内若干期的绿色营销绩效指标值；运用层次分析法确定绩效指标权重；选用合适的评价方法，建立企业绿色营销绩效评价模型；计算绿色营销绩效值。依据企业绿色营销绩效目标，分析和评估企业绿色营销绩效实际状况，向企业高层或有关部门或利益相关者汇报、交流绿色营销绩效评估结果及其相关分析报告。

（3）检查。企业应该通过定期评价绿色营销绩效，检查企业绿色营销活动过程中的成绩与问题，识别改进的机会。包括：投入的成本与取得的收益，为达到绿色营销绩效目标和指标所取得的进展，为改善绿色营销绩效所取得的进步，所选择的绿色营销绩效指标的使用情况，数据来源、数据收集方法和数据质量，相关方提供的信息，法规和其他要求，最佳实践及最佳绿色技术的可行变化，过程、产品、服务和资源消耗、向环境的排放。

（4）改进。鉴于上述检查，企业可采取一定措施改进绿色营销绩效评价过程。例如，改进数据质量、可靠性和可用性，改进分析和评价能力，建立或识别新的或者更为实用的绿色营销绩效评价指标，改进绩效指标选择标准及评价交流过程，重新培训参与绿色营销绩效评价相关问题的人员。采取改进措施之后，还需进一步对改进结果进行再次评价，以不断提高绿色营销绩效水平。

常用的绿色营销绩效评价方法主要有层次分析法（analytic hierarchy process，AHP）、人工神经网络法（artificial neural networks，ANN）、灰色系统评估法（gray system evaluation，GSE）和模糊综合评价法（fuzzy comprehensive evaluation，FCE）等。限于篇幅，这里不再赘述。

思维扩展

在数字时代，如何确保绿色营销绩效评价的数据质量？

延伸阅读11-1

市场动向：天猫"618"公布"绿值"——商品消费减碳超15.3万吨

2022年天猫"618"落下帷幕。不但消费交易额在持续增长，绿色消费也在"扩容"。消费者在电商消费的全过程中践行绿色理念，从购买绿色商品到选择绿色包装，再到使用绿色物流，全方位拉升了电商平台的"绿值"。

天猫"618"商品消费减碳超15.3万吨

"618"期间，天猫推出了互动玩法"绿动乐园"。消费者在淘宝天猫平台上加入绿色消费行动，可以获得相应数量的"小绿花"作为激励，"小绿花"可以用来兑换全屋绿色家电、绿色有机食品，或参与绿色公益。社区消费者还可通过菜鸟驿站电子屏和智能柜屏扫码进入天猫绿动乐园，参与绿色行动。截至6月19日，绿动乐园上共吸引了846万名用户，送出3.3亿朵小绿花。5月31日至6月20日，淘宝天猫高能效消费电子商品已成交的订单共计减碳15.3万吨。该数据依据由阿里巴巴ESG[environment（环境），society（社会），governance（治理）]部门及双碳业务部联合中国标准化研究院等行业权威技术机构，共同制订的科学计算方法计算得出。

据了解，2022年淘宝天猫平台有超过100万个符合国家级或行业级环保资质认证的绿标商品，规模较2021年"双11"翻了一番。这些打标商品，都加入了"绿动乐园"。根据淘宝天猫商家品牌策略部的绿色人群研究结果，绿动乐园的用户表现出更高的绿色消费意愿，其绿色消费客单价是普通人群的2倍以上。据统计，绿动乐园用户中"90后"和"00后"占比近6成，超过总用户数一半。这表明，年轻人已成为绿色消费行为的主力军。

从包装到物流，"全链"绿色

近期，天猫发起"绿色创变者社区"，该行动得到宝洁、伊利、联想、海尔、可口可乐、亿滋、玛氏、花王等40余家品牌支持。在"618"期间，天猫与这40余家品牌一起，发起"简单包装就好"倡议，通过减少塑料使用、减少油墨印刷、减少包材用料和可重复利用等方式，对产品包装进行绿色改造。部分品牌使用回收材料制造的纸箱，减少了原包装60%以上油墨，每10万个外箱减少约260千克塑料。消费者购买这些品牌的简单包装商品，亦可在"绿动乐园"获得小绿花，为减碳助力。根据中国标准化研究院资源环境研究分院测算，"618"期间，淘宝天猫通过简单包装产生的减碳量为2 950吨。

同时，天猫还联合菜鸟，推广原箱发货、仓内纸箱复用、装箱算法、简化电子面单、电子装箱单等，降低物流环节的碳排放量。6月23日起，消费者在菜鸟使用绿色寄件、绿色回箱，也可以从绿动乐园获得小绿花。

"绿电小学"启动，预计每年减碳29.6万吨

据了解，"618"期间，"绿动乐园"用户可参与的首批绿色公益行动"绿电小学"已正式启动。该项目由天猫联合中华环保基金会、阿里巴巴公益基金会和阿里云能耗云等发起，目前已完成第一期项目学校的实地考察，并在学校引入了阿里云碳知的"碳中和专家大讲堂"。近日，中国科学院高级工程师吕芳，受邀为学生们带来《神奇的光伏》课程，共同探索太阳能的秘密。吕芳将二十余年的光伏行业经验与生活中的例子相结合，以各种形象的比喻给同学们打开了光伏世界的大门，让孩子们通过新能源的视角，理解低碳和绿色的含义，并由此畅想人与自然可持续发展的美好未来。该课程的顺利开展还得到了学校老师和行动亚洲等公益伙伴的大力支持。绿电小学建成后，预计每年可减少碳排放29.6万吨。

天猫市场部ESG负责人对记者表示，大促"收官"不意味着淘宝天猫绿色行动的结束，在"双11""年货节"等活动中，绿色将继续成为大促的"底色"，绿色行动将贯穿平台日常。

资料来源：根据佚名《天猫"618"公布"绿值"：商品消费减碳超15.3万吨》（央广网，2022年6月24日）相关资料整理。

第三节 绿色营销的迭代优化

绿色营销迭代优化是指根据绿色营销实施情况和评价结果，提出组织各层面进一步迭代优化绿色营销的建议或改进路径，以提升绿色营销绩效。

一、绿色营销的迭代优化流程

绿色营销迭代优化是一而再地评价、分析、优化的持续改善过程。

（1）评价。基于不断迭代优化的绿色营销绩效评价指标体系，参照更高的环境保护标准，采用更先进的数字化技术手段，进行绿色营销绩效评价。要确保数据记录的真实性、客观性、全面性和完整性。每次评价都应该有一份简报性质的文件，概括评价假设、评价方式、评价时间、评价主体、评价流程和评价结果。要把历次评价结果汇总并编纂成指引，使其可以在整个企业上下沟通。

（2）分析。既要对当前的绿色营销评价结果数据进行分析，也要把以往的绿色营销评价结果数据与当前的评价结果数据进行对比分析；既要分析影响评价结果的外部环境因素，也要分析影响评价结果的组织内部因素，而且要把后者作为分析的重点。对评价结果数据的分析，可以运用有关大数据分析技术、人工智能技术进行。需要注意的是，绿色营销评价的分析过程中，应始终围绕绿色营销活动对于绿色价值沟通、传递和交付的成效分析。既要分析绿色营销的评价结果，又要分析绿色营销的问题和原因。

（3）优化。针对评价结果、识别的问题及其成因对企业绿色营销进行优化。优化的内容可以从绿色市场营销战略层面考虑，优化绿色市场细分、绿色目标市场选择、绿色市场定位方式；从绿色营销策略层面考虑，优化绿色产品策略、绿色定价策略、绿色渠道策略、绿色促销策略的某一个方面或其组合；从绿色营销决策层面考虑，优化绿色营销内容决策、绿色营销方法决策、绿色营销模式决策的某一方面或其组合；从绿色营销执行层面考虑，优化绿色营销人员决策、绿色营销资金决策、绿色营销资源决策的某一方面或其组合。

（4）再评价。绿色营销的迭代优化不是通过一次优化就能达到最佳效果的，要经过评价、检验和再评价等反复的检查论证，通过再评价查找差距与不足，在反馈与矫正中逐步优化。根据绿色营销评价、分析和优化的结果等方面，强化对上一轮评价结果的验证和优化措施的落实效果。企业可以视情况选择部分绿色绩效评价报告面向社会公开，接受社会公众的监督和建议。对绿色营销的再评价包括定期再评价、随时再评价和年度再评价等方式。再评价的标准可以对标原有绿色营销目标进行再评价，也可以对标更高的绿色营销目标进行再评价。

绿色营销的迭代优化流程如图 11-2 所示。

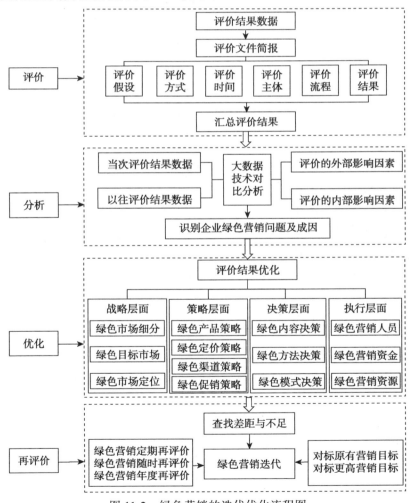

图 11-2　绿色营销的迭代优化流程图

二、绿色营销的迭代优化措施

对不同行业的企业而言，由于其区域特点、行业特色、企业绿色营销绩效及其存在问题和成因不同，绿色营销迭代优化措施也就存在差异。这里我们主要分析绿色营销迭代优化的一般措施。

（1）选择更高的绿色营销目标站位。企业需改变以往的自身长远发展目标站位，站在社会、国家、甚至全球长远发展的角度，制定更高绿色营销目标。以绿色价值创造、沟通和交付为核心，将绿色营销目标与企业、人类、自然与社会的协调发展相互联系。因而，企业要根据自己的发展战略、有关部门的环境法规以及环保部门或行业主管部门下达的指标，制定更高的绿色营销目标。具体而言，就是根据企业的人力、物力、技术力量等方面的实际情况与其他实际条件，在实行绿色设计、践行绿色生产、制定绿色价格、选择绿色销售渠道、开展绿色促销、实施绿色管理和培养绿色文化等方面制定更高层次的绿色营销目标。

（2）深入挖掘绿色生产和消费信息。绿色营销的迭代优化以更加丰富和深入的绿色生产与消费信息为主要依据。数字经济能够为企业绿色营销提供丰富的绿色消费场景与庞大的绿色用户基数，天然拥有推进绿色营销迭代优化的优质场景，将科技创新与绿色生产与消费信息获取深度结合，从而为绿色营销迭代优化提供基础。因此，绿色营销的迭代优化必然是紧密依托数字化技术的迭代优化。所挖掘的绿色信息也应更加全面、深入和系统。绿色生产和消费信息主要包括：绿色消费信息、绿色科技信息、绿色资源和产品开发信息、绿色法规信息、绿色组织信息、绿色竞争信息、绿色市场规模信息、绿色消费特征信息、绿色消费偏好信息、绿色消费发展趋势信息等，尤其要注意绿色大数据的挖掘，确保信息的全面性、深入性和动态性。

（3）创新升级个性化、数智化绿色产品。以大数据、人工智能、区块链等数字化技术支撑绿色生产，通过个性化、数智化绿色产品创新来实现绿色产品的迭代升级。一是创新绿色设计。树立绿色产品创新设计理念，设计的着眼点应放在易于回收、科技含量高、绿色化水平高、使用年限较长、低污染及节省能源的产品。二是创新绿色生产。以创新技术推动企业绿色创新产品生产，提升产品生产过程及使用过程的绿色化水平。三是创造绿色品牌。提升企业及产品的绿色形象，扩大知名度，创造绿色品牌。四是革新绿色包装。企业应借助数字化技术积极改进包装技术，革新包装材料，实行无污染的绿色包装。五是升级绿色售后服务，构建多维度绿色产品服务体系。

（4）不断优化绿色产品价格。根据环境"有偿使用原则"，企业的环保支出应纳入产品成本价格。因技术、原料等原因造成绿色产品的价格普遍比一般同等商品的价格高。目前在我国，价格因素仍是影响消费者购买的最敏感因素之一，因而降低经营成本，制定合理的绿色价格是绿色营销成功的关键因素之一。例如，借助先进的机器学习技术，对做出价格优化的绿色产品和未作价格优化的绿色产品进行对比分析，有效预测不同绿色产品的价格。根据大数据技术绘制绿色产品定价曲线，并结合绿色产品销量大数据，进一步调整绿色产品价格曲线。

（5）持续拓展绿色营销渠道。一是通过数字化渠道扩大优质中间商的选择面，选择有良好绿色信誉的中间商；二是设立绿色产品专营机构或建立绿色产品专柜，推出便于消费者识别和购买的系列绿色产品；三是优化供应配送中心和简化供应配送系统，尽量减少运输渠道的污染与能耗；四是建立全面覆盖的数字化绿色销售网络，在国内各大中城市开通绿色通道，同时开辟国外绿色运输航线和办事机构，增强绿色产品的国内外市场影响力；五是充分利用数字经济红利，融合线上线下绿色销售渠道，线上和线下渠道互相引流，打造绿色营销的"专线"。

（6）持续开展绿色营销推广。绿色产品销售不再是简单的"卖"，还应涉及以下内容：一是通过广告、人员推销、公共关系和营业推广等方式传播企业绿色观念、产品和技术等，从而引导绿色消费；二是要重视绿色品牌的开创与推广，重视绿色商标及绿色包装的设计；三是加大对绿色营销组合策略的重视，并善于借助大数据技术更加灵活高效地应用绿色营销组合策略；四是要重视面向消费者的环境保护售后服务系统的建立。

（7）全面推行专业化的绿色营销管理。企业要设立专门的管理机构，以监督和管理企业绿色营销的实施和发展。进一步优化绿色营销管理机构的职能：绿色信息管理、绿色资源和产品开发的管理与控制、绿色产品质量的智能监测与控制、企业治理"三废"及其他环保指标的制定与监督管理等。此外，还需要配备具有绿色营销管理专业知识背景的人员进行企业绿色营销战略规划、绿色营销资源整合、绿色营销策略的落实与跟进、绿色营销的评估与优化等。

 思维扩展

你认为还有哪些绿色营销迭代优化措施？

延伸阅读11-2

理论前沿：长沙市零售企业的绿色营销优化措施

2019年，湖南大学的绿色营销团队对长沙市零售企业的绿色营销现状展开了调查。团队选取长沙市16家大型零售企业进行调查，获取绿色度指标相关数据，将零售企业的绿色度以及各级指标的整体得分划分为五个等级，并用10分制数值区间表示。其中"差"=[0,2]、"较差"=(2,4]、"一般"=(4,6]、"较好"=(6,8]、"好"=(8,10]，之后对长沙市零售企业绿色营销绩效进行评价。评价结果显示：本次所调查、评价的长沙市大型零售企业，其绿色度整体得分处于较好等级，但仍有近三分之一的零售企业绿色度处于一般等级。从一级指标的得分来看，长沙市大型零售企业在资源节约、环境友好和消费安全三项指标的整体得分均达到较好等级，而经济绩效的得分相对较低，仅处于一般等级。并且，企业之间在经济绩效、环境友好方面的得分分布的离散程度较大。此外，整体而言，零售企业对绿色度相关方面的认识与了解还不够清晰，特别是在环境友好与消费安全两个方面的认识存在明显的不确定性。从各个二级指标的得分来看，除节能技改资金投入和绿色产品销售比例两项指标的整体得分处于较差等级以外，其他指标的整体得分均为一般及其以上等级，即从二级指标来看，长沙市大型零售企业在节能技改资金投入和绿色产品销售比例方面表现较差。由此，提出长沙市零售企业绿色营销优化措施如下：

第一，始终重视保障消费安全。由于消费安全关系到零售企业的生死存亡，是零售企业绿色度评价中贡献最大的因素，因此零售企业在绿色发展过程中要始终坚持保障和改善消费安全方面的表现。具体可以通过在商品采购过程中严格把关、定期对商场中的产品进行抽检与更换、加强商场安全设施的构建与维护、在商场合理设置安全警示和提示标识、设立帮助顾客解决安全问题的服务平台等方式改善企业在消费安全方面的表现。此外，零售企业应当将这些保障消费安全的行为和要求理念化、制度化，以保证零售企业在消费安全方面拥有长期较好的表现。

第二，努力提升经济绩效水平。企业的经济状况关乎企业的生存与发展，是企业实现其他效益的基础。然而，在零售企业绿色度评价指标体系的四个维度中，经济绩效的整体得分最低，仅处于一般等级，且 1/3 以上的零售企业在经济绩效方面仍处于较差及差等级。因此，为了保障绿色发展，零售企业应当通过开发自有品牌、创新服务、开展合理促销活动、改善管理、发挥规模经济效益等多种方式来增加销售收入、降低经营成本、加快资金周转，进而提升企业的经济效益。

第三，加强可持续发展相关知识的学习。对零售企业可持续发展相关方面知识了解不清晰会导致企业难以采取针对性的绿色经营管理措施，进而无法有效提升本企业的绿色竞争力。因此，零售企业应当通过专家培训、企业讲座、企业内部刊物、大会小会宣传等方式加强企业内部可持续发展相关知识的学习，使零售企业全体员工能够全面清楚地了解其绿色发展相关方面的内涵。

第四，设立绿色管理专门机构。为了准确识别本企业的绿色发展状况、促进零售企业绿色度的有效提升，零售企业应当在企业内部设立绿色管理专门机构，以负责本企业绿色发展战略的制定与实施、绿色经营管理相关信息的获取以及根据零售企业绿色度评价指标体系与方法对本企业绿色度进行自评自纠等工作。

第五，增加节能技改资金投入。一方面，零售企业应当用长远的眼光看待节能技改资金的投入，将其看作是一种战略性投资，认识到节能技改资金投入未来巨大的收益回报，从而增加企业在照明、制冷、温控等方面的节能技改资金投入。另一方面，零售企业应积极争取各级政府的节能减排、低碳环保相关项目的试点落户，从而获得税收、信贷政策优惠或直接的财政投入，从而充实企业的节能技改资金。

第六，提升绿色产品销售比例。尽管绿色产品的高价格和人们对绿色产品缺乏了解等限制了绿色产品的销售量，但零售企业仍然可以通过对消费者进行绿色产品知识和绿色产品价值的宣传与教育、绿色产品陈列方式创新、心理定价、口碑推荐、引导绿色产品供应商降低成本等方式在一定程度上克服绿色产品销售的障碍，刺激消费者对绿色产品的购买，进而提升零售企业的绿色产品销售比例。

资料来源：根据贺爱忠等《零售企业可持续发展及其消费者响应研究》（经济管理出版社，2020年版）相关资料整理。

本章小结

绿色营销的实施需要环保制度和法律法规的保障，绿色营销目标任务的分解是实现绿色营销总体目标任务的第一步。从上至下，把绿色营销总目标分解为分目标、子目标，直至分解到班组、个人。绿色营销绩效（即绿色度）一般从资源节约、环境友好、经济绩效、社会绩效四个方面进行衡量。常用的绿色营销绩效评价方法主要有层次分析法、人工神经网络法、灰色系统评估法和模糊综合评价法等。绿色营销绩效评价是一个管理优化迭代的过程，遵循"计划—实施—检查—改进"（PDCA）的管理模式。绿色营销迭代优化是指根据绿色营销实施情况和评价结果，提出组织各层面进一步迭代优化绿色营销的建议或改进路径，以提升绿色营销绩效。它是一种一而再地评价、分析、优化的持续改善过程，不是一劳永逸的。

核心概念

1. 绿色营销实施（green marketing implementation）
2. 绿色营销目标（green marketing target）
3. 绿色营销绩效评价（green marketing performance evaluation）
4. 层次分析法（analytic hierarchy process）
5. 人工神经网络（artificial neural networks）
6. 灰色系统评估法（gray system evaluation）
7. 模糊综合评价法（fuzzy comprehensive evaluation）
8. 绿色营销迭代优化（green marketing iterative optimization）

本章思考题

1. 绿色营销实施重点是什么？
2. 请比较各种绿色营销绩效评价方法的优劣。
3. 大数据、人工智能等数字化技术对绿色营销绩效评价有什么影响？
4. 请结合实际谈谈你对绿色营销优化流程的理解。

本章即测即练

本章实训指南

本章综合案例

格力如何以增值服务置换废弃电器?

格力"四合一"绿色回收再利用系统是针对格力再生资源基地面临的回收问题而设计的闭环系统。作为不可或缺的一部分,"格力O2O电商平台""格力线下销售渠道""格力绿色再生处理""格力绿色生态再生设计"共同组成了格力"四合一"绿色回收系统。通过环保先进的拆解技术,格力实现了家电产业链的生态循环,做到了经济效益、环境效益和社会效益的高度统一。

1. 格力O2O电商平台

公司自建回收人员体系+上门服务模式、共享经济模式的全品类"O2O废品回收平台",各类电商平台桥接回收窗口。网络回收平台利用互联网技术为用户及回收人员提供便捷的回收体验,深度整合线下资源,改善再生资源回收模式,建立废品回收到废品处理的完整产业链交易。

消费者可以通过格力商城参加"以旧换新"活动,兑换现金、商城积分、清洗服务等。消费者只需线上提交废旧家电回收单,格力派工系统就会派出高技能回收人员上门回收。在此之外,格力还设置了专注于回收废旧家电的线上回收平台,为绿色环保事业添砖加瓦。格力在注重自我网上回收平台建设的同时,又积极与现有的各大商城合作,整合电商行业资源,拓展"以旧换新"活动范围。每个电商平台都拥有固定的客户群体,充分发挥"互联网+回收"的优势,既为回收渠道探索增加动力,也增加各大商城的销量,取得双赢。

2. 格力线下销售渠道

格力电器专卖店遍布中国各大城市,销售系统流程完善、能量强大,结合珠海格力倡导"让天空更蓝,大地更绿"的理念,格力销售网店有责任参与回收废旧家电的伟大事业中。格力销售网点对消费者宣贯"绿色环保"的理念,通过增值服务以及"以旧换新"的活动增加废旧家电回收量,拓宽回收的渠道,有助于减轻格力回收再生资源的压力。格力电器经销商和格力绿色再生基地合作举办"以旧换新"活动,五大再生资源基地与格力经销商开展"以旧换新"活动20余场次;共回收废旧家电20 000余台,换出格力生活电器1 000余台、查干湖大米10 t。

格力绿色再生基地参加了国家863计划"退役家电产业逆向物流关键技术研究与示范"项目,建立了统一的逆向物流信息管理系统。在实践"以旧换新"活动的同时,格力绿色再生基地研究了销售系统的正向流系统,结合目前以旧换新的成果,构建销售逆向流系统。通过销售体系逆向回收系统,用户可以通过销售系统直接交接旧机给终端处理厂,省去中间环节,消费者能得到更多利益,更避免用户处理旧机不当造成环保问题,终端处理中心以较低价格取得生产原料。实现了三方兼顾、三方共赢的局面。合作开展过程中回收各类废旧家电共计10 000余台以上。销售体系逆向回收体系初步形成。

3. 格力绿色再生处理

格力电器作为行业龙头企业,从2011年开始投资数十亿元在全国设立了五个绿色再生资源公司，格力五大再生资源处理基地，拥有齐备的"四机一脑"（洗衣机、电视、空调、冰箱、计算机）处理线，设备和环保投入约占1/3。通过对废弃电器、电子产品的回收拆解，让原料再生，从而实现家电产业链的生态循环，做到经济效益、环境效益和社会效益的高度统一。

4. 格力绿色生态再生设计

格力电器聚焦绿色产品设计，秉承"格力科技，健康生活，天空更蓝，大地更绿"的环保理念，在结构性设计时就会考虑节能和优化。格力的净化器、管道之类产品也会考虑一些绿色环保的材料。格力电器还给空调等家用电器设定建议报废时间，确保电器一直处于节能的运行状态下。格力电器设计部门结合目前格力绿色再生资源五大基地拆解情况，更加注重封闭式循环设计理念。格力电器的长远目标是实现绿色设计、绿色科技、绿色产品、绿色制造、绿电指标、绿色供应链、绿色合作、绿色产业链和绿色营销的整套绿色理念。

格力"四合一"绿色回收再利用系统实施以来，取得了以下成效：

（1）规模效应分析。根据"四合一"格力绿色回收系统的方式，有效整合了格力销售及售后和市场回收站的资源，通过"七统一"方式，进行规范化、标准化的整合。通过科学管理，绿色环保的运输方式，从消费者手里回收废旧家电，从回收产业链条的源头把控住家电的二次污染，杜绝了存在安全隐患的二手家电在市场上流通。"四合一"绿色回收系统整合现有行业资源，充分调动了行业的积极性，从绿色物流、始端回收、绿色仓储、绿色处理等环节严格把控，相比传统回收更加专业化、透明化、环保化，经由规范整合后的回收渠道，废弃电器电子产品回收量将进一步提升。

（2）社会效应分析。格力绿色回收系统是一项再生资源回收循环利用的项目，也是一项涉及面广，具有一定特殊性的社会公益事业。体系建设是发展循环经济、实现可持续发展的具体体现，社会效益显著。自然资源是人类生存发展的基础，为了既满足现代社会发展的需要，又给子孙后代留下永续利用的资源，重视资源节约和提高资源的利用率，实施可持续发展战略，推动再生资源的循环型经济发展模式，已经成为当今全球社会经济发展的主流。格力绿色回收项目就是从微观层面上建立再生资源回收利用网络体系，加大资源的再生利用力度，维持社会发展与资源利用的和谐统一。

（3）环境效应分析。再生资源回收行业市场秩序混乱，布局规划不统一，从业人员参差不齐、各自为政，市场回收经营品种狭窄，回收加工利用技术不高，造成市场体系不健全，没有真正实现"旧物资—整理加工—再生资源"的循环利用模式。由于其分拣、加工、利用的技术落后、设备简陋，使大量可用的再生资源并没有得到回收利用，尤其是在市场经济条件下，个体回收者是价高就收、价低不收，造成再生资源回收率低，大量的再生资源被当作垃圾丢弃掉。回收体系建成后将统一标准，规范再生资源行业市场，实现公平收购和交易，有利于提高资源的回收利用率。绿色仓储中心的建成，有利于取缔现有的不规范回收网点，统一规划运转基础仓储中心，合理选址建设绿色仓储中心，杜绝占道经营、不合规运输再生资源，防止二次污染，改善城市居民生活环境。

资料来源：根据商务部流通业发展司《格力绿色——以增值服务置换废弃电器电子产品》（中华人民共和国商务部流通业发展司官网，2018年3月8日）改编。

案例思考

1. 你认为格力"四合一"绿色回收再利用系统,体现了哪些绿色营销理念和绿色管理理念?

2. "四合一"绿色回收再利用系统对格力的经济效益可能会有哪些方面的影响?

3. 如果你是所在城市的市长,谈谈企业在利润最大化的同时,如何开展绿色营销,以使本城市废弃电器、电子产品大量减少?

第十二章

绿色营销的拓展和未来

◆ **本章导语**

数字化技术极大拓展了各类组织开展绿色营销的视野和能力。

◆ **本章引例**

聚划算打造一颗"地球药丸，7天0垃圾挑战"

2019年的世界地球日期间，聚划算"品牌聚星"联合多家新星品牌打造的"地球药丸"整合营销活动，以"零垃圾"为出发点，带来全新的环保生活解决方案，不仅让保护地球的理念变得触手可及，而且为绿色营销带来新思路。

上线创意视频：一颗"药丸"引发蝴蝶效应

一直以来，聚划算持续关注环境保护的社会议题。为此，品牌借势世界地球日，发布了一支名为《一个精分患者的回忆录》的创意视频，对身边的环境污染问题追根溯源。聚划算通过打破以往口号化说教式的环保宣传套路，利用谐音梗，创造了一颗精分"药丸人"的艺术虚拟形象，以独特的创意视角塑造"药丸人"反差萌的形象，在拉近了营销活动与大众距离的同时，也揭露了日常行为与环境之间的要害关系，引发用户对身边环境污染的关注，从而呼吁消费者减少垃圾，从身边做起。"我们总是愤怒，斥责一切污染环境的源头，除了自己。"这一态度文案的出现也成为视频的点睛之笔。除了视频之外，聚划算还邀请了三位"零垃圾"倡导者，讲述"零垃圾"生活体验，倡导"零垃圾是种生活方式"的生活理念，达人们身体力行的环保实践，形成了有力背书，也强化了品牌核心诉求的表达。

挑战"地球药丸，7天0垃圾"：成为有态度的行动派

对于热点借势营销来说，品牌面临一个共同的课题：如何打破固有的关注维度，让不同的人群可以接受到品牌信息。在这一轮营销推广中，聚划算从年轻一代的消费群像出发，发起了"地球药丸，7天0垃圾"的挑战行动，与环保理念的倡导做出承接。

第一，通过线上营销组合拳，连环打法助力品牌热度持续升温。比如，微博作为全天开放式的社交媒体平台，能够实现品牌与品牌、品牌与用户之间的直接沟通，放大社交传播效应。在微博话题页，聚划算发布了"地球药丸，7天0垃圾"的话题和挑战机制，在社交媒体引发第一波关注和热议。同样地，聚划算也深入年轻人喜爱的阵地——抖音，发起同名挑战赛。在为期7天的时间内，用户只需要按照达人视频的示范，拍摄视频，响应"7天0垃圾"的挑战活动，就能参与到环保行动之中。在话题传播期间，聚划算持续深入多个年轻人日常聚集的平台，涵盖知乎、微信、微博、视频平台等。结合不同平台的KOL特色，聚划算将"地球药丸，7天0垃圾"挑战的话题覆盖到生活、影视、家居、环保等多种场景。凭借KOL在各自领域的影响力，聚划算通过"地球药丸""零垃圾"等话题点的传播，以PGC（专业生产内容，professional generated content）带动UGC（用户原创内容，user generated content），不仅引发用户的大范围转发、实现破圈层的传播效应，也让品牌的正面形象深入人心。

第二，设置线下主题场景，以环保精神浸入式体感营销。线下活动的沉浸式体验，有助于品牌打造与用户间的"共同体验"，在消费者心中种下强烈的品牌印记。在线上运用多种方式与年轻群体建立连接后，聚划算在上海的时尚文化地标"上生·新所"，举办了一场线下"地球药丸，7天0垃圾"挑战的主题展。线下主题展都是由可回收材料或可降解的环保材料构成，包含了7天0垃圾剪辑艺术等不同展区，让参与者在看、玩、互动的气氛中，自发接受环保的核心诉求。而国内"零垃圾"生活的倡导者与实践者，也将自己的环保实践经验通过视频、图片及实物等形式在现场展出，为用户打造出"零垃圾"环保生活的新范本。在线下展览的沉浸式体验之外，以"地球药丸，7天0垃圾"挑战为主题的淘宝会场专卖在电商平台同步上线，用户可以借此获取"地球药丸"、选择环保产品。这套线上线下、站内站外相互配合的组合拳，成功将线下的流量反哺到线上。

从这次裂变式的传播中不难看出，品牌成功突破了常规的营销模式，视野不再局限于传统营销模式中对于消费者的单向平面输出。取而代之的，是精准定位年轻群体的触媒习惯，以线上线下的全媒体矩阵，引爆社会传播势能。自此，聚划算"地球药丸"的营销战役，就完成了创意视频传播、微博抖音话题造势、达人号召证言、挑战赛参与互动、再到线下快闪店环保教育这一系列的传播流程，从而实现完整的营销闭环。

资料来源：根据佚名《世界地球日，聚划算"品牌聚星"打造一颗"地球药丸，7天0垃圾挑战"》（数英网，2019年4月）相关内容整理。

本章知识结构图

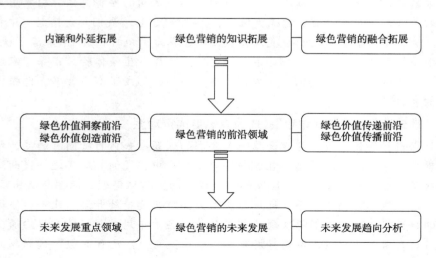

第十二章 绿色营销的拓展和未来

第一节 绿色营销的知识拓展

数字经济在不断打通绿色营销实践触点的同时,也在持续延展绿色营销的知识领域。尤其在我国致力于向碳达峰、碳中和迈进的过程中,数字经济将驱动绿色营销实现新的转型和跨越。

一、绿色营销的内涵拓展

(一)绿色需求的内涵不断拓展

随着绿色需求持续升级,绿色需求的内涵也在不断丰富和拓展。主要表现在以下几个方面:

从类型上看,绿色需求的领域不断丰富。主要体现在:①有形的绿色需求种类越来越多。在绿色食品领域,绿色需求开始逐渐渗透至人类生活消费的诸多方面,如涵盖农林、畜禽、水产、饮品、其他类产品等五大类的健康无公害绿色食品已经扩展至近千个品种。纯天然、无污染、高营养的高级食品(AA级绿色食品)受到市场的青睐,绿色食品、有机农产品和地理标志农产品需求不断上升。在家用电器领域,人们对带有绿色标识的洗衣机、冰箱、热水器、燃气灶、平板电视、空气净化器、风扇、电饭煲、计算机等绿色家用电器需求越来越多。另外,绿色新能源汽车、绿色服饰、绿色建筑、绿色家装等其他产品的需求也在不断扩大。②无形的绿色需求不断呈现。绿色快递、生态旅游、绿色电子产品、绿色金融产品、绿色医疗等几个重点领域的绿色需求不断增加。在绿色快递领域,绿色需求不断向低碳清洁物流运输、绿色循环包装、快递包装回收等方面扩展。在生态旅游领域,消费者对生态旅游产品也呈现出更注重可持续性、体验性、特色性等的需求。在线上绿色服务领域,线上绿色应用平台、线上绿色公益游戏项目层出不穷。以推动公众低碳减排的公益项目蚂蚁森林为例,截至2022年7月,用户人数已超过6亿的蚂蚁森林很大程度上满足了人们的娱乐性、环保性和公益性等需求。在绿色金融产品领域,消费者对绿色保险、绿色信托、绿色PPP(public private partnership)、绿色租赁等新产品的需求不断上升。在绿色医疗领域,人们的需求不断向在线健康咨询、医疗垃圾无害化处置等方面发展。

从层次上看,绿色需求的层次不断提高。主要体现在:①从低级绿色需求向高级绿色需求扩展。如今,单纯的节能降耗产品已不能充分满足人们的绿色消费需求,绿色需求的内涵逐渐纳入绿色环保、低碳减排、健康安全等概念因素。例如,人们对冰箱的需求逐渐从无氟冰箱转向智能环保抗菌冰箱。绿色需求从低级走向高级,不仅限于绿色物质需求的增长,绿色精神需求也在不断丰富。例如,人们越来越关注并乐于购买传达绿色发展理念的绿色文化产品,诸如《可可西里》《大气层消失》等环保题材的影视作品、绿色文学作品等大受市场欢迎。②从末端绿色需求向源头绿色需求扩展。未来的绿色营销发展不应局限在关注末端绿色需求(消费端绿色需求),而是要扩展至源头绿色需求(生产端绿色需求),也就是供应链的全绿色化,即从满足绿色原材料需求、绿色包装材料需求扩展至涉及供应商、生产商、销售商和用户等的全主体绿色需求。从物料获取、加工、包装、仓储、运输、使用到报废处理整个过程的绿色需求，以及支撑绿色供应全程的绿色技术需求和绿色管理需求的扩展，将营销的环境影响降到最低，资源效率提升至最高。

（二）绿色价值的内涵不断拓展

1. 绿色功能价值的拓展

绿色功能价值包含绿色基础功能价值和绿色增值功能价值。基础功能价值能够满足消费者的基本生活需要，是绿色产品的基本属性和核心功能，而增值功能价值在基础功能价值的基础上发挥价值意义。伴随着消费需求持续升级和技术水平不断提高，绿色产品功能价值的拓展主要表现为绿色增值功能价值的拓展。例如，手机的电话功能、灯的照明功能、矿泉水的止渴功能、家政的清洁服务功能等，分别是这些产品的基础功能价值，而手机的回收价值、手机软件"种树"（如支付宝蚂蚁森林不断创造的生态价值）等均是绿色增值功能价值不断拓展的体现。绿色增值价值的拓展，一方面来源于消费者不止满足于获得这些产品的某种使用功能，更期望通过对这些产品的购买和使用来表达自己的绿色价值主张，展示自己的绿色生活方式，另一方面来源于绿色产品的生产厂家在产品功能、服务质量同质化、价格趋同的市场环境中，不断创新绿色产品设计和制造，为产品附加更多的绿色增值功能价值。

2. 绿色服务价值的拓展

绿色服务价值指的是企业提供的核心服务为消费者带来的绿色价值。绿色服务价值的拓展不仅体现在有利于生态环境保护和资源节约等核心服务价值拓展，还体现在产品或核心服务的附加绿色服务范围不断扩大。绿色服务价值拓展包括：①环境污染治理服务的拓展。例如，废水处理、废弃物处理处置、大气污染控制、噪声污染控制等核心绿色服务的拓展。②环境管理相关服务的拓展。例如，环境影响评价（评估）、危险废物处置风险评估、环境调查、环保法律法规咨询等服务企业面向更多消费服务对象，提供更高水平的绿色服务。从消费者角度而言，企业为消费者提供的产品试用、保修、送货上门、免费退换等都可以体现绿色服务价值的拓展。例如，快递企业从向消费者提供环保快递包装盒，拓展到在快递网点为消费者提供快递回箱服务，再到提供可循环包装箱服务等。

3. 绿色社交价值的拓展

绿色社交价值是指绿色营销过程中，企业商家和消费者、消费者和消费者不断接触产生的价值。数字时代的绿色社交给消费者带来的社交利益不再局限于企业员工针对消费者的行为，还包括企业搭建社交平台促成消费者之间的交互行为。具有社交属性的绿色营销在企业商家、消费者等主客体的社会绿色交往中不断发挥作用。数字时代绿色社交价值拓展主要体现在社交模式下的新场景、新渠道、新维度的绿色价值拓展。例如，支付宝蚂蚁森林 App 用户通过走路、骑行、乘坐公交和地铁、网购高铁票等出行行为，水电燃气费等生活费用缴纳行为生成的"绿色能量"，兑换可以在荒漠湿地栽种的树苗。"偷取"好友的绿色能量兼具趣味性和社交性，是这个 App 绿色社交价值拓展的重要体现。用户积累的绿色能量越多，可以兑换并栽种的树苗就越多，在这个过程中，消费者不断延伸的社交需求得到满足。作为一个绿色社交营销项目产品，蚂蚁森林通过绿色社交价值拓展，用1%的努力达到了99%的营销传播效果。

4. 绿色形象价值的拓展

绿色形象价值是指环保企业及其绿色品牌在消费者心中形成的形象价值。绿色产品包装、质量、商标以及企业的经营行为、营销人员的服务态度等有形或无形的要素综合反映了企业及其品牌的绿色形象价值。绿色形象价值的拓展也主要从这些方面延伸，给予消费者更好的精神和心理满足。数字时代下，不仅企业越来越重视绿色形象的塑造及绿色形象价值的传递，消费者也越来越关注绿色消费对自身环保形象的塑造，并向身边的亲朋好友传递绿色价值。由此，绿色形象价值得以不断拓展。例如，2021年天猫"双11"首次发布了天猫电商平台上的绿色商家排行榜，越来越多的企业加入绿色形象价值传递的队伍，天猫还和14个品牌共同发起成立"绿色商家联盟"。又如，美的集团首次对外发布绿色战略，以及消费者参与快递纸箱回收等，均表达和传递了低碳环保的绿色形象价值。

5. 绿色体验价值的拓展

绿色体验价值是指企业在绿色营销中给予消费者愉悦的感官体验和自我尊重、社会地位等心理需求体验。绿色体验价值的拓展主要体现在企业在绿色营销过程中给予消费者更加人性化、生动化、体贴化的体验，是消费者形成或加深对绿色产品美好回忆的一个重要因素。绿色体验价值的拓展主要体现在绿色产品的使用体验和场景体验中，促使随机、潜在的绿色消费者能够形成较为清晰的绿色认知，促使选择性的绿色消费者趋于长期稳定地购买绿色产品，促使具有深刻绿色环保理念的绿色消费者更加自觉主动地进行绿色消费。数字时代下的绿色价值拓展形式更加丰富多样。例如，成都提出"双路径"碳普惠机制——"碳惠天府"机制，在该机制的推动下形成的"碳惠天府"绿色公益平台，不断拓展绿色体验价值传递渠道，实现了酒店、餐饮、商超、景区四大类消费场景从低碳评价到低碳消费再到碳积分奖励的全线联通（在低碳场景内消费并微信打卡，获取"碳积分"奖励，所获积分可在"碳惠天府"小程序中兑换福利）。

6. 绿色情感价值的拓展

绿色情感价值是指消费者在绿色消费过程中所产生的积极情感价值或消极情感价值。数字时代为绿色情感价值拓展提供了更多渠道。企业可以通过数字化、互联网等渠道针对消费者的个人特征做出不同反应，进而使消费者在使用绿色产品和服务时产生相应积极情感。绿色情感价值的拓展主要体现在企业可以借助人工智能、大数据、云计算等技术，对消费者的不同利益相关性、情感表达、个性表达、精神需求、个人爱好等做出不同的反应，在绿色营销中构筑拟人化的营销风格和更加逼真的绿色消费场景，对不同类型的消费者建模（如表情特点、态度喜好、绿色认知、学历背景等），识别消费者的特征，并以适合的营销方式呈现绿色产品信息，还可以根据消费者绿色情感变化背后的原因形成新的营销策略，从而达到增进消费者积极情感的目的。

二、绿色营销的外延拓展

从外延上看,未来的绿色营销趋向全面化、全员化,将会面向更细分的客户群体,同时也将吸纳更多主体运用现代数字技术手段进行多元实践。

(一)绿色营销主体多维化拓展

未来的绿色营销不仅要面向消费者,还要面向上下游的客户、合作伙伴,甚至全社会,是全价值链(产业链)的联动绿色营销,也就是以绿色营销企业为关键节点,牵连全价值链(产业链)的营销。绿色营销既需要全价值链(产业链)的支撑,也以点带线带面地促进全价值链(产业链)甚至全社会的绿色化发展。为顺应这样的发展趋势,未来的绿色营销是多维度的,绿色营销的主体也应当相应多维化。除了企业这一重要主体外,政府、非营利组织(社区、绿色环保组织等)也会更多地参与到绿色营销的全过程中。当前,虽然政府和非营利组织已在推动与绿色营销相关的垃圾分类、节能降耗等方面发挥了不可替代的作用,但未来仍有极大的绿色营销潜力。

政府与绿色营销之间存在着紧密联系。给予财政补贴、监管规制等都是政府干预绿色营销的主要手段。例如,贴上环保标签的绿色营销以社会和企业的可持续发展为目标,从而产生正外部性。但正是由于外部性的存在,如果缺乏政府的有效干预,仅靠市场机制,企业将缺乏实施绿色营销的动力。克服正外部性导致的市场失灵,关键是政府、企业、消费者和社会形成促进企业绿色营销的互动机制。以垃圾分类为例,垃圾分类营销传播离不开政府的引导。很多城市的垃圾分类工作主要依靠当地环卫部门,缺乏配套的法规及执法监督部门的共同联动,垃圾分类的营销传播力度不足。当政府部门加大对垃圾分类的传播推广,无论是开展垃圾分类培训、上门讲解垃圾分类政策、派发垃圾分类指引,还是通过社区微信群、微博和微信公众号转发生活垃圾分类相关知识链接、宣传小视频等,都能够提高广大居民对垃圾分类重要性的认知,有效推进垃圾分类工作的持久深入落实。

就垃圾分类回收这一绿色营销传播而言,社区是垃圾分类的主导者、传播者和组织者,能够切实推进垃圾分类的推广和普及;社区居民是生活垃圾分类的直接参与者,也是社区环境改善的受众,对普及推广垃圾分类具有重要意义。社区参与和落地垃圾分类回收传播,不仅可以改善社区自然环境,培养居民环境改善意识和能力,还能发挥社区成员朋辈群体间的影响作用,带动更多居民提高社区生活垃圾分类的参与度,提升社区的绿色营销传播实效。

环境非政府组织(environmental non-government organization,ENGO)作为一种典型的非正式机构,在激励污染企业减少污染物排放和实施绿色创新方面逐渐变得与政府同样重要。环境非政府组织是目前国际上数量最多的非政府组织之一,其在普及生态环境保护、提升企业和消费者环境保护意识方面具有重要作用,为绿色价值的创造、沟通和交付带来独特视角和有益经验,对绿色营销发挥着实质性的影响作用。

延伸阅读12-1

实践前沿:萧山区利用直播间创新垃圾分类传播

为了让垃圾分类知识走入千家万户、大街小巷,浙江省杭州市萧山区创新多种传播形式，利用城市亮灯系统、商场大屏幕、公交站台、阅报栏等载体，借助志愿者讲师团、姐妹花巡检队等力量，结合疫情等实际情况，探索出一批有针对性的线上"微课堂"、线下"八进宣传"等多种特色传播方式，覆盖百万人群。

2020年8月，萧山垃圾分类传播又迎来了新的"窗口"——"直播间讲解、在线答疑"。首创这个传播模式的新塘街道，是萧山主城区四街道之一，但由于地处城郊结合部，辖区内外流动人口及出租私房现象较多，居民、村民、租户等群体对垃圾分类知识的了解程度不一，垃圾分类工作推行不易。为此，依托街道云创直播小镇的运营优势，由专业直播运营团队定制开发了"垃圾分类可视化直播间"，通过在"萧山新塘"的微信公众号开辟垃圾分类菜单栏，点击即可连线进入垃圾分类可视化直播间，听主播在线讲解垃圾分类知识，并可互动开展问题咨询。

可视化直播间，提升垃圾分类知识普及率

在推进垃圾分类的过程中，分类知识的普及教育是一项基础性工作。垃圾分类可视化直播间更加便捷地让市民了解、学习正确的垃圾分类知识，成为基层垃圾分类知识普及的一大补充，可在短时间内迅速覆盖更多群体。

通过可视化直播间，市民可随时随地学习垃圾分类知识，在线了解属地在推进垃圾分类工作中的各项新举措。同时，直播间还设置了很多丰富的互动游戏，让垃圾分类知识普及变得更有趣，让市民在可视化、可互动的情境下学会正确的垃圾分类知识。

VIP公益直播间，提升垃圾分类投放准确率

除了可视化直播间的日常垃圾分类知识教育以外，VIP公益直播间则更注重帮助市民解决实际的垃圾分类问题。居民可通过微信平台与直播间进行实时连线，和专业主播进行一对一交互，现场咨询某类垃圾该如何投放，从而提升垃圾分类投放的准确率。

未来，垃圾分类直播间还将成为村社干部、垃圾分类工作者、志愿者的"战场"，向更多市民讲解垃圾分类知识以及推进垃圾分类"背后的故事"。

数字赋能、智慧引领。萧山区始终将垃圾分类与数字技术紧密连接。无论是疫情期间志愿者讲师团的线上"微课堂"，还是新塘街道的垃圾分类可视化"直播间"，都正在成为市民与垃圾分类知识"亲密接触"的便捷渠道，让越来越多的萧山人爱分类、懂分类、参与分类。

资料来源：根据萧分类《萧山区创新垃圾分类宣传方式　直播间里讲解、答疑》（浙江在线，2020年8月20日）相关内容整理。

（二）绿色营销客体精准化聚合

在不断变革的绿色营销市场中，"90后"和"00后"消费群体迅速崛起，将成为未来一段时间的消费主力。整体而言，这些新兴的年轻群体自主性和互动性强，其消费诉求具有显著特征：更加注重个性、颜值、体验、兴趣、健康、环保等元素，对绿色产品的接受程度较前一代人更强。

"90后"已成为中国互联网的第一大用户群体，也是电商购物平台的第一大消费主力。南方周末联合新零售智库发布的《2021年商场绿色消费报告》显示，超六成的受访者知晓"绿色消费"，其中，"00后""90后"的绿色消费认知水平明显高于其他年龄段，分别达79%和70%。同时，这一群体对微信、微博、抖音、哔哩哔哩等具有较强互动属性和社区属性的App使用频率高，这意味着社交媒体平台将成为未来绿色营销的主战场，绿色营销渠道也更加广阔。"90后"群体的一大消费特征是，对于喜欢的产品愿意选择先消费后还款的方式，甚至愿意付出手续费或利息而购买，他们对于喜欢的绿色产品具有更强的消费能力。另一大消费特征是"90后"对依托互联网等虚拟媒介进行的娱乐性消费需求较高，并喜欢在电商平台或社交平台上分享和晒单，这对于绿色产品的口碑传播具有很大的促进作用。

> **思维扩展**
>
> 你在使用社交App时，关注过哪些绿色信息？这些绿色信息是如何吸引你的？

被称作"后千禧世代"的"00后"从小接受环保教育，已经具有较强的环保意识和低碳生活理念，也逐渐成为绿色市场的重要消费群体。2019年3月阿里巴巴发布的新消费趋势显示，"00后"以190%的增速领涨新消费人群。《2021年商场绿色消费报告》显示，"00后"群体是潮流的引领者和时尚的追逐者（他们对绿色消费的认知最高）。"00后"群体的一大消费特征是以自我为中心，个性特征更为突出，通过个性化消费体现自身价值、定位和展现自我。他们期望满足自身的审美偏好，倾向网络社交、游戏、音视频、旅游等娱乐式消费和悦己式消费。"00后"群体的另一大特征是主动甄别和获取绿色信息的意识强烈，良好的体验感和高质量的内容是其消费的主要驱动力，这与绿色营销的未来发展趋势相符。因此，未来的绿色营销应更多转向以绿色产品为主、重视消费体验和提升绿色价值感。

绿色营销内涵和外延的拓展将为绿色营销实践提供导向，也为绿色价值的创造、沟通和交付开拓更多空间。尤其是在我国力争于2030年前二氧化碳排放达到峰值，努力争取2060年前实现碳中和的目标下，绿色营销内涵和外延必然在推动实现碳达峰、碳中和目标的实践过程中拓展和深化，成为进一步加快形成绿色发展方式和生活方式的有效支撑。绿色营销内涵和外延扩展如图12-1所示。

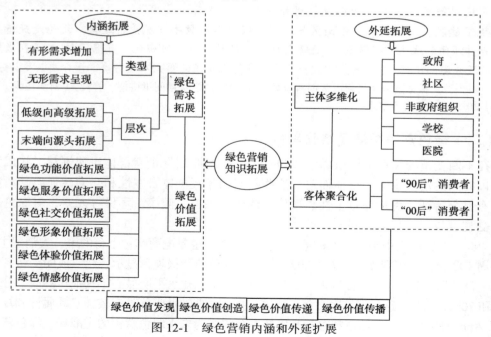

图12-1 绿色营销内涵和外延扩展

三、绿色营销的融合拓展

绿色营销正经历着时代的变革,传统的绿色营销市场中新营销趋势和新消费趋势正在孕育与成长。价值视角的绿色营销以满足绿色需求为核心,围绕绿色价值的创造、沟通和交付,在已有的绿色营销宏观和微观理论指导下不断融合发展。

(一)横向维度上绿色营销不断纳入"创新"元素

数字时代的绿色营销竞争将日趋激烈,这意味着绿色营销面临更强的考验,需更加注重绿色营销的创新性和个性化。一方面,汇聚政府、企业、非营利组织、消费者合力的绿色营销者利用一切可利用的资源,深度挖掘和传递绿色价值。另一方面,顺应未来更高要求的绿色营销将是融合线上与线下、传统与现代营销模式的绿色营销。在数字技术支持下,绿色产品与绿色需求精准匹配,传统与现代营销模式有效衔接,可以更好地呈现绿色价值。所以,未来的绿色营销会向创新化的绿色营销演变。

"创新"主要体现在:①"绿色+时尚"营销。将绿色与时尚融合可以满足追逐时尚消费群体的绿色环保需求,是绿色营销创新发展的体现。"绿色+时尚"的营销方式已逐渐在市场中崭露头角,比如在服饰领域,很多服饰奢侈品牌也开始关注"绿色+时尚"的营销模式,走在时尚潮流前端的服饰企业需要从"再设计"的角度,即绿色角度去重新审视服饰潮流,鼓励设计师挑选可降解且无浪费的面料,或利用已存在的过时物料去设计、改造和再生新的服饰潮流产品,赋予旧物料以新的生命,用绿色创新与科技向消费者传递时尚品牌促进社会永续发展的理念。②"绿色+内容"营销。内容营销通过讲述品牌故事而成为绿色营销的强大辅助工具,"绿色+内容"营销模式不仅要考虑产品传播的内容选择和编辑方式,将关于绿色回收、污染和废弃物管理等话题内容融入绿色营销过程中,也要考虑绿色营销内容渠道的投放,通过电商平台、社交媒体等加大传播力度,以便被消费者及时接收和分享,从而为绿色产品提供最佳曝光度。③"绿色+事件"营销。"绿色+事件"营销指通过制造具有新闻价值、社会影响以及名人效应的人物或事件,并将其引入绿色营销传播,吸引消费者对绿色产品的兴趣,为绿色产品推介、绿色品牌展示创造机会,以提高绿色品牌的识别度和绿色企业、绿色产品的知名度。④"绿色+体验"营销。体验能够激发消费者的感官、情感、情绪等感性因素,触动消费者的感受、心灵和思想,同时调动消费者的知识、智力、思考等理性因素,这能很好地帮助消费者了解绿色产品,显著提升绿色营销的效果,也能从消费者的真实体验及感受中获得反馈,进一步改善绿色营销。⑤"绿色+场景"营销。为了贴近消费者的绿色需求,深入消费者的绿色生活,"绿色+场景"营销创造出更多的绿色营销场景拉近绿色产品与消费者之间的距离,将各种特定或者不特定场合转化为拓展用户的最佳阵地。通过消费者对绿色低碳话题或产品的注意、兴趣、需求等不同场景切入口,将消费者精准定位于某个绿色现实生活场景或互联网使用场景,让消费者在特定的时间空间、情绪和交互下沉浸于绿色消费场景并引导其购买绿色产品。

(二)纵向维度上绿色营销不断纳入"持续"元素

其一,未来的绿色营销应当是驱逐伪绿色产品和伪绿色营销,创造货真价实的绿色品牌，实行货真价实的绿色营销，从"浅绿"持续走向"深绿"的绿色营销，强调绿色产品及绿色营销的长期性和延展性。进一步说，绿色营销除了要注重"文案"和"推广"外，还要更加注重"内容"和"实质"。其二，未来的绿色营销应当是以现实或向往的绿色需求为追求，持续地保有或增加绿色价值，持续地为目标市场创造、沟通和交付绿色价值，而非提供短期、静态、独立的绿色价值。所以，未来的绿色营销会朝向持久化的绿色营销演变。

"持续"主要体现在：①"绿色+节约"营销。倡导节约型营销是企业基于生存和发展的理性思考。二者的融合是以更深层次的能源资源节约为基础，在营销过程中将企业利益、消费者利益和资源节约统一起来，对产品和服务进行新的升级，提高绿色营销的立足点。②"绿色+低碳"营销。在碳达峰、碳中和的背景下，减碳降耗是未来绿色营销的重点。将绿色营销与低碳营销相互融合，从产品的绿色特征出发考虑简化包装、简化分销环节，减少碳足迹。此外，将环境和碳管理延伸至高耗能和高排放的上游生产环节，可以有效促进供应链在环境合规的基础上协同减污降碳，是企业未来持续生产经营的关键。③"绿色+生态"营销。绿色营销和生态营销的融合进一步强调了营销过程中的生态环境利益，既包括关注自然环境保护的自然生态营销，也包含关注社会环境和谐发展的社会生态营销。④"绿色+文明"营销。绿色和文明相结合的营销强调在营销中实施文明行为、塑造文明形象。比如少数企业商家采用散发广告宣传单的方式进行绿色产品传播，但这些宣传单往往被随意丢弃，造成了资源浪费和环境污染。因此，为确保企业做到绿色文明营销传播，一些地方政府在城市管理条例中规定，禁止在城市道路上散发广告宣传片和擅自悬挂商业广告。

（三）深向维度上绿色营销不断纳入"数智"元素

数字经济浪潮下，移动互联网、大数据、5G、人工智能等技术支撑的绿色营销意味着营销活动绿色化与信息化、智慧化的衔接。进一步说，绿色营销围绕绿色价值进行认知变革与技术变革，通过数字化技术将流量价值转化为经济价值和绿色价值，绿色营销也更具精准性和高效性。以准确的数据、不断更新的数据和有关联的数据为基础，未来的绿色营销能更有效地把握绿色消费市场和绿色产业市场，精准分析绿色需求和制定绿色营销策略，充分发现和高效创造绿色价值，也能做出更加合理的绿色产品定价、分销渠道管理以及绿色营销传播，更好地传递和传播绿色价值。所以，未来的绿色营销会朝向数智化的绿色营销演变。

"数智"主要体现在：①"绿色+互联网"营销。互联网助力的绿色营销利用数字化的信息和网络媒体的交互来实现绿色营销目标。互联网拓宽了绿色营销的渠道，信息传递量和传递精准度远超其他平台，并可以根据绿色需求变化及时更新产品或调整价格，有效满足消费者的需求，降低绿色营销的成本。②"绿色+新媒体"营销。当前互联网已经进入新媒体传播时代。博客、微博、微信、抖音、哔哩哔哩等新媒体与绿色营销的融合促进了绿色营销传播方式的变革，例如，微博达人转发、营造热门话题、直播传播推广等基于高效的沟通和联结，对消费者的绿色需求心理进行引导，能够增强政府、企业、非营利组织和消费者之间绿色营销传播的及时性和有效性。③"绿色+数字"营销、

"绿色+大数据"营销。将绿色与数字结合起来的营销就是基于绿色营销数据库,通过电话、短信、邮件等数字传播渠道推广绿色产品和服务的实践活动,凸显及时化、定制化和节约化的营销传播优势。类似地,绿色与大数据营销的结合就是通过数据平台进行绿色营销相关的大数据采集、分析和预测,进而快速响应消费者的个性化绿色需求,并根据消费者个人消费习惯和爱好,推荐相关绿色产品,量化绿色营销效果。④"绿色+人工智能"营销、"绿色+5G"营销。人工智能技术支持下的绿色营销借助机器学习等技术准确描绘绿色消费者画像,进而进行绿色消费者群体细分,适时调整个性化绿色营销内容,优化绿色广告精准投放效果,完成绿色品牌关联和推荐。5G将带来绿色营销相关的高速下载体验以及海量机器通信和高可靠低时延通信,实现更加精确的绿色营销联网远程操控,大大提升绿色价值的传递效率。绿色和人工智能营销的结合、绿色和5G营销的结合都是更加全方位和立体化的营销组合形式。

扩展阅读 12-1 理论前沿:数智科技点亮智慧化绿色消费

第二节 绿色营销的前沿领域

一、绿色价值洞察的前沿领域

当前,以大数据为支撑的绿色市场及绿色消费行为的洞察,突破了以往结构化的市场数据范畴,纳入了半结构化和非结构化的市场数据,比如网络购物平台上购物评论、图片、视频、音频等个性化数据,不仅弥补了原有的绿色价值洞察局限,也开拓了洞察的空间。同时,通过大数据对绿色消费市场和绿色产业市场进行实时监控,以不断获取最新的市场数据和最前沿的市场动向,并将绿色价值洞察的重点转向促进与绿色价值交付紧密相关的市场行为。海量真实的网络消费行为数据成为精准挖掘绿色营销价值的可靠依据。因此,大数据时代的绿色消费行为洞察成为当前绿色价值洞察的最新发展趋势。

(一)绿色消费行为特征洞察

大数据时代绿色消费行为特征在数字化手段的支持下更易被高效洞察和精准把握,因此绿色消费行为特征洞察成为当前绿色营销领域的前沿之一。主要体现在:①绿色消费社交互动行为特征。大数据时代社交平台聚集了大量的中青年群体,社交互动为绿色消费行为提供了平台,企业商家与消费者互动获取更加真实精准的绿色需求信息,与消费者沟通绿色情感,并提供更加个性化的绿色价值传递、传播方式。②绿色消费沉浸体验行为特征。随着消费需求升级,绿色消费者的线下场景体验诉求越加强烈。企业在消费者的沉浸式体验中调动消费者感官并使其产生环境保护和资源节约的共情。例如,企业为消费者提供其乐于观看的沉浸式感受绿色好物短视频,由此让消费者产生舒适感和购买欲。相较于滔滔不绝介绍绿色产品的主播,这种沉浸式体验更容易刺激消费者下单购买绿色产品的欲望。③绿色消费分享拼团行为特征。绿色消费逐渐走向个性化,绿色消费者的爱分享、爱"种草"、爱"拔草"、爱"薅羊毛"、爱拼团的特征随之凸显,甚至很多"00后"绿色消费群体更乐于也更易于接受游戏化的绿色消费分享拼团,更加倾向于绿色产品网络购买行为,企业借此洞察绿色消费分享拼团行为,赋予消费者绿色消费趣味性和实惠性。例如,小红书 App 建立绿色社区,博主分享绿色环保的美妆工具盲盒视频,从粉丝留言互动中挖掘粉丝的绿色消费需求,深入洞察绿色价值。

(二)绿色消费行为机理探索

绿色消费行为机理探索是深入理解和洞察绿色价值的基础,由此成为绿色营销关注的前沿热点。绿色消费行为机理的前沿探索主要体现在:①绿色消费行为的内在影响因素及其作用机理。当前最新的研究已由外部层面转向内部层面的绿色消费行为机理研究。如顾客自我决定、自我需求、能力需求、关系需求、顾客创新性等内部层面。这是由于绿色价值的创造、沟通和交付始终是围绕人的绿色营销活动(薛晓冰和纪薇,2021)。②绿色消费行为的外部影响因素及其作用机理。数字时代变革带来的新技术、新模式、新文化、新管理、新商业都深刻影响绿色消费行为,使绿色消费者面对个人自我的数字化呈现以及呈现方式的多元化、碎片化、情境化所引发的种种新问题,开始思考如何定位自己,又该做出何种绿色消费行为。因此数字时代绿色消费行为的影响机理也非常值得关注。另外,还有关注"绿色回收"这一重要环节的绿色消费行为影响机理的最新前沿。这是由于分类回收是当前社会的热议话题,道德行为和亲环境行为范畴的分类回收与绿色消费行为之间的关系尚属于新的研究领域,分类回收对绿色消费行为存在溢出效应和情绪与心理的影响,这对企业洞察绿色价值也是一条重要线索。例如,宁德时代深入洞察消费者的绿色出行需求,从中挖掘绿色价值,并关注消费者的自我需求,定制或联合研发个性化绿色出行产品方案,为企业绿色营销开拓空间。

关于绿色价值洞察的代表性前沿实践如表 12-1 所示。

表 12-1　绿色价值洞察的代表性前沿实践

企业名称	所属行业	主要的前沿实践
中粮科技	农牧饲渔	通过市场调研分析了解市场环境变化,调整生产原料投入比例和库存水平,以并购打开可降解材料的市场空间
宁德时代	汽车	深入洞察市场绿色出行需求,采用磷酸铁锂电池为绿色出行提供更安全的动力电池解决方案,并根据客户要求及应用场景,定制或联合研发个性产品方案
格林美	循环经济与低碳制造	在市场需求分析的基础上,不断开拓电子废弃物、汽车拆解、动力电池循环利用市场
小红书	电商	在绿色社区分享绿色环保的美妆工具盲盒视频,从粉丝留言互动中挖掘绿色消费需求
节能风电	新能源	深挖节能风电绿色价值,开拓绿色电力行业发展的新前景

资料来源:根据网络资料整理。

二、绿色价值创造的前沿领域

从绿色价值创造的前沿来看,并不是所有的绿色产品都天然拥有火爆市场。这就意味着绿色产品的市场定位、市场细分和市场选择要不断地更新和延伸,以充分凸显绿色产品的价值和优势。这不仅要求企业精准把握消费者偏好而创造、设计出特色鲜明的绿色产品，还要挖掘细分的市场领域，选择恰当的市场位置，同时建立良好的绿色品牌形象，将绿色产品更有效地在消费者心中定位。进一步说，绿色价值的创造源于消费者的心理需求，绿色价值创造的关键在于突出产品的绿色特性，即提高绿色产品的品质定位。另外，绿色价值创造需借助绿色技术进行绿色产品创新，满足消费者求奇、求新、求异的心理。

（一）绿色价值创造的逻辑

绿色价值创造的逻辑可以解释绿色价值由何而来，是绿色价值沟通与交付的基础，也深刻影响绿色价值沟通与交付的成效，由此成为当前研究的前沿领域之一。主要体现在：①绿色价值创造的主体及其作用。传统绿色营销理念只把企业当作主体，而把消费者当作绿色价值创造的被动接受者。最新前沿思想则开始考虑消费者在这一过程中起到的主动作用，更关注消费者与企业的有效衔接互动，以及消费者作为创造主体之一逐渐参与到绿色产品设计中，向绿色产品开发者及时反馈绿色需求，合作创造绿色价值。同时，还将政府、非营利组织等融合到绿色价值创造主体范围中，使得企业、消费者、政府、环保组织、媒体等多主体交叉融合，产生绿色价值创造的叠加效应。②数字时代的绿色产品设计。随着人工智能、区块链、云计算、大数据等技术在企业运营中的全面应用，企业势必需要对绿色产品设计作出适应性调整。其中，绿色产品设计趋于版本化和迭代化。同时，在数字技术的支撑下，最新前沿已经从以往关注绿色产品设计过程和结果转向创造的前端，其本质是从源头把握消费者现有或潜在的个性化绿色需求，从根源上提高绿色价值创造的成效。例如，东鹏饮料通过数字技术开创电子标签先河，采用了用激光在瓶身上打印产品信息和保质期的做法，不仅在生产源头上减少塑料的使用，且瓶身使用百分之百可回收的 PET 材料，大大提升了空瓶的回收利用率，将数字化和低碳环保有机结合，创新绿色价值创造方式。

（二）绿色价值创造的策略

绿色价值创造的策略作为绿色价值沟通与交付的有效指导，也成为当前研究的前沿领域之一。主要体现在：①结合数字化技术的绿色价值创造策略。这是由于当前数字经济正在成为创新经济增长的强大动力，数字化转型逐步成为引领企业绿色价值创造的新兴红利。数字技术打破了传统经济中绿色价值创造的局限，为企业创造了更加开放的环境。比如政府通过探索出台信贷优惠、财政补贴等数字化转型的鼓励政策，帮助企业完成数字化转型下绿色价值创造所需的基础设施建设。企业在此基础上通过构架绿色制造信息系统，有效集成绿色发展信息，整合绿色技术和绿色资源，成立或参与数字化绿色制造联盟等策略，推进企业绿色价值创造。②智能营销策略与绿色价值创造策略相融合。智能营销是当前营销领域最热门的模式之一，智能营销契合当下及未来流量时代的营销需求，绿色营销恰恰需要通过流量实现绿色价值的高效创造和传递，以智能营销策略驱动绿色价值创造策略更具创新力和智慧性。例如，兔宝宝采用数字营销策略发展电商和智能制造板块，并与绿色营销策略融合，引领健康家具生活。③政府层面的绿色价值创造策略。在绿色价值创造的前沿领域，除了企业的尝试和探索，公园城市建设也是政府绿色价值创造策略的体现，比如创造满足新时代人居环境需求的绿色时代价值、诗意城市的绿色美学价值、以美育人的绿色人文价值和低碳发展的绿色经济价值等。当前政府越来越多地参与到绿色营销中，发挥了宏观调控、监管服务、示范引领等独特的作用。

关于绿色价值创造的代表性前沿实践如表 12-2 所示。

表 12-2　绿色价值创造的代表性前沿实践

企业名称	所属行业	主要的前沿实践
金山电池	电池	创新推出 10 分钟超快充电器"绿再十分充"，打造绿色品牌形象
东鹏	食品	通过数字化技术，在饮料瓶上采用电子标签，将数字化和低碳环保两者有机结合创新绿色价值创造方式
兔宝宝	家具板材	采用数字营销策略发展电商和智能制造板块，并与绿色营销策略融合，引领健康家具生活
永辉超市	零售	自有品牌创造开发出两款体现环保概念的绿色大米
雀巢咖啡	餐饮	创新打造"可塑之材"系列限量潮包，将包装升级为单一可循环再生包装，使每一条雀巢咖啡都可降解为次级塑料

资料来源：根据网络资料整理。

三、绿色价值传递的前沿领域

从绿色价值传递的前沿看，绿色价值传递首先是在绿色实用性基础上提高消费者对绿色产品的接纳度和对绿色产品定价的认可度。其次是在绿色持续性基础上优化绿色价值传递渠道，实现可持续价值链闭环。值得注意的是，在当前数字时代，绿色价值传递渠道演变主要有如下特点：从线下到线上，从有形到无形（虚拟），从附近到远程，从接触到非接触，从随机到智能化，

扩展阅读 12-2　实践前沿：朗诗绿色地产打响绿色运营赋能战

从不便利到便利，从单纯购物功能到多维生活娱乐功能。绿色产品的营销渠道和方式也在不断更迭，微信、抖音、直播间、购物 App 等成为新一代的绿色分销渠道，这些渠道的微商、主播等通过创造和维持自己的绿色形象来吸引消费者并向其传递绿色价值。

（一）绿色价值的传导机制

绿色价值传导机制是绿色价值沟通与交付的关键，也成为当前研究的前沿领域之一。主要体现在：①绿色价值评估和绿色价格形成机制。根据不同类型的绿色产品属性进行绿色价值核算与评估，并基于绿色市场供需关系确立绿色价格，从而实现绿色价值传导，这是当前绿色价值传递研究的一个重要前沿方向。由于绿色价值和绿色价格在当前依然是影响消费者接纳和认可绿色产品的关键，进行绿色价值核算与评估，能够帮助企业和消费者进一步明确绿色成本、绿色价格和绿色收益，更加合理地平衡企业与消费者之间的绿色利益关系。②绿色价值链传导机制。在完善绿色价值链追溯系统建设方面，推广区块链、数字标签等数字化技术应用。这是因为依托数字化技术支持的绿色价值链能够进一步提升绿色价值传导效率，将绿色属性高效延展渗透到绿色产品的整个生命周期。

（二）绿色价值的传递路径

绿色价值传递路径是绿色价值沟通与交付的路径，也成为当前研究的前沿领域之一。主要体现在：①政府政策对绿色供应链管理的影响路径。绿色供应链管理是当前国内外学术界和企业实践关注的焦点之一，政府财政补贴对绿色供应链的影响作用毋庸置疑，现有研究的重点已经转移到如何制定不同的补贴政策，以及基于政府补贴情况下的绿色供应链决策和分析这些补贴政策的效果等问题上。在政府推行补贴政策的背景下，企业可以通过建立博弈模型研究政府补贴、制造商和零售商的风险规避对绿色供应链定价策略、产品绿色度、供应链各方利润及整体利润的影响。②绿色闭环供应链的绿色价值传递。最新的研究不再局限于以往的单个闭环供应链，认为绿色供应链参与者互为个体，企业上下游之间紧密联系，绿色价值的传递需要基于绿色消费偏好来考虑合作模式。此外，最新研究关注绿色价值传递的双渠道策略，即研发绿色产品的制造商和提供绿色促销服务的零售商组成的二级供应链。这是由于绿色供应链存在运营效益问题，需要双层供应链予以解决。例如，吉利汽车基于消费者绿色出行消费偏好，借助数字化技术创新绿色供应链模式，通过上下游企业合作联动二级绿色供应链，并进行线上线下双渠道融合，向消费者传递绿色价值。

关于绿色价值传递的代表性前沿实践如表12-3所示。

表12-3 绿色价值传递的代表性前沿实践

企业名称	所属行业	主要的前沿实践
吉利汽车	汽车	通过"线上直播+线下场景+试驾"三个环节，向消费者传递领克PHEV（智能插电混动SUV）系列产品的环保理念
特斯联科技+盒马鲜生	互联网/生鲜售卖	两家企业通过"场景+数据+运营"合力打造绿色智能新零售渠道
海底捞	餐饮	以完善的物流配送体系为消费者提供绿色健康新鲜的火锅食材
银泰百货	零售	采取喵街收银无纸化、发票小票电子化、场内营销在线化等方式传递绿色消费理念
比亚迪	汽车	打造绿色新能源汽车品牌，推出系列新能源汽车产品，向市场递出比亚迪的"绿色名片"

资料来源：根据网络资料整理。

四、绿色价值传播的前沿领域

数字技术驱动绿色价值传播方式变革，消费者更加偏爱科技感十足、画面感强烈和体验感真实的传播模式。短视频、直播等传播方式虽然在一定程度上弥补了传统模式的弊端，增强了与消费者的互动，提升了消费者对绿色产品特点的直观了解和绿色价值的感知，但在新一轮的传播方式迭代中，消费者已经呈现出更高的信息接收需求，例如，通过"5G+VR"呈现的绿色广告更能让人有身临其境的感受，将旅游景区、餐厅、酒店、商场、创意展馆、企业展厅、会场等场所做成VR实景进行绿色营销的价值传播，可以让目标消费群体对绿色产品信息一目了然，实现真实的体验和互动。

（一）绿色价值传播效应

绿色价值传播的效应关系到绿色价值沟通的成效，也成为当前研究的前沿领域之一。主要体现在：①大数据时代的绿色广告投放。这是由于大数据技术打破了绿色广告的信息壁垒，让数字化的绿色广告成为连接企业和消费者的载体。最新前沿研究认为大数据定向绿色广告的合理投放是促进企业绿色价值传播的有效手段，绿色产品广告也趋向定制化、个性化和智能化方向发展。绿色广告诉求与信息框架以及两者的匹配效应影响消费者行为，是绿色广告投放的重要参考。②利他、利己的绿色广告诉求对绿色购买意愿的影响。有学者从解释水平视角研究绿色广告对引发绿色消费行为的有效性，绿色广告与非绿色广告的差异在于是否突出环保利益诉求，通过对两种广告的对比发现解释水平对绿色广告有效性的影响（孙瑾和苗盼，2018）。还有学者从图像接近度这一新的视角研究绿色广告的有效性，探讨绿色广告接近度和产品类型的匹配效应对广告态度和产品态度的影响以及心象唤醒在这一影响过程中的作用（盛光华等，2020）。③定制化绿色广告对绿色营销传播和绿色消费行为的影响。由于传统的大众化、一般化的绿色广告越来越不能适应和满足数字时代的需求，定制化的绿色广告（定制化绿色反馈、定制化绿色获得、定制化绿色损失和定制化绿色贴士等形式的绿色广告）更能有效推进绿色消费行为的转变。例如，京东根据消费平台大数据，向消费者定制化推送绿色产品广告。

（二）绿色价值传播策略

绿色价值传播策略关系到绿色价值沟通的方式，也成为当前研究的前沿领域之一。主要体现在：①借助热门社会议题、环境诉求和生态文化的绿色广告传播策略。对于企业或公共部门来讲，借助与环境相关的社会议题，适时适量安排绿色公益广告，或结合消费者的感性环境诉求和理性环境诉求设计广告内容吸引消费者，或构建绿色广告传播框架和传播生态文化，以促使绿色营销和绿色广告紧密相扣。②更加趋向细分化的绿色广告传播策略。从供应链视角来看，有学者基于供应链间的竞争研究绿色广告传播策略，通过构建两条供应链中的零售商横向竞争和制造商横向竞争模型研究分散和集中两种决策下的绿色广告决策问题和策略（王继光等，2020）。从跨界营销视角来看，跨界营销整合现代媒体资源，通过与其他品牌和机构合作可以形成资源互补。基于此，有学者提出通过跨界营销进行绿色广告创作的新观点，在广告全程传递绿色元素并强化用户体验，促进绿色广告有效传播（张曼婷，2019；李景东，2019）。例如，支付宝以幽默短片的形式创新绿色价值传播方式，将幽默元素与绿色元素巧妙结合，向消费者传播环保理念。

思维扩展

在生活中，你还注意过哪些绿色价值传播的最新实践？

关于绿色价值传播的代表性前沿实践如表 12-4 所示。

表 12-4　绿色价值传播的代表性前沿实践

企业名称	所属行业	主要的前沿实践
京东	电商	根据消费平台大数据，向消费者定制化推送绿色产品广告
支付宝	金融	推出两大系列短片——城市版和自然版，用独特幽默的风格巧妙连接日常场景，传播绿色生活方式
喜茶	餐饮	打造"喜欢用自己的杯子喝茶"的标语，将名字首尾呼应玩起藏头诗梗，向消费者传播低碳环保乐趣
李宁+有熊猫	服装/服务	联名开展线下快闪店活动，以中国首个大熊猫"阿璞"的形象为载体，增强与消费者的互动
施耐德	电器	以实景漫游式创新云展厅的方式，展示传播绿色智能制造创新解决方案及电气明星产品

资料来源：根据网络资料整理。

第三节　绿色营销的未来发展

一、绿色营销未来发展的重点领域

（一）以政府和非营利组织为绿色营销的重要主体

首先，充分发挥政府在绿色营销方面的权威优势。概括而言，政府既要通过完善绿色营销立法、整合社会资源、推动绿色市场投资、培育市场化运作模式、加大财政资金投入力度等方式，从宏观上为绿色营销传播和绿色价值交付创造有利条件，也要从微观上利用大数据等技术手段进行线上线下联动传播，以及不同层级和不同领域的政府协同传播，比如在短视频等新媒体平台上以具有正面形象的人气明星或网络红人等代言的方式向广大消费者传播绿色消费观念、绿色产品或者服务等信息。其次，充分发挥非营利组织的天然优势。发挥社区、绿色环保组织等非营利组织在绿色营销传播中的辅助作用。可以通过新媒体手段进行"绿色云营销"，比如借助微信朋友圈、微信公众号、短视频App等新媒体聚合平台进行绿色消费、节水节电、垃圾分类等知识的线上传播普及，还可以根据差异化的绿色需求导向，使社区和绿色环保组织相互嵌入，共同利用政府在绿色营销方面的制度空间和各种社会资源，借力传播绿色营销。最后，政府、非营利组织、企业和消费者需多重互动。在云端搭建政府、非营利组织、企业、消费者绿色服务平台，以线上展示分享绿色市场信息、绿色产品资讯、垃圾分类小妙招、绿色需求等为主要内容，从影响小众到激发大众，推动消费者绿色消费习惯养成。

> **思维扩展**
>
> 为什么政府和非营利组织会成为绿色营销的重要主体？

（二）以"千禧一代"（"00后"）为绿色营销的重点客体

首先，深度挖掘"00后"消费者的现有或潜在绿色需求。根据"00后"的消费行为特征，基于活动、游戏等载体的场景化社交构建虚拟场景或现实场景，深入洞察"00后"对绿色产品的关注焦点，进行线上互动式需求调研，获得他们对绿色产品规格、包装、功能等的需求或未来期望。通过场景体验激发消费者对绿色产品的搜索动机、购买和分享的冲动，通过大数据搜集精准锁定"00后"的绿色消费行为偏好。其次，根据"00后"的差异化需求前瞻布局绿色消费细分市场，进行定向绿色营销。如将其划分为以追星为兴趣高点的影音娱乐市场、以商业财经为兴趣高点的资讯市场、以网络小说为兴趣高点的阅读市场、以聊天沟通为兴趣高点的社交市场等，并将绿色营销渗透到这些细分市场中，激发"00后"这一消费主力群体的绿色购买。最后，为"00后"定制绿色营销新模式。专门为"00后"制定特定的绿色消费场景，激发其购买欲望。比如，以游戏形式带动"00后"主动学习如何进行垃圾分类及绿色消费，降低对垃圾分类的排斥感，并引导其将对垃圾分类回收的理解认知迁移到日常的绿色购买当中，同时鼓励"00后"利用其社交平台进行绿色消费行为分享，传播效应比单纯的分类回收知识灌输效果更好。

（三）以互联网大数据为绿色营销的重点工具

首先，借助大数据技术创新绿色营销模式。大数据时代的绿色营销更加趋向信息的透明化，不仅要持续地向消费者呈现创新的绿色产品，还要在大数据技术的支撑下将原材料选购、产品性能、产品设计、生产过程、销售过程、使用过程、回收处置过程等各个环节的绿色化呈现给消费者，以提供给消费者真正的绿色产品。其次，借助人工智能技术创新绿色营销模式。以人工智能技术放大绿色产品的价值，推动"绿色营销+"的实现。通过计算机对消费者的意识、思维过程和智能行为进行模拟，向周边消费者实时推送绿色营销活动信息，吸引消费者到实体店试用。基于人工智能技术推出语音互动广告，让绿色产品广告变得更加生动有趣。最后，借助 5G 技术创新绿色营销模式。以 5G 技术为支撑，通过"渠道+数据"实现精准的绿色营销，在"渠道+数据"的建设过程中分配更多的绿色资源，比如环保节能仓库、绿色物流等。利用 5G 时代的"新语言"视频拓宽绿色营销的网络渠道，通过 5G 大幅提升 VR 和 AR 设备在绿色营销信息数据传输和画面显示上的能力，让消费者获得身临其境的体验。

扩展阅读 12-3 实践前沿：绿色地产的首个抖音真人 IP

二、绿色营销未来发展的主要趋势

从宏观上讲，绿色营销未来发展必然以解决当前存在的痛点、难点为导向。目前绿色营销过程中，随着绿色市场快速扩张，绿色需求更高更多、信息安全存在漏洞、信息服务平台功能单一、绿色产品信任不足、绿色度不可持续、绿色市场细分不够、距离政府"双碳"目标差距大等问题较为凸显。因此，未来的绿色营销将聚焦这些问题而往前推进。从微观上讲，未来数字经济的红利将加速释放，在技术创新和场景融合"双轮驱动"下，绿色营销发展必将以数字化、智能化为引领，进一步推动绿色市场垂直化和精细化、绿色产品定位前瞻化和清晰化、绿色产品定价合理化和差异化、绿色分销渠道广泛化和多样化、绿色促销手段智能化和精准化。

第一，在绿色价值的洞察方面，打造绿色市场的大数据信息服务平台。具体来讲，绿色消费市场和绿色产业市场将产生更多的用户、数据和应用，搭建服务于绿色市场的大数据信息服务平台，构建绿色市场的宏观数据和微观数据两个层级架构，提供总体市场、细分市场（二级市场、海外市场等）用户数量、舆情分析、绿色公益数据等宏观数据，以及绿色产品流水数据、绿色用户行为数据等微观数据，更加精准地捕捉绿色市场需求和挖掘绿色营销价值。例如，生态旅游产品市场细分为森林旅游、农业旅游、乡村旅游、野营旅游、探险旅游、民俗旅游及环保科普旅游等，通过对消费大数据的收集分析，对每个细分市场领域的目标客户群体需求、选择偏好、消费习惯等精准识别。同时，规避生态旅游产品因受到诸多外部因素影响制约而产生的敏感性和脆弱性，确保其绿色价值的有效发掘。

第二，在绿色价值的创造方面，构建数字化引领的绿色产品创新策略。在未来竞争激烈的蓝海市场中，绿色价值创造将借助数字技术而拓展，政府、企业、非营利组织、消费者等绿色价值创造的多方主体合作互动，形成"绿色价值共创"。其中，数字技术发挥的关键作用在于为这些创造主体提供高水平的互动以及使消费者获得独特绿色价值体验的互动环境，将绿色价值创造的重点由绿色产品价值创造转向绿色服务价值创造，为用户快速提供绿色服务或解决方案。同时，基于大数据技术对绿色市场精准把握，企业可以根据目标市场的竞争状况和现有条件确定未来的绿色产品市场定位、产品特色和形象，并建立绿色产品策略体系。对于初级绿色产品，应用营销大数据做好总量控制和市场预测，降低价格波动带来的负面效应，避免过高的溢价抑制消费者绿色购买；对于重点行业的绿色产品，通过营销大数据分析绿色产品的营销状况，采用需求定价满足更高的绿色产品需求。

第三，在绿色价值的传递方面，拓宽数字化绿色产品供应链。绿色营销价值传递将由绿色分销供应等转向智能化的分销供应，通过大数据平台高效连接供应商、生产商、零售商和终端顾客并进行梯次传递。在绿色产品的供应链建设方面，为用户提供全链条的智慧化绿色供应链将成为一个重要的拓展趋向。未来绿色营销的主体需借助大数据技术，通过协同绿色产品供应链中采购、交付等各环节进行绿色供应链升级，实现运营数据数字化采集、绿色产品供应服务智慧交互，并建立大数据驱动的"绿色制造—绿色销售—绿色消费—逆向物流"智慧化供应链，通过提取和共享海量数据，识别消费者特征及需求，借助智能决策数据指导产品的绿色供应。同时，利用大数据技术构建绿色供应链信息披露平台，定期对绿色产品供应商履约过程进行数据评估，进行实时监控。

第四，在绿色价值的传播方面，打通数字化绿色广告传播链。借助大数据实现智能化绿色营销传播，由传统媒体、互联网传播转向通过云平台赋能，根据实际需求向匹配的消费群体推送精准的营销广告信息。绿色营销价值传播媒介也将由他媒体走向自媒体，新闻媒体、视频平台、休闲游戏等都将成为绿色营销价值传播的载体。数字技术还可以用来打破绿色营销主体与消费者之间的信息不对称局面，并为绿色产品提供更丰富的媒介形式与广告形式，以及更畅通的绿色广告传播渠道。此外，还需抓住 5G 时代可能迎来的长视频风口，利用 5G 技术（如全息投影、3D 视觉技术等）搭载更丰富的绿色广告信息内容和形式，实现绿色消费的沉浸体验和实时互动需求。可见，更加高速的广告加载，虚拟现实与增强现实的移动接入，以及立体媒介场景下广告信息对特定场景和渠道消费者的精准触达等，都将推动未来绿色广告的智慧传播。

第五，建立大数据赋能的绿色营销评价体系也是绿色营销未来发展的一大趋势。不同于以往传统的绿色营销评价，大数据赋能的绿色营销评价突出大数据在绿色程度、绿色成本收益等指标考核中的作用，为绿色营销评价提供更可靠的评价依据。因此，运用大数据能够建立起绿色营销的产品指标、价格指标、渠道指标和促销指标评价体系。其评价数据在选择过程中除了绿色营销的结构化数据，也应将社交网站、电商平台上大量消费者生成内容的文本、音频、视频等非结构化数据纳入绿色营销评价，促进绿色营销评价指标的多维化完善，从而建立全过程、多层级、多功能特征的评价体系。

延伸阅读12-2

理论前沿：习近平"两山论"的世界影响

6月5日是世界环境日。2019年世界环境日全球主场活动在中国浙江省杭州市举行，习近平主席致贺信。浙江是习主席提出的"绿水青山就是金山银山"理念的起源地。习主席在贺信中提到这一理念："中国高度重视生态环境保护，秉持绿水青山就是金山银山的重要理念，倡导人与自然和谐共生，把生态文明建设纳入国家发展总体布局，努力建设美丽中国，取得显著进步。"当今世界面临环境污染、气候变化、生物多样性减少等严峻挑战。习主席提出的"两山论"，为新时代中国生态文明建设提供理论遵循和思想指引，为全球可持续发展贡献中国智慧和中国方案。

中国智慧

2013年9月，习主席在哈萨克斯坦发表演讲，在回答关于环境保护的问题时说："我们既要绿水青山，也要金山银山。宁要绿水青山，不要金山银山，而且绿水青山就是金山银山。我们绝不能以牺牲生态环境为代价换取经济的一时发展"。要"绿水青山"还是要"金山银山"，习主席科学地诠释了两者的辩证统一关系。老挝自然资源与环境部部长宋玛·奔舍那说："习主席将两个看似不可调和的发展矛盾，以通俗易懂的方式提出了解决办法。老挝应该将它作为自己的发展理念。"

2013年以来，习主席在多个国际场合阐释"两山论"。2016年11月19日，习主席在亚太经合组织工商领导人峰会指出："绿水青山就是金山银山，我们将坚持可持续发展战略，推动绿色低碳循环发展，建设天蓝、地绿、水清的美丽中国，让人民切实感受到发展带来的生态效益。"2017年1月18日，习主席在联合国日内瓦总部演讲指出："绿水青山就是金山银山。我们应该遵循天人合一、道法自然的理念，寻求永续发展之路。"2019年6月7日，习主席在第二十三届圣彼得堡国际经济论坛全会上指出："我们将秉持绿水青山就是金山银山的发展理念，坚决打赢蓝天、碧水、净土三大保卫战，鼓励发展绿色环保产业，大力发展可再生能源，促进资源节约集约和循环利用，同各方携手应对全球气候变化、生物多样保护等迫切问题，落实好《巴黎协定》等国际社会共识。"埃及艾因沙姆斯大学教授纳赛尔·阿卜杜勒－阿勒说，习主席在多个场合提到"绿水青山就是金山银山"理念，表明他对环境保护的高度重视，"两山论"凝结了中国智慧，是值得借鉴的发展理念。

党的十八大以来，中国秉持"绿水青山就是金山银山"理念，在推动经济实现高质量发展的同时，我国在生态文明建设中也取得举世瞩目的成就，污染防治攻坚战扎实推进。以大气治理为例，中国打响了史无前例的蓝天保卫战，成为世界上治理大气污染速度最快的国家，节能减排持续推进。2019年11月，中国生态环境部宣布，中国已提前达到2020年比2005年下降40%~45%的碳排放目标；土地荒漠化防治取得积极成效。实现荒漠化和沙化面积"双缩减"、荒漠化和沙化程度"双减轻"，提前实现联合国提出的到2030年实现全球退化土地零增长目标。在联合国环境规划署执行主任英厄·安诺生看来，"绿水青山就是金山银山"生动形象地阐述了人与自然和谐共生的理念，中国在环境修复上付出了巨大努力，改变了曾经被污染的土地、河水和天空。

在对外合作中，中国也积极践行绿色发展理念。肯尼亚蒙内铁路项目，我国在施建过程中成功保护蒙巴萨红树林，并保障所有类型野生动物自由通过铁路线；斯里兰卡科伦坡集装箱码头开展"油改电"改造，成为斯里兰卡第一家也是南亚地区规模最大的绿色码头；巴厘岛燃煤电厂采用先进的环保技术防控污染，在供应全岛40%电力的同时，让附近的海豚湾保持了自然生态。墨西哥工业发展和经济增长研究所所长何塞·路易斯·德拉克鲁斯说："中国将生态理念放在发展战略的核心位置，这种战略眼光使中国成为全球生态治理方面的引领者。"

世界赞誉

中国生态文明建设的巨大成就，使"两山论"等中国生态文明理念在国际上获得广泛认同和高度赞誉。2013年，联合国环境规划署理事会会议通过了推广中国生态文明理念的决定草案。2016年，联合国环境规划署发布《绿水青山就是金山银山：中国生态文明战略与行动》报告。2018年，时任联合国副秘书长兼联合国环境规划署执行主任索尔海姆在考察浙江后，对"绿水青山就是金山银山"等中国发展理念表示高度赞赏："我们希望把这些经验带给世界各国，并以此来激励各国改善生态环境"。"两山论"让世界各国对新时代中国生态文明建设有了更深刻的理解，同时也激发了它们与中国开展生态合作的强烈愿望。墨西哥工业发展和经济增长研究所所长何塞·路易斯·德拉克鲁斯说，"两山论"是超越国界的，它为南美洲、非洲国家的绿色发展提供了重要借鉴。

资料来源：根据王雅晨等《第一报道：习近平的"两山论"，让世界读懂"美丽中国"》（学习强国，2020年6月6日）新华网报道资料整理。

本章小结

本章基于数字时代背景探讨了绿色营销的未来发展。未来绿色营销将朝向数字化、智能化、精准化方向发展。绿色营销需要在遵循满足现实或向往的绿色需求过程中，依托数字技术促进绿色价值的洞察、创造、传递和传播的精准化高效化发展。本章是对全书的总结和绿色营销未来的展望，主要介绍了绿色营销内涵和外延的拓展及绿色营销相关知识的融合拓展，聚焦绿色价值洞察、绿色价值创造、绿色价值传递和绿色价值传播的前沿理论和前沿实践，探讨了绿色营销的未来发展趋势，分析了绿色营销的未来发展重点领域。面对未来市场环境的复杂性和不确定性，政府、企业、非营利组织等更应把握绿色营销发展本质规律，顺应数字时代的发展趋势，推进绿色营销快速迭代升级。

核心概念

1. "绿色+时尚"营销（green fashion marketing）
2. "绿色+体验"营销（green experiential marketing）
3. "绿色+场景"营销（green scene marketing）
4. "绿色+节约"营销（green conservation marketing）
5. "绿色+低碳"营销（green low-carbon marketing）
6. "绿色+新媒体"营销（green new media marketing）
7. "绿色+数字"营销（green digital marketing）
8. "绿色+人工智能"营销（green artificial intelligence marketing）

本章思考题

1. 简述传统时代和数字时代绿色营销概念的异同点。
2. 谈谈你对政府、非营利组织在未来绿色营销发展中的重要性的认识。
3. 绿色营销前沿领域对未来绿色营销发展有哪些启示？
4. 绿色营销未来发展的动因主要有哪些？
5. 试论数字技术在绿色营销未来发展中所起的作用。

本章即测即练

本章实训指南

本章综合案例

雀巢如何把可持续理念做到透彻？

最近，雀巢咖啡拍了部纪录片，记录了你所不知道的、雀巢咖啡为可持续发展发力的故事，最重要的是，让你看到那些在整个咖啡行业里发光发热、致力坚守的"爱豆人"们。

当"爱豆"这个词，因为谐音被饭圈广泛使用、为人熟知之后，雀巢咖啡从行业的角度出发，给予了全新注解：每一个热爱咖啡的人，就是一位爱豆人。而这部片子，其实就是按着咖啡产业链从上游到下游的顺序，细腻地展现了爱豆人群像：

在云南大山里种出冠军咖啡豆的天宇庄园少数民族庄园主叶萍；

24年钻研咖啡种植、带领团队走遍大山帮助咖农解决种植问题的农艺师老侯；

历经三代经营，继承并打造现代化咖啡体验区小凹子庄园的"95后"廖世豪；

全情研究可循环再生包装的雀巢咖啡包装团队；

每一个致力于环保生活的咖啡消费者们。

这些爱豆人贯穿在整个咖啡生产链中，从种植到包装、再到品尝每一环里的，是你、是我，也是他。雀巢咖啡由此传递出品牌对做好咖啡的热忱态度。

在这种品牌态度的支撑下，由一个个咖啡行业内小人物的丰满叙事中，雀巢咖啡其实也以小见大地展现了品牌中上游的客观现状，包括最重要的原材料咖啡豆，是如何被精益求精的咖农、不懈布道的农艺师等人的热爱滋养的；也包括在这个过程中，雀巢咖啡是如何通过普及田间管理培训、开发可再生环保包装等手段，来维持品牌与生态间和谐共生的关系。

特别值得注意的是，雀巢咖啡这一次，着重向人们展示了云南产地的面貌。对雀巢咖啡这样一个国际零售品牌而言，它其实是在向中国消费者释放出一个亲切的信号：

雀巢对云南这一咖啡产地所生产咖啡的品质的认可与喜爱。雀巢咖啡一直支持云南进行精品化、可持续化的咖啡种植、培育，并力图让云南咖啡受到全世界咖啡消费者的关注与青睐。

让大众明确清晰地了解到雀巢咖啡对精品本土产品品质的追求，亦是匠心精神的彰显。随着时代的消费升级，消费者愈发看重品牌的匠心精神，也就是去做好一个产品的专注与极致的程度。雀巢咖啡这部片子所呈现出来的，其实就是这种微妙的、又让人深受打动的匠心精神。因为这一次雀巢咖啡是打造了一个全新的咖啡行业人群概念，所以在传播媒介的选择上，它也尽可能地去做到了普及度和多渠道。

一方面是在以碎片化浏览为主的微博上，合作官媒人民网以及部分科普、美食、时尚等领域的头部自媒体，在它们的粉丝范围辐射普遍人群的基础上，从自身领域出发，将"醇香无尽"计划多角度的闪光点呈现出来。

另一方面，是在较深度阅读的微信公众号上，合作有趣青年、局部气候调查组、ins生活和最人物，从都市青年的日常、独特人物记事的分享等不同角度，将这支献给咖啡的爱豆电影娓娓道来，以针对不同阅读群体的多元化衍生创作内容，强化咖啡产业"醇香无尽"与读者之间的紧密关联。

对整个"醇香无尽"可持续主题营销的理解，当然不能只靠一部纪录片，还要结合雀巢咖啡在这个主题下，开展的其他一系列活动。

1. 借势"4·22"世界地球日线上线下联动进行

趁着又一年世界地球日的到来，雀巢咖啡把握大众在这个节点对环保关注度的提升，在线下联合四座城市的28家咖啡店，开展自带杯兑换咖啡的活动，引来了大量年轻人前往打卡，同时自发拍照分享，激起大量用户原创内容（user generated content，UGC）传播，极大地提升了活动的曝光度。

同时，雀巢咖啡实现线下引流线上，在私域小程序内上线"爱豆庄园"小游戏，以现实中雀巢咖啡在云南保山、普洱、德宏、临沧的四个产区为游戏背景，帮助用户体验咖啡从 0 到 1 全过程，吸引人们形成咖啡产业认知、产生兴趣。游戏中更是和"微信运动"实现打通以鼓励低碳生活方式，并以用户之名在云南捐赠荫蔽树，将用户对可持续产业发展的支持落在实处。

2. 推出环保小物、微博滤镜具象化品牌环保理念

4 月 30 日，雀巢咖啡推出会员俱乐部积分兑换制环保小物，包括咖啡渣回收材质元气杯、环保帆布包、环保宣言徽章、杜邦纸手拿包。除了官宣吸引原有用户视线加入活动之外，雀巢咖啡还联合小红书、微博主流社交平台分享主题小物，用时尚简约的生活单品将可持续生活方式可视化，吸引更多消费者关注，引流纳新，让更多人加入到"醇香无尽"计划中来。而在出游高峰的五一期间，雀巢咖啡在微博上线"醇香无尽"小清新滤镜，借势大众假期尽情拍照、分享美图的需求，促使用户持续记忆，加强对活动的熟知度。

3. "醇香无尽"计划咖啡营造氛围，凝聚爱豆人共识

当下，年轻人最爱扎堆儿的地方莫过于各种快闪式的"节"。雀巢咖啡就把握住年轻人爱过节的心理，特别空降至"王府中環 X 咖啡青年节"现场，带来了爱豆人电影、爱豆庄园小游戏与环保小物等核心内容，通过有社交感和时尚感的装置，吸引人们打卡浏览，又通过现场小物兑换、分享赠普洱茶曲奇杯咖啡等活动强化可持续生活概念，加强与大众的交流互动，拉近沟通距离。在快乐、欣赏的过程中，加深大众对"爱豆人"的记忆与理解、对环保理念的认知，并进一步关注雀巢咖啡产业。

可以看到，在互联网时代，雀巢咖啡所制造的这一系列线上线下活动，不论是小游戏、时尚单品还是线下集会，都具备鲜明年轻化的色彩，从而也更适应网生内容的打造与传播，在充分渗透年轻人圈层的同时，将品牌的环保心意透彻传达。

至此，我们便也可以明白，雀巢咖啡"醇香无尽"这个主题，其实就是用一个可持续发展的理念，一以贯之。它给予人们一种延续与传承的感受，而这种感受来源于：向内，雀巢咖啡对行业内链路上各个环节的爱豆人进行了剖白与展示；向外，雀巢咖啡给咖啡行业做了一个示范，从种植、生产、包装、再到体验，展示了爱豆人是如何保护地球的。

雀巢咖啡这场营销，也通过对云南产地的直观描绘，直接带动了大众对云南咖啡产业发展的关注，突出了雀巢咖啡与云南产地、中国市场相生相依的关系，从而让大众对雀巢咖啡品牌层面的真诚有了深刻感受，进一步建立起品牌与大众之间深层次的情感联系。

秉持着匠心精神，对产品品质的追求，是一个品牌可持续发展的根本；怀揣着某种博大的使命感，对地球生态的保护，则是品牌由小及大、重视全社会可持续发展的基础，其社会责任感亦可见一斑。而从雀巢咖啡这波发端于世界地球日、长达一个月的大型活动中，我们也可以得到启示：

其实对雀巢咖啡这样的咖啡头部品牌而言，当产品国民度足够高，营销上可发力的点便更着重于社会价值的表达。对地球生态的关注，虽然不是目前最具有流量的社会议题，但却是最基础、最无法绕过的。一个品牌的好感度，总是建立在产品品质与社会担当双重具备之上。这一次的雀巢咖啡，让我们看到它对云南咖啡的爱、对自然的尊重，

下一次，雀巢咖啡会带来什么样的咖啡故事？我们拭目以待。

资料来源：根据七七《一支献给咖啡的爱豆电影，一个把可持续化做到透彻的品牌》("创意广告"微信公众号，2021年5月26日）相关资料整理。

案例思考

1. 雀巢咖啡在绿色营销上有哪些亮点？
2. 雀巢咖啡是如何抓住新时代主力绿色消费群体的？
3. 雀巢咖啡如何借绿色营销传递和交付绿色价值？

参 考 文 献

[1] AJZEN I. 1991.The theory of planned behavior[J]. Organizational Behavior and Human Decision Processes, 50(2).

[2] ALLEN C T. 1982. Self-perception strategies for stimulating energy conservation[J]. Journal of Consumer Research, 8(4).

[3] BRAUNGART M, MCDONOUGH W, BOLLINGER A, 2007. Cradle-to-cradle design: creating healthy emissions a strategy for eco-effective product and system design[J]. Journal of Cleaner Production, 15(13/14).

[4] CHOI J, CHANG Y K, JESSICA LI Y, JANG M G. 2016. Doing good in another neighborhood: attributions of csr motives depend on corporate nationality and cultural orientation[J]. Journal of International Marketing, 24(4).

[5] DAHLSTROM R. 2011. Green marketing management[M]. Mason, OH: South-Western Cengage Learning.

[6] DE PACO A, RAPOSO M. 2009. "Green" segmentation: an application to the portuguese consumer market[J]. Marketing Intelligence & Planning, 27(3).

[7] ENEIZAN B M, MATAR A, AL-ZAWAHREH A, et al. 2019. Effects of green marketing strategy on firm financial performance: the moderating role of government policy[J]. Business and Economic Horizons, 15.

[8] FUCHS P, RAULINO C, CONCEIÇÃO D, et al. 2020. Promoting sustainable development in higher education institutions: the use of the balanced scorecard as a strategic management system in support of green marketing[J]. International Journal of Sustainability in Higher Education, 21(7).

[9] GINSBERG J M, BLOOM P N. 2004. Choosing the right green marketing strategy[J]. MIT Sloan Management Review, 46(1).

[10] GITTELL R, MAGNUSSON M, MERENDA M, 2012. The sustainable business case book[M]. The Saylor Foundation.

[11] HENDERSON T Y, ARORA N. 2010. Promoting brands across categories with a social cause: implementing effective embedded premium programs[J]. Journal of Marketing, 74(6).

[12] KIATKAWSIN K, HAN H. 2017. Young travelers' intention to behave pro-environmentally: merging the value-belief-norm theory and the expectancy theory[J]. Tourism Management, 59.

[13] LEONIDOU L C, LEONIDOU C N, FOTIADIS T A, et al. 2013. Resources and capabilities as drivers of hotel environmental marketing strategy: implications for competitive advantage and performance[J]. Tourism Management, 35.

[14] OTTMAN J. 2011. The new rules of green marketing: strategies, tools, and inspiration for sustainable branding[M]. Berrett-Koehler Publishers.

[15] PEATTIE K. 2005.Green marketing: legend, myth, farce or prophesy?[J].Qualitative Market Research: An International Journal(8).

[16] PEATTIE K. 2001. Towards sustainability: the third age of green marketing[J]. The Marketing Review,

2(2).

[17] PROTHERO A. 1998.Green marketing: the "fad" that won't slip slide away[J]. Journal of Marketing Management, 14.

[18] RENNINGS K. 2000. Redefining innovation—eco-innovation research and the contribution from ecological economics[J]. Ecological Economics, 32(2).

[19] ROE B, TEISL M F, LEVY A. et al. 2001. US consumers' willingness to pay for green electricity[J]. Energy Policy, 29.

[20] ROSSITER J R, PERCY L. 1987. Advertising and promotion management[M]. New York, NY, England: Mcgraw-Hill Book Company.

[21] SCHWARTZ S H, MELECH G, LEHMANN A. et al. 2001. Extending the cross-cultural validity of the theory of basic human values with a different method of measurement[J]. Journal of Cross-cultural Psychology, 32(5).

[22] STERN P C. 2010. New environmental theories: toward a coherent theory of environmentally significant behavior[J]. Journal of Social Issues, 56(3).

[23] SKARD S, JORGENSEN S, PEDERSEN L J T. 2021. When is sustainability a liability, and when is it an asset? Quality inferences for core and peripheral attributes[J]. Journal of Business Ethics, 173(1).

[24] STRAUGHAN R D, ROBERTS J A. 1999. Environmental segmentation alternatives: a look at green consumer behavior in the new millennium[J]. Journal of Consumer Marketing, 16(6).

[25] BANERJEE S, GULAS C S, IYER E. 1995. Shades of green: a multidimensional analysis of environmental advertising[J]. Journal of Advertising, 24(2).

[26] WEISSTEIN F L, ASGARI M, SIEW S W. 2014. Price presentation effects on green purchase intentions[J]. Journal of Product & Brand Management, 23(3).

[27] WHITE K, PELOZA J. 2009. Self-benefit versus other-benefit marketing appeals: their effectiveness in generating charitable support[J]. Journal of Marketing, 73(4).

[28] YILMAZSOY B, SCHMIDBAUER H, ROSCH A. 2015. Green segmentation: a cross national study[J]. Marketing Intelligence & Planning, 33(7).

[29] [美]黛安娜·马丁,[美]约翰·斯考滕. 2014. 可持续营销[M]. 上海：格致出版社. 上海人民出版社.

[30] [美]菲利普·科特勒. 2016. 营销管理(第 15 版)[M]. 何佳讯, 等, 译. 上海：格致出版社、上海人民出版社.

[31] [英]肯·毕提. 2009. 可持续营销[J]. 成功营销(5).

[32] 艾·里斯, 杰克·特劳特, 里斯, 等. 2002. 定位：有史以来对美国营销影响最大的观念[M]. 北京：中国财政经济出版社.

[33] 包月姣. 2018. 绿色营销[M]. 郑州：郑州大学出版社.

[34] 常江雪, 白学峰, 鲁植雄. 2021.中国农业机械化绿色可持续发展理论框架研究[J]. 中国农机化学报, 42(3).

[35] 崔保军, 梅裔. 2021. 消费者自我概念对绿色产品购买意愿的影响机理——面子意识的中介效应[J]. 河南师范大学学报(哲学社会科学版), 48(5).

[36] 陈凯, 等. 2019a.绿色生活方式内涵及其促进机制研究[J]. 中国特色社会主义研究, 150(6).

[37] 陈凯, 等. 2019b. 网络绿色广告对消费者行为的影响——基于感知互动性的中介效应检验[J]. 环境经济研究, 4(1).

[38] 陈凯. 2020. 信息干预对绿色消费行为的影响分析[J]. 中国特色社会主义研究, 155(Z1).

[39] 陈启杰. 2004. 绿色市场营销学[M]. 北京：中国财政经济出版社.

[40] 陈斯允, 卫海英, 熊继伟, 等. 2021. 大道至"简"：极简主义消费内涵解构与理论阐释[J]. 心理科学进展, 29(11).

[41] 陈奕言, 李瑞冬, 陈筝. 2021. 健康导向城市发展下的绿色医疗环境设计[J]. 南方建筑(3).

[42] 杜松华, 徐嘉泓, 张德鹏. 2021. 游戏化如何驱动电商用户绿色消费行为——基于蚂蚁森林的网

络民族志研究[J]. 南开管理评论(10).

[43] 方世南. 2019. 论习近平生态文明思想对马克思主义生态文明理论的继承和发展[J]. 南京工业大学学报(社会科学版), 18(3).

[44] 葛万达, 盛光华, 龚思羽. 2020. 消费者绿色价值共创意愿的形成机制——归因理论与互惠理论的视角[J]. 软科学, 34(1).

[45] 葛万达, 盛光华. 2019. 基于联合分析的绿色产品属性选择偏好研究[J]. 干旱区资源与环境, 33(8).

[46] 贺爱忠, 等. 2020. 零售企业可持续发展及其消费者响应研究[M]. 北京: 经济管理出版社.

[47] 黄溶冰, 谢晓君, 周卉芬. 2020. 企业漂绿的"同构"行为[J]. 中国人口·资源与环境, 30(11).

[48] 解芳, 盛光华, 龚思羽. 2019. 全民环境共治背景下参照群体对中国居民绿色购买行为的影响研究[J]. 中国人口·资源与环境, 29(8).

[49] 靳明, 李爱喜, 赵昶. 2005. 绿色农产品的定价策略与博弈分析[J]. 财贸经济(3).

[50] 井绍平, 李芸达. 2007. 消费者品牌转换行为与绿色营销[J]. 管理世界(12).

[51] 康梦嘉, 李朝阳, 赖守亮. 2021. 浅谈绿色广告的传播策略[J]. 新闻文化建设(12).

[52] 劳可夫, 王露露. 2015. 中国传统文化价值观对环保行为的影响——基于消费者绿色产品购买行为[J]. 上海财经大学学报(哲学社会科学版), 17(2).

[53] 劳可夫. 2013. 消费者创新性对绿色消费行为的影响机制研究[J]. 南开管理评论(4).

[54] 李春发, 胡培培, 刘焕星. 2021. 消费者绿色偏好、大数据定向广告与手机绿色营销策略演化[J]. 计算机集成制造系统(7).

[55] 李景东. 2019. 基于跨界营销的绿色广告传播策略研究[J]. 中国市场(33).

[56] 李名梁. 2010. 我国绿色营销研究: 述评及展望[J]. 云南财经大学学报, 26(1).

[57] 李培超, 李中涵. 2019. 我国环境伦理学的理论视域和未来建构[J]. 中南大学学报(社会科学版), 25(1).

[58] 李晓萍, 张亿军, 江飞涛. 2019. 绿色产业政策: 理论演进与中国实践[J]. 财经研究, 45(8).

[59] 李垚, 袁菲, 刘明智. 2019. 中国绿色食品产业发展与绿色营销[M]. 北京: 九州出版社.

[60] 李媛, 景庆虹. 2010. 浅谈企业绿色公关策略[J]. 才智(11).

[61] 林黎明. 2018. 环境营销研究综述[J]. 中国人口·资源与环境, 28(S1).

[62] 刘贝贝, 杨子威, 廖芬, 等. 2019. 食品安全事件后企业促销策略对品牌资产的影响[J]. 西北农林科技大学学报(社会科学版), 19(2).

[63] 刘呈庆. 2010. 绿色品牌发展机制实证研究[D]. 济南: 山东大学.

[64] 刘敏, 唐文龙, 辛德强. 2012. 绿色营销案例——行业绿色商机与实践[M]. 北京: 清华大学出版社.

[65] 刘平胜, 石永东. 2020. 直播带货营销模式对消费者购买决策的影响机制[J]. 中国流通经济, 34(10).

[66] 刘天齐. 2003. 环境经济学[M]. 北京: 中国环境科学出版社.

[67] 刘银. 2017. 固体废弃物资源化工程设计概论[M]. 合肥: 中国科学技术大学出版社.

[68] 龙成志, Jan. C. Bongaerts. 2017. 国外企业环境责任研究综述[J]. 中国环境管理, 9(4).

[69] 陆雄文. 2013. 管理学大辞典[M]. 上海: 上海辞书出版社.

[70] 罗国民, 彭雷清, 王先庆. 1997. 绿色营销——环境与市场可持续发展战略[M]. 北京: 经济科学出版社.

[71] 罗丽艳. 2001. 绿色定价策略选择[J]. 价格理论与实践(7).

[72] 苗月新. 2022. 绿色营销与绿色供应链管理协同发展问题研究[J]. 供应链管理, 3(4).

[73] 彭建仿. 2015. 分销渠道管理学教程[M]. 广州: 中山大学出版社.

[74] 齐凯. 2019. 考虑链间博弈的产品定价与绿色广告决策研究[D]. 山西大学.

[75] 秦仲篪, 刘昊. 2003. 试论企业绿色营销的发展[J]. 求索(2).

[76] 任来玲. 1998. 旅游业中的绿色营销[J]. 西南民族学院学报(哲学社会科学版)(S5).

[77] 任胜楠, 蔡建峰. 2020. 消费者性别角色影响绿色消费行为的实证研究[J]. 管理学刊, 33(6).

[78] 阮渝生. 2003.企业绿色营销绩效的灰色系统综合评价研究[J]. 科学学与科学技术管理(8).
[79] 邵继红, 王霞. 2020. 绿色广告诉求对消费购买意愿的影响——基于信息框架的调节效应[J]. 湖北工业大学学报, 35(3).
[80] 沈满洪. 张少华. 2012. 2011 中国环境经济与政策国际研讨会综述[J]. 经济学动态(4).
[81] 沈满洪. 2009. 生态经济学的定义、范畴与规律[J]. 生态经济(1).
[82] 盛光华, 戴佳彤, 岳蓓蓓. 2021. "绿色"的联想：绿色产品包装颜色影响消费者绿色购买意愿的权变机制研究[J]. 外国经济与管理, 43(5).
[83] 盛光华, 高键. 2016. 生活方式绿色化的转化机理研究——以绿色消费为视角[J]. 西安交通大学学报(社会科学版), 36(4).
[84] 盛光华, 夏晴, 岳蓓蓓. 2020. 图像接近度视角下绿色广告的有效性研究[J]. 新闻与传播评论(2).
[85] 盛光华, 岳蓓蓓, 龚思羽. 2019. 绿色广告诉求与信息框架匹配效应对消费者响应的影响[J]. 管理学报, 16(3).
[86] 司林胜. 2003.企业绿色营销系统的构建与绩效评价[J]. 系统工程(4).
[87] 司林胜. 2002.我国企业绿色营销理念及实践的特征分析[J]. 商业经济与管理(6).
[88] 孙剑, 李崇光, 黄宗煌. 2010. 绿色食品信息、价值属性对绿色购买行为影响实证研究[J]. 管理学报, 7(1).
[89] 孙瑾, 陈晨. 2021. "自我"还是"他人"——绿色广告诉求有效性研究[J]. 南开管理评论(3).
[90] 孙瑾, 苗盼. 2018. 近筹 vs. 远略——解释水平视角的绿色广告有效性研究[J]. 南开管理评论, 21(4).
[91] 覃成菊. 2002. 绿色产品的价格营销策略探讨[J]. 消费经济(2).
[92] 万后芬. 2006. 绿色营销(第二版)[M]. 北京：高等教育出版社.
[93] 汪劲松, 段广洪, 李方义, 等. 1999. 基于产品生命周期的绿色制造技术研究现状与展望[J]. 计算机集成制造系统-CIMS(4).
[94] 王海峰, 张梅. 2004. 创立绿色营销战略"5C"理论[J]. 商业时代(6).
[95] 王继光, 常建红, 齐凯. 2020. 供应链间竞争下绿色广告决策研究[J]. 计算机工程与应用, 56(20).
[96] 王建明, 王丛丛, 吴龙昌. 2017. 绿色情感诉求对绿色购买决策过程的影响机制[J]. 管理科学, 30(5).
[97] 王建明, 等. 2021a.个性化广告推荐类型对在线绿色购买决策过程的影响[J]. 中国人口·资源与环境, 31(3).
[98] 王建明, 等. 2021b. 消费者对绿色消费监管政策的选择偏好和政策组合效果模拟[J]. 中国人口·资源与环境, 31(12).
[99] 王建明, 等. 2022a. 数字时代信息嵌入式监管工具对线上绿色消费行为的推进效应——绿色购买场景模拟和监管工具设计实验[J]. 管理世界, 38(4).
[100] 王建明. 2022b. 定制化绿色信息影响研究：探索、验证和解释[M]. 北京：科学出版社.
[101] 王建明. 2020. 新时代浙商绿色管理经验[M]. 北京：经济管理出版社.
[102] 王金南. 1994. 环境经济学[M]. 北京：清华大学出版社.
[103] 王霞. 2020. 我国企业绿色营销理念及实践特征分析[J]. 现代商业(1).
[104] 魏璐, 郑秋悦, 杨妹香. 2019. 消费价值差对绿色消费行为意向的影响[J]. 中国环境管理, 11(5).
[105] 魏明侠, 司林胜, 孙淑生. 2001. 绿色营销的基本范畴分析[J]. 江西社会科学(6).
[106] 魏明侠. 2003. 基于人工神经网络的绿色营销绩效评价方法研究[J]. 科技管理研究(2).
[107] 吴健安, 聂元昆. 2017. 市场营销学(第 6 版)[M]. 北京：高等教育出版社.
[108] 徐嘉祺, 佘升翔, 田云章, 等. 2020. 回收努力对绿色消费的溢出效应及其影响机理[J]. 南京工业大学学报(社会科学版), 19(3).
[109] 邢光军, 杨重庆. 2022. 模糊条件下绿色闭环供应链的渠道策略选择[J]. 物流科技, 45(5).
[110] 薛冰晓, 纪薇. 2021. 碳达峰目标下顾客绿色消费行为的形成机理分析[J]. 商业经济研究(20).
[111] 严静, 程从坤, 张红梅. 2015. 构建企业污染物减排内外动力机制研究[J]. 生态经济, 31(1).

[112] 阳晓伟, 杨春学. 2019. "公地悲剧"与"反公地悲剧"的比较研究[J]. 浙江社会科学, 271(3).

[113] 杨琛. 2020. 我国生态绿色农产品在线营销的理论逻辑与现实基础[J]. 价格理论与实践(12).

[114] 杨旻旻, 梁宁, 王亚娟. 2021. 绿色营销实务[M]. 北京：化学工业出版社.

[115] 杨树青. 2008. 从博弈论角度分析和研究中小企业实施绿色营销战略[J]. 东华理工大学学报(社会科学版)(1).

[116] 叶楠. 2019. 绿色认知与绿色情感对绿色消费行为的影响机理研究[J]. 南京工业大学学报(社会科学版), 18(4).

[117] 尤晨, 曹庆仁. 2003. 企业绿色品牌形象的塑造[J]. 经济管理(1).

[118] 游静. 2017. 基于电商生态系统的中小企业可持续营销研究——以阿里巴巴电商生态系统为例[J]. 商业经济研究(19).

[119] 于春玲, 朱晓冬, 王霞, 等. 2019. 面子意识与绿色产品购买意向——使用情境和价格相对水平的调节作用[J]. 管理评论, 31(11).

[120] 张芳, 汤吉军. 2021. 美日绿色产业发展经验及其对中国产业政策的启示[J]. 当代经济管理, 43(5).

[121] 张芳, 汤吉军. 2019. 新中国成立70年来我国绿色产业发展的历史脉络、政策现状与未来展望[J]. 企业经济(11).

[122] 张浩. 2021. 从供需两侧着手, 激发绿色发展内生动力[N]. 中国环境报, 07-26.

[123] 张蕾. 2017. 固体废弃物处理与资源化利用[M]. 徐州：中国矿业大学出版社.

[124] 张曼婷. 2019. 绿色广告有效传播新思路——跨界营销[J]. 今传媒(3).

[125] 张启尧, 孙习祥. 2015. 基于消费者视角的绿色品牌价值理论构建与测量[J]. 北京工商大学学报(社会科学版), 30(4).

[126] 张晓玲. 2018. 可持续发展理论：概念演变、维度与展望[J]. 中国科学院院刊, 33(1).

[127] 张秀娥, 李清. 2021. 绿色创业导向能形成绿色竞争优势吗？[J]. 外国经济与管理, 43(5).

[128] 张志奇. 2019. 我国绿色供应链的现状、问题和对策建议[J]. 环境保护, 47(7).

[129] 赵玺, 严屏, 高海燕. 2011. 包装设计可持续性发展要素研究[J]. 重庆大学学报(社会科学版), 17(2).

[130] 周辉, 柳键, 江玮璠, 等. 2020. 产品绿色创新决策与绿色渠道激励机制设计[J]. 系统科学学报, 28(1).

[131] 诸大建, 朱远. 2013. 生态文明背景下循环经济理论的深化研究[J]. 中国科学院院刊, 28(2).

[132] 祝光耀, 张塞. 2016. 生态文明建设大辞典：第二册[M]. 南昌：江西科学技术出版社.

[133] 邹鹏, 郝连才, 李一军. 2014. 面向信息不对称性的感知时间距离销售促进对购买行为的影响[J]. 管理科学, 27(1).

附　　录

综合案例 1　天猫为品牌找到绿色营销新解法

在后疫情时代，人们更意识到人与地球的"命运共同体"关系。尤其以"千禧一代"和"Z 世代"为代表的新消费群体，他们更愿将绿色视为新时髦，"用实际行动，为想要的世界投票"。对于品牌而言，这也成为一种新的发力方向。投身这股潮流不仅可以树立品牌社会形象，又能为产品创造出更多天然的卖点。

2022 年，各大饮料巨头掀起"裸奔"无标签塑料瓶行动、咖啡店提供"自带杯"福利、化妆品开发节水技术……不断涌现的绿色行动，正在将品牌环保营销推向一个新风口。4 月 22 日，又到了新一年的世界地球日，在这品牌争相为环保创新竞逐的时刻，天猫超级品牌日首次以此为主题，联合八大品牌，一起为环保发声，为品牌带来了绿色营销新解法。

1."绿潮"圈粉年轻一代

IBM 商业价值研究院《2020 消费者驱动力变革报告》显示，"可持续性"已经成为决定全球消费者行为的一个重要因素。调查中，80%的消费者希望能做出对环境有益的购物决定。在重视绿色消费的群体中，有超过七成人表示，愿意接受高单价以支持品牌在实践可持续发展方面的行动。这同样体现在了天猫近期出炉的《大消费趋势观察报告》中，2022 年十大消费趋势之中，"绿色消费"就是其中之一。这印证了一个结论——对于当今消费者而言，购买的不仅仅是商品本身，还有附着其上的"可持续""社会正义"价值。绿色消费是新一代消费者的优先选择，同时他们也会更全面地审视商家的环保举措。

与此同时，已有不少品牌通过绿色营销的创意，实现生意爆发和口碑双赢。国际运动品牌阿迪达斯早前就已宣布，扩大其环保鞋服阵容，到 2024 年将实现全面使用可回收材料，以兑现"终结塑料垃圾"的承诺。在 2021 年 1 月，阿迪达斯携手天猫超级品牌日打造"即刻绿动"环保活动，推出以保护海洋为理念的 4D PARLEY、用循环科技打造的 ULTRABOOST DNA LOOP 等多款限量新品鞋，在直播脱口秀和音乐表演的助阵下，共有超过 126 万人完成"环保承诺"，限量产品迎来大卖。而在此前，阿迪达斯也尝试过用海洋垃圾塑料的制造环保运动鞋，并成功在全球卖出 100 万双，成为当年财报的一大亮点。

极限运动鞋服潮牌 Vans 也在环保方面身体力行，并已承诺通过"VR3"计划在 2030 实现全部产品使用循环和可再生材料，为此，范斯（Vans）专门推出使用天然橡胶、软木鞋垫及黄麻纤维鞋带等环保材料制造而成的 ECO Theory 系列产品。新材料的使用让范斯经典的黑白棋盘款再次翻红成了新爆款,也促成了范斯销售业绩的又一轮增长。

研究与市场网站(Research and Markets)分析报告指出,在政策法规和人们环保意识助推下,2020—2026年全球可持续鞋类市场预计将以6.2%的年复合增长率增长。《经济学人》2021年报告,绿色生意规模自2016年以来持续扩大,五年可持续商品消费量增长了71%,尤其是服饰时尚、化妆品、食品行业的品牌,正对环保做出积极回应。可以想象,在未来将出现更多潮流又环保的产品,以代替当下的传统产品,而消费市场也乐于为其买单。

2. 超级品牌的"环保宣言"

在这股"绿潮"之下,2022年地球日,天猫超级品牌日与八大品牌联合,从环保角度为品牌续写新内涵。

"我值得拥有,我们的星球值得拥有""我们是大自然的搬运工,也是地球的守护者"……欧莱雅、博世、百事可乐、农夫山泉等品牌将自己的Slogan(标语)做出"绿色续写",每个品牌的环保时刻与消费者的日常串联,集合成一则书写"理想生活"的创意短片。

近年来一直投身公益环保事业的欧莱雅,2022年不但通过优化产品节水,还在产品中融入新环保技术。新品注白瓶精华就是一款"环保明星"。它的生产工厂已实现"零碳排",其中抗衰成分阿魏酸应用了绿色科技,连包装也使用的是国际森林委员会(FSC)认证的环保纸张。这款新品凭借新技术俘获了消费者的心,上市后就登上天猫美白精华类目新品成交榜榜首。目前,在天猫官方旗舰店依旧保持着月销超3 000件、淡斑精华排名第五的战绩。

百事于2022年4月推出首款"无标瓶"可乐,以传递减碳主张。这款"裸奔"的可乐包装用浮雕代替原有的印刷材料展现商标,不仅在生产过程中减少能源使用,更降低了回收难度。这一绿色创意效果出圈,还在饮料界掀起了"无标"风潮。淘宝买家秀里不少消费者纷纷晒图表示:"支持环保""'无标'反而比有标更吸引眼球"。

在天猫超级品牌日这个品牌集合的发声场里,美妆、家电、饮品等行业的头部资源和最新绿色创想碰撞出新火花,展现出从低碳、节水、节电到垃圾分类等多元化的环保行动,它们以时髦又润物无声的姿态融入消费生活的方方面面,汇聚成一股绿色潮流,让世界地球日成为全民环保的大日子。

积累的品牌环保营销势能,也带动了绿色创意产品的销售提升。天猫超级品牌日作为全网营销头部IP之一,在打造"品效合一"事件上实战经验丰富。创意视频在微博、微信等媒体渠道传播,在全域制造出更大的声量共振,成为品牌实现影响力出圈、销售突破的敲门砖。

通过天猫站内搜索彩蛋、会场页面与消费者的链接,消费者在地球日找到了更强的环保参与感。一颗颗被唤起的环保之心,也在这一天里真正转化为一次次实际的消费行动。

3. 用绿色消费,投资我们的星球

在2022年世界地球日背后,推行绿色消费,是天猫历经多年的探索和实践。面对千亿级的交易订单,天猫已经在电商体系内建立了从包装减排、绿色产品到包装回收的绿色链条，让绿色消费成为减碳的试验场。在这条绿色消费链的带动趋势下，品牌商家也拿起减塑环保的"接力棒"：百事集团、优衣库、科颜氏等200多个品牌，都开始设计零塑可回收包装，为绿色行动加码。

这样的潮流也传递到了消费端。天猫在2021年"双11"开启"绿色会场"，联动蚂蚁森林，消费者在会场购买绿色家电就可获得能量，9小时内吸引了10多万名消费者为绿色家电下单。天猫还与菜鸟通过"回箱计划"，带动了过亿消费者参与快递包装循环利用。2022年的地球日，天猫超级品牌日继续延续这股风潮，正在把这一股绿色消费从趋势变成主流，让品牌和消费者参与到这一场实践绿色消费主义的盛会之中。

正如教育家安娜·拉佩的名言："你的每一次购买，都是在为你想要的世界投票。"运用到环保领域，人人都可以用钱包为环保投票，在日常购买行为里为地球未来负责，这与2022年地球日的主题"投资我们的星球（Invest in our Planet）"不谋而合。

天猫超级品牌日在为品牌生意打开一条绿色路径的同时，也带动消费者，将消费视作一种对未来的投资，共同指向一个更可持续、更美好的明日世界。

资料来源：根据黄天然《风口上的环保生意，天猫为品牌找到绿色营销新解法》（"天下网商"公众号，2022年4月22日）资料整理。

案例思考

1. 你还能为品牌找到哪些绿色营销新解法？
2. 绿色营销如何更有效地"圈粉"年轻一代消费群体？
3. 在绿色消费"知易行难"的现实背景下，如何增强消费者的环保参与感，唤起一颗颗环保之心？

综合案例2　巴塔哥尼亚的反套路营销

2011年的美国黑色星期五（类似于中国的"双11"）前夕，著名媒体《纽约时报》上刊登了一篇整版广告：DON'T BUY THIS JACKET！（别买这件夹克！）这一版广告用了整整六段文字来说明他们家生产产品的环境代价有多么惊人，例如"图中这件夹克所消耗的水资源是45个人一天的饮水量"。

这并非公益广告，它恰恰出自巴塔哥尼亚（Patagonia）之手，最初在2011年的"黑色星期五"刊登在《纽约时报》上。巴塔哥尼亚是全球顶级户外奢侈品牌，以生产高品质的攀岩、冲浪服装等户外用品而闻名天下，被称为"美国户外品牌中的古驰（Gucci）"。

你一定觉得"让人们别买更多"只不过是品牌宣传的噱头罢了，但看完巴塔哥尼亚的全部行动，你会发现人家可是认真的！啥意思？难道这是竞争对手做广告抹黑某个品牌，是大家习以为常的"撕逼"营销？其实并不是，实际上这就是一个品牌在呼吁消费者不要买他们自己家的这件新品夹克。开门做生意，从来都是"八仙过海、各显神通"，想尽办法忽悠消费者买自己的商品从而盈利，怎么会人主动将消费者拒之门外？如此疯狂又作死的举动，还真是少见！

可令人吃惊的是，如此反常的品牌非但没死，反而还活得很滋润，2018年的时候巴塔哥尼亚的销售额突破了10亿美元，成为全美最大的户外运动品牌经销商之一。

1. 巴塔哥尼亚，出生即"叛逆"

巴塔哥尼亚的创始人伊冯·丘纳德（Yvon Chouinard）是一位极具环保主义的登山狂热爱好者，而早期由于登山工具的单一和匮乏，伊冯·丘纳德不得不自己开始发明和创造更实用、更有效的登山工具，也以此创办了一家专业的登山工具公司Chouinard Equipment。

在20世纪70年代，Chouinard Equipment已经成为美国最大的攀爬硬件供应商，但它提供的登山钉等装备成为了毁坏岩层的第一罪魁祸首。在得知这一消息后，伊冯·丘纳德毅然决然地砍掉了这个支柱产业，即使当时这个产业已经占据公司70%的销售额。

这样的疯狂举动源于伊冯·丘纳德这个喜爱户外运动的人对于环境保护的热爱，仅仅因为热爱就放弃了这样一大笔收入，在那个年代，所有人都认为他是一个疯子。但是每一个伟大的企业家，为了自己崇高的理想，哪一个一开始不被人们认为是疯子？

自从砍掉了登山工具的业务之后，Chouinard Equipment开始转型生产服装，并以Patagonia作为全新的品牌名，虽然名字变了，而不变的是公司创始人伊冯·丘纳德对于环境保护的执着。

2. 巴塔哥尼亚，服饰界的非常规分子

在全球经济交融，消费升级的时代，整个服装品牌行业如古驰、LV这样的品牌都在思考如何设计出更时尚、更潮流、更有设计感的服装来让吸引人们购买。如优衣库、H&M这样的品牌在思考如何降低成本来吸引用户购买。但巴塔哥尼亚却是服装品牌中的一股清流，产品非但没有降低成本，反而选择了成本更高但是更加环保的有机棉花、再生尼

龙、再生羊毛等一系列原材料。产品没有追求时尚的设计感,而是注重户外运动的多功能性、实用性。也因此,虽然产品定价相较于其他户外运动品牌贵出不少,但实用、环保、专业却成了消费者对于巴塔哥尼亚产品的共识。

更神奇的是,在服装品牌这个行业内,其他品牌恨不得一年开12场新品发布会来刺激消费者不断购买,而巴塔哥尼亚破天荒地举行了名为Worn Wear的活动,他在美国投放了多量移动的衣物修补巴士,所有的衣服都可以免费在这里修补,如果不是到完全无法使用的地步,巴塔哥尼亚都不会建议你去买新的。

巴塔哥尼亚根本不像是一个商人,更像是我们勤俭持家的父母一样。

不仅仅是对于大众,巴塔哥尼亚对于其公司的员工的培训和待遇,也同样是在爱护环境、热爱运动、为保护地球出力这样的理念下进行的:

(1)在冲浪的季节,允许全体员工去冲浪。

(2)任何员工可以带薪休假两个月,为非营利组织工作。

(3)所有员工每6个月接受两次环境保护教育,鼓励员工思索生活会对世界产生什么影响。

(4)公司只有巨大的木质办公桌,大家都在一起办公,没有人有单独的办公室。

(5)工作现场设置托儿设施,家长可以让自己的宝宝睡在办公桌旁的摇篮里。

(6)女员工享受2个月带薪产假,男员工享受育婴假,如有需求还可继续申请2个月无薪假期。

就是这样的公司制度,使得每一个巴塔哥尼亚公司的员工,都成为了热爱运动、保护环境的践行者,也是因为对于公司价值观的高度认同,Patagonia 的员工流失率只有4%~4.5%,休完产假的母亲100%都回到了公司。也因此,Patagonia 被《财富》杂志评为"全世界最值得工作的100家公司"之一。

总的来看,你会发现巴塔哥尼亚这些所有的反套路营销,都在向消费者传递一个信息,我是一个反消费主义的环保主义者,所以我的产品环保、实用、专业,我做的一切都是想为保护我们的家园出一份力。

3. 反套路营销的本质

巴塔哥尼亚的反套路营销源自品牌的核心理念:我们正在努力地拯救我们的家园,在这样的理念支撑下,巴塔哥尼亚收获了一群同样热爱户外运动、热爱环保的、被巴塔哥尼亚价值观征服的消费群体。而这样的群体往往会产生圈层效应,一旦确立了品牌忠诚度,会自发帮助品牌在其所在圈层产生传播效果,同时这样的群体大多数都拥有不俗的购买力,也就解决了巴塔哥尼亚在销售和利润方面的问题。

纵观巴塔哥尼亚整个的发展历程,你会发现,巴塔哥尼亚的反套路营销其实也是一种更高明的目标消费群体精准化营销。和我们常接触到面向整体大众的营销手段不同,巴塔哥尼亚通过反套路营销率先找到了一群被巴塔哥尼亚价值观所征服的忠实消费者,因为价值观认同而收获的消费者,远远比单纯的被产品所吸引的消费者要忠实得多。

而一旦有一群认同你并愿意持续购买你商品的忠实消费者,这个品牌就是想死,怕也是死不掉的。

资料来源:根据苏文《"别买我的夹克!"户外运动品牌,如何以反套路营销出奇制胜?》(首席广告观察,2019年9月18日)相关资料整理。

案例思考

1. 巴塔哥尼亚的广告"别买这件夹克!"是宣传噱头还是认真的?
2. 巴塔哥尼亚的反套路营销体现了什么样的绿色营销核心理念?
3. 巴塔哥尼亚的反套路营销为什么能成功?对中国企业有哪些启示?

综合案例3　品牌怎样才能"绿"得与众不同？

近两年，环保之风越刮越猛，以至于没搞点绿色的品牌在消费市场上都有点混不下去。当"追求环保"成为一大消费趋势，绿色营销便成为价值绝对正确的圣地，品牌涉足此处基本没有踩雷的风险。但"安全"从来都不是品牌营销的目的。更何况环保价值主张的锋芒即使再耀眼，也照不亮没新意、同质化严重的广告。纵观一片"绿油油"的环保广告，如何才能绿得五彩斑斓，令人眼前一亮？

1. 以情动人点燃大众环保热情

广告发展是线性的，先从过往经典案例汲取经验，才能更好把准当下的方向。将时钟往回拨几年来看，最屡见不鲜，也最奏效的方法便是拍"灾难式"广告。品牌们纷纷利用科技技术、艺术装置等手段，将气候变暖导致北冰洋海冰消融、海洋污染造成鲸鱼死亡等日常看不见的环境问题呈现至人类眼前，抑或以末日般的未来预告片，来警醒当下的人类"好自为之"。

悲伤与恐惧，这类广告在大众心中浇灌出无害的负面情绪，并成功结出了环保的果实。但来到2022年，大众已对"灾难式"广告产生一定的免疫力，广告一旦稍显逊色，便很难让大众受触动而展开环保行动，更别提对品牌出现心动的感觉。原有策略失灵，以致许多品牌如今都开始倾向于通过调动大众的正面情绪来触发环保行为。

一种比较有新意的思考路径是，跳脱出环保生活等于苦行僧的思维框架，去洞察环保生活能为人类带来什么，并将其与"美好""健康""陪伴""自然"等正面词汇挂钩。

如2022年"地球一小时"，当其他品牌仍停留在口号呼吁阶段时，荣耀发布的一支公益短片，却用关灯后的温暖故事来吸引人们。在荣耀拍摄的影片中，关灯、关手机后的时间不再无趣难熬，反而给予人们更好感受生活的宝贵机会。在无任何打扰的时间里，人与人的距离被拉近，而无杂质的黑暗也将万事万物笼罩了一层意境。在黑暗里五感被放大，感受力、想象力都得以延展，再弹一首琴曲、再念一首好诗，悟出新的曲中意、诗中情。

影片并非大制作，传播层面品牌也无意以此来激起水花。与同时间点广告相比，荣耀如同放下声量大的喇叭，而选择办了个小型艺术展，虽然观展人数少，但因受触动而想行动的人多。而这，正是正面情绪的力量。也有品牌化身"黄金矿工"，层层挖掘人类内心最宝贵的正面情绪——"爱"。如2022年3月给地球写了一封情书的方太，便选择了一条娓娓道来的温和方式，不喊口号，不赚眼泪，轻柔地唤起人内心深处对地球的爱意。

方太先基于真实故事原型，呈现了三个用满腔爱意去守护地球的故事：黄沙上的一对夫妻奉献自己的一生去治沙造林，湿地中的护鸟人不惧危险与偷鸟贼对峙，织女不因金钱利益动摇，坚持用天然的方式染料。当观众进入感动情绪后，方太又将视频的主角从伟大的环保践行者拉回到普罗大众，并指明一滴水、一餐饭、一本书，都可以是大众表达爱意的途径。

完整的叙事逻辑与情绪推进节奏，再辅以提笔写信的表达形式和温情音乐，方太营造出一种爱意浓的情绪氛围，使得影片更有渗透力。而从心底滋生的爱意，反而能成为人们长期践行环保行动的内生动力。其实大部分消费者都有意愿开启环保生活，只是在实行时容易缺少动力。也就是说，大众内心早已埋下环保生活的引线，而荣耀、方太等品牌从情感层面去激励大众，等于做了点燃引线的动作，因此更能推动环保意识转化为实际的环保行动。

2. 以理晓人倡导环保生活新方式

与人沟通要"动之以情，晓之以理"，做广告同样如此。如果说上述品牌是在进行动情的感性沟通，那么以数据来呼吁环保的品牌，则是在进行理性沟通。数据直观清晰、可感可知，有其不可替代性。但当环保问题严重作为全社会的常识时，许多品牌习惯性地搬出各种最新环保报告来"讲道理"，并不会有多强的说服力。

同样是运用数据，聚划算的"有效环保计划"却找到了差异性的切入点。只能说，不愧是精打细算的聚划算，洞察也是一种"精细"。其发现生产一个环保产品的碳排放量，是生产一个一次性产品的上百倍，因此环保产品必须重复使用多次才能"回本"。而选择太多的年轻人，在购买环保产品后使用次数时常不达标，从而让善意的环保变成了"无效"环保。自带饭盒157次、随行杯179次、环保布袋131次……于是，聚划算给出的数据是让环保产品达到环保效果的最低使用次数建议。这组具有科普作用的数据，填补了大众认知的空白，也为环保人士提供了一个更好践行环保的方案。

变换数据的呈现形式也是一种思路。2022年春，美团单车发起的"一人骑行减碳一吨"行动，则是运用科技让数据可视化。美团平台设置程序，让用户可随时查看自己的骑行减碳贡献。此外，对于骑行减碳达1 t的用户，美团将以其名义给山区捐赠用废旧轮胎制成的篮球场。可量化的出行贡献，能为大众低碳出行带来实时的成就感，设定目标达成有奖，可激励大众持续行动，一套组合拳下来，美团单车得以有效推动骑单车从出行工具向一种生活方式的转变。

可以看到，品牌比多数单独个体拥有更多资源，有能力获取更加丰富信息，并可以运用工具将数据信息进行转译。因此，构思广告创意时，有必要充分融入对品牌现有资源如何利用的考量，而一旦利用好冰冷、枯燥的数据，反而有事半功倍的效果。

3. 以行带人身体力行做环保

有品牌是"慢性子"，更倾向于做沟通向的环保广告片，潜移默化地向大众输入环保意识，固然也有品牌当"急性子"，直接用实际行动教大众"做人"。如腾讯公益联合环保组织美丽公约做的《没有尽头的朝圣》，其携手《冈仁波齐》电影主演们，拍了部《冈仁波齐2.0》。如电影重现般，众人前往海拔5 500 m以上的高原，再度一边前行，一边走几步路停下来弯一次腰。但这次的弯腰不是为了信仰而跪拜，而是为了捡起污染圣洁之地的垃圾瓶。

电影定下的情感基调在前，原生态的复刻在后，最终让整部影片充盈着虔诚、神圣感，弯腰捡垃圾的动作也自然成功与"向大自然朝圣"的内涵紧密相连，小小的环保行为得以变得更加宏大，升华为一种诚挚的信念。在创意层面，广告业人士都对《没有尽头的朝圣》的洞察赞不绝口，但落到传播层面，不少人都为其感到可惜，"好多公益广告，没有被更多人所看到"。

无独有偶，腾讯公益上山捡完垃圾回来，啤酒品牌科罗娜开始出海捡垃圾。2022年，科罗娜借"3·18"世界回收日之势，联合海洋保护组织蓝丝带发起"重塑渔路计划"。科罗娜找到离海最近的渔民们，一同乘着霞光出海打捞垃圾。而后续科罗娜还会通过给予一定的经济补贴，发动广大渔民持续性以行动守护自己赖以生存的那片海域，并承诺全年将同蓝丝带及渔民共回收145 t海洋塑料垃圾。这种"干实事"的势头，让人觉得着实效果可期。但目前来看，项目美中不足的地方在于，远离海洋的用户因科罗娜的环保行动而心动后，却暂时难以找到参与计划的途径。

品牌身体力行做公益当然好，但公益并非一己之力可以完成，必须汇聚大众的力量。而要想千万条细流，都流向同一片海域，打通"引流"渠道是前提。持有优秀的环保广告，加大传播力度让更多人看见的重要性，已无须多言。而在此之外，品牌也有必要开辟一条大众参与环保的通道。不分形式与量级，可以大到线上设置环保捐款助力渠道、线下组织环保实践活动，也可以小到只是设计出"弯腰拣垃圾是对大自然的朝圣"等具体行为指令，这些或宽或窄的"河道"，最终都能积水成渊。

4. 绿色营销起点更高却道阻且长

面对绿色营销价值主张趋同，品牌们妙招层出不穷，都竭力用差异性抵抗成为背景板的命运。但深究可以发现，品牌都没有为追求"有特点"而背离自身品牌产品的价值功能属性。发起"重塑渔路计划"的科罗娜原本便是海滨生活的倡导者，守护海洋顺理成章；给地球写情书的方太，不仅是在续写"因爱伟大"的品牌理念，还用环保厨电产品为绿色生活献力；呼吁低碳出行的美团单车，借环保之名将产品从出行工具升级为生活方式……因此其呈现出的环保广告都饱含品牌独特个性，也更具感召力。

综上品牌算是做到既对社会有实效，彰显了品牌格局，又能不动声色地给品牌、产品打广告。然而掌握平衡感并非易事，以致也有部分品牌呈现的广告效果不如人意，甚至略显尴尬。但作为品牌，能够意识到走可持续发展之路，是品牌可持续发展的前提，这是好事。而作为用户，不管品牌是真情还是假意，不管其发挥作用的大小，既然都能对全社会起到积极正面的作用，应当给予鼓励。用户以品牌的社会担当为荣，品牌以用户的价值认可为耀，才能推动广告行业正向发展。

资料来源：根据Joy《都在做的绿色营销，品牌怎样才能"绿"得与众不同？》("数英DIGITALING"公众号，2022年4月10日）资料整理。

案例思考

1. 当"追求环保"成为一大趋势，绿色营销成为价值绝对正确的圣地。在这一形势下，品牌涉足绿色营销时如何规避"掉坑""踩雷"的风险？

2. 就负面情绪绿色广告（如"灾难式"广告）和正面情绪绿色广告（如"温暖式"广告）来说，哪个更有效？

3. 企业的绿色营销价值主张如何增强对消费者的心灵穿透力？

综合案例 4　为了可持续发展，营销是否需要做减法？

我们需要重新定义市场营销的意义和价值。随着社会对实现可持续发展的需求不断增长，营销将可能发挥多重作用。营销常规作用在于帮助公司增加销售额。可口可乐的营销人员努力说服客户购买和消费更多的可口可乐。波音公司的营销人员努力说服航空公司购买更多的飞机。这些"增长营销人员"将根据他们的业绩增长而受到评判和奖励。问题在于，生产和销售更多的可口可乐或波音飞机会产生温室气体，从而使地球变暖，导致洪水、干旱、森林火灾和其他灾害，造成全球气候危机。我们不能限制这些公司或他们的营销人员追求业绩增长，这将打击市场经济的核心。全球各地的公司都被迫进行商业竞争和取胜，而不是为了公共利益而放慢脚步。

为了拯救地球，有没有方法可以实现经济增长中的合理降速？最终的解决方法是来自消费者、企业和政府的适当改变。以下是需要改变的方向：

对于消费者来说，他们必须要重视全球气候灾难。他们能否可以饮用过滤干净的自来水来代替可口可乐？他们能否在家中自己制作像可口可乐的饮料？通过这些措施，从而减少工厂因生产饮料而产生的塑料瓶。

对于企业来说，他们需要重新思考开展业务的方式。经常需要坐飞机出差会见客户的业务人员是否可以通过电话或视频来处理业务？世界能否出现新技术以帮助企业以环保的方式满足商务需求？

对于政府来说，通过法律并制定税收，促使消费者和企业采取更多的脱碳行为。例如，政府可以通过一项法律，禁止使用塑料制品和包装。此外，政府可以资助研发寻找一种高效安全的材料来替代塑料。

上述的三方可以在保护环境、低碳环保中做得很好，但是他们可能仍然会维持现状，除非他们产生新的心态或者实现在技术组织下的改革。

1. 改变老百姓的心态

企业已尽最大努力使老百姓产生消费心态。电视节目每 15 分钟就会被打断，并出现 30 秒的商业广告，宣传产品。我们一天会接到几次广告机器人的电话。杂志刊登了漂亮模特的整版广告，讲述了一些护肤产品如何为她们赢得了一个英俊的丈夫。

随着制造业的发展，企业需要老百姓将自己视为大众消费者。营销人员以"人类的需求是无限的"为前提，根据大众的物质需求进行营销。大家会被刺激消费奢侈品，从而彰显他们的社会地位和权力。拥有凯迪拉克的人会比拥有雪佛兰的人受到更多关注。甚至凯迪拉克车主还渴望购买一辆梅赛德斯·奔驰。人们通过消费品来建立社会地位。人类的大部分行为都可以被描述为"消费者战争"。经济学家托尔斯坦·凡勃伦（Thorstein Veblen）在他关于描写"炫耀性消费"的书中捕捉到了这种行为。

我们如何改变消费主义对当代美国文化的束缚？沃伦和斯特拉特福德（Warren and Stratford）认为消费者意识需要被生产者意识取代。他们要变成积极的生产者，并采取措施创造更美好的生活。

消费者转化为生产者的案例有很多：比如一个决定成为素食者或纯素食者的女性，或者一个年轻人不需要汽车，认为自行车就足够了；考虑决定在 Sierra 俱乐部活跃的退休高管。喜欢思考"我是谁"这个问题的人经常会做出新的决定。

由于新冠肺炎疫情影响,许多消费者正在发生变化。这场疫情使公民经历了长期的被剥夺感焦虑。疫情将带来新的消费者态度和行为,甚至可能改变当今资本主义的类型。消费者将重新审视要消费什么、消费多少,以及这一切如何受到阶级问题和不平等的影响。大家需要重新审视当代的市场经济,并以一种新的、更公平的形式出现。

2. 越来越多的反消费主义者

今天有迹象表明反消费主义运动正在兴起。我们至少可以区分五种类型的反消费主义者。

第一,许多消费者正在转变为"断舍离"的生活态度,他们想少吃少买。他们正对"产品"的杂乱做出应对。他们想做减法,转卖闲置物品。一些简化生活的人对拥有汽车甚至房屋都不太感兴趣;他们更喜欢租房而不是购买和拥有房产。

第二,越来越多的反增长主义者认为大家浪费了太多时间和精力。这种感觉在威廉·华兹华斯的诗中得到了体现:

"这个世界太繁杂了……

得到和花费,让我们浪费时间和精力;

我们在大自然中很少看到属于我们的东西;

我们的心给了一个非常现实的世界!"

反增长主义者担心消费将超过地球的承载能力。1970年,世界人口为37亿。到2011年,世界人口增长到70亿。2020年世界人口为77亿。联合国预计到2050年世界人口将增长到98亿。坏消息是地球无法养活这么多人,耕地数量有限,土地越来越贫瘠,世界上有几片海洋已经没有活的海洋生物。反增长主义者呼吁保护和减少物质需求。他们担心贫穷国家的人民渴望达到与发达国家相同的生活水平,这是不可能的。他们看到贪婪的生产者竭尽全力制造"虚假和不可持续的需求"。

第三,气候主义者担心大量购买商品或服务的消费者会产生非常多的碳,从而污染我们的空气和水,从而对我们的星球造成危害和风险。气候主义者非常尊重自然和科学,并担忧地球的未来。

第四,有些理智的食物主义者成为素食者和纯素食者。他们对我们如何杀死动物来获取食物感到不安。通过植物、蔬菜和水果饮食,每个人都可以吃得很好,营养丰富。畜牧业管理者将牛和鸡养肥以使其快速生长,然后杀死它们以出售动物器官谋取利润。奶牛是甲烷的主要排放源,甲烷会加热我们的地球并导致更高的温度、更快的冰川融化和城市洪水。要生产 1 kg 牛肉,需要 15 000~20 000 L 水以及很多的饲料来喂养动物。

第五,环保主义者呼吁不要破坏现有的物品,而是重新使用、修理、重新装饰它们或将它们提供给有需要的人。环保主义者希望公司开发更好、更少、使用寿命更长的产品。他们批评像 Zara 这样的公司每两周生产一套新的女装款式,而这种款式只在两周内上市。环保主义者反对任何有计划的废弃行为。他们对奢侈品行业充满敌意,许多人是环保主义者。许多人正在采取措施来限制自己的消费。

3. 有组织地反对消费主义和无休止的增长

有许多组织主张放缓增长以避免自然灾害。持续增长将导致我们耗尽某些不可再生资源，并对我们的环境和地球造成可怕的破坏。1972年，梅多斯等（Meadowset et al.）发表了一项名为"增长的极限"的著名研究。它由罗马俱乐部委托并由国际专家团队编写。它使用一个名为World3的计算机模型，基于系统动力学，分析了1900—2100年两个世纪世界发展的不同可能增长模式和环境结果的12种情景。这些情景使用了不同的人口增长率和不同的自然资源需求来展示某些不可再生资源枯竭，土地和粮食短缺的可能性，空气和水污染以及气候变化对环境的严重破坏的可能性。计算机显示了地球承载能力的限制，以支持消费水平和地球的可持续性。他们表明地球无法供应人类所需的资源并吸收危险的碳排放。

增长的极限已经更新。每次关于地球承载能力的研究结果都变得更加可怕，以维持正在发生的消费增长而不会对地球和人们的期望造成巨大伤害。以下是引用的环境问题的小样本："自1900年以来，海平面上升了10~20 cm。大多数非极地冰川正在消退，夏季北极海冰的范围和厚度正在减少。""2002年，联合国粮食及农业组织估计，世界上75%的海洋渔业达到或超出了捕捞能力。以可持续方式捕捞数百年的北大西洋鳕鱼渔业已经崩溃，鳕鱼物种可能已被推向生物灭绝。""基于数百名专家的研究，对土壤流失的首次全球评估发现，目前使用的农业用地的38%，即近14亿英亩①已经退化。"

为了应对增长限制，数以千计的非营利组织迫切要求保护和克制。其中包括环境保护基金、地球之友、绿色和平组织、Sierra俱乐部、大自然保护协会、野生动物协会、世界观察研究所等。此外还有政府组织，例如美国内政部、环境保护署、鱼类和野生动物管理局、国家公园管理局等。希望这些组织的权力和影响力会越来越大。

4. 未来：两种类型的营销人员

前面我们说过营销的常规任务是销售社会的所有产品。这将是最大的营销人员群体，他们可以被称为"增长营销人员"。我们看到另一组营销人员的崛起，他们将与增长型营销人员竞争。这个群体可以被称为"可持续营销人员"。他们的工作是使用社会营销工具和去营销工具来限制经济增长。他们将努力改变公民的心态，将自己视为生产者而不是消费者。他们将努力影响公司以实现温室气体零排放为目标。他们将试图影响政府通过法律和新税来推动更友好的地球政策。

具有讽刺意味的是，世界营销将由两组营销人员组成，他们使用相同的营销工具相互竞争。增长营销人员将在增长与可持续性的战斗中直面可持续性营销人员。此外，我认为每家大公司都必须至少聘请一名可持续发展营销人员来管理和限制增长营销人员。

资料来源：根据菲利普·科特勒《大师观点|菲利普·科特勒：为了可持续发展，营销是否需要做减法？》（"科特勒营销战略"公众号，2021年9月25日）资料整理。

案例思考

1. 你认为现在的营销是否需要做减法？
2. 你认为未来的营销在哪些方面可以做减法？
3. 企业如何在增长型营销与可持续性营销之间实现平衡？

---

① 面积单位，1英亩≈0.004047平方千米。

教师服务

感谢您选用清华大学出版社的教材！为了更好地服务教学，我们为授课教师提供本书的教学辅助资源，以及本学科重点教材信息。请您扫码获取。

▶▶ 教辅获取

本书教辅资源，授课教师扫码获取

▶▶ 样书赠送

市场营销类重点教材，教师扫码获取样书

 清华大学出版社

E-mail: tupfuwu@163.com
电话：010-83470332 / 83470142
地址：北京市海淀区双清路学研大厦 B 座 509

网址：http://www.tup.com.cn/
传真：8610-83470107
邮编：100084

中国高等院校市场学研究会官方推荐教材
新时代营销学系列新形态教材书目

书　名	主　编	书　名	主　编
市场营销学	符国群	促销基础	贺和平　朱翊敏
市场营销学（简明版）	符国群	营销实战模拟	孔　锐
消费者行为学	彭泗清	营销策划	费鸿萍
市场研究	景奉杰　曾伏娥	营销工程	沈俏蔚
国际市场营销	孙国辉	大数据营销	李　季
服务营销	王永贵	商业数据分析	姚　凯
组织营销	侯丽敏	旅游市场营销	白长虹
网络营销	龚艳萍	金融市场营销	王　毅
战略品牌管理	何佳讯	农产品市场营销	袁胜军　肖　艳
产品创新与管理	黄　静	医药市场营销学	官翠玲
定价策略	柯　丹	体育市场营销学	肖淑红
整合营销沟通	牛全保	电信市场营销学	吕　亮
营销渠道管理	张　闯	新媒体营销	戴　鑫
品牌管理	王海忠	绿色营销	王建明
零售管理	蒋青云	创业营销	金晓彤
销售管理	李先国	珠宝营销管理	郭　锐
客户关系管理	马宝龙		